교육용 PPT 지원해 드립니다

한권으로 읽는

6·25전쟁사

강경표 · 남궁승필 · 박갑룡 · 송형래
임계환 · 이진영 · 최승길 공저

The History of
Korean War

한반도의 세계대전, 6 · 25
역사, 정치, 전쟁의 통합적 연구를 통한
6 · 25전쟁사의 집대성

도서출판 진영사

한권으로 읽는 6 · 25 전쟁사

강경표, 남궁승필, 박갑룡, 송형래, 임계환, 이진영, 최승길 공저

2012년 01월 25일 초판인쇄
2020년 09월 02일 초판 7쇄 발행
2022년 02월 14일 초판 8쇄 발행
발행인 박 진 영
발행처 도서출판 진영사
인천광역시 부평구 주부토로 236번지 인천테크노밸리 U1 지식산업센터 B동 1507호
전화 : 032)505-4207
팩스 : 032)505-4206
E-mail : 0183734207@hanmail.net
신고번호 : 제2007-000001호

ISBN 978-89-6541-062-1 93390
값 15,000원

머 리 말

역사를 돌이켜보면 인류는 전쟁과 평화의 두 무대를 쉼 없이 전전하면서 아슬한 생존의 경쟁을 이어왔음을 잘 알 수 있습니다. 글로벌 시대에 지구촌 한 가족이 된 현 시대 조차도 인류는 세계 곳곳에서 전장의 포화로 서로의 생존을 위협하고 있습니다. 이처럼 인류 역사는 전쟁과 더불어 전진해 왔습니다.

우리 민족도 이러한 인류 역사와 축을 같이 하면서 발전하였습니다. 우리의 찬란한 민족문화를 지켜내기 위한 이민족과의 처절한 투쟁이 이를 대변한다 할 수 있겠습니다. 더욱이 우리 민족은 새로운 도약을 준비하는 현대사의 여명기에 6·25 전쟁이라는 전대미문(前代未聞)의 동족상잔(同族相殘)을 겪었습니다. 또한 이 전쟁은 우리 민족뿐만이 아니라 지구상의 전 인류에게 커다란 파동을 불러 일으켰습니다.

그럼에도 불구하고 우리 국민들은 전쟁이후 풍요로움에 안주하여 전쟁의 위험과 아픔을 잠시 망각하기도 하였습니다. 심지어 일부 젊은 세대들은 '6·25전쟁을 북침'이라고 하는가하면, 어느 나라와 어느 나라가 치룬 전쟁인지도 모르는 세대에까지 이르고 있습니다. 이는 우리의 역사 교육과 안보 교육의 부재가 그 원인이라 할 수 있을 것입니다.

그러나 2010년 3월 북한의 천안함 폭침과 11월의 연평도 포격사건은 우리 국민들이 '안보'와 '전쟁'에 대하여 다시 한 번 깊이 생각하는 계기가 되었습니다. 더욱이 근래 들어 국방관련 종사자뿐만이 아니라 교육기관과 젊은이들 사이에 '국가안보' 및 '전쟁'에 대한 관심이 높아지고, 안보의식이 새롭게 형성됨은 고무적인 현상이 아닐 수 없습니다. 특히 6 · 25전쟁의 새로운 사료인 〈한국전쟁관련 러시아 외교문서〉의 등장에 따른 활발한 연구 성과에 힘입어 많은 전쟁 관련 서적들이 새로이 발간되고 있습니다. 그 일환으로 국방부에서도 최신의 연구 성과가 반영된 〈6 · 25戰爭史〉를 발간 중에 있습니다. 이에 발맞추어 저자도 6 · 25전쟁에 관한 몇 가지 새로운 접근법을 가지고 젊은 청년들의 전쟁사 연구에 안성맞춤이 될 수 있도록 준비하였습니다.

독자 여러분! 20세기 역사학자 아놀드 토인비(Arnold Joseph Toynbee)는 그의 저서 〈역사의 연구, A Study of History〉에서 인류의 문명을 '도전과 응전'이라 정의하였습니다. 개인뿐만이 아니라 문명마저도 '닥쳐오는 위기에 효과적으로 대처한다면 생존·번영할 것이요, 그렇지 못한다면 존립 자체가 어렵다'는 것이지요. 또한 로마의 전략가 베제티우스(Flavius Vegetius Renatus)는 일찍이 "진정 평화를 원하거든 전쟁을 준비하라."고 했습니다. 평화를 지킬 힘과 능력이 없는 국민은 평화를 누릴 자격조차도 없다는 것입니다. 평화주의자 노무현 대통령조차도 "무장 없는 평화는 없다."고 강조했습니다.

지금 우리나라는 바로 이 도전의 시기에 직면해 있습니다. 3대 세습체제의 북으로부터는 무력침략의 위협이 도사리는 가운데, 경제적으로는 세계 유수의 강국들과 겨루어 수출을 증진하면서 무역을 확대해야 합니다. 이렇듯 우리 사회는 국방, 정치뿐만이 아니라 경제, 문화 등 사회 전반에서 새로운 창조와 변혁이 요구되고 있습니다.

물론 우리 민족은 뛰어난 창조력과 에너지를 집결하여 도전을 극복하고 찬란한 민족문화를 세계화 할 자질과 능력을 충분히 갖추고 있습니다. 이 대열에는 당연히 우리의 젊은 학도들이 중심에 서있을 것입니다. 이런 의미에서 전쟁사를 연구하고 미래를 대비하며 공부하는 여러분은 바로 우리 민족의 '횃불'이 될 것임을 믿어 의심치 않습니다.

아무쪼록 이 책이 독자 여러분의 전쟁사 연구에 큰 힘이 되기를 두 손 모아 기도합니다. 마지막으로 이 책이 나오기까지 많은 도움을 주신 전국 대학에 설치된 '해병대 학군협의회'와 '도서출판 진영사' 사장님께 감사드리며, 그림에 애써준 효성, 범준, 수연 군에게도 고마움을 전합니다.

2011년이 저무는 순천만 연구실에서 저자 대표

일러두기

1. 유의사항

① 남과 북을 지칭하는 다양한 용어들은 남한과 북한으로 통일하여 표현하고, 국군은 '한국군'으로 인민군은 '북한군'으로 표현하여 학문적 수준의 연구 대상으로 표현하였다.

② 중국(군)은 당시의 중국 공산당의 약자인 '중공(군)'으로 표현하였다.

③ 혼동할 우려가 있는 용어나 고유명사의 경우에는 원어를 ( )에 병기하였다.

④ 연대는 모두 서기(西紀)이다.

2. 군 편제

가. 제대 편성은 임무수행에 적합하도록 편성하는 것으로 국가별 또는 시기별로 다르다. 따라서 근사치를 기입하였다.

① 집단군(Army Group) : 몇 개의 야전군으로 구성된 군사조직으로 무한정한 기간 동안 사급사족이 가능하도록 편성된 부대단위이며, 400,000명~1,500,000명 규모로 편성되며, 원수 또는 대장급 장군이 지휘한다.

② (야전)군(Army) : 약 10만 이상의 병력으로 2개 이상 군단으로 편성되며, 통상 대장급 장군이 지휘한다.

③ 군단(Corps) : 약 3만 이상의 병력으로 2개 이상의 사단으로 편성되며, 통상 중장급 장군이 지휘한다.

④ 사단(Division) : 약 1만 2천 이상의 병력으로 보병 3개 연대와 포병 1개 연대로 편성되며, 통상 소장급 장군이 지휘한다.

⑤ 여단(Bridge) : 연대보다 크고 사단보다 작은 규모의 부대로 군단의 통제를 직접 받는다. 통상 4개 이상의 대대로 구성되고 2,500~3,500명 규모로 준장급 장군이나 대령급 지휘관이 지휘한다.

⑥ 연대(Regiment) : 약 2천 5백 명 규모이다(전투단 편성시 포병·공병·전차·정비·보수·방공·의무·헌병 병과 등 포함 편성), 3개 대대로 편성되며, 통상 대령급 지휘관이 지휘한다.
⑦ 대대(Battalion) : 약 600백 명 규모로 4개의 중대로 편성되며, 통상 중령급 지휘관 지휘한다.
⑧ 중대(Company) : 약 130명 규모, 3개 소대로 편성되며, 통상 대위급 지휘관이 지휘한다.
⑨ 소대(Platoon) : 약 35명 규모로 3개 분대로 편성되며, 통상 중·소위급 장교가 지휘한다.

나. 중공군의 제대는 자유진영과 일부 다르다. 본 서에서는 중공군의 표현 방식으로 표기하였다.

유엔군	집단군	(야전)군	군단	사단	연대	대대	중대	소대
중공군	야전군 (野战军)	병단 (兵团)	군(军)	사(师)	단(团)	영(營)	연(连)	배(排)

3. 전투 상황도 읽는 법

가. 국가별 부대 도식

구 분	한국군	미군	북한군	중공군
도 식		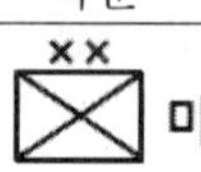	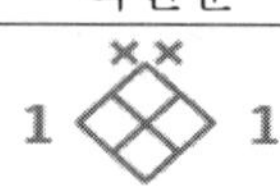	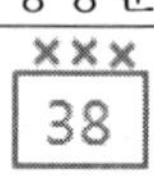

나. 병과(Branch)

병 과	보병	포병	기갑	기병	통신	공병
도 식		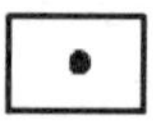	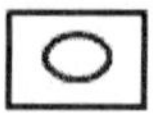	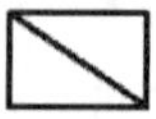		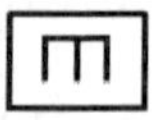

다. 부대 규모(Size)

부 대	집단군	군	군단	사단	여단	연대	대대	중대
도 식	XXXXX	XXXX	XXX	XX	X	|||	||		

라. 부대명칭은 병과구분 도식 왼쪽 표시, 상급부대는 병과 오른쪽 표시.

: 미군 제9군단 예하 제1보병사단

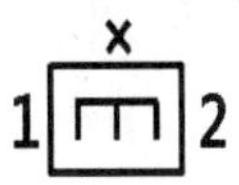

: 한국군 제2군단 예하 제1공병여단

4. 용어 해설

가. 전략/전술용어(육군본부, 〈군사용어 사전〉, 1999)

- ► 공세이전(攻勢移轉) : 적의 공격을 무력화 시키고 주도권을 확보하기 위하여 방어로부터 적극적이고 대규모적인 공세행동으로 전환하는 것으로 반격과 동의어 개념으로 사용된다.
- ► 공세행동(攻勢行動) : 방어간 공자의 과오나 약점을 이용하여 실시되는 공격 행동으로 역습, 역공격 등 다양한 기법이 있다.
- ► 국지도발(局地挑發) : 전면전 이전에 정치적, 군사적 목적 달성을 위하여 특정 지역이나 목표에 제한된 군사력으로 대한민국 국민 또는 영역에 가하는 일체의 위해 행위.
- ► 기동방어(起動防禦) : 기동방어는 지역을 양보하면서 시간을 획득하고 원하는 시간과 장소에서 결정적 전투로 공자를 격멸하는 방어작전의 한 형태.
- ► 건제(建制) : 법령이나 명령에 의하여 전술상의 목적으로 편성법을 제정하여 군을 조직하고 유지하는 일.
- ► 교두보(橋頭堡)/해두보 : 도하작전/상륙작전간 적 지역의 고지나 현저한 지형지물로 사전 확보되어야 본대가 도하/상륙할 수 있는 지역.
- ► 국지전(局地戰) : 한정된 지역에서 벌어지는 전쟁이나 전투행위.

► 근접항공지원(CAS : Close Air Support) : 아군에게 직접적인 위험 또는 위협을 줄 수 있는 지상표적을 공격하는 공중포격.

► 내선작전(內線作戰)/외선작전(外線作戰) : 외부로부터 포위상태로 전진해 오는 적과 대적하는 작전/내부에서 외부를 향해 작전하는 적에 대하여 후방 병참선을 외부에 유지하면서 여러 방향으로부터 구심점으로 이루어지는 작전.

► 단대호(單隊號) : 숫자상 부호, 병과 그리고 지휘제대를 나타내는 어떤 군사부호의 완전한 명칭을 의미함.

► 대량살상무기(WMD : Weapons of Mass Destruction): 중장거리 미사일과 생·화학무기, 핵무기 등 대량의 인명을 살상할 수 있는 무기들을 지칭한다. 이들의 치명적인 파괴력으로 인해 전 세계적으로 억제 노력 중이다(핵 확산금지조약(NPT)과 생물무기금지조약(BWC) 등).

► 무기체계 : 무기와 이와 관련된 물적 및 인적요소의 종합적인 체계.

► 병참(兵站) : 부대의 전투력을 유지, 증대시키기 위하여 작전을 지원하는 기능으로 보급, 정비, 교통 등을 총칭하며, 개인이나 부대에 대한 보급, 수리, 수송, 기타 업무를 포함하고 있다.

► 비대칭 전력(非對稱 戰力) : 적의 취약한 부분으로 능력을 과시하거나 주도적인 대응을 할 수 있는 전력.

► 쏘티(sortie) : 한 대의 항공기가 한 번 이륙하고 착륙하는 것.

► 역공격(逆攻擊) : 방자가 적의 주력이 지향되는 지역을 고수하면서 적의 방책을 분쇄하기 위한 대책으로 실시하는 제한된 공격.

► 야포(野砲) : 차량 ·장갑차에 의한 견인포(牽引砲)와 자주포(自走砲)로 구분

► 위력수색(威力搜索) : 적을 위협하여 적으로 하여금 사격하게 하거나 출동하게 하여 그 역량과 배치상태를 알아보는 수색의 한 방법이다.

► 전구(Theater) : 단일의 군사목표 달성을 위해 지상, 해상, 공중작전이 실시되는 지리적 지역.

► 전략(戰略) : 국가적 차원에서 군사작전 목적의 설정 및 지도.

► 전면전(全面戰) : 일정한 범위 전체에 걸쳐 광범위하게 전투와 교전에서 적용하는 활동.

► 전술(戰術) : 작전술 수준에서 적을 격멸하기 위한 부대 운용을 의미한다.

► 조공(助攻) : 주공이 목표를 달성할 수 있도록 역할을 수행하는 부대.
► 주공(主攻) : 결정적인 목표를 달성하기 위하여 공격역량을 집중하는 전술 집단.
► 전역(戰役, campaign) : 주어진 시간과 공간 내에서 전략적 또는 작전적 목표를 달성하기 위해 실시하는 일련의 연관된 군사작전.
► 전투근무지원(戰鬪勤務支援) : 전투를 효율적으로 하기위해 군사작전에 필요한 인원 및 물자를 보급하는 것으로 행정 및 군수지원업무 등의 총칭.
► 전투단(戰鬪團, Battle Group) : 주요 병과의 협동부대로 운용되는 증강된 보병부대, 구성 비율은 한 예로 보병 1개 연대, 포병 1개 대대, 전차 1개 중대, 공병 1개 중대 및 대공포 1개 반 등이다.
► 전투지경선(戰鬪地境線) : 인접한 부대, 대형, 지역 간에 협조 및 조정을 위해 설정한 지표상의 선으로 부대의 책임지역을 구분한다.
► 증원(增援) : 사람이나 물자를 늘려 돕는 행위.
► 지역방어(地域防禦) : 일정기간 동안 특정진지나 지역을 확보 또는 통제하는 방어형태로 주방어 지역에서 결정적인 전투를 실시한다.
► 진지(陣地) : 적과 싸울 수 있도록 설비 또는 장비를 갖춰 놓은 지역.
► 최소예상선/최소저항선 : 최소예상선은 적의 입장에서 아군이 공격하지 않으리라 예상되는 지역이나 지점을 아군이 판단한 곳으로 심리적 측면을 강조하고, 최소저항선은 적의 입장에서 아군이 공격하지 않으리라 생각하여 군사적인 대비책을 수립하지 않은 지점이나 지역으로 물리적 측면을 강조한다.
► 초월(超越) 공격: 한 부대가 다른 부대를 통과하여 공격하는 것.
► 축선(軸線) : 전투 간 공격이나 방어가 주로 이루어지는 방향.
► 축차진지(逐次陣地) : 여러 단계로 구축된 진지.
► 템포(Tempo) : 군사행동의 속도율로써 전장에서 수행되는 일련의 군사활동 속도와 리듬을 의미 한다. 템포는 단순히 속도만을 의미하지 않고 작전을 조정하는 능력을 말하며, 주도권 장악의 필수요소로서 속도와 집중을 적절히 통합함으로써 달성된다.
► 협조된 방어 : 방어작전 간 책임지역을 할당받아 인접부대 및 타 병과와 통합하여 실시하는 방어작전.

► 후방지역 작전 : 군, 경, 민, 예비군 등 전 작전가용요소를 통합하여 후방에서 실시되는 다양한 작전(제대별로 시행하는 후방지역 작전도 있다).

4. 장비설명

► 곡사포(曲射砲) : 포탄을 포물선으로 발사 엄폐물 후방의 목표를 타격.
► 구축함(驅逐艦) : 대함 및 대잠 공격을 주 임무로 하는 중대형 함정.
► 기뢰(機雷, Mine) : 기계수뢰의 준말로 수면 밑에서 폭발하는 폭약통이다.
► 무반동총(無反動銃) : 발사 시에 포신이 후퇴하지 않고 반동이 없는 강선화기로 후폭풍에 주의해야 한다(3.5인치, 90미리. 106미리 등이 있다).
► 로켓포 / 자주포 : 일종의 대전차 포 / 스스로 기동하는 능력을 갖춘 포.
► 전차(戰車, Tank) : 전차와 탱크는 같은 용어이다(북한군은 땅크라 한다).
► LST(landing ship tank) : 상륙과 침투작전에 운용되는 선박의 일종.

목 차

제4장 지연작전과 미군 · 유엔군 참전

제5장 낙동강 방어선 전투

제6장 인천상륙작전과 반격 · 북진작전

제7장 중공의 개입과 재반격

제8장 전선의 교착과 휴전

제9장 끝나지 않은 전쟁

제1장

전쟁사의 이해

- 또 하나의 역사 -

제1절 전쟁이란 무엇인가?
제2절 전쟁사 연구

고구려(高句麗)와 수(隋)의 전쟁(자료 : 민족기록화)

제1절 전쟁이란 무엇인가?

1. 전쟁의 정의

이 지구상에 전쟁의 위협이 사라지고 인류가 평화롭게 공존할 수 있는 절대평화의 시대는 과연 도래 할 수 있을 것인가? 불행이도 이 질문에 대하여 어느 누구도 낙관적으로 답변할 수 없는 것이 사실이다. 더욱이 인류는 전쟁을 예방하기 위하여 고래로부터 많은 노력을 경주하였음에도 불구하고 인류 역사에서 전쟁이 그친 날이 없어, 오히려 인류의 역사를 전쟁의 역사라 해도 과언이 아닐 정도이다.

문명이 발달한 오늘날에도 전화는 끊이지 않고 발생하고 있어, 전쟁 없는 인류평화의 바람은 더욱 요원한 실정이다. 따라서 인류는 전쟁의 위험에서 벗어나 평화를 추구하기 위한 노력을 기울이는 한편, 전쟁을 인류가 살아가는 하나의 생존양식으로 받아들일 필요가 있다. 더 나아가 인류는 전쟁을 효과적으로 통제하고, 대비하여 결국에는 전쟁을 관리해 나갈 수 있는 총체적 역량을 갖추고 있어야 한다. 이것이 지금껏 생존한 인류의 지혜가 아닌가 생각한다.

그럼 '전쟁'의 정의에 대하여 살펴보자. 전쟁을 〈우리말 큰 사전, 1975년〉에서는 "국가와 국가 사이의 무력에 의한 투쟁이다."라고 규정하고 있다. 또한 미군 야전교범 〈100-1 The Army, 1983년〉 에서는 "형식적 의미로든, 국제적이든, 국가적이든 혹은 국가이하 규모의 것이든 간에 화합할 수 없는 정치적 견해나 목적의 극단적 표현이며, 좁은 의미로는 적대 군사세력 간에 발생하는 충돌이고, 넓은 의미로는 자국의 목적을 달성하기 위해서나 또는 일개 내지 다수의 적국이 주장하거나 의도하는 바를 처리하기 위해서 정치·경제·심리·기술 및 외교 수단을 선택적으로 혼합 사용하는 것까지를 포함한다."라고 기술하고 있다.

이외에도 지금까지 많은 사람들이 다양한 분야에서 전쟁을 언급해 왔다. 군사적인 견지에서는 클라우제비츠(Carl von Clausewitz, 1780-1831)[1)]와 손자(孫武, ?-?)의 전쟁에 대한 정의가 가장 많이 회자되고 있다.

클라우제비츠는 전쟁을 본질적인 면에서 "상대를 굴복시켜 자기의 의지를 실현하기 위하여 사용되는 폭력행위이며, 다른 수단을 가지고 하는 정치의 연장이다."라고 정의하였다. 이는 결국 전쟁은 정치의 수단으로서 역할을 수행하는 것이며, 폭력을 수반하는 정치행위라는 것을 의미한다. 오늘날의 전쟁 수행과정이 자국의 의지를 타국에 강요하다가 받아들이지 않거나 불응하면 군대를 동원하여 조직적인 힘을 과시하면서 자국의 의지를 관철시키는 것을 볼 때, 클라우제비츠의 예리한 통찰력을 확인할 수 있다.

춘추전국시대의 손무(孫武)는 〈손자병법〉을 통하여 "兵者國之大事 死生之地 存亡之道 不可不察", "不戰而屈人之兵 善之善者也"(병자국지대사 생사지지 존망지도 불가불찰 부전이굴인지병 선지선자야)라 했다. 굳이 풀이 하자면 '전쟁은 국가의 존망을 가늠하는 중대사이며, 싸우지 않고 승리함이 최선'이라는 뜻으로 전쟁에 관한 최고의 금언이 되었다.

2. 전쟁의 원인

그러면 인류사에 전쟁이 왜 끊임없이 발생하고 있는지 그 원인에 대하여 알아보자. 전쟁의 원인을 명확하게 규명할 수 있다면, 전쟁억제 효과에 그만큼 기여할 수도 있는 것이다. 전쟁에 원인이나 유형에 관하여서는 많은 학자들이 언급하였지만, 전쟁의 원인은 크게 네 가지 범주에서 그 원인을 찾을 수 있다.[2)]

첫째: 인간 정치집단은 자체 생존의 보장이나 다른 집단의 생존을 거부하기 위하여 전쟁을 치러왔다.

둘째: 정치집단은 실질적인 이익을 획득하기 위하여 전쟁을 치러왔다. 여기에는

---

1) 프로이센의 군인이다. 프랑스에 패전 후 러시아에 투항하여 나폴레옹으로부터 조국 해방 전쟁에 진력했다. 그의 사후에 간행된 저서 〈전쟁론 Vom Kriege〉은 당시의 전쟁경험에 기초를 둔 고전적인 전쟁 철학으로 동양의 병법서인 〈손자병법〉과 함께 불후(不朽)의 가치를 지니고 있다.

2) 온창일, 〈전쟁론〉, 집문당, 2008. pp.85~119.

영토나 식민지를 획득하기 위한 조직적 무력 활동이 포함된다.

셋째: 정치집단은 명분적 이익을 추구하는 수단으로 전쟁을 동원해 왔다. 여기에는 종교적 영향력의 확대나 유지 등이 포함된다.

넷째: 기타 범주로서 감정, 환상, 성격, 오해나 오판 등을 들 수 있다.

3. 전쟁의 분류

전쟁은 편의에 따라 여러 가지 종류로 구별할 수 있으며, 우선 전쟁을 수단으로 동원한 경우에 그 목적과 기타 방식에 의하여 구분할 수 있다. 그러면 전쟁의 분류[3]에 대하여 알아보자

첫째: 먼저 전쟁을 수단으로 동원한 목적에 따른 분류이다. 여기에는 이념전쟁, 종교전쟁, 제국주의 전쟁, 독립전쟁, 침략전쟁, 통일전쟁, 권력 쟁탈 전쟁, 내전, 그리고 전쟁 예방전쟁 등으로 구분해 볼 수 있다.

둘째: 기타 범위로 전쟁수행 방식, 전쟁의 수준, 전쟁의 범위, 전쟁의 기간,전쟁 수행 주체의 성격, 무기의 사용여부에 따른 성격, 기타 등으로 구분 할 수 있다.

① 전쟁수행 방식: 정규전(Regular War)과 비정규전(Irregular War)

전쟁사의 대부분은 정규전으로 수행되었다. 이들 전쟁은 대부분 전선의 전·후방이 명확히 구분된다. 비정규전은 전후방의 구분이 불분명한 전쟁으로 나폴레옹 군에 대한 스페인의 게릴라 전투(1808), 월남전에서 베트공의 전투 등을 예로 들 수 있다.

② 전쟁 규모(수준, 광협): 전면전쟁(General War)과 국지전쟁(Local War)

전면전쟁은 말 그대로 전·후방 할 것 없이 전 국토의 모든 범위가 전장이며, 전쟁의 승패는 곧 국가의 존망과도 직결되는 전쟁이다. 국지전은 일정한 영토 안에서 지역 또는 소규모의 분쟁 형태로 진행되는 전쟁을 의미한다.

③ 전쟁 동원 수단/참여 정도: 총력전(Total War)과 제한전(Limited War)

3) 온창일 교수의 전쟁 분류법을 준용하였다.

총력전은 국가의 모든 역량을 총 동원하여 전쟁을 수행한다. 이에 따라 국가는 제 분야의 모든 자원을 총 투입하게 되어 무제한적인 성격을 띠게 된다. 제한전은 전쟁의 지역이나 범위, 무기의 사용 등을 의도적으로 축소한 전쟁을 말한다.

④ 파괴의 대상: 섬멸전(殲滅戰)과 마비전(痲痺戰)
섬멸전은 적의 군사력을 철저히 파괴함으로써 적의 저항의지를 박탈하고 아측의 의지를 일방적으로 강요하는 전쟁 형태이며, 마비전은 적의 지휘체계를 파괴함으로써 적의 전투력 발휘를 제한하여 적 지도부에 대하여 아측의 의지 수용을 강요하는 전쟁 형태이다.

⑤ 사용 무기체계에 의한 분류 : 핵전쟁(Nuclear War)과 재래전(Conventional War)

⑥ 전쟁수행 기간: 장기전과 단기전

⑦ 작전기간의 장단: 지구전과 속결전

다음으로 전쟁의 치열도에 따라 고강도 전쟁, 중강도 전쟁, 저강도 전쟁 등으로 구분되는 전쟁 분류법을 활용하기도 한다.

① 고강도 전쟁(High Indensity War): 핵전력을 포함한 대규모의 전면전쟁으로 제1 · 2차 세계전쟁을 예로 들 수 있다.

② 중강도 전쟁(Middle Idensity War): 핵과 화학, 생물학전을 제외한 국가 간의 재래식 무기로 치루는 일반적인 전쟁의 형태이다.

③ 저강도 전쟁(Low Indensity War) : 저강도 분쟁(Low Indensity Conflict)으로 불리기도 한다. 내란, 반란, 폭동, 국제테러 등의 직접적 또는 간접적 원인에 의해 발생하는 군사 분쟁이다. 다분히 정치적 요인에 의한 발생하여 발생지역에 커다란 정치적, 경제적 영향을 미친다.

4. 전쟁의 영역

클라우제비츠는 〈전쟁론〉에서 전쟁의 영역을 다음과 같이 설명하였다.

첫째: "전쟁은 위험의 영역이다."라고 했다. 따라서 전장에서 활동하는 군인은 위험을 극복할 수 있는 용기가 필요하다. 용기는 위험에 대하여 냉담함

을 유지할 수 있는 이성적 용기와 명예욕, 조국애, 열광 등과 같은 감성적 용기로 구분될 수 있다.

둘째: 전쟁을 "육체적 피로와 고통의 영역"으로 파악하였다. 따라서 군인은 육체적 피로와 노동을 극복할 수 있는 완력과 정신적 고통을 감내해 낼 수 있는 건전하고도 확고한 정신능력이 수반되어야 한다.

셋째: 전쟁을 "불확실성의 영역"으로 파악했다. 따라서 군인은 안개로 인하여 아무것도 볼 수 없는 광야에서 방향을 찾아내듯이 불확실한 상황 속에서도 기민하고도 정확한 판단을 할 수 있는 지적, 군사적 자질을 갖추어야 한다.

마지막으로 전쟁을 "우연의 영역"이라 했다. 따라서 군인은 우연을 극복할 수 있는 이성(혜안)과 결단력을 겸비해야 한다.

> 전쟁을 잘하는 장수는 승리를 전세(戰勢)에서 찾고 병사에게 묻지 않는다. 그리하여 인재를 선택하여 적재적소(適材適所)에 배치하고 나머지는 전세에 맡기는 것이다.
>
> —손자—

제2절 전쟁사 연구

1. 전쟁사란?

전쟁사가 무엇인지 알아보기 위해서는 먼저 역사에 대하여 알아야 한다. 전쟁사는 역사의 범주에서 파생된 학문이기 때문이다. 역사는 E. H. Carr가 그의 저서 〈역사란 무엇인가〉에서 말했듯이 "과거와 현재와의 대화"이다. 즉 과거의 현상을 연구하여 현재에 적용하여 미래를 예측해 내는 것이다. 그러므로 과거의 사실은 오늘날 우리에게 재해석되어, 미래에 대한 영감을 주어야 진실된 역사가 된다.

역사는 인류가 경험한 전쟁의 원인과 과정 그리고 결과를 기록하고 있다. 따라서 전쟁사는 역사학의 도움을 받아 과거의 전쟁을 밝혀내고 재구성한다. 또한 전쟁은 전쟁 그 자체로만 성립할 수 없다. 전쟁이 발생하게 된 원인은 당시 사회의 정치와 경제 등 제반 문제가 상호 기민하게 연계되어 발생한 사회 현상이기 때문이다. 그래서 전쟁사는 사회의 제반 문제와 병행하여 연구되어져야 비로소 의문을 가지는 문제에 대한 명쾌한 답을 얻을 수 있다. 따라서 전쟁사는 눈앞에 보이는 전쟁과 교전만의 역사라기보다는 전쟁과 교전 등의 제반 군사문제와 더불어 정치, 경제, 사회, 문화 등 제 사회요인과의 상호작용을 연구하면서 진정한 답을 얻을 수 있는 것이다.

또한 전쟁사는 역사의 파생 학문임과 동시에 군사사(軍事史)의 하위 범주에 속하는 학문이다. 군사사는 전쟁사를 포함하여 제도 및 기술사(군대의 편제, 교리, 제도, 훈련, 장비 개발 등) 및 국방사(전쟁준비의 국가 전략 및 민군 관계 등)를 포함하고 있다.[4]

4) 허중권 역, 〈세계군사사사전〉, 2009, 학연문화사, 서문.

2. 전쟁사 연구목적

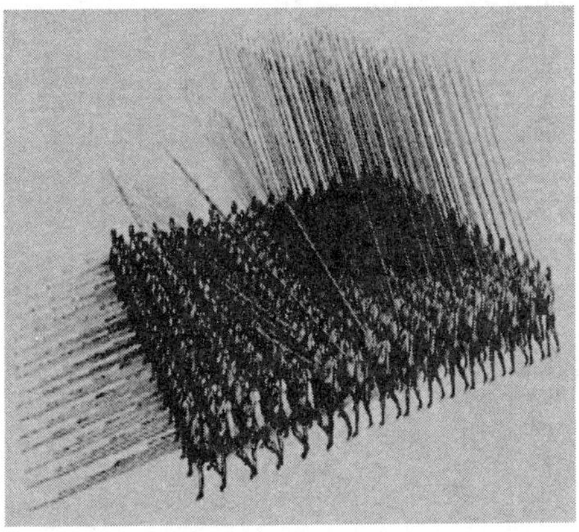

고대 그리스군 중장보병 방진대형

나폴레옹군의 전투 장면

필요에 따라 많은 관련자들이 전쟁사를 연구한다. 역사학자는 전쟁연구를 통하여 당시의 정치와 사회, 그리고 문화의 전파 등에 대한 이해의 폭을 확장시키고, 전사 연구가는 여러 전쟁으로부터 선리(戰理)를 도출하다. 또한 보편적 군인들은 전장사에서 전쟁 원칙의 적용법이나 리더십 등을 확인해 볼 수 있다. 물론 일반 독자들도 자기가 원하는 방향에서 연구를 진행할 수 있다.

로마의 석학 키케로(Cicero)가 "역사를 인생의 교사"로 파악 했듯이, 독일의 몰트게는 전쟁사를 "평화시 군인에게 전쟁을 가르치는 가장 효과적인 수단"으로 파악했다. 그래서 야전부대에서 간부교육 DTP(세부 교육계획)를 확인해 보면 전사연구가 가장 많이 편성되어 있는 것이다. 나폴레옹은 전장에서도 책을 손에서 놓지 않았다고 한다. 나폴레옹은 부하들이 훌륭한 장군이 되는 비결을 묻자, "위대한 장군들의 전쟁사를 읽고 또 읽어서 그것을 너의 모델로 하라."고 지도했다 한다. 이러한 전쟁사의 연구 목적을 대략 다음과 같이 정리할 수 있다.

첫째: 전쟁에 대한 깊은 통찰력과 영감, 위기관리 능력을 얻을 수 있다.

둘째: 군사 문제에 대한 광범위한 지식과 혜안을 얻을 수 있다.

셋째: 군인의 자질(지략, 전기전술, 상황조치 능력, 지휘통솔)을 향상시킨다.

넷째: 역사와 군사사에 대한 지평을 확장할 수 있다.

다섯째: 전장에 선 인간에 대한 이해도를 증진시킨다.

이러한 전쟁사의 연구목적을 통해서 미래전에 대한 교훈을 도출하고, 교훈분석을 통하여 전쟁예방, 전투승리, 전후처리를 위한 능력을 구비하는 것이다. 따라서 전쟁사를 심도 있게 연구한 사람이라면 체득한 전리와 경험을 현시대에 맞게-새로운 전략과 전술, 장비, 지형 등-적용할 수 있어야 한다. 그 대표적인 사람이 바로 〈전쟁론〉의 저자 클라우제비츠, 간접접근전략의 리델하트 등이다. 이들은 자신의 경험에 창조성을 발휘하여 시대에 맞는 전략과 이론 등의 전쟁술을 발전시켰다.

위대한 장군들은 이렇게 전사로부터 새로운 전리를 창조하였다. 우리와 연관 깊은 사례로 맥아더 장군을 예로 들 수 있다. 맥아더 장군은 "인천상륙작전은 장군 자신이 경험했던 상륙작전과 생도시절 습득했던 영·프군의 큐백(Quebec)전투(1759, 캐나다)에서 영감을 얻었다."라고 밝힌 바 있다. 이것이 바로 전쟁사 연구의 궁극적이고도 숭고한 모습이다.

3. 전쟁사 연구방법 및 절차

전쟁사 연구방법은 개괄적 방법과 집중적 방법이 있다.[5] 개괄적 방법은 여러 전쟁과 전역 및 전투를 광범위하게 선택하여 개략적으로 연구하는 방법으로 전쟁 상황을 단순화하는 면이 있으나, 여러 전투를 동시에 취급하여 많은 경험적 지식을 얻을 수 있는 장점이 있다. 또한 집중적 방법은 몇 개의 전역이나 전투에 대한 심도 있는 연구가 가능 하지만, 전쟁사에 대한 지식의 폭이 제한적인 단점이 있다.

전쟁사를 연구하기 위해서는 우선 자신의 연구 목적에 따라 기초 자료와 관련 책자를 찾아야 한다. 자료는 1차 사료(전투상보, 상황 일지, 명령서, 기타 전투현장의 자료)와 2차 사료(1차 사료를 가공한 자료로 타인의 의견이 반영된 서적이나 자료)로 구분된다. 또한 사료는 공식적으로 국가에서 발행한 공간서(公刊書)와 기관에서 발행한 자료, 개인이 작성한 자료로 나눌 수 있다. 연구자는 1차와 2차 사료에서 필요한 자료들을 취사선택(取捨選擇)한 다음 자신의 연구 목적에 맞도록 육하원칙에 의한 자문자답(自問自答)의 질문표를 작성하여 본격적인 연구를 시작한다.[6] 질문표의 한 예

5) 정토웅, 〈군사 연구방법론〉, 국방부 전사편찬위원회, 1991, pp.32~36.
6) 주시후, 〈전쟁사〉, ksi한국학술정보(주), 2007, p.18.

(5WLH)를 들어보면 표와 같다. 연구자는 연구하면서도 지속적인 기록을 유지하고, 이후에는 분석 및 평가가 이루어져야 한다.

전쟁사는 이상과 같은 해결 방법을 적용하여 연구해야 한다. 그러나 더 중요한 것은 연구자 스스로 형식에 얽매이지 않고 계속 적으로 창의적 질문을 던져보는 것이며, 연대기 순으로 전체의 흐름을 파악 후 연구 목적에 따라 주제별로 심도 있는 연구를 진행하는 것이다. 물론 전투 현장을 방문하여 당시의 상황을 직접 확인하는 것도 연구의 중요한 절차이다.

① Who: 관련된 주체는? (부대, 인물, 국가 등)
② When: 언제 발생했는가? (전투시기, 기간)
③ Where: 어디서 발생했는가? (작전지역 및 공간)
④ What: 어떤 상황이 발생했는가? (주요 국면 및 사태)
⑤ How: 상황은 어떻게 발생했는가?
(상황의 진행과정 및 사태 추이)
⑥ Why: 상황이 왜 그렇게 전개되었는가? (이유와 원인)
⑦ Lession: 얻을 수 있는 전훈은?
(전략/전술 측면, 지형/기상 측면, 인원/장비 측면, 군대 문화/군사사상적 측면 등)

5WLH

> 전쟁을 경험하여 그 본질을 아는 군인은, 전쟁을 모르고 입으로만 평화를 부르짖는 공상가보다 전쟁을 더욱 두려워한다.
>
> -젝트-

제2장

전쟁의 서막

- 광복과 분단 -

일반명령 제1호
(미 SWNCC에서 38도선을 기준, 미·소의 군사작전 구역을 설정했다)

제1절 광복 전 · 후의 한반도

1. 광복 전 한반도

한반도는 지정학적 특징으로 인해 역사적으로 대륙세력과 해양세력의 충돌이 잦았던 곳이다. 한(韓)민족은 이러한 여건에서 일지기 통일 민족국가를 이루고 유구한 문화를 창조하며 발전해왔다. 하지만 19세기의 한반도는 쇄국정책의 추진과 더불어 세계사의 발전흐름에서 스스로 일탈하면서 근대자본주의 국가들의 이권다툼의 각축장으로 변모하고 말았다.

특히 지리적으로 인접국가인 일본(日本), 청(淸), 구 러시아 등이 한반도 경략에 적극성을 보였으며, 그 중에서도 일본은 메이지유신(明治維新, 1868)이후 근대화와 함께 조선(朝鮮)을 노골적으로 침탈하고자 하는 의도를 드러냈다. 이 과정에서 조선은 일제에 의한 강제 개화가 시작되었고(1876, 병자수호조약), 급기야는 을사늑약(1905)으로 외교권을 박탈당했다. 이어 조선은 고종황제가 강제 퇴위당하고(1907), 군대해산(1907)과 경술국치(1910)의 치욕을 통해 일본 제국주의의 식민지가 되고 말았다.

이 시기 우리 민족은 일제 강압에 대항하여 신분이 미천한 노비로부터 유생들까지 의병을 일으켜 투쟁하였으며, 군대 해산이후 의병전쟁이 절정에 다다랐다. 의병들은 일제의 군사작전이 본격적으로 전개되자, 1910년부터 한 · 만 국경지대로 이동하여 무장 독립전쟁을 진행했다. 이때의 주목할 만한 부대로는 김좌진의 북로군정서와 홍범도의 대한독립군, 임시정부의 한국광복군(1940. 7, 중경) 등을 손꼽을 수 있다. 이들 독립군은 한·만 국경지대의 일본군과 경찰을 공격하였으며, 1920년에는 봉오동 전투와 청산리 전투를 통하여 일본군에 대승을 거두기도 하였다.

여기서 잠깐

한반도에서 해양세력과 대륙세력의 충돌현황

구분	명 칭(주 체)	지 역	년도	원 인	결 과
삼국시대	왜 정벌 (고구려 · 신라 : 백제 · 왜 · 가야)	신라 혹은 가야	404	왜가 신라 침범	왜군 패퇴로 가야에 대한 백제 영향력 쇠락, 신라에 대한 고구려 영향력증대
삼국시대	백(촌)강 전투 (신라 · 당 : 백제·왜)	백촌강 (금강 혹은 동진강)	663	나·당연합군의 백제 공격에 따라 왜가 군사지원	나 · 당 연합군 승리 백제 멸망
고려시대	여 · 몽 연합군의 일본정벌 (고려 · 몽고 : 왜)	왜	1274 1275	몽고의 압력으로 고려가 일본정벌 시도	태풍으로 정벌 실패
조선시대	임진왜란 (조선 · 명 : 왜)	한반도	1592	풍신수길의 야욕	연합군 승리(강화)
조선시대	청 · 일 전쟁 (청 : 일본)	한반도 및 만주 지역	1894	일제의 조선 지배권 확보 야욕	일본 승리 조선지배권 확보 동학혁명 발생
조선시대	러 · 일 전쟁 (러시아 : 일본)	한반도 및 만주일대	1904	한반도와 만주 지배권 확보 야욕	일본 승리 을사조약 체결 (조선: 외교권박탈)
현대	6·25전쟁 (중공 · 북한 : 남한 · 유엔군)	한반도	1950	공산권의 적화야욕	휴전 (한반도분단 지속)

¢ 한반도에서 해양세력과 대륙세력의 충돌이 주기적으로 발생한 이유는 무엇일까?
- ☞ 지리적 중심국으로서의 위치
- ☞ 국제외교 과정에서 국익 확대를 위한 충돌

¢ 한반도는 해양과 대륙의 통로로 항시 전쟁에 대비해야 한다.

¢ 그렇다면 전투는 어느 지역에서 주로 발생할 것인가?
- ☞ 전투는 더욱이 지형적 이유로 해서 동일한 지역에서 발생될 확률이 높다. 따라서 전사 연구의 중요성이 더욱 증대된다.

또 한편으로 우리 민족은 제1차 세계대전 전후처리 방안으로 주창된 미국 윌슨(W. Wilson)대통령의 민족자결주의[1] 원칙에 입각한 평화 독립운동인 3·1운동(1919)을 전개하였다. 더욱이 우리 민족은 3·1운동을 계기로 중국 상해에 대한민국 임시정부를 수립하여(1919. 4) 만방에 선포하고, 한층 조직적이고도 통일성을 기한 독립운동을 전개하였다. 하지만 일제는 중·일 전쟁(1937)을 발발시키며, 제2차 세계대전 발발의 주역인 독일, 이탈리아와 동맹을 체결했다(삼국동맹, 1940. 9. 27). 이후 일본은 하와이의 진주만을 기습 공격하여 태평양전쟁(1941)을 일으키며 아시아 지역도 전쟁의 광풍 속으로 몰아넣고, 우리 민족에 대한 수탈을 한 층 가중시켰다.

그러나 대한민국 임시정부는 일제의 억압 하에서도 김구를 중심으로 중국 정부로부터 활동을 인정받고(1940. 8), 1941년 12월 9일 일본에 정식 국가로서 선전포고를 단행하며 휘하의 광복군은 연합군과 더불어 대일전을 수행하였다. 이 시기의 가시적인 성과로 영국군과 군사협정을 체결하고(1943. 6) 인도·버마(현재 미얀마)전선 등에서 활약하였으며, 광복군 중 정진대원(挺進隊員)은 미 전략정보처(OSS)와 연합하여 일본 제국주의 치하에 있는 한반도에 진공작전을 준비하였다.[2]

그러나 일제 식민기간 동안 일본 제국주의의 집요한 통치와 회유는 한반도를 민족적으로 친일과 항일의 두 부류로 갈라놓고 말았다. 또한 사상적으로는 당시 전 세계적으로 만연한 공산주의 세력이 창궐하기 시작하여 국권 회복의 대 전제 앞에 민족은 사상적으로도 사분오열(四分五裂)하는 양상을 보였다.

일본 제국주의가 물러나면서 한반도는 강대국에 의하여 해방은 되었으나 제2차 세계 대전의 승자인 연합국에 의하여 강제로 분단되면서 공산주의로 대변되는 대륙세력과 민주주의로 대변되는 해양세력의 이질적 집단의 대결장이 되었고, 한반도의 한쪽인 남한은 '섬 아닌 섬'이 되고 말았다. 이러한 국토의 분단과 이념의 분열은 이후 한반도의 역사 전개과정에서 민족의 운명을 가르는 결정적 요소로 작용되었다.

---

1) 제1차 세계대전이 종료되면서 미국의 윌슨대통령이 1918년 제창, 파리 평화 조약에서 채택되어 이후 식민지 국가의 독립에 영향을 끼쳤다. 내용은 모든 민족이 독자적으로 국가를 형성하고 자신의 정부를 선택할 수 있다는 내용이다.

2) 미얀마 전선에서는 영국군에 소속하여 포로 심문, 전단제작, 일본군내 조선인 귀환, 일본군 문서해독 등의 임무를 수행하였다. 미군과는 여러 프로젝트를 진행 하였으며, 한반도 진공을 위해 90명의 광복군이 공수훈련 등을 마치고 산동 반도에서 미군의 잠수함으로 한반도 진공 명령을 대기하던 중 일제가 항복하여 작전은 무산되었다.

2. 연합국의 전후처리와 한반도

카이로 회담의 3영수
(장개석, 루스벨트, 처칠)

얄타 회담의 3영수
(처칠, 루스벨트, 스탈린)

당시 우리 민족은 끈질긴 독립운동을 전개하였지만, 냉엄한 국제정치 질서 속에서 그 힘은 미약했다. 결국 전후처리는 전승국들의 힘의 논리에 따라 결정되어졌고, 한반도의 운명 또한 전승국들의 잣대에 따라 재단되어 졌다.

제2차 세계대전 말기에 이르러 동맹국의 한 축인 이탈리아가 항복하고 연합국이 주도권을 잡아 공세를 취하면서, 세계대전 종전처리와 새로운 세계질서의 개편을 위해 미국의 루스벨트(Franklin D. Roosevelt) 대통령, 영국의 처칠(Winston S. Churchill) 수상, 중화민국의 장제스(蔣介石) 총통 등이 이집트의 수도 카이로에서 전후처리에 관한 회담(1943. 11. 22~26)을 개최하였다. 이 회담에서 일본 점령지 처리에 관하여 논의하면서 한반도는 "적절한 절차를 거쳐 독립을 보장 한다.(... in due course Korea shall become free and independent ... .)"[3]라고 선언하여 국제적으로 처음 한반도의 독립이 언급되었으나, 여기에는 적절한 절차 즉 신탁통치를 통한다는 단서가 내포되어 있었다.

곧이어 이란의 수도 테헤란에서 개최된 회담(1943. 11. 28~12. 1)에서는 스탈린(Joseph V. Stalin)이 참석하여 루스벨트의 한반도 신탁통치 안에 동의하였다. 따라서 전승국인 미국, 소련, 영국, 중국 등 연합국 지도자들이 모두 한반도 문제에 공동의 인식을 하게 되었으며, 이후 신탁통치는 한국문제 처리의 기본 전제가 되었다.

3) 카이로 선언의 "적당한 절차"에 대하여 대한민국 임시 정부는 그 부당성을 지적하고 "한국은 일본 패망과 즉시 독립해야한다."고 주장했다.

일본에 투하된 원자폭탄

미주일본의 항복 서명
(동경만 미주리호 함상, 9. 2)

이어 연합국의 승리가 기정사실화 되면서 흑해 연안 크림 반도에 있는 얄타에서 개최된 비공개 회담(1945. 2. 4~11)에서는 소련이 대일전에 참여하고[4] 대신 러·일 전쟁(1904)에서 잃은 만주 일대의 이권을 보장해주기로 합의하였다. 이 얄타회담에서 한반도의 신탁통치 문제는 루스벨트 대통령의 언급에 따라 스탈린이 동의하는 정도의 수준으로 합의되었다.[5]

종전 직전 독일의 포츠담에서 개최된 회담(1945. 7. 17~8. 2)에서는 미국과 소련은 향후 만주, 한반도 등의 분할 선을 한반도의 38선으로 하는 개략적 계획이 발전되었고, 소련의 대일전 참전이 독촉되었다.[6] 그리하여 소련은 히로시마와 나가사키에 원자탄이 떨어지는(1945년 8월 6일, 9일) 절묘한 시점인 8월 8일(8월 9일 00:00) 만주 국경을 넘어 대일전에 참가했다. 대한민국 임시정부도 미국과의 협의를 통해 광복군의 일부를 미국 전략정보처의 훈련반에 참가시키고 정진대원들이 국내 진공작전을 위한 훈련을 실시하고 있을 때이다. 하지만 일본은 이미 8월 10일 미국에 항복의사를 타진했다.

4) 미국은 일본 관동군이 본토로 이동 결사항전 한다면 미군 약 100만 명의 희생이 있을 것으로 판단하여 소련군이 참전하여 일본 관동군을 패퇴시키기를 요구했다.

5) 김영호, 〈한국전쟁의 기원과 전개과정〉, 성신여자대학교출판부, 2006, p117.
한국의 신탁통치에 대하여 루스벨트는 '20~30년', 스탈린은 '짧으면 짧을수록 좋다'는 의견을 개진한 것으로 알려졌다.

6) 소련은 일본의 진주만 공격 이전인 1941년 4월 일본과 중립조약을 체결한 상태로 대일전에 머뭇거렸다. 소련은 참전대가로 남 사할린과 쿠릴(일본 명 지지마)열도 환원을 요구했다.

이때 미국이 제2차 세계대전 종전을 대비하여 일본의 항복절차와 연합국 지휘관의 지정, 한반도를 포함한 일본의 점령지를 접수하기 위한 계획을 조치한 것이 '일반명령 제1호'[7]이다. 미국은 일반명령 제1호에 포함할 미군과 소련군의 점령지역 구분선을 해군성에서 요구한 려순(旅順), 대련(大連)을 포함할 수 있는 북위 39도선도 고려했으나, 일본 남부에 치우친 미군 능력을 고려하여 한반도 상의 위도 38도선으로 확정하고 스탈린의 동의를 얻었다. 그리하여 한반도는 그 땅의 주인도 모르는 채 정치적으로 양분될 운명을 맞이하고 있었다. 일본은 1945년 8월 15일 '무조건 항복'을 선언했고, 제2차 세계대전은 종전을 맞이했다.

3. 남 · 북 분단과 정권수립

연합군(소·미)의 한반도 진출로

평양에 입성하는 소련군

전쟁종료 직전 대일전에 참전한 소련군은 일본 관동군 전투력이 생각 외로 약화되어 있어 쾌속 질주했다. 소련은 선전포고 이후 제1극동전선사령부 소속 제25군 사령부(대장 치스차코프, Ivan M. Chistiakov)를 주축으로 8월 9일 15시 함북 경흥을 점령하고 8월 12일에는 웅기, 8월 13일에는 청진에 상륙하며 일본군과 전투를 진행하였다.[8]

---

7) 미국 3부정책조정위원회(State-War-Navy Coordinating Committee : SWNCC)에서 본 스틸 대령과 딘 러스크 대령이 1945년 8월 10일과 11일 북한에 소련군이 진주하는 가운데 미군은 1,000km 남쪽 오키나와에 있다는 사실을 고려하면서, 한반도의 소비에트화를 방지하기 위해 38도선을 분할선으로 설정하고, 13일 트루먼의 승인을 받아 맥아더 원수에게 일반명령 제1호로 하달했다.

8) 권양주, 〈북한 군사의 이해〉, 2010, 한국국방연구원, pp.15~17.

3개 국어로 쓰인 38선 표식

신탁통치반대 운동

소련군은 약 15만의 육군과 해군을 북한에 신속하게 진주시키면서 8월 24일 선발대가 평양을 점령했고, 28일까지 북한의 전 지역을 점령하였다.[9] 이때 소련군은 조선을 구한 해방군으로 북한주민의 열렬한 환영 속에 입성했고, 평안남도 도청에 치스차코프 대장을 사령관으로 하는 군사정부(軍政) 사령부를 설치하였다. 그리고 소련군은 38도선에 다다르자 즉각 경계초소를 설치하고 남·북한 간의 모든 교통과 체신 왕래를 차단해버렸다.

북한은 군정 하에서 각 도·시·군에 위수사령부가 설치되었고, 위수사령부의 부사령관 및 각 부 차장은 조선인이 임명되었다. 이 조선인들은 주로 소련군 예하 제88특별정찰여단 소속이거나 소련 국적을 가신 사 들이었다.[10] 소련은 내부 검토를 거쳐 김일성을 조선의 지도자로 확정지었다(1945, 10, 14. 김일성 환영 평양 시민대회) 그리고 동유럽의 학습효과를 적용하여 북한에 5도행정국[11]을 설치(1945. 11. 19)하고, 김일성을[12] 북조선 공산당 책임비서로 임명하면서(1945. 12. 27) 일사불란(一絲不亂)한 군정 체제를 완비해 나갔다.

9) 국방부 군사편찬연구소, 〈6·25전쟁사 1, 전쟁의 원인과 배경〉, 2004, p.18.
10) 권양주, 앞의 책, pp.17~20.
11) 북한 나름의 5개 도 인민위원회 대표로 구성된 자치기구로 북한 정부의 시초이다. 위원장은 조만식으로, 해방과 더불어 '평양건국준비위원회'를 결성하고 있었다.
12) 김일성은 만주에서 항일운동을 전개하면서 인지도를 얻었다. 보천보 전투는 1937년 6월 4일 김일성의 동북항일연군 제1군 제6사가 함경남도 갑산군 보천면의 경찰 주재소와 우체국을 습격하여 발생했다(전과는 극히 미미하여 별로 알려지지 않았다. 하지만 북한은 이를 과대 포장하여 선전한다).

여기서 잠깐

김일성의 '88특별저격여단'(동북항일연군교도려)

일본이 1931년 만주침략을 개시한 이후 만주(동북)에서는 중국인, 조선인들에 의한 항일 게릴라전이 활발하게 진행되었다. 초기에는 국민당 군을 비롯한 다양한 세력들이 가담하였지만, 결국 중국 공산당이 그 중심에 위치한다. '항일연군(抗日聯軍)'이라 함은 각 민족(주로 중국인과 조선인)의 연합체의 성격을 지닌 부대를 의미한다.

이 항일연군은 전성기에는 수만 명이었지만, 1930년대 말 일제의 무력진압으로 세력이 쇠락했다. 이렇게 동북항일연군이 시련을 겪고 있을 때, 마침 소련이 동만주 지역의 항일연군 부대들을 소련으로 불러들인다. 당시 동북항일연군은 제1, 2, 3로군으로 구성되어 있었는데, 김일성은 동만 지역을 근거지로 하는 제1로군 2방면군 군장이었다.

1940년 소련으로 입국한 항일연군들은 소련군 편제에 따라 소련 극동군 '88특별저격여단'이라는 새로운 부대로 창설되면서, 소련군 복장과 계급을 부여받았다. 당시 88여단의 병력은 대략 1,000여 명으로, 부대는 4개 영(연대)으로 구성되어 있었는데, 대위 계급을 받은 김일성은 제1영의 장이었다.

이후 88특별 저격여단은 소련군의 지도하에 군사훈련을 받다가 소련이 일본에 선전 포고를 하자 소련군에 편입되어 대일전을 수행하였다. 김일성을 중심으로 한 조선인들은 '조선 공작단' 을 조직하여 북한에서 정권을 접수하였다.

1950년대 북한 조선노동당 내에는 그들의 배경에 따라 국내파, 연안파(중국에서 활동했던 공산주의자), 갑산파(김일성의 항일유격대와 연계를 맺고 있었던 함경도 북부지역 출신), 소련파(소련으로 건너가서 살다가 소련의 계획에 따라 입국한 관료와 기술자), '만주파' 내지 '항일 빨치산파'(김일성을 중심으로 한 88특별저격여단 출신)들이 서로 파벌을 이뤄 정권탈취전을 전개했다. 북한에서 정권다툼은 이전투구(泥田鬪狗)의 아귀다툼을 통해 결국 김일성을 중심으로 한 만주파가 승리했다.

(자료 : 권양주, 북한군사의 이해)

미 · 소공동위원회 1차 회담

미국 하지 중장(우)과 소련 스티코프 중장(좌) (자료 : 민족문화대백과)

이와 대조적으로 남한지역은 미군 계통으로 일반명령 제1호 하달이 지연되어 미군은 9월 4일부터 인천을 통해 진주하기 시작했다. 미군은 오키나와에 주둔하고 있던 제24군단(중장 하지 John R. Hodge, 제6 · 7 · 40보병사단) 8만여 명이었으며, 10월 16일까지 남한 주요 지역에 전개를 완료했다. 하지만 미국의 군정 정책은 소련과 달리 최초부터 부재하였고[13], 민주주의 기본개념에 따라 좌 · 우익을 포함한 모든 정파의 정치활동을 보장하는 반면, 대한민국 임시정부와 광복군은 부정되었다. 따라서 김구를 비롯한 임시정부 인사와 광복군은 개인 자격으로 입국해야만 했다. 당시 미국의 대 한반도 정책은 군정을 통한 신탁통치를 실시, 조선인 스스로의 통치능력을 기른 다음 독립 국가를 보장한다는 수순이었다. 이리하여 한반도의 남과 북은 이질적인 정치체제하의 군정이 실시되었다.

이후 제2차 세계대전 종전 후 한반도 문제 등 제반문제 처리를 위해 1945년 12월 27일 모스크바에서 개최된 미 · 영 · 소 3개국 외상회담에서 '5년간의 한반도 신탁통치'가 합의되었다. 격분한 국민들은 신탁통치를 반대하는 운동을 대대적으로 전개하였다. 하지만 북한은 신탁통치를 반대하다가 소련의 지령으로 돌연 찬탁으로 돌아서는 해프닝을 연출했다. 이로서 한반도 내부의 이념적 성격의 분열상이 극명하게 노출되기 시작했다.

---

13) 하지 중장은 군정에 대한 기본정책 없이 진주하여 친일계 인사들을 등용하였다가 민족적인 항거로 철회했다. 미 제40사단은 미군 감축계획에 의거 1946년 초 바로 철수했다.(미 제24군단은 일본 본토 상륙을 준비하다가 목적지를 한반도로 부여 받았었다).

대한민국 정부수립 기념식

북한 정권 수립시 김일성(1948. 9. 9)

이어 모스크바 외상회담의 사후문제 처리를 위하여 미·소 공동위원회가 설치되었으며, 제1차 미·소 공동위원회가 서울 덕수궁 석조전에서 개최되었다(1946. 3. 20). 이때 소련은 신탁통치에 찬성하는 대상만으로 임시정부 구성을 준비하고 이에 반대하는 정당이나 단체는 임시정부 구성에 참여시킬 수 없다고 주장하며 미국과 대립되는 의견을 제시하여 결국 위원회는 파국을 맞이하였다. 이후 개최된 제2차 공동위원회(1947. 5. 21) 마저도 양국은 동일한 문제로 합의점을 찾지 못하고 결렬되고 말았다.

한반도 문제가 해결의 실마리를 보이지 않자 미국은 한반도 정권수립 문제를 유엔(United Nations)[14]에 상정했다. 유엔은 한국문제를 처리하기 위해 한국임시위원단(UNTCOK)을 설치하고 남·북 총선거를 실시하자고 제의했다. 하지만 선거에서 인구수의 문제 등으로 불리하다고 판단한 공산권의 반대로 북한에는 입국하지 못했다. 결국 남한지역(4·3사건으로 제주도 제외)만 자유 총선거를 실시하고(1948. 5. 10), 결과에 따라 1948년 8월 15일 '대한민국 정부'가 수립 되었다.

북한에서도 자체적인 정권수립을 준비하여 소련식 흑백선거를 통해 1948년 9월 9일 '조선민주주의 인민공화국'이라는 정권을 탄생시켰다. 이로써 한반도는 해방과 동시 강대국의 전후처리에 따라 설치된 38도선을 기준으로 양 지역에 이질적인 정권이 수립되었다. 인도 독립 초기 인도와 파키스탄의 분리 상황을 빗댄 인도 수상 내루의 "결혼도 하기 전에 이혼부터 한다."[15]는 말처럼 약소국의 비참하

14) 제2차 세계대전 후 평화와 안전의 유지, 국제 우호관계 증진, 경제·사회·문화·인도적 문제에 관한 국제협력을 목적으로 창설된 국제기구로 로마자 약자는 UN이다.

고도 어이없는 상황이 한반도에서도 발생했다. 한반도에서의 남·북 분단은 이때부터 고착화되기 시작하여, 결국 한국 전쟁의 직접적인 단초가 되고 말았다.

한 민족이 동시에 두 개의 정부를 탄생시켰기 때문에 민족적 입장에서는 필연코 양 정부에 대한 정통성의 시비가 뒤따르기 마련이다. 따라서 양 정부의 정통성 문제를 고찰해 보았을 때, 남한 정부는 북한 정권에 비해 다음과 같은 면에서 정통성을 확보하고 있다. 역사적으로 남한 정부는 3·1운동 정신과 상해 대한민국 임시정부(1919. 9. 6)의 전통을 계승하고[16)] 시행함에 비하여 북한 정권은 3·1운동을 부정하고 공산주의 운동에 관한 내용으로 일관하고 있으며, 국제적으로 남한은 1948년 12월에 실시된 제3차 유엔총회 표결에서 48대 6으로 '한반도의 유일한 합법정부'로 인정을 받았고, 국내적으로는 유엔의 통제 하에 전 국민의 2/3 가 살고 있는 지역에서 91%의 참여율로 건국한 국가이다. 이에 비해 북한 정권은 유엔의 총선거를 부정하고, 소련의 통제 하에 공산주의의 선거를 통해 정권을 수립하였다.

더욱이 현재 북한은 인민이 헐벗고 굶주리는 무능한 3대 세습의 왕조국가로 전락한 반면, 남한은 국민 모두가 자유의사에 따라 행동하며 인권이 보장된 부유한 선진국으로 발돋움했다는 점에서도 민족의 정통성을 부여받을 수 있을 것이다.

> 정신력과 물질력의 효율은 3:1이다.
>
> -클라우제비츠-

15) 인도가 영국의 통치에서 벗어나면서 종교 문제로 파키스탄의 이슬람교와 인도의 힌두교로 대립, 영국이 설정한 국경선으로 하여 1947년 별도의 국가로 분리 되었다.

16) 북한은 3·1운동을 부르주아 계급투쟁운동으로 규명하고, 민족사적 의의를 폄하하고 있다.

제2절 전쟁의 출발점

1. 전쟁의 원인

광복을 맞은 한반도는 국제 정치적 상황 하에서 공산주의와 민주주의 간 대립의 국면이 조성되었다. 그리고 38도선을 따라 형성된 지리적 분단은 급기야 전쟁을 불러오고 말았다. 우리는 역사상 일찍이 볼 수 없었던 동족상잔의 비극이 된 이 전쟁을 '6 · 25전쟁'이라 명명한다.

6 · 25전쟁은 20세기의 4대 세계전쟁(제1 · 2차 세계대전, 6 · 25전쟁, 베트남 전쟁) 중의 하나로 꼽힐 만큼 전쟁 전후로 한반도를 둘러싼 국제 역학구도에 큰 파장을 불러일으킨 전쟁이었다.[17] 따라서 당시의 국제질서를 파악하고자 하는 학자들은 필수적으로 한반도의 6 · 25전쟁을 연구해야만 한다.

전쟁의 기원을 둘러싼 논쟁은 그간 전통주의 학파(전쟁의 원인을 소련과 스탈린의 세계 공산화 정책에서 찾음)와 수정주의 학파(전쟁의 원인을 미국의 제국주의 정책에 둠)로 구분되어 진행되어 왔었다. 이후 일단의 학자들은 전쟁의 원인을 한반도 내부에서 찾는 시도를 진행하였으며, 이러한 이론의 대표자가 6 · 25전쟁의 대표적 연구서인 〈한국전쟁의 기원 Ⅰ, Ⅱ The Origins of the Korean War vol Ⅰ, Ⅱ〉이라는 책을 쓴 브루스 커밍스(Bruce Cumings)[18]이다.

커밍스는 6 · 25전쟁을 일제 식민지시대의 유산과 38선의 연장선에서 한민족 간

17) 김철민, 〈한국전쟁과 동유럽〉, 아카넷, 2008, p14.

18) 시카고 대학교 교수로 1981년과 90년에 펴낸 〈한국전쟁의 기원〉 1, 2권은 이른바 수정주의적 관점에 입각하여 한국 전쟁을 다룬 대표적인 저서로 평가받아 왔다. 그는 38선 확정, 남북 분단 고착화 책임이 미국에 있다고 주장했고, 이는 1980년대 민주화, 통일, 반미 운동 등의 논리를 제공했다.

의 갈등에서 발생한 '내전'이라고 주장하고 있으며, 그 전쟁의 책임을 미국의 무지로 보고 있다. 하지만 커밍스 교수의 논점들은 러시아가 소련의 '한국관련 비밀문서'들을 공개함으로 해서 무너져 버리고 말았다. 6·25전쟁은 냉전체제하에서 소련의 스탈린이 김일성을 사주하여 일으킨 전쟁이라는 것이 소련의 비밀문서에 고스란히 기록되어 있기 때문이다.

여기서는 6·25전쟁의 원인을 크게 두 가지 측면에서 검토해 본다. 첫 째는 당시의 '국제 정치질서' 상황에서 전쟁의 원인을 찾는 관점이고, 다른 하나는 '한반도 내부'에서 전쟁의 원인을 찾는 관점이다.

가. 국제적 원인

먼저 국제적 관점에서 전쟁의 원인은 당시 미·소의 대결, 미국의 대한반도 전략부재, 중·소의 세계 공산화 등 대략 세 가지로 구분하여 볼 수 있다. 먼저 소련의 팽창주의 정책과 미국의 봉쇄정책 간의 문제이다. 당시 국제 역학의 주도권은 제2차 세계대전 종료 직전 개최된 얄타 회담에 따라 연합국 중에서도 미국과 소련이 잡고 있었다. 하지만 양국은 당시에 이념과 체제 면에서 서로 물과 기름의 관계로 세계 여러 곳 곳에서 마찰을 빚고 있었나. 세2차 세계대진 종진 후 소련은 팽창주의(膨脹主義, expansionism) 정책을 추진했고, 미국은 이를 저지하기 위한 봉쇄정책(封鎖政策, containment policy)[19]을 추진하면서 상호대립을 격화시키고 있었던 것이다.

소련은 동유럽 및 발칸반도에서 '철의 장막(Iron Curtain)'[20]을 치며 동구제국을 위성국화 하였다. 더욱이 이란에 군대를 추가 주둔시키고, 그리스와 터키를 위협 팽창정책을 표면화하는 가운데, 미국은 '트루먼 독트린(1947. 3. 12)'과 '마샬 정책(1948년∼1951년 추진)'[21]을 추진하였다. 이에 소련이 동유럽에 '코민포름'[22]을 형성

---

19) 제 2차 세계대전 후 미국의 트루먼 정부는 소련의 세력권이 더 이상 팽창하지 않도록 봉쇄전략을 추진하여 소련의 팽창주의 정책을 차단시키고자 하였으며, 봉쇄 정책의 대표적인 선이 38선이다. 소련 전문가 케난에 의하여 제시되었다.

20) 영국 수상 처칠이 소련의 동유럽 공산화를 빗대어 사용한 용어이다.

21) 트루먼 독트린과 마샬 정책 : 트루먼 독트린은 공산주의의 확산을 방지하고자 하는 내용으로 미국 대통령 트루먼이 주창하여 이후 미국정책의 기조가 되었고, 마샬 정책은 제2차 세계대전으로 쇠락한 유럽을 재건하기 위한 미국의 원조 및 지원 계획이다.

22) 1947년 미국의 소련에 대한 봉쇄정책에 대응하기 위해 소련을 중심으로 유럽 9개국 공산당이 정보교환과 활동조정을 도모하기 위해 조직한 국제기구이다.

나토와 바르샤바조약기구 가맹국

베를린에서 대치중인 미군과 소련군

하며 베를린 봉쇄정책(1948. 2)을 단행하자, 미국은 '북대서양 조약기구(NATO. 1949. 4)'를 결성하였다. 장기판의 장군 멍군이었다. 하지만 이와 같은 대결구도 하에서도 미·소는 힘의 균형을 축으로 하여 제3차 세계 대전을 예방하기 위해 극단적인 무력충돌만은 상호 회피하고 있었다.

그러나 그간의 힘의 균형이 한반도에서 일시에 무너지고 말았다. 결과적으로 미·소의 최첨단 지역 한반도에서 어느 한 국가는 전쟁을 사주했거나 적어도 묵인하는 이상의 정책을 추진했다고 볼 수 있다. 따라서 6·25전쟁은 그간 축척된 미·소간의 에너지가 한반도에서 만큼은 '열전'[23]으로 분출한 것이라 볼 수 있다. 이러한 국제 역학은 전쟁의 원인이 거시적인 입장에서 당사국보다는 당시 세계 정치의 흐름 -소련의 팽창주의와 미국의 봉쇄주의-에 있다는 것을 의미한다.

둘째는 미국의 '한반도의 전략적 가치 경시와 정책부재'를 들 수 있다. 미군은 한반도 진주 시작부터 준비 미흡으로 출동 지연과 정책 부재를 드러냈다. 더 나아가 미 국무부장관 애치슨(Acheson D. Gooderham)은 미국의 극동방위선에서 일본 열도까지 만을 미국의 전략방위선으로 포함하고, 한반도와 대만을 제외시켜 발표했다(전 미국 신문기자 협회 강연, 1950. 1. 12)[24]. 이는 한국의 안전에 대해서는 미국의 직접적 군사력 투입보다는 유엔을 이용한다는 생각을 염두에 둔 발표였다. 하지만 이 사실은 공사주의자들의 모험심을 자극하기에 충분했다.

---

23) 냉전(冷戰, Cold War)과 열전(熱戰, Hot War) : 냉전과 열전은 전쟁의 한 종류이다. 냉전은 국가간 무력을 사용하지 않고 정치, 경제, 정보 등의 수단으로 대결하는 것으로 제2차 세계대전 이후 미국과 소련의 대결을 의미하며, 이와 반대로 군사적으로 대결하는 전쟁을 열전이라 한다.

24) 알류산 열도와 일본 그리고 필리핀을 연하는 선이다. 한반도와 대만이 제외 되었다.

여기서 잠깐

6·25전쟁의 명칭

¢ 현재 6·25 전쟁의 명칭은 다양하게 불러지고 있다. 그렇다면, 어떻게 불러야 적절한 전쟁의 명칭이 될까?

구분	6·25전쟁	한국전쟁	동란	사변
적용 시기	대한민국 국민이 6·25전쟁을 호칭 할 때 사용	국제회의 및 교류시 사용	민족적인 아픔이나 북한 공산세력의 폭력성과 불법성을 강조할 때 사용	
비고	국가 공식용어 (정부에서 2004년 공식 용어로 지정하여 사용)	제 3국의 입장에서 사용하는 용어	각종 국내 행사/ 활동간 사용	

* **내전과 내란** : 전쟁을 정권탈취목적의 전쟁으로 간주할 때 사용하는 표현으로 적절한 표현이 아니다.

¢ 그렇다면 한국과 관련된 나라들은 어떻게 호칭하고 있을까?
☞ 모두 전쟁에 대한 자국의 입장을 담고 있다.

구 분	북 한	미 국 / 소 련	중 국	일 본
명 칭	조국해방전쟁 (祖國解放戰爭)	한국전쟁 (Korean War / Корейская война)	항미원조전쟁 (抗美援朝戰爭)	조선전쟁 (ちょうせんせんそう)

* 중공은 '미국에 대항하여 조선을 지원한 전쟁'으로 부르고 있다.

* 미국에서는 잊혀진 전쟁(The Forgotten War), 알려지지 않는 전쟁(The Unknown War)이라고 불리고도 있다.

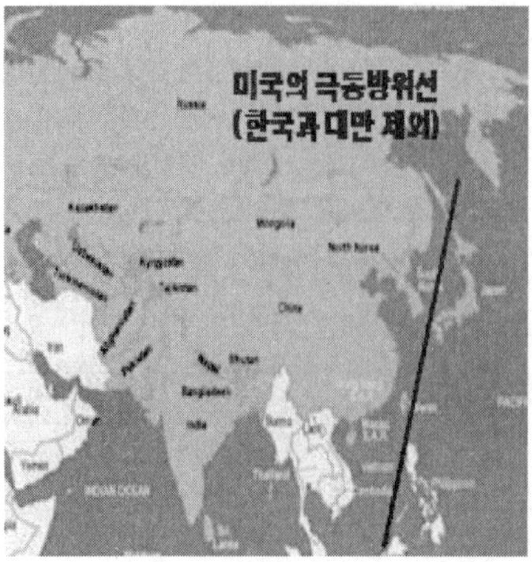

미국의 극동 전략방위선(에치슨 라인)

철수하는 미군(1949. 6. 29)

이러한 결정을 하게 된 미국의 속사정은 제2차 세계대전 말기 전략공군 위주의 대량보복전략[25]을 수립하면서 지상군을 1,200만 명에서 146만 명으로 대폭 감축하고[26], 마샬 정책 추진으로 인한 경제적 부담과 더불어 국력과 자원 면에서 한국의 전략적 가치를 낮게 평가한데서 원인을 찾을 수 있다.[27]

또한 미국은 결정적으로 한반도에서 한국군을 충분히 무장시키지 않고 미군을 조기에 철수(1949. 6. 29)시켜 힘의 공백을 초래하고 말았다. 이러한 미국의 정책 결정들은 한반도의 공산권 영향화를 가속화 시켜 전쟁을 방조하는 결과를 초래하고 말았다.

셋째로 소련과 중공의 세계 공산화 정책이다. 소련은 제2차 세계대전 종료 직후 동구제국을 위성국화 하고, 1948년부터 전략의 축을 유럽에서부터 아시아로 전환하는 정책을 수립, 아시아의 신생 독립국을 대상으로 공산화 정책을 추진하였다. 특히 소련은 한반도를 위성국화 함으로써 미군을 축출하고 극동지역에서 부동항의 전진 기지를 확보하며, 대미 일변도의 일본에 대한 직 · 간접적 영향력을 행사하고자

25) 미국은 제 2차 세계대전 이후 적으로부터 공격을 받을 경우 핵 우위를 바탕으로 핵을 실은 전략폭격기로 대량 보복하겠다는 전략을 수립하였다.

26) 국방부 군사편찬연구소, 위의 책, p.90.

27) 당시 미국 합참의 전략적 평가결과 한반도의 우선순위는 여러 국가 중 15위였으며, 해당 국가의 필요성에서 보면 한국은 5위로 종합 13위였다. 따라서 독트린 지역은 무차별적인 지원을 받은 반면, 한반도는 미국의 정책에 따라 철저하게 계산된 지원을 받았다(김영호, 위의 책, p146.).

모스크바를 방문한 김일성(1949. 2)

모택동 중화인민공화국 개국선언
(1949. 10. 1)

하였다. 그래서 스탈린은 북한에 소련제 최신 무기를 구상무역과 차관으로 지원하였으며, 미군이 만주로 진격 시에는 미군과의 일전까지 이미 고려하고 있었다.[28]

또한 당시 공산주의 국가로 태동하기 시작한 중공이 티토의 유고[29]와 같이 미국으로 기울어지는 것을 방지하고 중공을 소련의 영향권 하에 묶어 두기 위한 방편이기도 했다.

이에 비해 중공은 이미 국·공 내전 간 북한으로부터 군사적 협조를 받아 센양(瀋陽)전투를 승리[30]로 이끌었을 뿐만 아니라 전투 간 피난처로 북한을 이용하였고, 북한의 물자를 지원받기도 하였다.[31] 또한 1946년 말과 1947년 초부터 6·25전쟁 직전까지 약 5만 명의 조선의용군을 중공군에 편입 내전에 참전 시켰다[32]. 이렇게 중공은 이미 북한 한인들의 도움을 받아 국민당과 전쟁을 치러 빚을 지고 있었으며, 중공과 북한 양 공산주의 신생국가들은 그들의 표현대로 말한다면 이미 '피로 맺어진 형제'였다.

중공의 대북한 지원은 역사적으로는 중화관(中華觀)이 작용하였고, 실질적으로

---

28) 스탈린은 "소련이 원폭을 보유하고 있으므로 미국은 세계대전을 우려하여 참전하지 못할 것이라." 라는 결론을 내렸다(Evgen p. Bajanov외 1명, 〈소련 비밀문서로 본 한국 전쟁, pp.41~42).

29) 유고는 티토 대통령이 독자적으로 공산화를 달성했다. 러시아와 발칸유럽 주도권 싸움으로 코민포름 분쟁에서 고립되어, 사회주의 국가들의 침략위협을 받고 미국에 도움을 요청했다. 6·25전쟁에 대하여 동구권에서는 유일하게 소련에 의한 북한의 남침임을 주장했다(김철민, 위의 책, p.19).

30) 중국공산당은 국민당과의 선양 전투에서 북한지역으로 우회 기동하여 승리하였다.

31) 국방부 군사편찬연구소, 위의 책, pp.202~202.

32) 김영호, 위의 책, p.92.

는 한반도와 지리적으로 인접한 순치보거(脣齒輔車)의 지정학적 관계가 우선 고려되었다. 마오쩌둥은 이미 장제스와의 문제로 미국과 형성된 적대관계에서 자국의 안전도모를 위해 한반도 장악이 필요하다고 판단한 것이다. 또한 중공은 대만을 통일하는데 소련의 해·공군력 등 군사지원이 필요함에 따라 소련의 한반도 정책을 지지하고 전쟁에 가담하기로 결정한 것이다.[33]

마오쩌둥은 스탈린의 사주를 받고 베이징을 방문한 김일성에게 "미군이 전쟁에 참가한다면 중공이 병력을 지원 하겠다."고 약속했다.[34] 이렇게 소련의 전략에 의한 한반도 공산화 정책, 중공의 국익을 바탕으로 한 중·소 우호전략, 북한 김일성의 적화야욕은 서로의 이해가 일치하면서 소련·중공·북한은 정치·군사·문화면에서 '3국 협력 체제'를 탄생시켰으며, 이는 시차를 둔 국가별 조약으로 명문화되었다.

나. 국내 요인

6·25전쟁의 국내요인으로 볼 수 있는 것은 크게 김일성의 무력통일 야욕과 남·북한간의 군사력 불균형 그리고 정치적 혼란 및 경제력 빈약 등을 들 수 있다. 김일성은 외부적으로는 수차례 소련의 스탈린을 방문하여 남침에 대한 지원과 승인을 요구했고, 스탈린은 그때마다 남침에 대한 비전과 전략을 제시했다. 때를 기다리런 스탈린은 국제적 여건이 성숙되고-미군이 철수하고-김일성의 무력 통일안이 자신의 동방전략과 맞아 떨어지자 무력전쟁을 승인했다. 하지만 손바닥도 마주쳐야 소리가 나는 법인데 외세가 전쟁을 종용한다 해도 전쟁을 하고자 하는 내부자가 없었다면 어찌 전쟁이 가능했겠는가? 김일성은 소련의 지원으로 정권을 장악한 후 내부적으로는 체제를 공고히 하면서 군대를 양성하고 전쟁물자와 장비를 준비해 나갔다. 그는 무력으로 한반도를 통일하겠다는 야망을 품고 있었던 것이다.

또한 당시 세계적인 냉전의 균형추는 상호 견제 가능한 군사력이었다. 하지만 한반도에서는 이 균형추가 붕괴되어 있었고, 북한은 우세한 전투력을 앞세워 남침을 감행하였다. 개전 직전 양군의 전투력을 비교해 보면 병력 수에서 한국군은 약 10만 여명, 북한군은 약 20만 명으로 북한군이 2 : 1의 비율로 한국군을 앞서고

33) 중공은 6·25 직전 바다건너 찐먼다오(金門島)의 국민당 군을 공격했으나, 해상 수송 수단 미비로 인하여 실패했다.

34) 1950년 5월 15일, 〈한국전쟁관련 러시아 외교문서〉.

있음을 알 수 있다. 장비 면에서도 현대전의 총아인 전차를 한국군은 한 대도 보유하지 못하고 있는데 반해, 북한군은 85mm 주포를 장착한 소련제 전차(T-34)를 242대나 보유하고 있었다. 한국군이 당시 북한군 전차를 파괴할 수 있는 무기체계를 전혀 보유하지 못하고 있던 비대칭 상황을 고려한다면 기타 분야의 전투력 비교 자체가 무의미하다고 할 수 있다.[35)]

정치의 혼란도 극에 달하였다. 북한 지역은 소련의 지원 아래 공산당이 정권을 잡고 일사 분란한 통제가 이루어졌다. 하지만 남한은 서구 민주주의의 영향으로 많은 정당이 난립하였고, 집권당은 강력한 리더십을 발휘하지 못하였다. 이 정치상의 혼란으로 남한의 지도부나 정치인들은 국방문제를 심도 있게 다루어 보지도 못하고 6 · 25전쟁을 맞이하였다.

사실 일선의 지휘관들은 웬만큼 전쟁의 분위기를 읽고 있었다. 그러나 이들이 군 지휘부와 정치권, 그리고 대국민을 설득하는 데는 한계가 있었다. 전 국민이 함께 공감하고 노력할 때 전쟁도 예방되는 것이지 일선에서만 노력한다고 전쟁이 예방되지는 않는 것이다.

경제면에 있어서도 당시 대부분의 산업시설이 북한에 산재해 있었지만 38선 분단과 더불어 교류는 단절되었다. 더욱이 북한지역 수민들의 월남으로 남한의 인구 부양능력은 한계에 다다랐고[36)], 전력과 생필품 부족이 만연하여 인플레가 극에 달했다. 이러한 사회불안은 국가 존립과 안정에 부정적 요소로 작용되었고 좌익세력이 준동할 수 있는 원인의 하나가 되었다.

이와 같이 6 · 25전쟁은 국제적인 정치상황과 국내의 정치, 경제, 군사적인 불안이 결합되어 발생한 전쟁으로 볼 수 있다. 일본 학계에서는 일찍이 6 · 25전쟁을 '국제적 내전(International Civil War)'이라 규정했다.[37)] 6 · 25전쟁은 당시의 국내문제가 전쟁으로 비화되었고, 미국 등의 개입으로 국제적인 전쟁으로 확대된 것이라 보는 견해로 탁월한 식견이라 아니할 수 없다.

---

35) 한국군이 보유했던 대전차 장비는 2.36인치 로켓포와 57밀리 대전차포였으나 이들 장비로는 북한군 T-34전차를 파괴할 수 없었다.
36) 약 400만 명이 월남한 것으로 추산하고 있다.
37) 일본의 나가이(永井陽之助)와 한국의 서주석은 6·25전쟁을 '국제적 내전'이라 정의하였다.

2. 남 · 북한군의 창설과 발전

가. 소련군 철수와 북한군의 증강

초기 북한군의 창설과 전력증강은 소련군에 의해 주도되었다. 소련의 북한군 증강 목적은 최초에는 군정 통치를 위한 것이었고, 소련군이 철수하면서부터는 남침을 대비한 전력 증강이었다.

해방직후 북한지역에서는 소련의 군정체제가 완비되기 전까지 민족주의 계열의 자위대(조만식)와 자생한 공산주의자들이 조직한 치안대(현준혁) 등의 무장단체가 활동하고 있었다. 소련 군정은 김일성을 등장시킨 후 무장단체를 해산하고(1945. 10. 12), 요동에서 공산당 계열의 부대들(연안파)이 북한으로 복귀하려하자 국경에서부터 이들을 저지했고, 입국한 일부 부대들도 무장해제 시켜버렸다. 이어 내무국 산하에 각 도별로 보안대를 조직(1945. 10. 21)하여 김일성 계열이 헤게모니를 잡았다. 보안대는 특별 선발한 사상이 투철한 2천여 명으로, 후에 인민군과 더불어 북한군(인민군)의 토대를 형성한다.[38] 이후 정규군의 근간이 되는 철도보안대가 창설되어, 1946년 2월 8일부터 보안대와 함께 당시 위원장이 김일성이던 '임시인민위원회'의 통제를 받았다.

북한은 진남포에 '평양학원(김일성대학 전신, 김책, 1946. 2. 8)'을 설치하여 고급간부를 양성함과 동시에 김일성 계열의 정치 간부를 양성하여 세력 확장을 꾀하였다. 그리고 주요 병과의 초급간부 양성을 위해서 '북조선중앙보안간부학교'를 설치하여 운용하였다(1946. 7. 8).

시가행진하는 북한군(자료 : 티스토리)

해방 4주년 기념식장의 인민군

38) 권양주, 위의 책, pp.24~25.

소련으로부터 북한에 지원되는 전차

북한 기관단총 시제품 생산 기념

한반도를 주시하고 있던 스탈린은 1946년 7월 김일성과 박헌영을 모스크바로 초청하여 붉은 군대 지원 아래 정규군을 창설하도록 했다.[39] 이에 김일성은 소련 군정과 협의하여 북한의 모든 군사관련 조직들을 통합하여 '보안간부훈련대대부'를 창설하였다(1946. 8. 15, 보안대 제외[40]). 또한 보안간부훈련대대부 창설과 시기를 같이하여 소련 군사고문단이 입북하여 각 훈련소와 군사학교에서 군사지도를 시작하였다.

미・소 대립이 본격화되면서 북한은 보안간부훈련대대부를 '북조선인민집단군사령부'(1947. 5. 17, 사령관 최용건)로 재편하면서, 기존 무력조직을 '조선인민집단군'으로 개편하고 계급상을 부착하여 정규군으로 변모시켰다.

소련은 미・소 공동위원회가 결렬되면서 한국문제가 유엔에 이관되자 "유엔은 한국에 대한 관할권이 없으며, 한반도 문제는 남북이 스스로 해결해야 하며 모든 외국 군대는 통일정부 수립 이전에 철수해야 한다."[41]라고 주장하면서 북한군 전력 강화에 박차를 가하기 시작했다.

김일성은 1948년 2월 8일 '조선인민군'의 창건을 공식적으로 선포하고 인민집단군을 '조선인민군'으로 인민집단군 총사령부를 '조선인민군 총사령부'로 각 각 개칭했다. 이와 같이 무력 증강에 혈안이 된 북한은 정부도 수립되기 전에 정규군을

39) 권양주, 위의 책, p.27.
40) 1947년 2월 21일 북조선 임시인민위원회가 북조선 인민위원회로 개편되면서 보안국은 폐지되고 내무국이 신설되어 보안대는 이후 내무국이 관장하게 된다.
41) 장준익, 위의 책, pp.484~487.

먼저 창설시켰다. 북한정권을 수립하고 나서는 인민군 총사령부를 '민족보위성(1948. 9. 9)'[42]으로 격상시켰다.

북한군의 증강이 어느 정도 완료되자 소련군은 1948년 9월 20일 철수를 발표하고, 10월 19일까지 철수를 완료했다. 소련군 철수에 따라 1948년 12월 소련 군사고문단이 파견되었고[43], 이들은 1948년 말 2천 명 선을 유지하다가 1949년 대부분 철수하였다. 북한군은 소련군 철수 시 인계한 장비로 1948년 말까지 보병 제3·4여단을 사단으로, 항공대대를 항공연대로 증편하고 기갑전력인 제105전차대대를 창설했다.

또한 민족보위성과는 별도로 내무성 산하에서도 부대를 증편하고 있었다. 1947년 창설된 38경비대는 38선 보안여단(1948. 1)으로, 이후 3개의 경비여단으로 확장되었고(1949. 1. 전시에는 보병사단으로 확장), 철도경비여단은 철도경비 제5여단(1949. 1)으로 확대되었다.

소련군 철수이후 모스크바에서 중국과 북한 등 3개국 군사대표가 참가하여 북한군 확장을 위한 전략회의를 개최하였다. 이 회담에서 3개국 대표는 1950년까지 북한군을 14개 보병사단과 2개 전차사단으로 확장하기로 합의하였다. 그리고 1949년 3월 모스크바에서 김일성과 스탈린이 또 한 번 회담을 개최하였고[44], 이때부터 북한군은 다시 한 번 급성장하게 된다. 이때 많은 소련의 군수 장비와 물자들이 반입되었을 뿐만 아니라 약 5만여 명의 한인계 중공군이 1949년 7월부터 1950년 4월까지 입북하였다. 이로서 북한군은 질적인 면에서도 괄목할 만한 발전을 이루게 되었다. 이렇게 전쟁준비에 박차를 가한 북한군은 남침 직전까지 10개 보병사단, 해군 3개 위수사령부, 공군 1개 비행사단 등을 보유한 막강한 전력의 군대로 성장하였다.[45]

42) 북한의 국방부, 조선 인민민주주의 국가 선포와 더불어 작전국 등 11개 국으로 편성 각 군의 업무를 관장하였다.
43) 사단을 기준 사단에 대좌급 사단장 고문관을 비롯하여 중대급까지 150명 배치.
44) 4,000만 달러의 차관 및 기술지원, 전문가 파견 등을 합의하였다.
45) 국방부 군사편찬연구소, 위의 책, p.191.

나. 한국군의 창설과 발전

남한에서는 해방이후 해외에서 복귀한 약 13만 명의 군사관련 유경험자들이 해외에서 얻은 군사경험을 바탕으로 조국 군사건설의 일원으로 참여하고자 했다. 당시 남한 내에는 이미 사설 군사단체 30여 개가 이념구분 없이 난립하고 있었다.

미군정은 군정 법령 제28호를 발령하여(1945. 11. 13) 군정청 내에 한국군의 토대가 되는 국방사령부를 창설했다[46]. 그리고 국방사령부를 국방부로 개칭했는데(1946. 3. 29) 소련의 항의로 국내경비부로(1946. 6. 15), 곧이어 대한제국의 향수를 불러일으키는 통위부[47]로 변경하였다. 여기에서 군 창군관련 업무가 대부분 시행되어 실질적 국방부 역할을 수행했었다.

미 군정은 경비대 창설을 앞두고, 언어소통을 위해 '군사영어학교(교장, 중령 그린, Green)'를 설치하고(1945. 12. 5) 한국군 간부를 최초로 양성하였다. 지원 자격은 군사경험이 있는 자 중에서 중학교 이상의 학력이 있는 자로, 영어에 지식을 겸비한 사람으로 한정하였다. 이후 군사영어학교를 폐지하고, 남조선경비사관학교를 태릉에 설치하여(1946. 5. 1, 육군사관학교 전신) 본격적으로 군의 기간인 장교를 양성하기 시작했다.

이후 군정 법령 제28조에 의해 본격적인 창군 작업이 이루어졌다. 육군 1개 군단과 해군 및 공군이 포함된 '국방군 창설'을 서둘렀으나 미국의 3부조정위원회에서 부결되었다. 따라서 미 군정청은 군보다는 경찰 기능에 가까운 경찰예비대 창설계획을 수립하여 본토에 건의하였다. 이를 뱀부(Bamboo)계획(1946. 1. 14, 국방군 창설계획)이라 한다. 뱀부(Bamboo)계획에 의하여 1946. 1. 15에 국방경비대(1개 도에 1개 연대씩 모두 25,000명 규모의 8개 연대를 편성, 육군으로 발전한다.)와 조선해양경비대가 설치되었다.[48] 이 때 자생적인 군사 단체들이 해산되면서(1946. 4. 1) 남로당의 좌익성향 인원들이 군에 대거 침투하여 이후 군내에 심각한 이념적 문제를 야기 시키기도 했다.[49]

---

46) 국방부 군사편찬연구소, 위의 책, p. 344.

47) 미 군정청에서는 국내 경비부라 하였으나, 군사 원로들이 대한제국의 향수를 기리며 통위부라 애칭 했고, 국방부로 변경되기 전까지 호칭되었다.

48) 군정법령, 제42호(1946. 1. 14) 제1조.

49) 국방경비대를 창설하면서 미군정은 군사단체에 대하여 해산령을 발표했다. 주요 사건으로 제1연대 1대대 소요 사건(1946. 5. 23), 제2연대 부정사건(1947. 2. 29), 제주 4·4사건, 여순반란사건(1948. 5. 4), 제6연대 반란사건(1948. 11. 2) 등이 있다.

육군 모체 국방경비대원 행진모습

최초의 전투함인 백두산 호

1947년 10월에 이르러 미 · 소 공동위원회에서 점령군 철수문제가 대두되면서 미군의 철수에 대비하여 한국의 국방군 창설을 검토하기 시작했다. 이에 따라 1947년 12월 1일부로 기존의 9개 연대를 근간으로 3개 연대씩 묶어 3개 여단을 편성하고, 1948년 4월과 5월에 추가로 6개 연대와 2개 여단을 증편하였다.

1948년 7월 17일 정부조직법에 의하여 국방부가 설치되어 육 · 해군의 군정을 담당하게 되었다. 1948년 8월 15일 정부수립과 더불어 대한민국 국군이 탄생되었다. 그리고 바로 미국과 합의가 이루어져 1948년 8월 24일부로 한국군 통수권이 한국 정부에 이양되었다.[50] 조선경비대와 조선해양경비대는 9월 5일에 국군으로 편입 각각 육군과 해군으로 개칭되었다. 이에 따라 12월 7일부로 5개 여단 15개 연대 편제인 조선경비대총사령부도 육군총사령부로 이후 육군본부로 개칭되었다.

국방부는 군사고문단을 제외한 미군이 완전히 철수(1949. 6. 30)할 것에 대비 1949년 1월까지 총 6개 여단 20개 연대를 편성하였다.[51] 이때부터 38도선 경비임무를 인수하여 명실 공히 국군으로서 면모를 갖추게 되었다. 국방부는 주한미군 철수 시 인수한 물자와 장비로 3개 연대를 증편하면서 6개 여단을 사단으로 개편하고, 6월 20일에 제8사단과 수도사단을 창설, 6 · 25전쟁 이전까지 8개 사단 22개 연대 규모를 보유하게 되었다.

50) 한국군 통수권은 6 · 25 때 미국에 재 이양되었다가 2015년 대한민국에 이양하도록 합의되어 있다.
51) 송요태외 1명, 〈6 · 25전쟁사〉, 선코퍼레이션 2007, p.92

여기서 잠깐

전쟁이 남긴 생활 속의 용어

¢ 전쟁은 사회의 문화와 패러다임을 바꾼다. 예를 들어 몽고침입 이후에는 조혼과 변발이 유행했다. 6·25전쟁의 여파로 사회제도가 바뀌고 많은 것이 새롭게 도입되었다. 전쟁이후 사용되는 용어들을 살펴보면 간접적으로나마 전쟁 당시 사회를 그려 볼 수 있다.

* **낙동강 오리알 :** '어찌하여 처량한 신세가 되었다.'는 표현으로 '낙동강 오리알 신세'가 되었다는 표현을 사용한다.
☞ 국군과 유엔군이 낙동강 방어선에서 사력을 다하고 있던 8월 4일, 항공기의 네이팜탄과, 한국군의 사격으로 북한군이 강 아래로 떨어지는 모습을 바라보던 11중대장(강영걸 대위)은 갑자기 큰 소리로 "야! 낙동강에 오리 알 떨어진다."라고 소리쳤다고 한다. 그 후 '낙동강 오리알'은 국군 용사들이 인민군을 조롱하는 뜻으로 사용 되었다(자료 : 6·25전쟁사).

* **고문관 :** 군 생활을 한 사람들에게 '고문관'이란 용어는 익숙하기도 하면서 아련한 향수를 불러일으킨다.
☞ '고문관'이란 용어는 미 군정기와 6·25전쟁 당시 미군의 군사 고문관에서 유래됐는데, 이들은 한국말에 서툴고 실정에 어두워 한국인들은 고문관을 속이고 자신의 잇속을 챙기는 일이 많았다. 이로부터 군내에서 어수룩한 행동을 하는 사람들을 가리켜 '고문관'이라 부르게 되었다.

* **부대찌개 :** 부대찌개는 한국인의 선호하는 메뉴 중의 하나다. 부대찌개는 6·25 전쟁이 진행 중이던 때에 미군부대 주변에서 나온 소시지와 그 고기로 찌개를 끓여 연명하던 것이 유래가 되어 지금은 서민들의 대표적인 식사 메뉴가 되었다.

* **쌕쌕이(호주기) :** 한반도의 하늘을 가른 최초의 제트 전투기
6·25전쟁 시기에 미군의 주력 전투기는 F-86 세이버였다. 당시의 많은 사람들은 이 비행기를 포함하여 제트기들이 지나가면 '쐐-액'하고 날아간다 하여 '쌕쌕이(호주기)'라고 불렀다.
☞ 이승만 대통령의 영부인 프란체스카 여사는 오스트리아 출신이었다. 당시 국민들은 프란체스카 여사의 친정인 오스트리아와 발음이 비슷한 '오스트레일리아(호주)'를 헛갈려, 친정인 호주에서 보내온 비행기라 하여 호주기라 불렀다. 하지만 실제로는 오스트리아에서는 한국에 전투기를 보낸 적이 없을 뿐더러 6·25전쟁에 참전조차 하지 안았다. 호주는 제트기뿐만 아니라 2개 보병 대대도 파병했다. '봉사 뒷거름 치다 문고리 잡는다.'고 하는 속담이 적용되는 상황이다.

한편 해군은 1945년 11월 11일 손원일 제독을 중심으로 한 200백 명 규모의 해안경비대로 창설되었다. 본부는 경남 진해이며 최초에는 해방병단이라 했다. 미군으로부터 총 36척의 함정을 양도받고, 1947년 8월 30일부로 미 해군으로부터 38도선 이남의 해상방위업무를 인수받아 우리 영해에 대한 초계임무를 수행하였다. 정부수립 이후 조선해안경비대에서 해군으로 개칭하고, 여·순 반란사건에 출동하여 해상봉쇄작전을 수행하면서 상륙작전 임무 수행이 제한되자, 1949년 4월 15일 진해 덕산비행장에서 380명 규모의 해병대를 창설하였다.[52] 이때 육전대라 부르지 않은 것은 편성과 훈련은 육군 식으로 이루어졌지만, 작전에는 미 해병대와 같이 필요에 따라 해군의 기능까지 수행하는 것을 목표로 삼았기 때문이다.[53]

공군은 1948년 5월 15일 경기도 수색에 항공부대를 창설하여 임무수행 중 1948년 9월 1일 김포비행장으로 이동하면서 미군으로부터 L-4형 연락기 10대를 인수 육군 항공기지사령부로 개편을 단행하고, 1949년 10월 1일 육군에서 독립하여 바야흐로 3군 체제의 발전이 이루어지기 시작했다.

3. 북한의 남침여건 조성과 한국군 대비태세

가. 북한의 남침여건 조성

정권을 장악한 김일성은 1949년 무렵 소위 '무력으로 한반도를 통일 한다.'는 결심을 구축한 것으로 보이다[54]. 김일성은 남침계획을 실행하기 위해서는 국제적으로 소련의 지원이 절대적으로 필요하며, 소련의 군사력 지원이 없이는 남침이 불가능하다는 것을 잘 알고 있었다.

김일성은 1946년 1차로 모스크바를 방문 한반도의 소련 대변자로 낙점을 받고, 1949년 3월 5일 2차로 모스크바를 방문하여 스탈린에게 최초로 무력 통일안을 제기하면서 군사지원을 요청하였다. 하지만 스탈린은 국제정세를 노련하게 파악하면서 김일성의 언급에 대해 "북한이 군사적으로 남한보다 절대 우위에 있어야 하는 점과 현재 38도선이 유효하며, 만약 전쟁이 발발하면 미군이 개입할 것"[55]임을

52) 해병대 작전참모처 군사연구과, 〈해병대 60년 약사〉, 2009, p.30.
53) 서상문 편저, 〈알아봅시다! 6·25전쟁사 제1권 배경과 원인, 2008, 국방부군사편찬연구소, p.80.
54) 최용성, 위의 책, 2009, p.20.

언급하면서 상황이 변하지 않는 한 전쟁은 불가하다고 했다.

이렇듯 스탈린도 최초에는 선뜻 전쟁을 결심하지 못하였다. 그 이유는 한반도 전쟁 발발 시 미국의 개입여부를 판단할 수 없는데다가 중국에서 내전이 진행 중이었고, 얄타 회담에서 얻은 동아시아지역의 이익 보전을 우선시하고 있었던 것으로 보인다.

그러나 1949년 한반도에서 미군 철수가 완료되고, 한반도가 미국의 극동방위선에서 제외되면서 스탈린은 김일성의 무력남침 계획을 전격적으로 승인했다. 스탈린의 이러한 전쟁 결정 배경에는 중국과의 새로운 관계가 진행(1950. 2, 신 중소 동맹 체결)됨으로써 얄타체제가 붕괴되어 신전략지역이 필요했고[56], 소련도 원자탄을 개발해 국제무대에서 자신감을 얻었기 때문이었다.

스탈린은 1949년 12월 16일부터 모스크바를 방문한 마오쩌둥과 국제정세를 협의한 후, 김일성에게 남침에 대한 전향적인 전문을 발송했다(1950. 1. 30).[57] 이에 따라 김일성은 3번째로 스탈린을 극비 방문(1950. 3. 3)하여 남침에 대한 스탈린의 결심을 받아냈다. 이때 스탈린은 김일성에게 '위장 남침 전략과 옹진반도 타격에 이은 전격전'을 강조했다. 그리고 한반도의 무력통일은 중공의 지원이 필수적임을 피력하고, 김일성에게 마오쩌뚱과의 협의를 사주했다.

이에 김일성은 즉시 베이징의 마오쩌둥을 방문하여(1950. 5. 15), 중공군 지원의 확답을 받아 남침의 필요충분조건을 완성했다. 마오쩌뚱은 중공이 타이완을 해방하기도 전에 한반도에서 전쟁을 한다는 것이 내심 못마땅했으나, 공군 1개 사단을 지원하고, 미군이 참전할 경우 소련이 만주에서 미군과 싸울 것임을 확인하고 나서, "미군이 한반도에 참전하면 병력을 파견하여 필요한 지원을 제공 하겠다."는 내키지 않은 적극적 동의[58]를 하였다.

이에 따라 북한 정권은 국제적으로 전쟁의 역량을 성숙시키면서, 내부적으로는 1949년 초부터 총동원령을 발동하여 군 병력충원제도를 지원제에서 징병제로 변경하여 전시 동원체제를 갖추기 시작했다.

---

55) 서울신문(1955년 5월 15일), 제5면, 〈스탈린과 북한대표단과의 담화기록〉 (1949년 3월 7일).
56) 장제스와 체결한 조약을 폐기하고 마오쩌둥과 신 조약을 체결하면서 얄타 회담시 확보했던 만주일대의 이권을 상실했다.
57) 국방부 군사편찬연구소, 위의 책, p.550.
58) 서상문 편저, 위의 책, p.86.

훈련 중인 북한군

한국군 제6사단의 사열

나. 한국군의 대비태세

육본은 북한군이 1950년 춘계에 공격하리라는 정보판단[59]에 따라 1950년 1월 기본 방어계획인 〈육군본부 작전명령 제38호〉를 수립하였다. 38선 경비 부대들은 1950년 3월 말경에 육군 본부의 작전명령을 수령하여 5월 초 기본계획 위주로 부대별 방어계획을 작성하였다.

육본의 방어개념은 북진을 위한 집결된 공세적 배치가 아니라 현 방어 전선을 확보, 북한군의 남침을 저지·격퇴한다는 수세적인 지역방어 개념이었다. 육본 작전계획의 방어 중점은 북한군의 주공이 지향될 의정부지구에 두고 있었다. 그리고 군을 전방의 제1선 부대와 후방의 예비대 등 2개의 방어 제대로 구분하고, 38도선에서부터 단계적 전투를 수행하도록 계획하였다.

38도선을 담당하는 제1선부대는 '경계진지 전투지대(1차 방어선)'에서 북한군을 최대한 지연하며, 다음으로는 '주저항선 전투지대(2차 방어선)'에서 주력을 격멸하고, 그 다음은 '최후저항선 전투지대(3차 방어선)'에서 북한군을 격멸하는 3단계의 축차적인 방어계획을 수립하였다.[60] 특히 최후저항선은 반드시 확보해야 할 최후 저지선으로 필요시에는 후방의 전 가용요소를 통합하여 역습을 실시한다는 계획이었다. 그리고 육본의 계획에는 3차 방어선까지 북한군을 저지하지 못할 경우에는

59) 1949년 12월 27일 육본 정보국에서 작성한 〈1949년 말 종합 정보보고〉에 의하여 1950년 1월 말경 그 실시안이 완성되었다(국방부 군사편찬연구소, 위의 책, p.150 재인용).

60) 〈육본 작전명령 제 38호〉, pp.120~138.

한강, 대전, 낙동강선 등의 자연 장애물을 이용하여 지연전을 전개한다는 계획도 포함하고 있었다.

후방부대의 임무는 위기 시에 서울 지역으로 이동 전방 부대를 증원하는 것으로써, 수도경비사령부는 수도권지역의 제1·7보병사단을 증원하고, 제2사단은 춘천-의정부 지역으로, 제3사단은 의정부-문산(제1사단) 지역으로, 제5사단은 문산-의정부 지역(제7사단)으로 증원하는 것이었다.[61]

하지만 방어계획은 전쟁 1개월 전에 수립된 것으로, 각 병과가 통합된 협동방어 계획도, 더 나아가 각 군이 통합된 합동계획도[62] 아닌 각 부대의 개별적 계획이었다. 또한 후방부대의 전방 증원도 검증되지 않은 계획이었다. 아무리 전쟁 계획은 최초의 총소리와 함께 한 장의 종이에 불과하다고 한다지만 결국 한국군의 방어계획은 한 번의 검증이나 평가 없이 실전을 맞이했다.

육본의 정보판단에서 북한군의 전투력이 현격히 우수함에도 8개 가용한 사단 중 4개 사단만을 전방에 배치 부대별로 광정면을 할당하여 북한군의 우회를 허용한 점, 북한군의 주공이 지향될 의정부 축선에 강력한 전투력 배비가 없었다는 점 등은 작전계획 상의 허점으로 볼 수 있다.

북한군의 심상치 않은 상황을 예의주시하고 있던 한국군의 정보판단은 실로 정확했다. 심지어 북한군이 6월 24일이나 25일 공격한다는 시기까지 정확하게 예측하고 있었다. 그러나 전쟁의 전주곡이 울리고 파괴의 그림자가 한반도를 엄습하고 있을 때 정부와 군 수뇌부의 제 조치들은 모순되기 그지없었다. 우선 정치권의 이승만 대통령은 대안 없는 북진설을 공공연하게 천명했고, 신성모 국방장관은 기자회견을 열어(1950. 5. 10) 북침설로 엄포를 놓았다.

1950년 남침 위기설이 나도는 가운데 4대 육군참모총장 채병덕 소장은 한 술 더 떠서 4월 22일과 6월 10일 2차에 걸친 대규모 군 고위급 인사를 단행 육본의 참모진과 사단장 및 연대장 급 지휘관을 교체했다.[63] 또한 연대급 부대 교대를 6월 13일부터 단행하여 전방의 제7사단 3연대를 수도경비사령부로, 수도경비사령부 2연대를 제6사단으로(기존 제6사단 8연대 수경사 편입) 예속 변경하고, 제2사단 25연대(온양)를 제7사단으로 예속 변경하는 조치를 취하였다. 결국 제7사단 25연대는

---

61) 〈육본 작전명령 제 38호〉, pp.120~128.
62) 각 병과간 협조는 '협동', 각 군간 협조에는 '합동', 각국 협력에는 '연합'이라는 용어를 사용한다.
63) 전방 4개 직위의 사단장이 모두 교체되었다.

의정부 호원동의 주둔지 문제로 인하여 전쟁이 발발하여 북한군의 주공이 들이닥친 그 순간까지 온양에 위치하고 있어 사단의 통제를 받지 못했다.

육군본부는 1950년 전반기 4월과 6월 북한군의 국지도발 동향과 국내정세를 고려하여 군사대비태세 강화조치를 취하였다가 해제하기를 3회에 걸쳐 반복하였다. 전쟁직전까지 45일간이나 지속되던 경계령도 북한군이 공격대기지점으로 이동하는 6월 23일 00:00부로 장병의 피로도와 군량미 사정을 고려하여 해제하였다. 따라서 많은 수의 장병들이 휴가 또는 외출을 나가 영내의 가용인원은 부대별로 1/2 내지 2/3수준으로 전투력 발휘에 많은 문제를 야기했다.

설상가상(雪上加霜)으로 주한미군 군사고문단 장교 클럽 개관식이 수도권 지역의 전방 사단장까지 참석한 가운데 전쟁 전날인 6월 24일 밤 개최되어 지휘관들의 현장조치도 문제점을 드러내었다. 또한 야전의 많은 기동 및 통신장비도 정비입고나 후송되어 전투력 발휘를 제한하였다. 이렇듯 6·25전쟁 직전의 한국군의 방위태세와 일련의 조치들은 전쟁을 수행하겠다기보다는 오히려 전쟁을 방조하는 듯한 최악의 시나리오를 연출하고 있었다.

진정한 영웅은 군인을 전쟁에 투입한 자가 아니라 그들에 의하여 투입된 자들이다.

–스워츠코프–

제3절 단계별 작전 개요

1. 북한군 남침 및 지연전
2. 반격 및 북진기
3. 중공군 개입 및 유엔군 재반격기
4. 교착전기

6·25전쟁은 전략적 상황에 따라 북한군 남침 및 지연전(1950. 6. 25~1950. 9. 15), 유엔군 반격 및 북진기(1950. 9. 15~10. 25), 중공군 개입 및 재반격기(1950. 10. 25~1951. 7. 10), 교착전기(1951. 7. 10~1953. 7. 27) 등 4단계로 구분할 수 있다.

1. 북한군 남침 및 지연전

이 시기는 북한군이 기습남침을 개시한 후 부터 한국군과 유엔군이 낙동강 상에서 북한군의 공세를 저지하고 반격여건을 조성한 1950년 9월 15일까지를 지칭한다. 북한군은 최초 한국군 주력을 한강 이북에서 섬멸하고 전과확대 및 추격 작전을 실시, 부산까지 일거에 점령한다는 작전개념으로 초기작전을 수행하였다.

한국군은 초전의 전투준비태세가 미흡한 가운데 북한군에 기습을 허용하고 춘천지역을 제외한 전 전선에서 붕괴되어, 수도서울을 포기한 채 한강의 지형을 이용한 지연전을 전개하였다. 육군본부는 시흥지구전투사령부를 창설하고 북한군의 한강 도강을 저지하며 필사의 노력을 경주하는 가운데, 건제가 유지된 동부전선의 제6사단과 8사단을 충주와 제천으로 철수시켜 지연전을 전개하였다.

7월 1일 미 지상군 부대가 한반도에 투입되어, 스미스 부대가 오산 북방의 죽미령에서 첫 전투를 실시한 이래 한반도의 서부전선은 미군이, 중동부 전선은 한국군이 담당하여 연합작전을 전개했다. 이어 미군이 본격적으로 투입되고, 유엔군이 창설되자 북한군은 이제 한국군과의 전쟁에서 미군, 더 나아가 유엔군 국가들을 상대로 전쟁을 치러야만 했다.

북한군은 남한의 조기 석권을 독전하며 전 역량을 집중하여 공격해 왔고, 한·미 연합군은 북한군의 공격을 지연시키면서 미군의 증원시간을 획득하며 남으로의 철수를 단행했다. 한·미 연합군은 8월 1일 워커 사령관의 작전개념에 따라 낙동강선을 확보하여 최후의 방어선을 형성하고 다부동, 서남부 지역 등에서 북한군과 운명을 건 일진일퇴(一進一退)의 공방전을 전개하였다.

2. 반격 및 북진기

유엔군 반격 및 북진기는 인천상륙작전이 시작된 9월 15일부터 38선을 넘어 압록강 및 한만 국경선으로 진격한 시기를 이른다. 낙동강 전선에서 북한군의 공격을 막아내면서 공세이전의 기회를 잡은 유엔군은 9월 15일 과감한 인천상륙작전을 단행하였고, 16일에는 낙동강 방어선에서 반격작전을 개시하였다.

유엔군은 상륙작전에 이후 수도 서울을 탈환하고(9. 18), 38도선까지 진출하였다(9. 30). 유엔군이 머뭇거리는 사이 동부전선의 한국군 제1군단 예하 3사단이 38도선을 돌파(10. 1), 원산에 입성하였다(10. 10). 유엔 결의안이 통과되어 서부전선에서도 미 제1군단이 38도선을 돌파하였고(10. 9), 한국군 제1사단이 최초로 평양에 입성(10. 19)하였다. 이때 맥아더 장군은 미 제8군을 북한의 서부지역으로 진출시키고, 제10군단은 해상을 이용 원산에 상륙시켜 일부 부대는 북진하고, 일부는 서쪽 방면으로 진출, 제8군과 협조하도록 계획하였다.

맥아더는 그 선두부대가 청천강 변(10. 24)에 도달할 때 북진한계선을 철폐하고 총 추격명령을 하달하였으나, 이미 한반도에 잠입한 중공군에게 불의의 기습(10. 25)을 허용해야만 했다.

3. 중공군 개입 및 유엔군 재반격기

중공군의 개입 및 유엔군의 재반격기는 중공군 제1차 공세(1950. 10. 25)부터 소련의 제의로 첫 정전회담이 개최되는 기간까지를(1951. 7. 10) 포함한다. 중공군은 유엔군이 38도선을 넘어 진격하자, 그간 호언한대로 전쟁에 개입하였다. 1차 18만 명, 2차 12만 명 도합 30만 명의 중공군이 10월부터 압록강을 도강 유엔군의 정보망을 회피해 가면서 한반도에 진입했다.

유엔군은 공세를 취하였지만, 중공군의 2차에 걸친 공세에 허무하게 무너졌다. 중공군 제1차 공세 시에는 청천강 선으로 철수하고, 제2차 공세 시는 흥남철수를 단행하며 최초의 38선 일대로 다시 철수하였다. 이 과정에서 유엔군은 무질서한 퇴각을 강요당했고, 심대한 전투력 상실을 초래하였다. 한국군과 유엔군은 중공군 3차공세시 다시 서울을 중공군에게 내어주고 37도선까지 후퇴하였다. 이어 반격을 시도한 유엔군은 서울을 재수복하고 38도선까지 재진출할 수 있었다. 이후 중공군과 유엔군은 38선 일대를 기점으로 대규모 공세와 반격작전을 주고받으며 공방전을 전개했다.

이 과정에서 미국은 전쟁의 주도권을 잡았으나 더 이상의 확전은 정치적 부담으로 작용되었고, 중공군 역시 큰 전력의 손실을 입고 보급상의 문제로 위축을 가져왔다. 이를 통해 양측은 한쪽의 일방적인 군사적 승리가 어렵다는 것을 인식하게 되었고, 정전이 거론되기 시작했다.

4. 교착전기

교차전 기는 휴전회담부터 종전을 맞이하는 1953년 7월 27일까지 소모전 양상의 전투가 이어지는 2년의 기간을 말한다. 이 기간의 전쟁 양상은 2개의 트랙으로 -휴전회담과 교착전의 전개- 전개되었다. 휴전회담의 격렬한 논제는 군사분계선 설정과 포로 교환 문제였으며, 쌍방은 한 치의 양보 없이 설전이 오갔고, 전투의 성패에 따라 힘을 얻기도 하고 잃기도 하였다. 따라서 전선은 교착되었고 휴전회담의 유리한 전략 및 전술적 조건을 충족하기 위한 국지전 및 고지 쟁탈전이 기간 내내 지속되었다. 이때 쌍방은 이기지도 않고 지지도 않는 전략 즉 '불승불패 전략'으로 일관하였다.

1952년 말 6·25전쟁 종전을 선거공약으로 내건 미국의 아이젠하워(Dwight David Eisenhower) 대통령의 당선과 전쟁의 산파격인 소련 스탈린의 사망(1953. 3. 5)은 정전협정의 새로운 전기를 마련했다. 연합국과 공산국 측은 이승만 대통령을 비롯한 대한민국 국민의 정전협정 반대에도 불구하고 정전협정을 진행해 나갔다. 1953년

6월 8일에는 포로협상 문제가 타결되면서 7월 27일 유엔군 측과 북한군 측 대표가 판문점에서 정전협정 문서에 조인했다. 이로서 6·25전쟁은 수많은 인명과 재산을 앗아간 채 승자도 패자도 없이 정전(停戰)으로 막을 내렸다.

> 싸우지 않고 이기는 것이 가장 최선의 방법이다(不戰而屈人之兵 善之善者也)
>
> –손자–

제3장

북한군 남침과 초기전투

- 완벽한 기습과 전략적 실패 -

북으로 향하고, 남으로 향하고
(자료 : 미국 국립문서보관소)

제1절 전쟁의 전주곡

1. 전쟁이전의 국지도발

한반도를 남북으로 가르고 있는 38도선은 전술적인 상황을 고려함이 없이 순수한 정치적 목적에 따라 선정된 일직선상의 위도선이었다. 따라서 북한군과 한국군이 38선 경비를 인수한 이후부터는 군사적인 지형의 이점을 확보하기위한 무력충돌이 수시로 발생하곤 했다. 북한군은 이미 1947년 7월부터 내무성 산하에 제38경비여단을 조직하고 휴전선 상의 유리한 지형에 진지를 구축하고 있었으며, 1949년 초에는 경비여단의 규모를 3개 여단으로 확대했었다. 이에 비해 한국군은 제1사단이 38선 경계임무를 부분적으로 수행하다가, 미군이 철수하는 시점인 1949년 1월 12일부터 15일 어간에 본격적으로 38선 경계임무를 인수하였다.

이러한 상황변화에 따라 38선 지역에서의 국지도발 양상이 1949년 3월부터는 이전의 소규모 우발적 총격전에서 대대급 이상의 규모로 확대되었고 개성, 옹진, 춘천 등에서는 국지적인 전투가 지속되었다. 급기야 1949년 8월 4일과 10월 14일에는 개성일대에서 두개 연대 이상의 병력이 동원된 전투가 발생했다. '육탄 10용사의 전투'(1949. 5. 4)로 알려진 송악산 전투도 이즈음 발생한 전투였다. 이러한 국지도발은 1949년 10월 말부터는 소련이 북한을 제제하여 약화되기는 하였지만[1], 대체로 전쟁 직전까지 지속되었다. 이는 전쟁의 전초전 역할을 수행했을 뿐만 아니라 결과적으로는 북한군의 전투 훈련장이 되었고, 한국군의 경계태세를 느슨하게 만드는 원인의 하나로 작용되기도 했다.[2]

1) 김영호, 위의 책, pp.50~54.
2) 최용호, "한국전쟁초기작전 연구", 〈군사연구 제 17호〉, 육군본부, 2001, pp.386~387.

여기서 잠깐

'육탄 10용사'의 송악산 전투

¢ 6·25전쟁 직전 개성의 송악산에서는 국지전이 수시로 발발하였으며, 이 과정에서 부사관 출신의 육탄 10용사가 탄생했다.

*** 송악산 전투 개요**

1949년 5월 3일 국군 제1사단 제11연대가 개성 북방 송악산 일대를 경비하던 중 북한군의 기습을 받았다. 연대는 즉시 역습했으나 북한군이 10개의 토치카에서 완강하게 저항함에 따라 탈환에 실패했다. 이때 예비대로 전투에 투입된 연대 하사관교육대의 서부덕 이등상사가 제일먼저 특공대로 자원했다. 김종해 상병 등 나머지 인원도 가세해 모두 10명으로 특공대가 편성됐다. 이들은 81미리 박격포탄과 급조 폭발물을 안고 적진으로 돌격 토치카를 모두 파괴하는데 성공했다. 이때 아군은 때를 놓치지 않고 돌격해 잃었던 고지를 모두 탈환하는 전과를 올렸다.

☞ **육탄 10용사 :** 고 서부덕 육군 소위와 고 박창근·김종해·윤승원·이희복 박평서·황금재·양용순·윤옥춘·오제룡 일등상사 등이다.

¢ 우리 마음속에는 항상 육탄 10용사를 기억하고 있다.

파주 통일공원내 육탄 10용사 상

고 서부덕 상사의 묘

* 2001년부터 육군에서 주관하여 부사관 대상 '육탄 10용사 상'을 제정하여 수여.
* 육군부사관학교 복지회관 명칭은 '부덕회관'으로 육탄 용사의 실명을 사용.
* 경기도 파주시 통일공원, 화성 동탄, 경기도 연천의 태풍전망대 등 각 출신 지역 및 부대별로 다양한 추모의 장소 마련, 용사들의 충정을 기림.
* 1990년 후반까지 육군부사관학교 경례 구호도 '**육탄! 할 수 있다**'였다.

육탄 10용사 전투 후 개성 송악산

여수 · 순천사건(10. 19)

또한 전략적 차원의 제2전선 형성을 위한 인민유격대가 남파되어(1949. 7), 전쟁 직전인 1950년 3월까지 지리산, 오대산 및 태백산 일원의 험준한 산악지역에서 준동했었다. 이 시기에 북한에서 남한으로 침투한 유격대원의 수는 총 10회에 걸쳐 모두 2,400여 명이었다. 이중에서 약 2,000여 명이 생포되거나 사살 되었다.[3] 한국군은 후방지역에서 준동하는 공비들을 소탕하기 위해 3개 사단규모 이상의 병력과 경찰을 동원하여 소탕작전을 전개하였다. 이러한 북한군의 전략은 전쟁 초기 배합전술까지 이어지지는 못했지만, 전쟁이전 한국군의 전투력을 분산시키는 효과를 달성하였다.

당시 한국군의 지휘체계와 기강 또한 많은 문제점을 노출하고 있다. 한국군 내부에 공산 지하조직의 침투로 말미암아 하극상 사건이 자주 발생하였고, 2개 대대는 아예 대대장 인솔 하에 건제 단위로 월북하기도 하였다.[4] 여 · 순 지역에서는 여수 · 순천사건이 발생하였고[5], 그렇다고 한국군도 당하고 있지만은 않았다. 공산조직에 의해 함정 4척과 미 군사고문단장 전용 보트가 납북되자 한국군은 즉각 북한 지역인 몽금포 항을 기습공격(1948. 8. 17)하여 북한군과 북한 경비정을 납포해 오기도 했다.[6]

3) 국방부 군사편찬연구소, 위의 책, 486~497.
4) 국방부 군사편찬연구소, 위의 책, p.505.
5) 1948년 10월 19일 여수에 주둔하고 있던 국군 제14연대에서 부대에 침투한 공산당원이 주동하여 제주도 4 · 3사건 진압을 거부하며 일으킨 군사반란이다.
6) 조선일보, 2012. 8. 17, A28. 공산 측은 이 작전이 전쟁의 원인이라고 주장하며 북침설을 조장했다.

2. 북한의 남침위장 술수

북한 김일성은 스탈린과 마오쩌뚱을 방문하여 무력에 의한 남침을 구상하면서도, 남쪽을 향하여서는 정치적으로 위장 평화 공세를 취하였다. 북한은 전쟁직전 조만식 선생과 검거된 거물급 간첩의 교환을 제의 하는가 하면, 이른바 '조국통일민주주의전선(조국전선, 1950. 5. 25)'을 결성하여 현실성 없는 남·북 총선거를 실시하자는 위장평화 통일안을 제안하였다(6. 11). 이는 외부로는 전쟁도발을 은폐하고자 하는 것이었으며, 내부적으로 전시 동원체제를 강화하고자 하는 목적이었다.

또한 6 · 25전쟁의 작전 명칭에도 남침위장 책략이 숨어있다. 소련에서 3차 조 · 소 회담을 마치고 복귀한 김일성은 남침 계획을 즉시 수립하도록 지시하여, 북한군 총참모장 강건과 소련이 북한에 파견한 제2차 세계대전의 영웅 바실리예프(A. B Vassyliev) 군사고문단장이 공동으로 '선제타격계획'을 작성, 5월 29일 완성했다. 이 선제타격계획은 6월 16일 스티코프를 통해 스탈린의 승인을 받아 D-day를 6월 25일로 확정지었다[7]. 이 선제타격계획의 작전기간은 1개월이었고, 3단계로 작성되었다. 소련에 망명중인 당시 북한군 작전국장 유성철은 "이때 작성된 계획의 명칭이 '선제타격계획'[8]이었으며 러시아어로 작성된 후 번역되었다."고 증언하였고, 실제 러시아어 사본이 전쟁 중 노획되기도 하였다.[9]

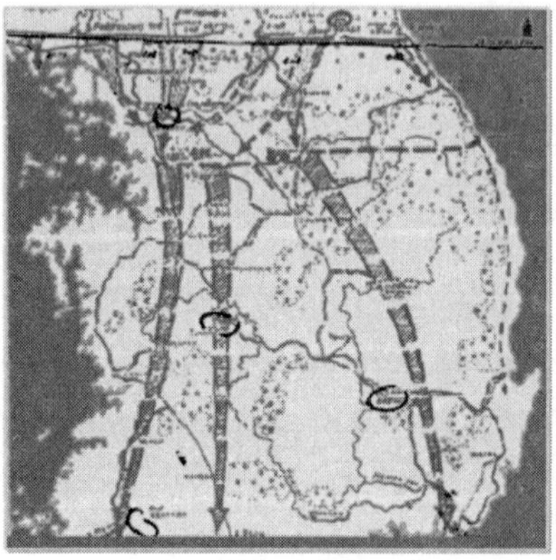

선제타격계획
(자료 : 국방부 군사편찬연구소)

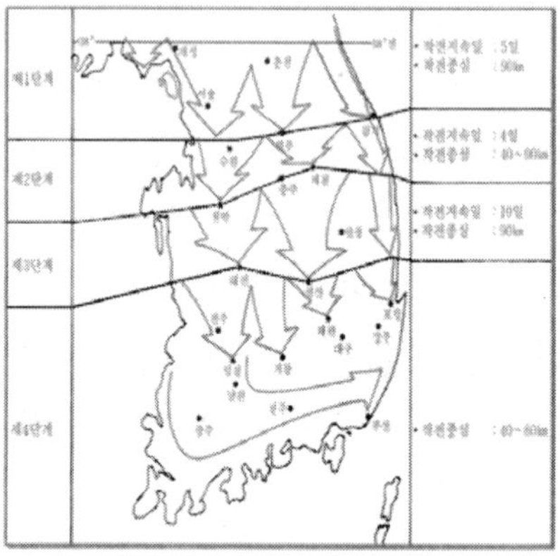

반격계획
(자료 : 국방부 군사편찬연구소)

7) 국방부 군사편찬연구소, 위의 책, p.597.
8) 합동참모본부, 〈한국전사〉, p.788.
9) 국방부 군사편찬연구소, 위의 책, p.598.

이 선제타격계획은 1단계 작전(전선돌파 및 주력섬멸)은 주·조공으로 구분하여 주공은 직접 서울 북방에서 압력을 가하고, 조공은 춘천-양구 방향에서 원주, 수원 방향으로 측방으로 기동하여 서울을 탈취하며, 2단계 작전(전과확대 및 예비대 섬멸)은 남한의 봉기상황을 고려하여 4개 축선을 따라 군산-대전-대구-포항까지 상호지원 없이 신속히 진출하고, 마지막 제3단계 작전(잔적 소탕)은 목포-여수-마산-부산을 연하는 선으로 미군의 한반도 전개 이전인 1개월 이내에 전략 종심으로 기동하여 한반도를 석권한다는 계획이었다.

하지만 북한군은 이후의 작전 명칭에서는 '선제타격계획'이라는 명칭을 사용하지 않고, '조선인민군 배치 및 반격계획' 혹은 '조선인민군 반격'과 같은 명칭을 사용한다. 소련군 군사고문 단장이었던 라주바예프(Razuvase) 중장의 본국 보고서[10] 에도 후자의 명칭이 사용되고 있으며, 기동계획도 기존의 선제타격계획과는 상이하다. 이렇게 명칭과 기동계획이 변동된 것은 왜 일까? 그것은 바로 스탈린의 전술 때문이었다. 영활한 스탈린은 전쟁 이전부터 반격개념을 사용하여 전쟁발발 책임 회피와 더불어 전쟁의 당위성을 얻고자 하는 기만책을 강구하였던 것이다.[11]

구 분	선제타격 작전계획	반격 작전계획
개 념	남한의 북침가능성 명백 하기때문에 예방적 차원의 공격	남한이 먼저 북침을 강행했기 때문에 반격
작전단계	3단계	4단계
제 1 단계	수원-원주-삼척(주력섬멸)	수원-원주-삼척(90km, 5일)
제 2 단계	군산-대구-포항(전과확대)	천안-충주-제천(40~90, 4일)
제 3 단계	부산-여수-목포(잔적소탕)	대전-선산-영덕(90km, 10일)
제 4 단계	•	서남해-부산 석권(40~80km)
기 타	3일 이내 서울점령을 명시 제 2~3단계 작전의 구체화 미흡	최종목표인 부산까지 실제 기동과 유사하게 작성

선제타격계획과 반격계획

1. 아군(북한군)의 방어정면에는 적(국군) 제 7사단 1연대가 방어한다.
2. 사단은 군단의 공격정면에서 ~ 적의 방어를 돌파하며 최초 마지리,
   535고지를 점령하고 ~ 서울 방향으로 진격한다.
3. 우익에는 제 1보사가 공격하며 좌익에는 제 2보사가 공격 ~
9. 포병 공격준비사격은 30분간이며 ~
10. 항공대는 적의 군사시설, 도로를 파괴하며 ~
11. 반항공대책은 ~ 적기 내습시 보병무기의 30%를 동원~
13. 지휘소는 6월 23일 전개하며 이동축은 의정부로 통하는 도로방향이다.
16. 기본신호
   - 공격개시 : 폭풍(전화), 244(무전)
   - 돌격개시 : 녹색신호탄, 2249(무전)

북한군 제4사단 전투명령 제 1호

(자료 : 최용호·최용성, 〈6·25전쟁의 이해〉, 양서각)

10) 라주바예프의 보고서란 6·25전쟁 당시 북한주재 소련대사, 군사고문단장, 무관의 직위를 수행한 라주바예프 중장이 6·25전쟁에 관한 자료를 수집·평가하여 본국에 보고한 문서로 그간 비밀로 분류되어 있다가 해제되었다.

11) 정명복, 〈잊을 수 없는 생생 6·25전쟁사〉, 집문당, 2011, p49

그리고 북한정권은 3월 중순에 38선 전역 북방 5km이내의 주민에게 소개령을 내려 남침정보를 차단했다. 6월 10일에는 여단장급 이상 지휘관에게 '남침을 위한 부대이동 명령'을 하달하면서 '사단급 부대 기동연습'이란 용어를 사용하여 위장하고 기습효과를 극대화하기 위하여 일요일 새벽을 공격개시시간으로 선정하였다.

북한 지도부는 기습남침 성공이 확실해지자 남침 당일 오전 11시 평양방송을 통해 "남조선이 북침을 했기 때문에 자위조치로 반격을 가해 전쟁을 시작했다."는 내용으로 전쟁 책임을 남한에 전가하며 선전포고했다. 이어 오후에는 김일성이 "리승만 군대가 침략전쟁을 일으켰으며, 공화국 경비대와 인민군대에게 반격을 실시하라고 명령했다."라고 했으며, "남한이 북한의 모든 평화통일 제의를 거절하고 이날 아침 옹진반도에서 해주로 공격했으며, 이는 북한의 반격이라는 중대한 결과를 가져왔다."[12]라고 상황을 북침으로 오도하였다. 북침설을 주장하는 사람들은 당일 한국군의 해주 점령설을 증거로 제시하고 있으나 이는 오보로 밝혀졌다.[13]

하지만 전쟁 중 노획한 선제타격계획이나 지금까지의 학문적 연구 성과, 많은 당시의 정황들은 북침이 아닌 남침임을 증명하고 있으며, 고령으로 숫자는 해마다 줄어가지만 많은 인사들이 북한의 남침임을 증언하고 있다. 몇 가지 움직일 수 없는 객관적 사실들을 열거하자면, 우선 당시 남북한 군의 전투력 차이에서 한국군은 북한군을 공격할 수 있는 전투력을 보유하지 못하고 있었다. 뿐만 아니라 북한군과 달리 한국군은 후방에 많은 부대를 배치하고 있어 공격제대를 편성할 수도 없었다. 공격 당일 상황도 그렇다. 어떤 군대도 전쟁을 하려고 H(공격개시시간)시에 맞춰 준비하고 있지 않았다면 공격받은 후 바로 반격을 가할 수 없는 것이다. 더구나 북한군 특수부대들이 전쟁 개시 이전에 동해안에 이미 상륙했고, 북한군 함정이 당일 부산 앞바다에서 격침된 것은 무엇을 말하는가?

특히 러시아가 1990년 대한민국과 수교하면서 1994년 자국을 방문한 김영삼 대통령에게 제공한 6·25전쟁관련 문서들은 "김일성의 요청을 스탈린이 승인함으로써 전쟁이 시작되었다."는 내용으로 '북침설'에 종지부를 찍게 되었다.

---

12) 북한사회과학원역사연구소, 〈조선전사〉, 25권, 1981년, pp. 69~72.

13) 옹진에 주둔하고 있던 독립 제17연대가 해주를 점령했다는 내용으로 이 해주 진입설은 인도의 굽타교수가 주장하였고, 브루스 커밍스가 받아들인 것으로 수정주의자들의 중요한 논제였다. 이 해주 점령설은 연합통신 기자의 "반격중인 국군이 해주로 진격할 기세였다."라는 뜻을 오인용 보도함으로써 발생하였다.

3. 쌍방의 전투력 및 기동계획

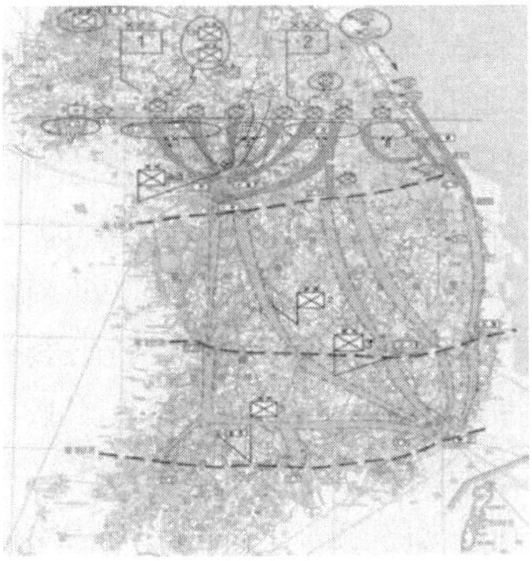

북한군 3단계 작전상황도
(자료 : 국방부 군사편찬연구소)

구 분	북한군	한국군	비고 (비율)
병 력	198,380명	105,752	2:1
전 차	242대	·	·
야포 (박격포)	652문 (1,467)	91문 (960)	6:1
항공기	211대 : 전투기	22대 : 훈련기	10:1
함 정	30척	·28척	

남북한군 군사력 비교(부록 #2 참조)

전쟁 발발당시 인원과 장비를 비교해 보면 북한군이 절대적으로 우세했다는 것을 알 수 있다. 병력 면에 있어서 북한군은 198,380명으로 한국군 105,752명에 비해 약 2:1로 우세했고, 장비 면에 서도 북한군은 한국군에 한 대도 없는 T-34 전차를 242대, SU-76 자주포를 176대나 보유하고 있었다. 화포는 북한군에 소련제 82/122mm 박격포, 76.2/122mm 평사포/곡사포, 45mm 대전차포가 편제되어 있었다. 항공기에 있어서도 한국군이 연습기 22대를 보유하고 있는 것에 비해 북한군은 전투기를 170대나 보유하고 있었다. 한국군은 총 8개 사단 중 5개 사단만이 그것도 포병 1개 대대가 달랑 편제되어 있었을 뿐이고, 나머지 사단은 포병 자체가 미편제였다. 또한 4개 사단은 연대가 3각(개) 편제, 4개 사단은 2개 연대 편제였다.

뿐만 아니라 전투력의 질적인 면에서도 큰 차이를 보이고 있다. 교육훈련 면에 있어 한국군은 16개 대대가 전쟁 직전까지 겨우 대대훈련만을 실시했을 뿐이고, 나머지 대부분 부대들은 중대훈련 수준에 머물러 있었다. 하지만 북한군은 1948년 이전까지 이미 부대 단위별 훈련을 완성하고, 소련 특별 군사고문단 도착 이후에는 공격전투를 위주로 한 대부대 전투훈련이 시작되었다. 그리하여 1949년 7월

이전에는 '사 · 여단급 기동훈련'을, 7월 이후에는 민족보위성 주관 하에 '군단급 기동훈련'을 마친 상태였다.[14)]

지휘관의 능력과 장병들의 전투경험 면에서도 큰 차이를 보이고 있다. 한국군은 6 · 25전쟁 이전 공비토벌작전 참가 및 38도선에서 국지도발 경험과 일부 일본군 및 대륙에서 전쟁을 경험한 소수의 지휘관 외에는 전면전 경험이 전무 하였다. 그러나 북한군은 이미 조선의용군 병력을 중공군에 가담시켜 실전 경험을 쌓았고, 실전경험을 쌓은 약 5만 여명의 조선의용군이 1949년 7월 초부터 1950년 5월 초까지 입북하여 북한군 제5 · 6 · 12사단에 편입되었다.[15)] 게다가 소련군에 소속되어 스탈린그라드 전투에 투입되었던 한인계 약 2,500명도 북한군 기계화부대에 편입되었다. 따라서 전체적으로 북한군 1/3이상이 전투 유경험자였다. 이와 같은 전투 유경험자의 확보는 김일성으로 하여금 승리에 대한 환상을 심어주기에 충분했다.

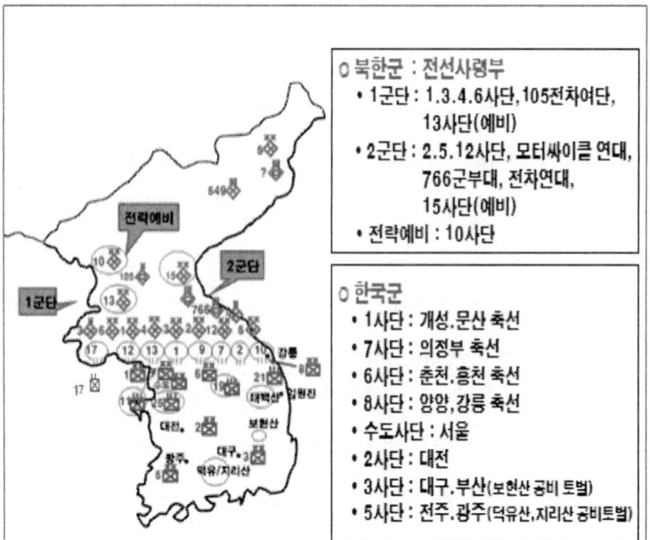

6 · 25전쟁 직전 남 · 북한군 배치현황(자료 :국방군사연구소, 채한국 재정리)

14) 국방부 군사편찬연구소, 위의 책, p.564.
15) 중공군 제164사단이 북한군 제5사단으로, 중공군 제166사단이 북한군 제6사단으로, 중공군 제15사단과 제156사단이 북한군 제12사단으로 편성되었다.

북한군의 목표는 명확했다. 한반도의 공산화였다. 이를 위해 육군 10개 사단을 2개 군단으로 편조하여, 제1군단에는 제1·3·4·6사단 및 제105전차여단, 제2군단에는 제2·5·12·15사단, 모터싸이클연대, 제766부대 및 549부대로 공격 제대를 편성하였다. 북한군의 기본전략 개념은 그들의 6·25전쟁 공간사인〈조선전사〉에서 밝혔듯이, "6월 말 전면 공격을 개시, 한국정부를 전복하고 서울을 점령, 신속히 남해안까지 진출, 미군의 한반도 증원 이전에 전쟁을 종결하고, 8월 15일 해방 5주년 기념으로 서울에 통일 인민정부를 수립한다."는 것이었다[16].

북한군의 실제 기동계획을 국방부 군사편찬위원회에서 재구성한(2005. 12. 5) 3단계 작전[17]을 보면 제1단계 작전은 한강이북의 한국군을 포위·섬멸하기위해 주공인 제1군단이 서울 북방에서 서울을 공격하고, 조공인 제2군단으로 하여금 춘천을 돌파 후 일부 병력을 서울·수원 방향으로 진출시켜 한국군의 주력을 포위·섬멸하며, 제2단계 작전은 군산-대구-포항을 연하는 선을 점령하며, 제3단계 작전은 목포-여수-부산을 연하는 선까지 진출하려는 계획이었다. 북한군은 1950년 6월 초순부터 38도선으로 부대이동을 개시하고, 야전군 사령부급의 '전선

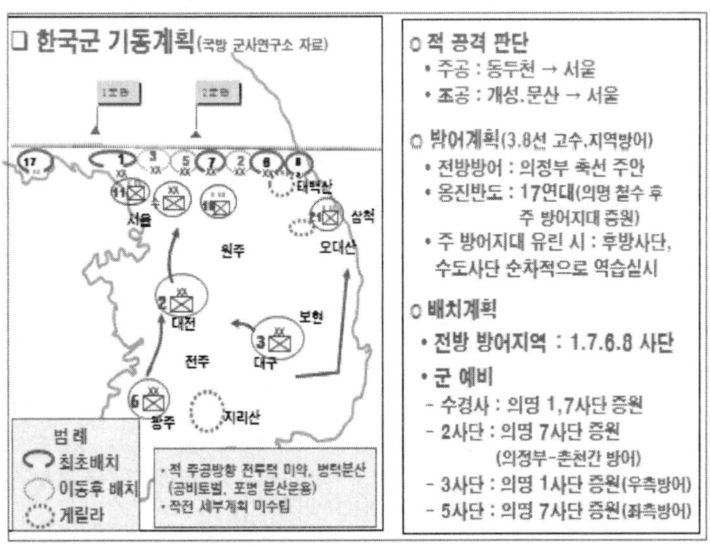

한국군 기동계획(자료 : 국방군사연구소 재정리)

16) 김철범, 〈한국전쟁과 냉전〉, 평민사, 1991, pp.232~233.
17) 국방부 군사편찬연구소, 〈6·25전쟁사 2, 북한군의 전면남침과 초기방어전투〉, 2005, p.10.

사령부(사령관 김책, 6. 20)를 설치하고,[18] 공격 병력을 금천-구화리, 연천-철원, 화천-양구 일대로 집결시켰다. 민족보위성은 6월 18일 공격 간 적정 파악을 위한 '정찰명령 제1호'를, 6월 22일에는 공격명령인 '전투명령 제1호'를 각각 하달했다.

한국군은 전쟁 직전 38선 경비임무를 4개 사단과 1개 독립연대에 부여하여, 서부지역인 옹진반도에 독립 제17연대, 개성 및 문산 지역에 제1사단, 동두천 · 포천 의정부 축선에 제7사단, 춘천 · 홍천 축선에 제6사단, 동해안 축선에 제8사단을 배치하였다. 후방에는 서울 수색에 수도경비사령부를 비롯해 대전 및 청주에 제2사단, 대구 및 부산에 제3사단, 전주 및 광주에 제5사단을 배치 공비토벌작전을 수행하고 있었다. 이들 후방사단들은 평시에는 육군 예비대로 있다가 전시에는 부대별로 전방사단의 증원과 역습을 실시하는 임무를 부여받고 있었다.

> 전쟁은 파괴의 과학이다.
>
> -에버트-

18) 국방부 군사편찬연구소, 〈6 · 25전쟁사 2, 북한군의 전면남침과 초기방어전투〉, 2005, p.607.

제2절 축선별 전투

1. 개 요

북한군은 1950년 6월 25일 일요일 새벽 04:00를 전후로 사전계획에 따라 서해안의 옹진반도로부터 동해안의 강릉지역까지 전 38도선 상에서 일제히 공격준비사격을 실시한 후 기습적으로 남침을 개시했다. 또한 사전에 해상으로 유격부대를 침투시켜 전후방 배합전술을 구사하며, 우세한 공군과 지상 전력으로 한국군을 공격하기 시작했다. 북한군의 공격이 시작되자 38선 일대의 한국군은 즉시 전투태세에 돌입했다. 육군본부 상황실에는 옹진반도의 01:00 보고를 필두로, 제1·7사단으로부터도 급박한 상황보고가 접수되었다.

공격하는 북한군 도보부대

북한군 포병의 사격 모습

여기서 잠깐

"데프콘(DEFCON)"

¢ 데프콘(DEFCON, DEFense readiness CONdition)은 방어준비태세(防禦準備態勢)로 정규전을 대비하기 위한 '한 · 미 연합방어준비상태'를 의미한다.

* 데프콘은 5단계부터 1단계로 높아진다.

* 연합방어준비태세(DEFCON) 훈련 시에는 반듯이 훈련 명칭을 사용해야 한다.

¢ 데프콘 단계별 내용

단계	훈련 명칭	의미	주요 조치	비고
5	Fade Out	장막이 거두어 진다	·	평화상태
4	Double Take	대비하다	경계유지	경계태세
3	Round House	주둔지를 경계하다	영외거주자 소집 외출·외박/ 휴가 통제	한국군 전시작전권 한미연합사 이양
2	Fast Pace	속도를 증가하다	탄약 개인지급	전쟁임박
1	Cocked Pistol	탄약을 장전하다	동원령 선포(의명)	전시돌입

* 대한민국은 정전협정 이래 데프콘 4 상태에 있다.

* 정전협정이후 데프콘 3가 두 번 발령되었다.

☞ 1976년 8월 판문점 도끼만행 사건 / 1983년 아웅산 폭탄테러 사건

¢ 국지도발시 발령되는 준비태세는 '진도개'이다.

* 무장간첩 침투 등 일부 지역 위협에 대비한 한국군 자체 방어준비태세이다.

* 훈련 시에는 반드시 진돗개 앞에 '훈련'이라는 용어를 사용해야 한다.

단 계	발령 상항	조 치	비 고
진돗개 "3"	평 상 시	평시 경계	기본임무수행
진돗개 "2"	높을 시	군과 경찰 비상 경계태세 돌입	분구장 통제
진돗개 "1"	적의 침투가 확실하거나 대규모 시	평시임무 제한, 지정된 지역이나 장소에서 전투 및 경계활동	전시상황 병행 대비

구 분(축선)		개성-김포반도-영등포	문산-서울	동두천/포천-의정부-서울	춘천/홍천-서울 동남방	동해안
북한군		제6사단 전차1개 대대	제1사단 203전차 연대(-1)	제4사단 (전차대대배속) 제3사단 105전차여단 (-2) 제13사단	제2사단 제12사단 제15사단 603모터 싸이클연대	제5사단 제1경비 여단
한국군	최초 배치	없음	제1사단	제7사단(-1)	제6사단	제8사단
	추가 증원 (25~27일)	김포 방어사 (정보학교 등)	수도사단 제3연대 등 14개 대대	수도사단 제18연대 등 27개 대대		

개전당시 축선별 전투력 비교 (자료 : 국방부군사편찬연구소)

육군본부 당직근무자로부터 상황을 보고받은 채병덕 총장은 05:30에 전군에 전투준비태세를 발령하고[19] 신성모 국방장관에게 보고했으며, 창덕궁에서 낚시하고 있던 이승만 대통령에게도 해가 중천에 뜬 뒤 상황이 보고되었다. 대한민국의 공영방송은 07:00에 남침 제1보를 민심을 고려 낙관적인 태도로 보도했다.

북한군 주공인 제1군단은(옹진반도-포천, 제1제대 : 제1·3·4·6사단과 제3경비여단. 제2제대 : 제13사단. 후속 제105전차여단) 서울에 이르는 단거리 접근로인 동두천·포천-의정부-서울 축선으로 주공을 지향하고, 조공은 서부지역인 옹진 축선과 개성·문산 축선으로 진출했다. 북한군 조공인 제2군단은 춘천·홍천 축선(포천-동해안, 제1제대: 제2·12사단, 제2제대: 제15사단, 후속 제603모터사이클연대)과 동해안 축선(제1제대 제1경비여단, 제2제대 제5사단)으로 진출했으며, 제549독립연대와 766유격대를 정동진 및 임원진 일대에 상륙 전방 증원차단 및 후방 교란활동을 시도했다.

불의에 기습을 받은 한국군은 병력과 장비가 턱없이 부족한 상황임에도 불구하고 필사의 방어전을 전개하였다. 하지만 압도적인 전투력과 우세한 기동력 앞에 서부지역(옹진반도, 김포 축선, 개성·문산 축선, 의정부 축선), 중동부지역(춘천 축선, 동해안 축선) 곳 곳이 돌파되기 시작했다. 상황을 파악한 육군본부는 전방 사단들을 독려

---

19) 육군본부 작전명령 제83호

하며 후방의 전개된 병력들을 집결하여 전방으로 증원하기 시작했다. 특히 동두천 · 포천-의정부 축선은 북한군의 주공 지역으로 집중 공격을 받아 전선이 급속히 무너졌다. 이 와중에도 춘천의 제6사단은 초전에 승리를 달성 강릉의 제8사단과 함께 건제를 유지하며 오히려 공세적 상황을 조성하기도 했다.

당시 한국군의 해군 병력은 7천여 명이었고, 함정은 71척으로 연안경비 수준이었으며, 북한군 역시 동일했다. 해군은 전쟁초기 옹진반도에서 제17연대의 철수를 지원했고, 백두산(PC 701)함은 600여 명의 비정규전부대가 승선한 북한 수송선을 부산 앞 바다에서 격침시켜 북한군의 제2전선 형성 기도를 좌절시켰다. 미국이 6월 27일 한반도에 해 · 공군 지원을 결정함에 따라 미 극동사령부는 북위 37도 이북은 미 해 · 공군이 그 이남은 한국군이 담당하여 작전을 수행하도록 조치했다.

공군은 전쟁이 시작되자 연습용 항공기 18대를 이용 남침하는 북한군에 도수로 폭탄을 투하하다가, 7월 2일 일본에서 미군의 F-51 무스탕 전폭기 10대를 인수하여 근접항공지원임무를 수행하였다. 이후 제공권은 미 극동공군 예하 제5공군이 장악했다.[20)]

6 · 25전쟁 초기 지상전투는 서부지역 전투, 중·동부지역 전투, 서울지역 전투 등으로 구분하여 전투상황을 살펴볼 수 있다.

2. 서부지역 전투

서부지역 전투는 북한군의 남침이 개시된 6월 25일 새벽부터 28일 수도 서울이 함락하기 전까지 북한군 제203전차 연대의 1개 대대 규모의 전차를 지원받는 제3경비여단과 제6사단 1개 연대의 공격에 따라 한국군 독립 제17연대가 옹진반도에서 치른 전투, 북한군 제203전차연대(-1)의 지원을 받는 제1군단의 1사단과 6사단(-1)의 공격을 한국군 제1사단이 개성 · 문산 축선에서 방어한 전투 그리고 동두천 · 포천-의정부 축선에서 북한군 제105전차연단(-2)의 지원을 받는 제1군단 예하 3 · 4사단의 공격을 한국군 제7사단(-1)과 증원 병력이 치른 방어전투를 통합하여 지칭한다.

---

20) 김행복, 〈알아봅시다! 6·25전쟁사 제2권 북한군 남침부처 중공군 개입까지〉, 국방부 군사편찬연구소, 2008. p.29

가. 옹진반도 전투

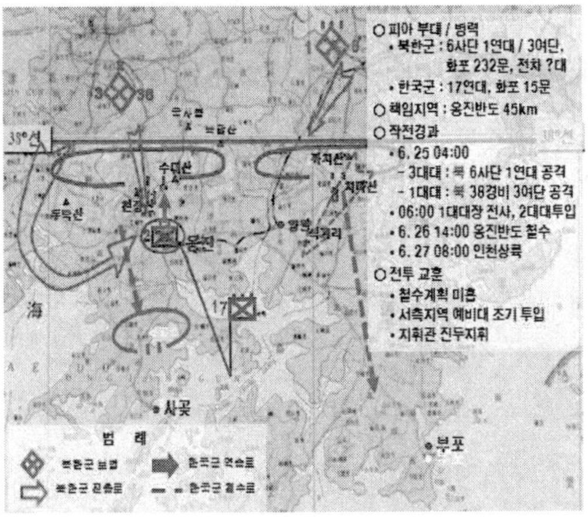

옹진반도 전투상황도(1)

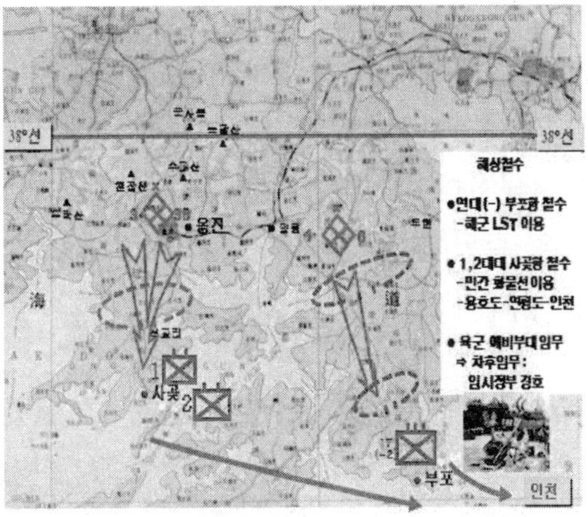

옹진반도 전투상황도(2)

한국군 독립 제17연대(연대장, 대령 백인엽)는 반도지역인 옹진에서 약 45km의 광정면을 담당하고 있었다.[21] 북한군은 옹진이 본토와 이격된 반도지형으로 수상이동만이 가능한 지리적 취약점을 이용 전쟁 이전에도 수차례 도발을 일으켰었고, 한국군은 전쟁 당일도 북한군의 공격이 있을 것으로 판단하고 대비하고 있었다.

북한군은 기존의 제38경비 3여단에 전차로 증강된 제6사단 14연대를 증원하여 공격해 왔다. 제17연대는 2개 대대 전방, 1개 대대를 예비로 하여 38선상 두락산-412고지-까치산을 연하여 배치하고 제7포병대대의 직접지원을 받고 있었다.

2개 연대 규모의 북한군 기습은 좌측에 배치된 제1대대 지역에서 먼저 시작되었다. 기습을 받은 제1대대는 전투가 개시됨과 동시에 대대장이 전사하며 06:00경 돌파되었다. 연대장은 즉시 예비인 제2대대를 역습에 투입하여 09시에 목표인 사동 및 자동 일대를 탈취했다. 하지만 제2대대의 역습과는 반대로 오히려 우측의 제3대대가 11:00 적의 강력한 보·전 협동공격으로 석교리-치마 선을 돌파 당했다. 이어서 13:00에는 북한군 제6사단 1연대가 전방대대 전투지경선의 국도를 따라 진출하여 연대 주방어지역이 동서로 양분되었다. 이에 따라 연대는 이제 조직적인 저항이 불가능해졌고, 17:00 경에는 옹진과 강령마저 피탈 되었다.

---

21) 현대와 같이 감시 장비와 화력 기타 통제대책이 발전해도 통상 사단의 방어정면은 10km 내외가 부여된다.

연대는 전방대대가 무너지자 철수가 가능한 항구 방향으로 지연전을 전개하면서 계획된 해상철수를 단행했다. 연대(-2)는 26일 01시 계획된 부포항에서 해군의 LST로, 2대대 및 1대대 잔류병은 사곶에서 민간선박으로 25일 21시 철수했다[22]. 당시 해군의 LST는 작전계획에 반영되어 있던 것으로, 이로 인해 제17보병연대의 옹진에서의 궤멸은 다행히 모면했다. 해상 철수를 단행한 제17보병연대는 인천을 경유 수원에 집결하여 육군 예비대로 재편성되면서 이후 화령장 전투, 인천상륙작전 등에서 혁혁한 전공을 세우는 정예부대로 탈바꿈하게 된다.

나. 개성 · 문산 축선 전투

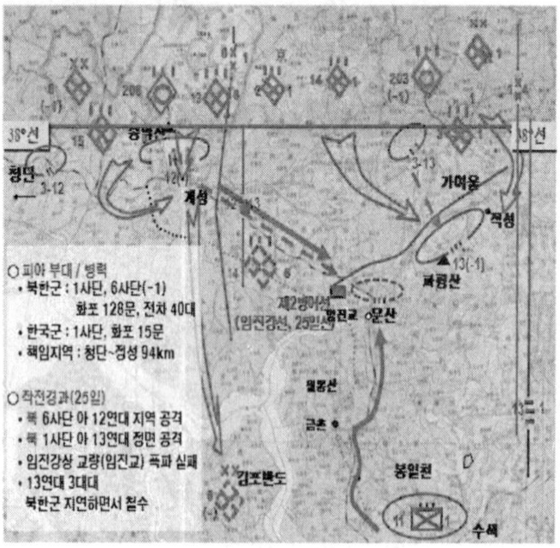

개성 · 문산축선 전투상황도(1)

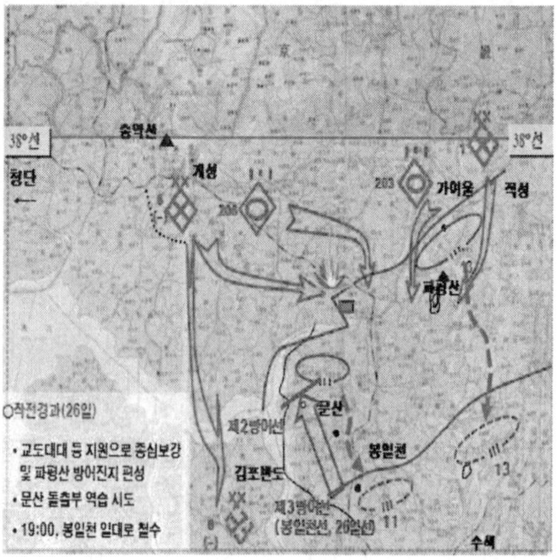

개성 · 문산축선 전투상황도(2)

개성 · 문산을 거쳐 서울에 이르는 축선에는 한국군 제1사단(사단장, 대령 백선엽)이 청단으로부터 고랑포까지 약 94km의 정면을 담당하고 있었다. 제1사단의 책임지역도 좌측 지역은 한강하구 및 임진강에 의해 고립되어 본토와 차단되어 있었다. 하지만 주저항선 전방에 흐르는 임진강은 북한군의 공격으로부터 천연적

22) 사곶에서 철수시 90명 정원의 대성호를 이용 1km 떨어진 용호도로 철수, 인원을 반복수송한 후 20톤급 선박 1척과 대형 선박 6척을 결박하여 철수했다. 군경과 민간인 포함 1,600여 명이 철수하고자 했으나, 500여 명의 민간인은 상황이 급박하여 철수하지 못했다. 선박은 사곶에서 부포로 향하다 피탈 소식을 듣고 연평도로 향했다(국방부군사편찬연구소, 〈6·25 전쟁사 2, 북한군의 전면남침과 초기방어전투〉, 2005, pp.160~162).

인 방어력을 제공해 주었다.[23]

사단의 방어 편성으로 좌로는 제12연대(개성 일대), 우로는 제13연대(3고랑포 일대), 예비로 제11연대를(수색) 배치하고 있었다. 제1사단은 방어계획상 경계지역(1차 방어선)이 광정면인 까닭에 주저항선(2차 방어선)인 임진강 차안의 문산-적성간의 준비된 방어진지에서 고수방어를 한 후, 상황에 따라 3차 방어선(최후방어선)인 봉일천 일대로 철수하여 전투를 진행한다는 계획을 세워두고 있었다.

투입된 북한군은 제1군단의 조공으로 제203 전차연대(-1)의 지원을 받는 제1사단과 6사단(-1)이었다. 전투지역은 서울의 서쪽 관문인 개성, 문산, 파평산, 금촌, 봉일천 일대였으며 4일간 격전을 치렀다. 이 지역의 전투는 날짜별로 전투상황을 구분하여 정리할 수 있다.

전투 첫날인 25일, 1차 방어선(경계진지)에 배치된 개성에 있는 한국군 제12연대와 적성 방향의 제13연대 3대대는 북한군의 기습공격을 받고 각개격파 되었다. 한국군 제12연대는 북한군 제6사단(-1)에게 당일 5시간 만에 개성을 피탈 당했다. 북한군 제6사단 13연대가 송악산 경계진지 상에서 제12연대 2대대를 공격할 때 제6사단 15연대가 기차를 이용하여 개성역으로 과감하게 치고 들어와 제12연대의 배후를 위협했기 때문이다

개성에서 분산하여 퇴각한 제12연대는 한강변으로 퇴각하여 민간 선박을 이용 김포반도로 도강했고, 일부는 문산 방향으로 철수하였다. 북한군 제6사단은 철수하는 제12연대를 추격하며, 김포반도와 강화도 방향으로 도하를 서둘렀다. 따라서 38선에서 서울에 이르는 첫 번째 통로인 김포 축선은 전쟁 첫날인 6월 25일부터 무방비상태로 북한군에 노출된 셈이었다.[24] 우측의 제13연대 3대대도 후방에서 북한군 전차가 나타나 북한군을 지연시키면서 임진강 방향으로 철수했다.

이렇게 38선 경계진지를 돌파한 북한군은 좌측 지역에서는 임진강 철교를 확보하려 하였고, 우측 지역에서는 가여울 지역에서 임진강 도하를 서둘렀다. 철수하던 제12연대장으로부터 전방 상황을 파악한 제11연대장은 임진강 철교(개성에서 서울 방향으로 이르는 철교)를 폭파하려 하였으나 사단 공병중대의 기술부족과 북한군의 빠른 진출로 인하여 실패하고 말았다.

---

23) 임진강은 연천에서부터 한강 하구로 흐르고 있다. 강폭은 300~1,000m로 단애가 형성되어 있어 도섭은 제7사단과 협조점 부근의 가여울 일대만 가능하여 전차 기동에는 임진교 확보가 필수적이었다.
24) 최용호, "한국전쟁시 김포반도 전투의 재평가", 〈군사연구 제18호〉, 육군본부, 2002, pp.275~296.

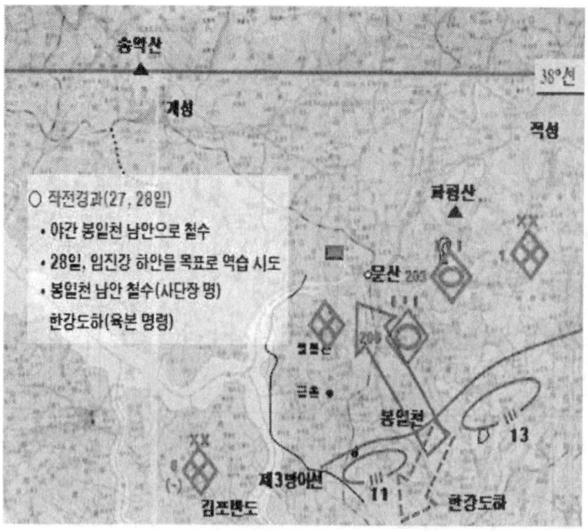

개성 · 문산 축선 전투상황도(3)

한강 급속도하 철수(자료 : 티스토리)

또한 북한군 제1사단은 한국군 제1사단과 제7사단의 전투지경선을 따라 임진강 상류 가여울 지역에서 도하하여 적성 방면으로 공격하고, 일부는 임진강 북안의 한국군 진지를 공격하며 퇴로를 위협하였다. 제13연대는 여기에서 북한군의 진출을 화력으로 저지시켜 전쟁 1일차에 임진강을 연한 주방어선은 확보되었다.

전투 2일차인 26일, 제1사단은 2차 방어선인 임진강 차안의 파평산 등을 점령하여 서울로 이어지는 도로를 통제하고 있었다. 우측의 제13연대 1대대는 북한군이 전차를 이용하여 공격해 오자 대전차 특공조를 편성 퇴각시켰다. 사단장은 육본의 조치에 따라 서울 특별연대(육사 교도대대, 보교 교도대대) 등이 지원되자, 사단의 종심을 보강하면서 반격을 계획하였다. 북한군 공격 제대가 문산 돌출부에 급속도하 후 후속부대의 진출 지연으로 공격이 지체되자, 제11연대가 과감한 역습으로 실지를 회복하였다. 하지만 우측의 제13연대 지역이 돌파되면서 2차 방어선마저 위협받자 26일 19:00에 3차 방어선인 봉일천 및 금촌 일대로 철수했다.

전투 3일차인 27일, 북한군 제1사단과 제6사단 일부는 1번 도로와 307번 도로를 중심으로 전개하여 서울을 목표로 봉일천 방향으로 접근하고 있었다. 제1사단은 육본의 증원부대인 제5사단 15연대 3대대(제20연대 3대대 배속 포함)를 전방에 제11연대를 예비로 배치하여 종심을 배비하고 수도 서울 사수를 위한 최후의 결전태세를 갖추고 있었다. 주간 공격을 막아낸 제1사단은 야간에 실시된 북한군 공격에는 최후저항선이 무너져 봉일천 차안으로 물러났다.

서울이 피탈된 날인 28일, 제1사단은 임진강 하안을 목표로 역습을 시도하여 최후저항선 좌측 일부를 회복하였다. 하지만 북한군 전차의 위협과 더불어 우측 제7사단의 철수로 인하여 측방이 노출되고 한강 인도교가 폭파되어 철수로가 차단되자, 육본의 명에 따라 이산포와 행주나루에 연대단위 도선장(導船場)을 선정하였다. 도하는 대부분의 편제장비와 물자를 유기하고 개인화기와 병력만 도하하여 막대한 전투력 피해를 수반했다. 도하를 완료한 약 5,000여 명의 제1사단 장병은 시흥에서 재집결하여, 육군 예비임무를 수행하였다.

다. 동두천 · 포천-의정부 축선 전투

동두천·포천-의정부 축선 전투는 한국군이 방어 중점지역으로 선정한 서울 북방의 동두천·포천-의정부 축선에서 한국군 제7사단(-1)이 북한군 제105전차 여단(-2) 의 지원을 받는 제1군단의 주공인 제3 · 4사단과 6월 25일부터 26일까지 2일간 치른 방어전투를 일컫는다.

이 축선은 한국군 제7사단(-)이 좌로는 적성에서 우로는 사직리까지 비교적 협소한 47km의 정면을 담당하고 있었다. 이 지역의 시리적 특싱은 북에서 동두천·포천-의정부-서울에 이르는 종적인 도로망과 종격실 지형이 형성되어 공자에게는 유리하고 방자에게는 불리했다.

북한군 제1군단은 제3사단을 운천-포전 방향, 세4사단을 연친-동두친 방항에 각각 투입시켰다. 105전차여단(-2)은 2일차에 전방 사단을 초월하여 서울을 점령하도록 계획되어 있었다. 한국군 제7사단(사단장, 준장 유재흥)은 좌측 동두천 정면에 제1연대, 우측인 포천 정면에 제9연대를 배치하고 있었다. 하지만 교대하기로 한 예비 연대인 제25연대는 북한군의 주공이 들이치는 그 순간에 아직도 온양에 있었다.

이 축선의 전투는 2단계로 구분할 수 있다. 제1단계는 경계진지전투로부터 동두천과 포천이 함락되는 당일 전투이고, 제2단계는 동두천과 포천 역습에 실패하면서 의정부가 피탈되는 26일의 상황이다.[25)]

25) 국방부 군사편찬연구소, 〈6·25전쟁사 2, 북한군의 전면남침과 초기방어전투〉, 2005, pp.284∼285.

축석령을 넘어 남진하는 북한군 탱크

전방으로 증원중인 한국군

한국군 제7사단장은 북한군의 공격이 개시되자 1차 방어선(경계진지)에 배치된 2개 대대로 하여금 최대한 북한군을 지연시키도록 하고, 의정부 일대에서 교육훈련중인 2개 연대 주력을 이동시켜 2차 방어선(주저항선)에 배치하고자 하였다. 하지만 의정부로부터 감악산-마차산-소요산-천주산으로 이어지는 주방어선 진지까지 산개된 연대 규모의 병력을 이동시켜 전투배치 시키는 데 적지 않은 시간이 소요되었다.[26)]

전차대대를 배속 받은 북한군 제4사단은 최초 전곡-초성리 방향으로 주공인 제16연대를, 동이리(전곡 서쪽 6km) 통로를 이용 적암-봉암리 방향에 조공인 제18연대를 투입하여 보·포·기 합동으로 공격을 개시했다. 전차를 선두에 위치시킨 북한군은 도로를 따라 진지를 위회하여 한국군 전·후방에서 동시전투를 강요하여 공격을 개시 3시간 만에 한국군 제1연대 2대대의 1차 방어선을 무너뜨렸다. 이때 한국군 제1연대를 지원하던 제5포병대대 2포대가 밀집된 북한군 1개 대대를 집중 포격으로 격멸하여 2차방어선에 배치할 수 있는 시간을 획득하였으나 2대대 지역에서 탄약재보급이 지연되면서 15:00경 소요산 일대의 2차 방어선마저 무너졌다. 그리하여 북한군은 25일 22:00경 동두천에 진입했고, 한국군은 전쟁 발발 당야에 덕정으로 철수해야 했다.

26) 채한국 외 2명, 국방군사연구소, 〈韓國戰爭 上〉, 1995, p.113.

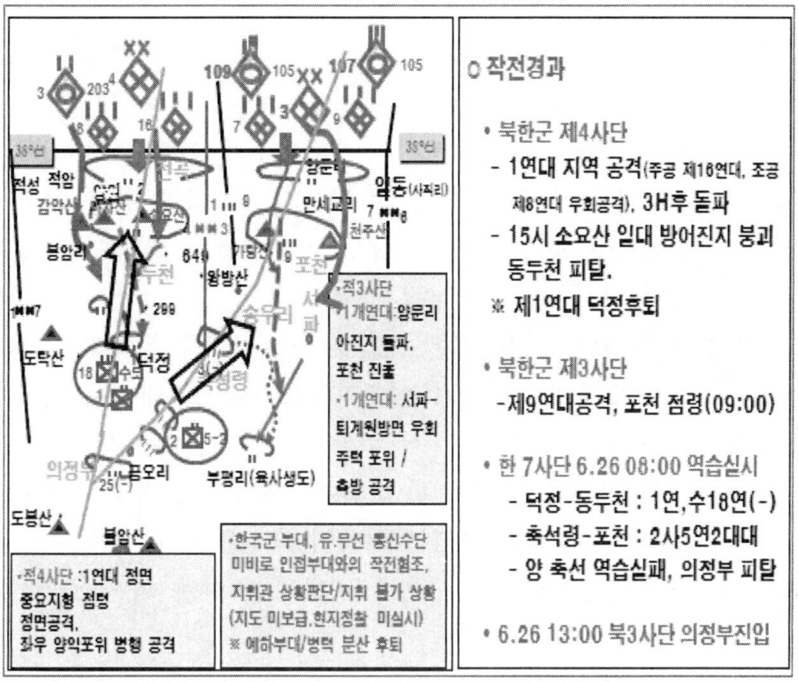

동두천 · 포천-의정부 축선 전투 상황도

양문리-포천 방향의 한국군 제9연대는 전쟁 이전에 이미 북한군의 행동을 간파하고, 연대장 판단 하에 장병들의 외출·외박도 통제하고 전투를 준비하고 있었다. 연대는 초반에 전차 지원 아래 공격하는 북한군 제3사단의 공격을 선방하였다. 그러나 탄약 부족으로 후방으로 철수하면서 09:00에 포천 북방의 2차 방어선까지 진출을 허용하였다. 또한 11:00에는 43번 도로상의 진지가 순식간에 돌파되면서 포천을 피탈당하고, 제5포병대대(-1) 진지까지 유린당했다. 결국 제7사단은 초일 많은 피해를 입고서 서울에 이르는 가장 단거리 축선인 동두천과 포천을 실함함으로써 의정부지역은 깊은 패배의 수렁으로 빠져들고 있었다.

이렇게 개전 초일에 서울의 북쪽 관문인 동두천과 포천을 피탈당하고 의정부가 붕괴 위협에 놓이게 되자, 육군본부는 의정부 축선에 증원병력 배분의 우선권을 부여했다. 서울의 수도사단(제3연대 → 포천 축선, 제18연대 → 동두천 축선, 8연대(-) → 제6사단), 대전의 2사단(제5연대 → 의정부 지구), 대구의 3사단(제22연대(-1) → 제1사단, 제22연대 3대대 → 김포지구전투사령부), 광주의 5사단(제15연대 3대대, 제20연대 3대대 → 제1사단. 제15연대 2대대, 제20연대 1대대 → 미아리전투사령부) 그리고 육군 직할부대(육군포병학교 제2교도대대. 육군사관학교 생도대대 및 경찰대대 → 포천 축선, 육본 장교연대 → 의정부전투사령부, 장갑차 연대 → 전방 각 부대) 등을 집중 투입하여 수도 서울의 위기를 타개하고자 하였다.[27] 이날 의정부 지역에 투입된 병력은 5개 연대 총 15개 대대였다. 하지만 이들은 도착한 순서에 의한 임시 편제로 후속부대와 연결 없이 투입되었으며, 투입 간 횡적 연결은 물론 종적 간에도 지휘계통이 확립되지 않아 전투력이 제대로 발휘되지 못했다.

이러한 상황에서 채병덕 참모총장은 의정부 고수결의를 굳히고, 제7사단장과 제2사단장(이형근 준장)에게 수도사단 제18연대와 제2사단 5연대 2대대를 투입하여 동두천과 포천을 역습하도록 명하였다.[28] 먼저 2사단 5연대[29]가 26일 03:00 역습을 개시하였으나 전방상황을 제대로 파악하지 못하고 축석령으로 향하던 중 북한군과 조우하여 급편방어로 전환하였다. 더욱이 축석령에서 저지부대 임무를 수행하기로 했던 수도사단 제3연대(-)는 이미 전방의 압력에 의해 조기 철수한 상황이어서 포천 역습은 실패하고 말았다.

그런데 제7사단 1연대는 6월 26일 08:00 3번 도로를 따라 역습을 개시 10:00에 동두천을 통과 소요산까지 진출할 수 있었다. 이러한 역습 성공 이유는 북한군 제4사단이 양호한 3번 도로는 한국군의 방어력 배비가 탄탄할 것으로 판단하고 서측의 우회도로를 이용하여 남진했기 때문이었다. 이때 수도사단 제18연대도 제7사단 1연대 좌측에서 역습을 병행하였다. 하지만 북한군 제3사단이 6월 26일 13:00경에 의정부에 돌입함에 따라 동두천 축선에 투입된 역습부대들은 오히려 퇴로가 차단되어 버렸다.

이에 따라 한국군 제1연대는 창동으로 철수했고, 제18연대는 행주나루를 경유 김포반도로 철수하였다. 또한 역습에 나섰던 제5연대는 북한군 제3사단의 공격을

27) 후방의 부대들은 25일 08:00부로 증원명령이 하달되었으나 대대단위로 이격되고 외출외박이 실시중이어서 주로 대대단위로 이동하였다. 국방부 군사편찬연구소, 〈6·25전쟁사 2, 북한군의 전면남침과 초기방어전투〉,

28) 육군 작전명령 제91호(1950. 6. 26. 08:00)

29) 제2사단은 대전으로부터 부대이동이 순조롭지 못해 예하 제5연대의 2개 대대 규모로 역습을 실시하였다. 이날 제2사단장은 "사단 주력의 집결은 내일 아침에야 이루어지니 축차투입을 하지 말고, 차제에 한강선에서 방어를 준비해야 한다고 채병덕 총장에게 건의하였으나 받아들여지지 않고, 부대가 도착하는 대로 축차투입 되었다.

받아 의정부를 거쳐 곧바로 창동 방향으로 후퇴했고, 47번 도로(당시 391번)상 내리에 배치된 육군사관학교 생도대대와 서울시 경찰대대는 26일 밤 태릉방향으로 철수하였다.

이와 같은 상황 하에서도 의정부 북쪽의 금오리에 포진한 육군포병학교 제2교도대대장인 김풍익 소령은 제2포대장 장세풍 대위 등과 함께 105mm 곡사포로 공격하던 북한군의 전차를 조준사격하여 선두 전차의 궤도를 폭파하고 제2탄을 장전하던 중 장렬히 전사하였다.

동두천 · 포천이 북한군에게 돌파되면서 위기를 느낀 육본 지휘부는 후방 부대를 증원하였지만 서울로 향하는 마지막 관문인 의정부마저 피탈당하고 말았다. 이 과정에서 채병덕 참모총장은 부대별 건제를 무시한 축차적 병력투입으로 얼마 되지 않는 전투력마저 계속적으로 소진하였다. 이는 돌이킬 수 없는 결과를 초래했다. 한국군은 이미 심리적 공황감에 빠졌고, 초전에 제대로 방어력을 발휘했던 부대마저도 철수를 고려해야만 했다. 이제 한국군에게는 수도 서울 피탈의 어두운 그림자가 짙게 드리워졌다.

3. 중 · 동부지역 전투

가. 춘천 · 홍천 축선 전투

춘천 · 홍천 전투는 6월 25일부터 28일까지 중동부전선의 화천-춘천 축선과 인제 · 홍천 축선에서 한국군 제6사단과 북한군 제2군단의 2 · 12사단 및 제5사단 연대, 제603모터싸이클연대와의 방어전투를 지칭한다.

중동부 전선의 춘천·인제지역을 담당하는 한국군 제6사단은 좌측의 사직리로부터 우측의 진흑동까지 험준한 산악지형 84km를 담당하고 있었다. 춘천은 남쪽으로는 원주에 이르고, 남서쪽으로는 서울 · 수원에 이를 수 있는 교통의 요지로 돌파된다면 한국군이 동서로 양분될 수 있는 전략적 요충지였다.

제6사단은 춘천 북방에 제7연대(연대장, 중령 임부택), 홍천 북방에 제2연대(연대장, 대령 함병선)를 각각 배치하고, 예비 제19연대를 원주에 집결하고 있었다. 북한군은 제1제대(주공 제2사단은 화천에서 춘천방면 공격, 조공 제12사단은 인제에서 홍천방면 공격)와 제2제대(제15사단) 그리고 후속부대로 제603모터싸이클연대(전쟁 2일차 수원방면으로 진출 예정)를 편성하고 공격했다.

홍천 북방을 담당하고 있던 제6사단장 김종오 대령은 전쟁 직전 귀순자의 진술과 정찰결과를 토대로 북한군의 도발이 있을 것으로 사전에 판단하고 만반의 대비태세를 유지하고 있었다.[30] 전투는 지역적으로는 2개축선(화천-춘천, 홍천), 작전경과 측면에서 3단계로 구분할 수 있다. 우선 1단계는 1차 방어선(경계지역) 전투에서부터 2차 방어선 전투가 진행 중인 26일까지의 상황이다. 2단계는 2차 방어선(주저항선) 전투에서부터 3차 방어선(최후저항선) 전투가 전개되는 6월 26일과 27일의 상황이며, 제3단계는 춘천 원창고개와 홍천 말고개에서 철수하는 28일 이후의 상황이다.

개전 당일 북한군의 공격에 전방의 경계진지는 순식간에 돌파되기 시작했다. 화천-춘천 축선의 경계지역 전투에서 제7연대는 북한군의 기계화 부대가 반드시 통과해야 하는 도로상의 모진교 폭파에 실패했다.[31] 연대는 북한군 SU-76 자주포에 밀려 47km의 책임구역 정면이 일시에 무너지면서 09:00에 2차 방어선인 소양

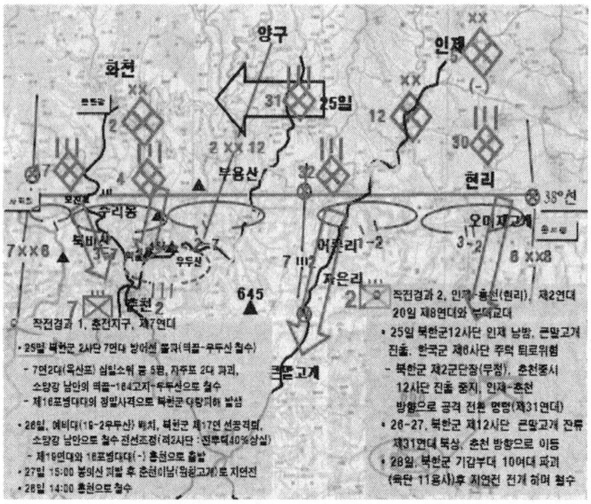

춘천축선 전투상황도

30) 북한군 전차병이 귀순, 40여 대의 전차, 화포가 화천지역에 집결하였다고 진술하여 30여 명의 수색대가 현지를 수색, 차량 700여 대가 화천과 양구 일대에 집결하고 있음을 확인했다.

31) 38선 남쪽 300m 지점에 위치한 모진교를 통하지 않고는 기계화 부대가 북한강을 도하할 수 없어 전술적으로 매우 중요한 교량이었다. 하지만 제6사단은 모진교가 북한군의 감제 하에 있다는 이유로 거부대책을 수립하지 않았다.

강 북안의 역골-164고지-우두산을 연하는 선으로 철수, 소양강 도하를 시도하는 북한군과 일진일퇴(一進一退)의 격전을 치르게 되었다. 이때 옥산포에서 한국군 제7연대 대전차포 중대 심일 소위가 수류탄과 화염병으로 북한군 자주포 2대를 파괴하였다. 장병들은 이를 북한군 전차로 알고, 전차도 파괴할 수 있다는 자신감을 갖게 되었다. 더욱이 역골-소양교간 6km의 평지에서 당일 춘천을 점령하기위해 공격을 반복하던 북한군은 제16포병대대의 정밀사격으로 인하여 대량피해를 입고 소양강 도하 기도는 무위로 끝나고 말았다.

한편, 인제-홍천 축선의 제2연대는 24일 제8연대와 부대교대를 단행하여 아직 모든 것이 익숙하지 않은 상태였다. 정면의 북한군 제12사단은 주공인 32연대가 양구-신남-홍천 축선으로 공격하고, 조공인 제30연대가 인제-현리 축선으로 공격해 왔다. 배치된 제2연대 장병들은 지형이 익숙하지 않아 전투가 개시되면서 곧바로 1차방어선을 피탈 당했다. 결국 제1·2대대는 어론리 방향, 제3대대는 현리 남쪽의 오미재 고개로 철수하여 연대는 양분되고, 북한군 제12사단은 제6사단의 2차 방어선인 어론리 일대까지 일거에 진출할 수 있었다.

26일 아침 춘천지역에는 예비 연대인 제19연대 2대대가 원주에서 이동하여 우두산 일대에 배치되었고, 제7연대 1대대는 북한군 제17연대를 선공하여 궤멸상태로 몰아넣었다. 이어 연대는 북한군 제2사단 예비 연대인 제6연대의 소양강 도하를 거부하고, 춘천 방어에 대한 자신감을 얻게 되었다. 연대는 26일 밤 전선을 축소하기위해 모든 부대를 소양강 남안 3차방어선으로 조성하여 재배치하였나.

인제-홍천 축선의 한국군 제2연대는 26일 06:00 어론리에서 2개 대대로 반격을 감행하여 일부 고지를 탈환하기도 하였다. 하지만 북한군에 가로막혀 축차적인 지연전을 실시하며 말고개(홍천북방 14㎞)에 새로운 방어진지를 편성하였다.

이즈음 공격하는 북한군에 커다란 전술적 변화가 일어났다. 개전 초일 춘천 지역의 제2사단이 큰 피해를 입고 공격이 돈좌되자, 제2군단장 김광협은 북한군의 작전목적 충족을 위해 인제-홍천 축선에서 공격하는 제12사단 31연대를 급히 춘천방향으로 전환시켰다. 하지만 제31연대는 통신문제로 유병화 되어 26일 하루 동안 소양강을 넘지 못했다. 따라서 기존연대와 통합하여 춘천을 돌파하려 했던 기도는 무위로 끝나고 말았다.

제6사단장은 북한군이 말고개로 진출하자, 사단의 철수로 차단을 우려 예비인 제19연대와 제16포병대대(-)를 홍천으로 출발시켰다. 하지만 27일 05:00부터 춘천에서는 북한군의 대규모 공세가 시작되었다. 결국 15:00경 춘천 시내에 위치한 봉의산을 피탈 당하고, 제7연대는 원창고개 방향으로 철수하였다. 한편 제2연대는 27일 이후 홍천 인근의 말고개 일대에서 북한군과 소규모 교전을 치르고 있었다.

27일 육본과 연결되어 상황을 파악한 사단장은 28일 14:00경부터 제7연대는 춘천-홍천 간 도로를 따라, 제2연대는 29일 말고개에서 홍천 방향으로 통제된 지연전을 전개하도록 했다. 이때 말고개에 SU-76자주포가 기동하자 제2연대 대전차포 중대 57mm 제2소대 1분대장 김학두 일등중사가 무반동총 철갑탄을 자주포에 명중시켜 정지시키고 대전차 특공대원들이 수류탄과 화염병을 들고 북한군 자주포를 육탄으로 공격하여 10대를 파괴하는 기염을 토했다.[32] 인제-현리 축선의 제3대대도 본대와 합류했고, 사단은 7월 1일까지 제천-충주로 철수했다.[33]

이 춘천 · 홍천 전투는 6 · 25전쟁 서막에 한국군이 거둔 최초의 전술적 승리로 전략적 의미를 가진 승리였다. 이 전투는 곧바로 전개될 지연전은 물론 낙동강 방어선 전투까지 영향을 미쳤다. 만약 이 전투가 북한군의 의도대로 진행되었다면, 한강 이북에서 한국군 유생역량을 포위 · 섬멸시키고 한강방어선 전투 자체를 불가능하게 만들었을 것이다. 물론 미군이 한반도에 투입되는 시간도 얻지 못했다. 따라서 이 춘천 · 화천 전투는 6 · 25전쟁 서전의 전투양상을 가른 것으로 단순한 전술적 승리를 넘어 양측에 주는 전략적 의미가 매우 큰 전투라 할 수 있다.

나. 동해안축선 전투

양양에서 강릉에 이르는 통로를 담당하고 있던 한국군 제8사단(사단장, 대령 이성가)은 좌측의 진흑동에서 동해안의 기사문리에 이르기까지 약 26km의 비교적 좁은 정면을 담당하고 있었다. 하지만 사단은 2개 연대 편제로 삼척에 제21연대가 주둔하고 있어 제10연대(-1)가 단독으로 책임지역을 방어하고 있는 셈이었다. 그것도 제8사단은 오대산과 계방산 공비소탕을 위해 양 연대에서 1개 대대씩을 차출하고 있어 당장 전투에 투입 가능한 전력은 연대 당 2개 대대인 4개 대대였다.

---

32) 제6사단 19연대의 말고개 전투 육탄 11용사와 송악산의 육탄 10용사는 구별된다.
33) 국방부 군사편찬연구소, 〈6·25전쟁사 2, 북한군의 전면남침과 초기방어전투〉, 2004, p.490

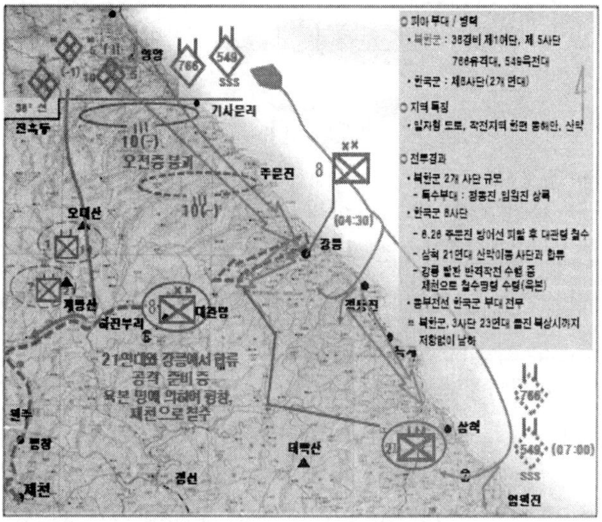

동해안축선 전투상황도

북한군은 제38경비 1여단과 5사단 제10연대를 1제대로 편성하고, 제5사단(-)를 제2제대로 편성하였다. 그리고 해안을 통하여 제945육전대[34] 및 제766부대[35]를 정동진·임원진으로 상륙시켜 동해안 축선 선·후방에서 배합전을 수행했다. 38선 고수방어를 계획했던 제8사단은 북한군의 공격으로 전방의 제10연대는 이렇다 할 전투도 못해보고 당일 아침 경계진지(1차진지)가 무너졌다. 사단장은 육본에 지원을 요청했지만 서울이 더 급하여 불가하다 했다. 따라서 삼척의 제21연대를 강릉으로 북상시켜 제10연대와 통합하여 강릉을 사수하기로 했다. 삼척의 제21연대는 북상 도중 북한군 549육전부대가 도로를 차단하자 삼척에서 내륙 산악도로를 이용하여 강릉의 사단과 합류했다. 예하 연대를 통합한 사단은 6월 27일 유천리 및 횡계리로 철수하여 부대를 수습하고 강릉 탈환을 도모하던 중 육본에서 "원주로 철수하라"는 명령을 접수하고 대관령을 넘어 평창을 거쳐 제천으로 철수했다.

따라서 부산에 이르는 가장 가까운 접근로인 동해안 축선은 한국군 제3사단 23연대가 울진으로 이동할 때까지 김포 축선과 함께 무주공산(無主空山)이 되었다.

34) 부대 임무는 일부는 북상하여 제1경비여단과 합류, 일부는 한국군 전선투입 부대 차단이었다.
35) 부대 임무는 총 6개 대대 중 2개 대대는 삼척지역 투입, 나머지는 후방교란이었다.

여기서 잠깐

"김풍익 소령"과 "심일" 소위

¢ 포병의 군신(軍神) 김풍익 소령

* 6·25전쟁 초기 북한군의 전차에 의해 전선이 위협받자 의정부지구 전투에 참가한 김풍익 소령은 105미리 곡사포를 직접 조준사격 하여 북한군 전차를 파괴했다.

☞ 전투상황 : 6·25전쟁 발발 후인 1950년 6월 26일 육군 포병학교 교도대대장으로(당시 소령) 의정부 축석령 전투에 참가하여, 북한군이 전차 40여 대를 몰고 남하하는 것을 저지하고자 직접 105미리 곡사포를 조준사격 하여 전차 2대를 파괴하고 대원 6명과 함께 옥쇄했다.

* 군신을 기억하며

모든 군인이 그렇지만 특히 포병은(학교에서는) 김풍익 중령을 군신으로 존경하고 있다. 포병학교 강당을 "풍익당"이라 명명하여 고귀한 희생정신을 기리고 있고, 포병 시뮬레이션 훈련도 '풍익 훈련'이라 명명하여 진행하고 있다. 교내에 기념비가 있다.

김풍익 중령 기념비(경기도 의정부시)
출신지역 : 충청남도 예산
출생/임관 년도 : 1921/1948년

심일 소령 위령비(강원도 영월군)
출신지역 : 함경남도 단천
출생/임관 년도 : 1923/1949년

¢ 자주포 킬러 심일 소위

* 6·25전쟁 초기 춘천전투에서 북한군의 자주포를 육탄공격으로 파괴하여 전차에 대한 공포를 제거시켰다.

☞ 전투상황 : 6·25전쟁 초기 춘천전투에서 제7연대 57㎜ 대전차포중대 2소대장 심일 소령은(당시 소위) 소양강과 북한강이 합류하는 옥산포(현재 춘천시 사농동) 도로변 소나무 숲에서 매복해 있다가, 기동하는 북한군 SU-76 자주포에 뛰어 올라 수류탄과 화염병을 던지면서 육탄공격을 감행하여 자주포 3문을 파괴했다. 이리하여 장병들은 비로소 전차에 대한 공포심을 제거할 수 있었다.(당시 장병들은 전차와 장갑차를 구별하지 못했다.) 대위로 영월지구 전투에서 전사, 소령으로 추서되었다.

* 킬러를 기억하며

육군은 위국헌신(爲國獻身)의 심일 소위를 기리기 위해 전군을 대상으로 투철한 군인정신과 위국헌신의 정신을 실천하는 모범 전투 중대장에게 수여하는 '심일상'을 제정하여 포상을 시행하고 있다.

4. 서울방어 전투

항전을 독려중인 채병덕 총장

폭파되는 한강교

서울방어 전투는 6월 26일 13:00에 의정부가 피탈되면서 시작된 서울 최후저지선인 창동·미아리 지역의 전투를 지칭한다. 부대는 동두천·포천-의정부 축선에 투입되었던 병력으로 동두천과 포천 전투의 제2라운드였다.

서울의 관문인 의정부가 피탈되자 국방부와 군 수뇌부는 '서울 고수'로 방침을 확정하였다. 의정부 지역 방어를 위해 채병덕 참모총장은 26일 17:00부로 유재흥 제7사단장을 '의정부지구전투사령관'으로 임명하고 "창동-우이동을 연하는 선에서 제2사단을 포함한 이곳에 투입된 모든 부대를 지휘하여 북한군을 저지한 후 후방의 증원부대(제3·5사단)를 이용하여 반격을 실시, 실지를 회복하라."고 구두명령을 하달하였다.[36] 의정부지구전투사령부는 제7사단, 제2사단, 제3사단 등의 잔여병력 총 6개 대대를 편성하여 배치하였다. 이로서 한국군은 개전 이래 처음으로 협조된 저지진지를 편성하기 시작했다. 하지만 진지를 채 편성하기도 전인 27일 10:00경 북한군 전차와 자주포 40여 대가 진지를 유린하여 한국군은 또 다시 창동에서 분산하여 미아리 일대로 철수했다.

이무렵 미아리-회기동 선에서는 미아리지구전투사령관 겸 제5사단장인 이응준 소장이 제15연대 제2대대, 제20연대 1대대, 수도사단 제8연대 2대대를 지휘하여 방어진지를 편성하면서 철수병력을 수습하고 있었다.[37] 전방에서부터 밀려온 제2·5·7사단 약 3.000여 명의 병력이 이응준 소장과 유재홍 준장의 지휘아래 서

36) 채한국 외 2명, 위의 책, pp.123~148.
37) 채한국 외 2명, 위의 책, p.153.

울방어를 위한 최후 방어선이 27일 오후까지 정릉-미아리-청량리를 연하는 선에 형성되었다. 참모총장을 비롯한 군 수뇌부들은 방어진지 현장으로 이동하여 미군의 참전 소식과 함께 서울 최후방어에 임한 병력들의 사기를 진작시켰다.

밤이 되자 폭우가 쏟아지는 가운데 전차로 증강된 북한군 제3·4사단은 기마대와 전차로 수유리 방향에서 미아리를 공격했다. 한국군은 우여곡절 끝에 1차 공세를 막아냈지만, 24:00부터 실시된 북한군의 2차 공세에는 그만 무너지고 말았다. 북한군 전차 2대가 기습적으로 28일 01:00 경 미아리 고개를 통과하여 서울 시내로 진출, 한국군의 수도 서울 최후방어선을 붕괴시킨 것이다. 미아리 지역의 일부 장병들은 북한군 전차가 들어선 것도 모르고 있다가 공격을 받고서야 철수하기도 했다.[38] 서울시내는 날이 밝으면서 북한군 지배하에 들어갔다. 분산된 병력들은 시가전을 전개하면서 한강으로 몰려들었고, 한강을 극복해야만 했다.

이에 앞서 육본은 북한군이 서울로 진입하기 직전 한강교를 폭파하도록 계획했으며, 28일 02:00경 북한군 전차가 서울에 진입했다는 보고를 받은 채병덕 참모총장은 서울 사수를 포기하고, 공병감 최창식 대령에게 한강교 폭파를 명하였다.

그리하여 인도교와 철교는 폭파되었고, 중앙에 있던 단선 철교는 완전히 폭파되지 않아 후일 북한군이 이를 보수하여 전차를 도강시켰다. 이때의 한강교 조기 폭파는 아직 철수하지 않은 한강 이북의 한국군과 서울 시민에게 치명적 피해를[39] 가져왔다. 수도 서울과 시민이 3개월간 북한군 수중에 떨어진 것이다.

서울을 점령한 북한군은 온갖 만행을 저지르며 서울 점령 축하 분위기에 젖어있었다. 북한군은 부대 재정비와 전투력을 보강하며 28일부터 7월 3일까지 6일간 서울에서 지체했다. 그들은 미군 도착 이전 한반도를 석권한다는 목표에 이율배반적으로 행동한 것이다.

이를 근거로 일부에서는 서울 제한 점령론이나 남한 봉기설[40] 등을 주장하고

---

38) 채한국 외 2명, 위의 책, pp.163~164.

39) 한국군은 개전당시 약 10만 여명이었으나 한강교 폭파 이후 가용인원은 약 2만 5천으로 축소되었다. 최창식 대령은 한강교 폭파 건으로 이후 군사재판에서 사형이 선고되어 바로 집행되었다. 그의 부인이 1964년 제기한 항소심에서는 그는 상관의 명을 따른 것으로 인정되어 무죄를 선고 받았다. 하지만 그 상관이 누구인지는 밝혀지지 않았다.
당시 한강에는 5개의 교량이 있었으며 북한군의 남진을 막기 위해서는 한강교 폭파가 필수적이었다. 다만 한강교 폭파는 시기문제였다.

40) 서울 제한점령론이나 봉기설은 서울만 점령하면 남한의 주민들이 호응하여 봉기할 것이라 판단하여 북한군이 서울 이남으로 공격하지 않고 서울에 머물렀다는 설이다.

있다. 하지만 북한군이 한강을 도하하지 못한 이유로는 춘천·홍천 축선에서 제2군단의 공격 실패가 제1군단의 발목을 잡은 점을 간과할 수 없다. 같은 이유로 김포 축선에서의 진출 지연도 하나의 요소로 볼 수 있다. 또한 한반도를 석권하기 위해서는 한강을 포함한 수 개의 하천을 극복해야 하는데, 이를 극복하기 위한 적절한 도하장비를 미확보[41]하고 미군의 폭격에 조기에 장비를 상실한 것도 하나의 원인이라 볼 수 있다.

> 사전 계획대로만 싸우려하고, 상황대처능력이 부족하면 전쟁에서 승리할 수 없다.
>
> -샤론-

41) 러시아 국방부, 김종국 역, 〈러시아가 본 6·25전쟁〉, pp.36~37.
이러한 사태가 발생한 것은 북한은 남한의 임진강, 한강, 금강, 낙동강을 도하하기 위하여 소련에 4조 분의 도하자재를 요청하였으나 1조분만 지원했다. 이는 스탈린의 서울 제한점령설의 한 증거로 인용된다.

제3절 초기작전 분석

전쟁 초기 북한군은 성공적으로 기습작전을 수행, 주도권을 잡고 전장을 지배했다. 한국군은 전쟁 초기 대부분의 전선에서 패퇴하면서 수도 서울을 3일 만에 북한군의 손아귀에 넣어주고 한강 이남으로 철수했다. 북한군의 전쟁수행은 그들의 전략대로 한국군의 주력을 한강 이북에서 일부 격멸하였다. 하지만 북한군 제2군단의 춘천·홍천 축선에서의 전술적 실패가 전략적 실패로 이어져 결과적으로는 성공적이지 못했다.

하지만 무엇보다도 스탈린과 김일성이 한반도 전쟁에 미군이 참여하지 않을 것이라고 판단한 것 자체가 결정적 오판이자 실책이었다.-미군이 투입되더라도 최소 2개월은 소요될 것으로 보았다.-미군이 투입되더라도 최소 2개월은 소요될 것으로 보았다.-서울을 점령하고 축하 분위기에 젖어있던 북한 지휘부는 '미군이 한반도에 개입 한다'는 정보를 확인했고, 유엔의 결의 앞에 소련도 슬그머니 꽁무니를 빼는 눈치를 보였다. 주사위는 이미 던져졌고, 이제 북한군의 당면과제는 한강 도하였다. 하지만 북한군은 한강을 6일 동안이나 넘지 못했다. 이는 6·25전쟁에서 북한군의 만회할 수 없는 실책 이었다. 이러한 상황이 발생하게 된 것은 춘천지역에서의 패배가 결정적 원인이었다. 여기에 다 가뜩이나 부족한 도하장비도 미군의 포격으로 운용이 제한되기 때문이었다.

북한군은 속전속결(速戰速決) 전략에 따라 전차는 주공 지역인 동두천·포천-의정부 축선에 집중 배비하여 운용했고, 조공지역인 춘천·홍천 축선에서는 기동성이 요구되는 모터싸이클 연대를 편조하여 운용했다. 하지만 도보부대는 주·조공 균등 배비하였다. 기동면에 있어서는 북한군 주공이 의정부를 6월 26일 13:00 점령하고도 미아리고개를 넘어 서울까지 채 20km가 넘지 않는 거리를 전진하는데 장장 36시간을 소모하여 전과확대의 기회를 상실하였다.[42]

---

42) 서파-비석거리-퇴계원으로 이어지는 도로가 탱크 기동이 불가하자, 제105전차여단 예하 109전차연대는 서파까지 진입했다가 다시 포천으로 역행군하여 의정부로 진입했다. 또한 의정부 축선에 투입된 모든 북한군 기갑부대가 의정부-창동 축선으로 기동하여 전장순환통제에 문제를 야기했다(교통체증 발생). 북한군은 계획상 2일 만에 서울을 점령하는 것이었으나, 전차의 역행군과 지체로

지휘통제통신의 역량부족은 고급제대인 총참모부와 제1·2공격집단 간 유기적인 협조된 작전을 불가능하게 했다.[43] 북한군 제2군단은 춘천·홍천 축선 전투에서 제2사단이 춘천지역으로 진출이 지연되자, 홍천 방향의 제12사단 31연대를 역행군시켜 춘천지역에 투입하였으나 협조가 되지 않아(통신장비의 미비) 병력이 유병화되는 실책을 범했다. 이 전투는 북한군의 '한강 이북에서 한국군을 격멸한다'는 전략이 보기 좋게 빗나갔음을 의미한다. 이에 김일성은 초전에 제2군단장과 예하 사단장을 보직 해임하고 숙청했다.

전술면에 있어서는 압도적으로 우세한 전투력을 바탕으로 정면 돌파를 시도하면서도 한편으로는 넓은 공간을 활용한 적절한 우회기동으로 한국군의 측후방을 공격하면서 방어진지를 무너트렸다. 이를 일점양면전술(一點兩面戰術)이라고 한다. 이 전술은 북한군과 중공군이 이후의 전투에서 지속적으로 사용하였다. 또한 보·전·포병의 제병과가 협조된 공격을 비교적 효율적으로 수행하였고 비정규전부대와 통합된 배합전술도 구사하였다.

이에 비하여 한국군이 초전에 패퇴하게 되는 이유는 우선 북한군의 기습이 완벽했기 때문이었다. 이는 한국군의 정보력의 한계를 여실히 드러내는 사항이기도 했다. 두 번째 이유는 북한군에 비해 현저하게 열세한 전투력 때문이었다. 특히 북한군 전차를 제압할 수 있는 무기체계가 전무했고, 북한군 도하에 대한 거부대책이 전무했다. 세 번째 이유로는 한국군 지휘부의 적절한 판단과 조치의 부재를 들 수 있다. 남한 전국에 산재된 한국군은 초전에 전투력을 집중할 수 없었다. 게다가 한국군 지휘부는 전략이나 작전술 구사능력이 부족하여[44] 초기 전투 내내 주먹구구식의 전술적 대응에만 급급하였다. 기습 허용 이후 불리한 전세를 타개하고자 하는 공세의지와 방법이 적절하지 못했던 것이다.

동두천·포천-의정부 축선에서의 축차적 병력투입, 한강교 조기폭파 등은 지휘부의 무능을 보여주는 대표적인 사례라 할 수 있다. 한강교 폭파를 두고 외국 언론은 심지어 "한국은 공격당한 것이 아니라 스스로 붕괴되었다."[45]고 표현할 정도

인하여 서울 점령은 1일이 추가 소요되어 3일 만에 점령하였다.

43) 러시아 국방부, 김종국 역, 〈러시아가 본 6·25전쟁〉, pp.36~37

44) 채병덕 총장은 맥아더 원수와 면담시 앞으로의 대책을 묻자 "맨주먹으로 북한군을 격퇴 하겠다"고 말하여, 전략과 전술이 없음을 간파한 맥아더는 이승만 대통령에게 채병덕 총장의 해임을 건의했다.

45) T.R. Ferenbach가〈This kind of war〉에 기록했다.

였다. 한강교 폭파로 서울 시민은 북한군의 볼모가 되었고, 한강 이북에 있던 한국군은 분산되었으며, 전투 장비와 보급품들은 유기되던가 아니면 북한군의 전리품이 되어 전투에 재사용되었다.

마지막으로는 방어계획과 지형상의 문제점을 들 수 있다. 방어계획상의 맹점으로 북한군의 주공으로 파악된 지역에 오히려 예비대를 비워두는 전술상의 실책을 저질렀고, 가용한 포병을 추가 할당하는 등의 적극적인 방책을 강구하지도 않았다.

그렇지만 한국군은 춘천에서 제6사단의 전술적 승리가 전략적 승리로 이어지는 수확을 얻어, 초전의 완패에도 불구하고 기사회생(起死回生)할 수 있는 계기를 만들었다. 동해안의 제8사단도 건제가 유지되어 북한군의 의도대로 전쟁이 진행되지 않을 것임을 보여주었다. 특히 각개 장병들이 보여주는 육탄의 감투정신은 이후 한국군의 큰 자산이 되었다.

> 군대의 슬픔은 각 지휘관 또는 참모들의 협조가 중단되었을 때 닥쳐온다.
>
> −죠미니−

제4장

지연작전과 미군 · 유엔군 참전

- 진출속도와 증원시간의 대결 -

유엔군 기를 인수하는 맥아더 유엔군 사령관

제1절 지연전 개관

북한군은 미아리를 돌파한 6월 28일 새벽 전차를 앞세워 서울시내에 진입하였다. 한강교가 폭파되어 더 이상의 진출이 불가해진 북한군은 서울에서 부대를 정비하면서 한강 도하를 준비했다. 북한군 제1군단은 예하 제3·4 및 제105전차사단[1)]으로 하여금 한강 도하를 실시함과 아울러 김포반도에서는 제6사단으로 하여금 김포-영등포 축선으로 공격토록 했다.

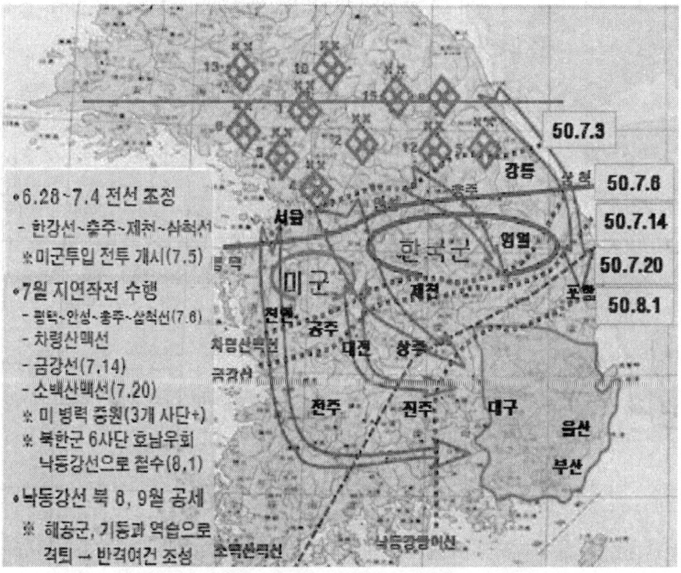

지연전 전개 상황

1) 김일성은 서울을 점령한 제3·4사단을 서울사단이란 호칭을 부여했고, 제105전차여단을 사단으로 승격시켰다. 북한은 1960년 8월 25일 김일성, 김정일 부자가 이 부대를 방문한 날을 '선군 영도 개시일'로 선정했고, 김일성의 손자 김정은이 김정일 사망 후 북한군 최고사령관에 추대되어 최초로 시찰한 부대이다. 현재 북한군은 제105전차 사단을 '근위서울류경수제105탱크사단'이라 칭한다(류경수는 김일성의 전처 김정숙의 동생과 결혼한 김일성의 동서이며, 이 사단은 서울을 점령한 50년 6월 28일 서울대 병원에서 민간인과 한국군 부상자 수백 명을 무차별 학살했다. http://blog.yahoo.com. /_FSPWQCFAYUX7FJJWIKZQDA2PBU/articles/198331).

전선이 와해된 채 한강을 도하한 한국군은 '시흥지구전투사령부'를 창설하여 자연 장애물인 한강을 이용한 방어선을 구축하고 항전을 시도하였다. 한국군은 한강 방어선을 6일 동안 지탱하고, 7월 3일 방어선이 돌파되자 수원을 경유 평택으로 철수하였다. 이 기간에 김포반도에서는 김포지구전투사령부가 창설되어 북한군 제6사단과 대치하였고, 중 · 동부전선에서도 한국군 제6사단과 8사단이 충주-제천선으로 철수하였다. 동해안 축선에서는 제3사단 23연대가 울진으로 진출하여 북한군 제5사단의 남진에 대비했다.

이러한 한반도의 전쟁 상황은 미국에 급보되었으며, 전 세계는 경악했다. 미국은 북한군의 남침을 자유민주주의 세력권에 대한 일대 도전으로 간주하였다. 트루먼 정부는 북한의 남침을 불법으로 규정하고 즉각적이고도 단호한 군사적 조치를 강구하기 시작, 군대를 파견함과 동시에 유엔을 통하여 한반도 사태를 해결하고자 했다.

미국은 6월 27일 먼저 해 · 공군 투입을 결정했고, 29일은 지상군 투입을 결정했다. 7월 1일 부산에 선발대가 도착하였고, 곧이어 미국 주도하의 유엔군 사령부가 창설되었다. 이에 따라 한반도에서는 한국군과 미군 그리고 각국의 군대가 유엔의 깃발 아래 연합전선을 형성하고 북한군과 대결하게 되었다.

미군의 투입으로 기사회생(起死回生)한 한국군은 초전의 패배를 딛고, 지연전을 수행하며 신속히 2개 군단 5개 사단의 편제로 전환 되었다. 유엔군 사령부는 대구에 위치하고 있었으며, 지휘권의 단일화를 위하여 한국군의 작전 지휘권은 7월 14일 유엔에 이관되었다.[2)]

북한군은 서울 점령 이후 미군 참전이전에 남한 전 지역을 석권한다는 전략 하에 한강 도강 이후 서부, 중앙, 동해안의 3개 축선에서 압박을 가해왔다. 서부전선에는 서울을 탈취했던 제1군단의 3·4사단과 105전차사단 및 제6사단을, 중부전선에는 제2군단의 2, 1, 12사단을(진출이 지연되자 제8, 15, 13사단 추가 투입) 그리고 동해안 축선에서는 기존의 제5사단을 운용하였다.

한강 방어선 전투부터 한국군의 작전개념은 북한군의 진출을 최대한 저지하여 미군의 증원시간을 확보하는 것이었다. 미군이 전투에 투입되면서 한 · 미 양군은

---

2) 이때 이양된 한국군의 지휘권 중 평시작전권은 1994년 12월 한국군에 환수되었고, 전시 작전권은 현재도 미군이 지휘권한을 행사하고 있다. 따라서 데프콘Ⅲ가 발령되면 한국군의 작전권은 한미 연합사가 수행하게 된다. 전시작전권도 2015년 12월 1일 한국군이 인수하는 것으로 합의되어 있다.

평택-제천-울진을 연하는 선에서 연합전선을 구축, 미군은 서부전선에서 한국군은 중·동부전선을 담당 전투를 진행했다. 연합군은 방어력 발휘가 양호한 한반도 동서 지형을 이용한 저지선을 형성하여 북한군의 진출을 저지시킬 계획이었다. 그러나 서부지역에 투입된 미군 1개 사단은 전투력 열세를 극복하지 못하고 스미스 특수임무대대가 7월 5일 죽미령 전투에서 무너진 이후 금강선 그리고 대전지구 전투(20일) 등에서 계속하여 패배하며 경부축선으로 북한군 진출을 허용하고 말았다.

이에 비하여 신속히 개전 이전의 전투력을 회복한 한국군은 중·동부 전선에서 미군이 담당한 서부전선과 보조를 맞춰 지연전을 수행하며 동락리, 화령장 등에서 호기를 포착한 공세행동으로 북한군의 진출을 저지하며 선전했다.

공격의 주도권을 장악한 북한군은 공격속도를 증가하여 7월 26일 경에는 영동-상주-함창-예천-안동을 연하는 선 남쪽까지 진출하였으며, 북한군 제6사단은 호남지역으로 우회하여 한반도의 서남방으로 기동하였다. 한강 방어선부터 낙동강 방어선이 설치되는 이때까지의 전투상황은 작전형태로는 지연전이었으며, 전쟁사학가들은 이때의 상황을 '북한군의 진출속도와 미군 증원시간 간의 속도 대결'이었다고 평가한다.

결국 유엔 및 한국군은 전투력 열세를 만회하지 못하고 8월 1일 '워커 라인'이라 불리는 '낙동강 방어선'까지 철수하여 전쟁 승패의 분수령이 될 일전을 준비하게 되었다.

> 전쟁에서 가장 확실한 방어는 공격이다. 그리고 공격의 효율성은 전투를 수행하는 대원들의 용기에 달려있다.
>
> -패튼-

제2절 한강 방어선 전투

1. 김포반도 전투

춘천·홍천 축선과 더불어 6·25전쟁 초기 가장 극적인 장소 중의 하나가 바로 이 김포반도 지역이다. 현재도 김포반도 북단은 한강을 사이에 두고 남과 북이 대치하고 있다. 이 지역은 한강의 하류로 김포반도 북단에서 임진강과 예성강이 합류하여 서해로 흘러들어가고 있어 유속이 빠르고 하폭이 비교적 넓다.

개전 첫 날 옹진반도와 개성에서 한국군 제17연대와 제1사단 12연대가 철수함에 따라 김포반도는 특별한 방어계획 없이 방치되었다. 사전에 이 지역의 전략적 가치를 주목하지 못한 점이 그 원인이었다. 옹진반도에서 한강을 도강하면 김포반도에서 영등포까지는 불과 40km 남짓한 거리였다. 따라서 춘천지역의 북한군 제2군단이 한국군을 포위섬멸하기 위하여 수원지역으로 진출하고, 북한군 제1군단이 김포반도에서도 안양이나 수원 쪽으로 진출한다면 북한군의 입장에선 한강방어선을 무력화하면서 한국군을 양익포위 할 수 있는 유리한 상황이 조성될 수 있었다.

육본은 제1사단 12연대가 김포반도로 후퇴를 시작하면서부터 발등에 불이 떨어졌다. 26일 오전에 남산학교(정보학교)의 기간요원을 모체로 하여 '김포지구전투사령부(사령관, 대령 계인주)'를 창설하고 이날 밤까지 장갑대대, 보국대대, 도하한 제1사단 12연대 2대대, 보병학교 후보생 대대 등 4개 대대 규모의 전투력을 준비되는 대로 투입했다.

이와 같은 전투력으로 전차중대로 증강된 북한군 제6사단(-)의 한강 도하를 저지한다는 것은 애당초 무리였으나, 다행히 천연 장애물 한강이 북한군의 진출을 가로막았다. 하구의 간·만조 시 급속한 유속(유속 1~1.5m/sec)과 간조 시 넓게 형성되는 갯벌은 도하의 장애물이었고, 횡격실 차안은 도하부대에게는 극복하기 어려운 지형이었다(김포반도 북단은 현재도 간·만조로 인하여 도하에 시간적인 제한을 받는 지역이다).

북한군은 6월 26일 아침 제13·15보병연대 1개 대대와 야포 2문이 도하했으나, 한국군의 조직적인 저항으로 약산리-도이곶을 연하는 선에서 진출이 저지되었다. 27일 북한군의 주간 도하는 미군의 항공기에 의하여 차단되었지만 야간에 전차중대를 포함한 사단 본대를 도하시키며, 6월 28일 여명을 기해 대곶리 및 김포지역까지 진출했다.[3] 김포반도에서 북한군 제6사단의 한강 도하가 이렇게 3일간이나 지연된 것은 한강과 지형적인 장애물의 효과와 더불어 당시의 지휘체계도 제대로 갖추지 못한 상태에 있던 김포지구사령부 장병들의 투혼으로 얻은 결과였다.

한국군 주력이 한강 방어선에 매달려 있을 때인 6월 29일 김포지구사령부는 김포비행장을 탈환하기 위한 역습을 전개하면서, 부천의 원미산 북쪽 고지에서는 북한군 제6사단의 진출을 저지하고 있었다. 이러한 한국군의 조직적인 저항을 라주바예프의 보고서는 잘 기록하고 있다.

김포반도에서의 끈질긴 저항은 김포반도를 따라 인천-수원 방향으로 진출하려는 북한군 제6사단의 기동을 저지함과 동시에 행주 일대에서 한강을 도하하여 철수하는 한국군 제1사단 등이 안전하게 한강을 도하할 수 있도록 했다. 이에 따라 시흥지구전투사령부는 한강 방어선에서 측방의 위협을 받지 않고 한강방어전을 수행할 수 있었다. 따라서 김포반도 전투를 서부전선의 '춘천 전투'라 명명해도 좋을 듯하다.

2. 한강방어선 전투

한강 방어선 전투는 북한군 제105전차사단 및 제3·4사단과 이를 저지하려는 한국군 시흥지구전투사령부 예하 혼성사단 간의 전투로, 북한군을 한수 이북에 6일간이나 묶어둔 6·25전쟁사에서 대단히 의미 있는 전투였다.

한강은 서울 동남 방향 양수리에서 서울을 남쪽에서 원형으로 감싸면서 흐르다가 김포반도 끝에서 서해로 흐르는 2~3km의 하폭을 갖는 강이다. 한강 방어선은 대략 북서쪽으로는 영등포에서 동남부로는 광나루까지 한강의 차안지역 전체를 의미하며, 주 병력은 영등포에서 노량진에 배치되었다.

---

3) 국방부군사편찬연구소, 〈라주바예프의 6·25전쟁보고서(제1권)〉, 2001, pp.133~137.

한강방어선 전투 상황도

육본은 서울이 피탈되자마자 '시흥지구전투사령부'를 설치하고, 김홍일 소장을 사령관으로 임명했다. 사령부는 '미군 참전'이라 쓴 간판을 곳곳에 세우고 한강을 도하하는 장병들을 수습하였다. 장병들을 임시방편으로 500명 단위의 '혼성대대'로 편성한 후 '혼성수도사단(여의도를 포함한 영등포 방면), 혼성제7사단(노량진 방면), 혼성제2(신사리 방면) · 3 · 5사단'(전방부대 보강)으로 재편하여 한강 남쪽의 방어선에 배치하였다. 이때 배치된 병력은 총 병력 3,000여 명 6개 대대였다. 이들 사단은 화포가 없는 것은 물론이고 공용화기로는 박격포 2~3문과 기관총 5~6정이 고작이었다. 이는 물론 서울을 탈출할 때 모두 유기했기 때문이었다. 행주에서 한강을 도하하여 도착한 제1사단은 예비로 시흥에 배치되었다. 시흥사의 한강방어선 작전개념은 후보계획에 따라 산출한 '미군의 한반도 투입시간 3일'을 보장하는 것이었다.[4] 다행히 6월 29일부터 미 공군이 폭격이 개시 되었다.

북한군은 28일 서울점령 하루를 보냈다. 29일 도하준비를 완료하고 밤부터 정찰대를 투입 탐색전을 전개했다. 북한군은 제4사단을 주공으로 여의도 대안을 통하여 영등포 방면으로, 제3사단을 조공으로 용산일대에서 노량진 방향으로 도하를 시도하여 29일 밤섬과 흑석동 차안에 중대규모 공두보를 확보했다.

---

4) 맥아더가 파견한 6·25전쟁 조사반장인 처치 준장은 "미군이 한강 선까지 진출하려면 3일의 시간이 필요하다."고 하여, 한강 방어 3일이 국가 존망 결정의 시간이 되었다.

한강방어선의 배치모습

한강을 넘는 북한군 탱크

도하개시 2일차인 30일 새벽 북한군 제3사단은 전날 밤 확보한 도하 지점을 발판으로 노량진 신사리 방면으로 본격적인 도하공격을 실시하였다. 한국군 혼성제7사단은 미군 제19폭격전대의 지원을 받아가며 북한군의 도하를 저지하는데 성공하였다. 하지만 오후 한남동에 위치한 북한군 제3사단에 의해 신사리 일대가 돌파되어, 혼성제2사단이 남태령-우면산을 연하는 선에서 북한군 부대를 저지하였다.[5] 도하 2일차 북한군의 기도는 노량진의 고지군을 확보하여 그 엄호하에 철교를 보수하여 전차를 도강시키는 것이었는데, 이는 한국군의 필사적인 저지와 미군의 공중폭격에 의해 저지되었다.

도하 3일차인 7월 1일, 북한군 제4사단이 04:00부터 여의도-영등포 방면에서 마포-하중리 나루터를 이용하여 본격적인 도하를 시도하였다. 북한군은 영등포를 장악할 목적으로 하루 종일 공격하였으나 혼성수도사단에 의하여 도하가 좌절되었다. 북한군 제4사단은 전차 없이 도하작전이 여의치 않자 야간에 선로반을 동원하여 경부선 철교 보수작업을 실시하였다.[6]

도하 4일차인 7월 2일, 북한군은 여의도 대안의 제4사단이 또 다시 도하를 기도하였으나 혼성수도사단 제8연대가 이를 격퇴하였다. 이때 판교로 진출한 일단의 북한군을 예비로 있던 한국군 혼성제3사단이 후방을 차단하고, 미 공군기가 계속 공격하여 어느 정도 대열을 와해시켰다.

5) 채한국 외 1명, 위의 책, pp.197~198.
6) 채한국 외 1명, 위의 책, pp.198~199.

그러나 도하 5일차인 7월 3일 새벽부터 전황은 급속도로 악화되기 시작하였다. 영등포에서 04:00에 철로 복구를 완료한 북한군은 전차 4대를 우선 도강시켰다. 이후 열차를 이용 전차와 병력을 축차적으로 도강시키면서 영등포와 노량진 일대를 석권하기 시작하였다. 영등포 정면의 혼성제8연대는 전차가 진출하고, 설상가상(雪上加霜)으로 김포의 북한군 제6사단이 오류동 쪽으로 들이닥쳐 연대의 배후를 교란함으로써 전 · 후방에서 북한군의 공격을 받게 되어 전선을 포기하고 철수하지 않을 수 없었다. 이 상황을 예의 주시하던 시흥지구전투사령관 김홍일 소장은 계획된 철수명령을 하달하였고, 나머지 부대들도 분산되어 안양과 과천으로 철수하였다.

6월 30일 육군 참모총장(육·해·공 총참모장)으로 부임한 정일권 소장은 현 전선에서 북한군을 최대한 지연시키면서, 영등포-수원 간을 연하는 선에서 축차진지 상의 지연전을 전개하도록 하였다. 이후 한강변에서 방어를 담당했던 김포지구전투사령부와 사단은 안양으로 철수하였고, 7월 4일 육군본부는 평택으로 이동하였다.

한국군 부대들은 임시 편제된 상황 하에서도 사력을 다하여 6월 28일부터 전차가 도강한 7월 3일까지 목표한 3일을 넘어 6일간이나 한강방어선을 지탱하였다. 한강방어전에서 수훈갑은 탁월한 전쟁지휘 능력을 갖춘 김홍일 사령관과 한강이라는 자연장애물 그리고 미군의 시기적절한 공중지원이었다.

이로써 한국군은 미군 참전의 시간을 획득하고, 지연작전을 통해 전략적 후퇴를 단행할 수 있는 시간을 획득하게 되었다. 따라서 이 한강 방어선전투는 한국군에게는 실로 초전의 실패를 만회하고 기사회생하는 계기가 되었고, 북한군에게는 '수원 북방에서 한국군을 격멸하고 미군 증원이전에 전쟁을 종결 한다'는 전략적 목표가 무산되었음을 알리는 전투가 되었다.

> 피를 흘릴 각오 없이 승리를 얻고자 하는 자는 피 흘릴 것을 불사하는 자에 의해 반드시 정복된다. -클라우제비츠-

제3절 미군과 유엔군의 참전

1. 미군 참전과 유엔군 창설

6·25전쟁은 한국뿐만이 아니라 미국을 필두로 한 자유민주주의 국가들에게도 기습이었다. 전쟁 발발 시간은 미국 시간으로 6월 24일 오후 3시였다. 주한 미 대사 무쵸(John J. Muccio)의 '6·25전쟁관련 보고서'가 워싱턴에 타전 되었고, 전쟁 사실은 미국 시간으로 오후 9시경 대대적으로 보도되었다. 미주리주 별장에서 상황을 보고받은 미국 트루먼(Harry Shippe Truman) 대통령은 "북한의 전면 남침은 소련이 미국의 반응을 시험하고 있는 것이다....중략. 한국을 지키기 위하여 미국이 적극 나서야한다."[7]고 언급하고 유엔 안전보장이사회를 소집하도록 지시하였다.

미 합참은 우선적인 군사조치의 가이드 라인을 극동사령부 사령관 맥아더 원수에게 하달하였다. 이 '제한적 군사조치'에 따라 맥아더 원수는 6월 27일 미 극동사령부 군수참모부차장이었던 처치(John. H. Church)준장을 단장으로 하는 '6·25전쟁 조사반'을 구성하여, 당일 19:00부로 한반도 수원에 '극동사령부 전방지휘소 연락반'(ADCOM)[8]을 설치하여 운용하였다.

6월 27일 11:00(뉴욕, 26일 21:00)에 백악관에서 열린 제2차 안보회의에서 미 해·공군 참전이 우선 결정되었고, 지상전의 참전 여부에 관한 문제는 추후에 결정하기로 하였다. 이에 미 극동군사령관 맥아더 원수는 6월 28일 한반도 전선 시찰을 위하여 전용기인 바탄호(C-54)를 타고 수원 비행장에 착륙하여 영등포 방면의 한강 방어선을 시찰하였다.

7) 채한국 외 1명, 위의 책, pp.166~167.
8) 최용성, 위의 책, pp.41~42. 처치 준장은 채병덕 참모총장을 만나 시가전 전개와 한강방어선 구축을 권고하고, 맥아더 원수에게 지상군 투입이 필요함을 보고 하였다.

유엔 한반도 파병안 의결

이승만 대통령과 맥아더 원수
(자료 : NEW DAILY)

시찰 중 맥아더 원수는 '지상군 투입이 필수적이다.'는 결심을 굳히고, 6월 30일 03:00(뉴욕, 29일 13:00) 트루먼 대통령에게 지상군 투입을 건의하였다. 보고를 접한 트루먼 대통령은 지상군 투입을 2시간 만에 전격적으로 승인했다. 이에 따라 전쟁은 남·북한의 민족 간 대결에서 국제전 양상으로 변모하기 시작했다.

한편 유엔은 6월 26일 04:00(뉴욕, 25일 14:00) 안전보장이사회를 소집했고, 이때 소련을 제외[9]한 영국, 프랑스, 인도 등이 참석, 미국이 제출한 '북한군의 침략 중지 및 38도선 이북으로의 철수'를 요구하는 결의안이 만장일치로 채택되었다. 미국은 결의안 채택 이후, 북한의 침공을 소련의 사주로 간주하고, 소련에게 북한에 영향력을 행사하여 줄 것을 요청하였으나 허사였다.[10] 이어 6월 28일(뉴욕 27일) 제2차 유엔안전보장이사회에서는 표결을 통하여 북한을 '침략자'로 규정하고 회원국들에게 '남한을 지원하여 무력공격을 격퇴할 것을 권고'하는 결의안이 채택되었다.[11] 이와 같은 두 차례의 안전보장이사회 결정에 따라 유엔 회원국들은 '무력으로 침략자인 북한을 응징할 수 있고, 유엔군을 창설할 수 있는 국제법적 정당성'을 부여받게 되었다.

9) 소련의 불참은 안전보장이사회에 '장제스의 타이완을 제외하고 마오쩌둥의 중공을 가입시키자'는 소련의 제안이 받아들여지지 않자, 미국과 유엔의 권위를 떨어트리기 위해 불참하였다는 설과 중공의 안전보장이사회 가입을 지연시키기 위해 전략적으로 불참하였다는 설 등이 있다.
10) 송요태 외 1명, 위의 책, p.153.
11) 채한국 외 1명, 위의 책, pp.166~176.

그리하여 7월 1일에는 미국 정부 주도하에 유엔군 사령부를 창설하고 유엔 회원국이 무력지원을 하자는 '통합군 사령부 설치에 대한 결의안'이 영국과 프랑스에 의해 공동으로 제출되어 7월 7일 채택됨으로써, 역사상 초유로 유엔군(United Nation Command)이 탄생하였다. 유엔 안보리는 유엔군사령부 설치 등에 관한 모든 권한을 미국에 위임했고, 이에 발맞추어 한국 정부도 7월 10일 국제연합장교단을 구성 한국군과 유엔군 및 유엔 한국임시위원단과의 연락업무를 담당하도록 했다.

6·25전쟁 과정에서 유엔의 역할을 살펴보면 미국 에치슨 국무장관이 공언한 것처럼 미국은 유엔을 활용하여 6·25전쟁을 해결하려 하였으며, 이로 인해 유엔에 의해 탄생된 대한민국은 또 한 번 유엔의 지원을 받을 수 있게 되었다.

미국은 7월 10일 일본에 주둔중인 극동군사령관 맥아더 원수를 유엔군 사령관으로 임명했다. 맥아더 원수는 도쿄에서 유엔군사령부를 창설한 후, 극동군사령부의 주요 참모들을 유엔군사령부 참모로 겸임하여 임명하고, 미 극동군 구성군인 제8군(사령관, 중장 워커 Walton H. Walker), 극동해군, 극동공군을 통하여 유엔의 지휘권을 행사 하였다.

미 지상군 참전이 결정되고 한국군이 한강 방어선 전투를 진행하고 있을 때 인 7월 1일에 미 제24사단의 선발대가 부산에 도착하였다. 맥아더 원수는 미 제24사단 사단장 딘(William F. Dean) 소장을 주한 미군 총사령관으로, 처치 준장을 부사령관으로 임명하였다. 또한 4일에는 미 제8군 군수지원사령부가 부산에 창설되었다.

그렇다면 미국은 왜 이렇게 극동의 자그마한 나라 한반도 전쟁에 신속하게 참전을 결정했을까? 이것은 무엇보다도 미국의 국익과 세계 패권 전략 차원에서 이해를 해야 한다. 첫째로 미국은 한반도가 공산화되었을 시 일본 안보에 미치는 부정적 영향을 고려한 것으로 보인다. 한반도로 인하여 일본의 안보가 위협을 받는다면 무엇보다도 태평양을 내해로 여기는 미국의 방어전략에 영향을 미치기 때문이었다. 둘째로 한국이 고립무원의 상태에서 공산화된다면 인접 자유민주주의 국가들은 공산주의에 대한 대항 의지를 상실하고 도미노처럼 공산화될 것이 명약관화(明若觀火)하였다. 그래서 미국은 한반도에서 공산주의 국가들에게 경종을 울리고자 했다. 셋째로 소련의 팽창정책을 한반도에서 저지함으로써 제3차 세계대전의 고리를 차단하고자 하는 의도였다. 그리고 마지막으로 미국의 주도하에 움직이고 있는 유엔의 권위와 질서를 지키고자 함이었다. 한국은 유엔이 최초로 산파역할을 수행하여 건국한 국가로, 한국을 보호함으로써 미국이 주도하는 유엔의 권위를 유지하고자 한 것이다.

2. 연합전선의 형성과 한국군 재편성

가. 한·미 연합전선의 형성

지상군 투입을 요청했던 맥아더 원수는 6월 29일 미국의 지상군 투입이 승인되자 주일 미군을 우선 투입했다.[12] 당시 맥아더 원수는 '미 제24사단으로 북한군의 공격을 지연시킨 후 해병여단과 제1기병사단을 이용하여 7월 22일 경 인천에 상륙작전을 감행(Blue Heart 계획) 전황을 타개한다.'는 구상을 갖고 있었다.[13] 하지만 맥아더는 북한군에 대한 정확한 정보가 없었다. 북한군의 전투력은 예상외로 강했고 전진은 신속했다. 결국 맥아더의 상륙작전 블루하트는 실기하고 말았다.

7월 1일 미군의 선두 부대인 스미스 특수임무부대(제24사단 21연대 1대대, Task Force Smith)가 부산공항에 전개하고 있을 때 정일권 참모총장과 처치준장은 대전의 미 극동사령부 전방지휘소에서 회담을 갖고 있었다. 양 대표는 연합작전을 위한 작전지역 분담, 한국군의 재정비, 한국군 탄약 및 장비의 긴급 지원, 미 공군의 지원확대, 장차작전의 구상 등에 관하여 광범위한 토의를 하면서, 전선의 서쪽에 전개한 미 지상군은 경부 축선의 서부전선을 담당하고 그 우측의 한국군은 동해안까지 담당하기로 했다. 그리고 최초의 방어선은 남한에서 동서의 폭이 가장 좁은 평택-안성-충주-울진선(37도선)으로 선정하였다. 이 합의에 따라 그간의 한국군 단독작전은 7월 4일 스미스부대의 배치부터 한·미 연합작전으로 전환되었으며, 한국군은 각 지역에 분산된 병력을 수습하고 전력을 재정비할 수 있게 되었다.

또한 주한 미군사령관 딘 소장은 차후 작전을 위하여 ① 평택-안성-충주-삼척을 연하는 선 ② 차령산맥을 연하는 선 ③ 금강을 연하는 선 ④ 소백산맥을 연하는 선 ⑤ 낙동강을 연하는 선 등 5개의 방어선을 구상하고 북한군의 남진을 저지하고자 했다.[14]

---

12) 당시 일본에는 혼슈 북부 및 홋가이도에 제7사단, 큐슈에 제24사단, 칸토에 제1기병사단, 오사카에 제25사단 등 4개 사단이 주둔하고 있었다.

13) 육군본부, 〈정책과 지도〉, 유엔군 전사 3권, p192. 최초 인천상륙작전 계획인 '블루하트'계획은 7월 10일 무효화되었고, 인천상륙작전은 새로운 계획인 '크로마이트'계획에 의거 실시되었다.

14) 일본 육전사보급회(이원복 역), 〈한국전쟁(Ⅰ)〉, pp.163~166.

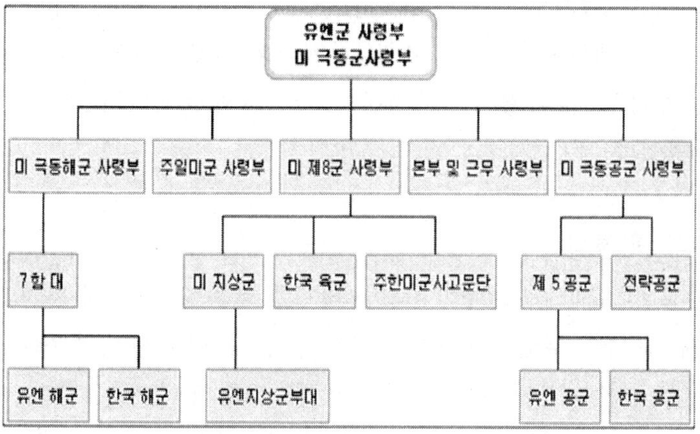

유엔군 사령부의 지휘체계(자료 : 국방군사연구소, 채한국 외)

7월 13일 미 제8군 사령관인 워커장군은 대구에 사령부를 개소하였으며, 육군 본부도 대구로 이동해 유엔과 유기적인 연합작전체제를 갖추었다. 이처럼 연합군이 편성되어 양국 부대의 지휘체계 단일화가 필요함에 따라 이승만 대통령은 작전지휘의 통일과 지휘체계 일원화를 위하여 "전쟁상태가 계속되는 동안 한국군의 작전 지휘권을 유엔군 사령관에게 위임한다."는 서한을 7월 14일 맥아더 유엔군 사령관에게 보냈고, 18일 맥아더 원수로부터 수락한다는 회신을 받았다.[15] 이리하여 한국군과 유엔군은 본격적인 연합작전을 전개할 수 있는 전기를 마련했다.[16] 미군은 미 제24사단(제19, 21, 34연대)이 도착한 이후 7월 31일까지 미 제25사단(제24, 27, 35연대)과 미 제1기병사단(제5, 7, 8연대)[17]이 한반도에 도착했다.

유엔군 사령부는 7월 24일 창설되었다. 지휘체계는 표에서 보는 바와 같다. 전쟁이 진행되면서 영국, 프랑스, 터키, 오스트레일리아, 필리핀 등 16개국에서는 전투 병력을 파병했다. 유엔 해군에는 미국, 영국, 호주, 프랑스, 네덜란드, 캐나

15) 국방부 군사편찬위원회, 〈國防條約集〉 第1集, 1988, pp.34-38. 1950년 7월 17일 〈미 제8군 일반명령 제3호〉에 의하여 한반도의 모든 지상군 부대는 미 제8군사령관의 작전지휘를 받게 되었다.

16) 이후 한국군은 낙동강 방어선 전투에 2개 군단 5개 사단 체제를 유지하다가, 낙동강 방어선 전투 간 증강계획을 수립, 8월 20일 민부대와 독립유격 제1·2대대를 기간으로 제7사단, 8월 27일에는 제11사단을 각각 창설하였다. 이후 제2·5사단을 재창설 하였고, 제9사단과 제3군단 창설도 이어진다.

17) 미 제1기병사단은 미국 독립전쟁 시 창설된 전통있는 부대로 게이(Robert R. Gay)소장이 지휘하고 있었다. 제5, 7, 8기병연대가 감소편성 되어 있었으며, 사단의 편제는 일반 보병사단과 동일하였다. 사단은 7월 18일부터 22일간 포항에 상륙하여 바로 영동지구 지연전에 투입되었다.

다, 뉴질랜드 등이 참가했으며, 유엔 공군에는 미국, 영국, 캐나다, 호주 등에서 참전하였다. 이 외에도 의료 및 시설 지원국이 5개국이었으며, 물자를 지원하는 국가도 20여 개국을 헤아렸다. 이렇듯 6·25전쟁은 한반도를 넘어 세계 전쟁의 성격을 띠고 있었다.[18)]

나. 한국군의 재편성

7월 3일 한강 방어선을 돌파한 북한군은 한국군을 조기에 섬멸하기 위하여 서부전선 방향에 주공을 투입하여 공격하였다. 한강 방어선 전투에서 물러난 한국군 부대들은 수원을 하루 만에 피탈당하고, 7월 4일 저녁에는 평택으로 철수하였다. 이때 중부지역의 제6사단과 제8사단이 충주, 제천으로 그리고 동부전선에서는 한국군 제3사단 23연대가 울진으로 이동하여, 평택-충주-제천-울진을 연하는 선에서 북한군의 진출을 저지하고 있었다.

이때 참모총장 정일권 소장은 일선의 부대들이 초전에 와해되고, 인원을 포함한 장비와 물자가 현저하게 부족하여 전투력 발휘에 제한을 받게 되자, 군 조직의 통합과 개편을 통하여 전투 효율성을 제고하기로 결심하고 있었다. 육본이 단독으로 5∼6개의 전술사단을 통제한다는 것도 지휘 폭이 초과되는 육본으로서는 부담이었다. 물론 이러한 조치는 미군의 참전으로 책임지역이 조정되고 한국군이 심리적 여유를 찾음에 가능했던 일이었다.

육본은 평택으로 철수한 시흥지구전투사령부를 모체로 7월 5일부로 제1군단 사령부(사령관, 소장 김홍일)를 창설하였다. 창설 방법은 전투력이 미약한 연대 및 사단을 다른 건실한 사단 및 연대에 통합하는 방식으로 미군과 전선 조정을 하는 과정에서, 기존의 6개 사단(수도, 제1, 제2, 제3, 제5, 제7사단)을 통합하여 3개 사단(수도, 제1, 제2사단)으로 재편성하였다.[19)]

이는 실로 한국군이 군단 편제를 갖는 최초의 시발점이 되었다. 한국군은 평택에서 재편성 후 서부지역을 미군에게 인계하고, 한반도 동쪽지역으로 이동하였다. 이 때 제1군단은 진천-음성 간을 확보하도록 수도사단을 진천, 제1사단을 음성에 배치하였으며, 제2사단은 군단 예비로 증평에 집결시켜 놓았다.

---

18) 전쟁이 북한군에게 불리하게 진행되자 공산권 국가들도 몽고일대에서 나름의 연합군을 조직하였다.
19) 육군개편계획: 1950년 7월 5일, 구두명령 7월 4일.

한편, 중동부전선의 한국군 제6, 8사단이 전투가 진행되면서 이화령-조령 선으로 멀어지자 통신장비가 미비하여 이들 부대에 대한 통제가 어려워지면서 북한군 제2군단의 주력이 이 지역을 지향함에 따라 새로운 군단 창설의 필요성이 대두되었다. 이에 따라 육본은 7월 15일 함창에서 제2군단(사령관, 준장 유재흥)을 창설하였다. 예하 부대로는 지휘통제 여건을 고려하여 7월 24일 최종적으로 제1사단과 제8사단이 편성되었다.[20]

육군은 전장 초기 많은 인원과 장비의 손실이 있었지만, 2개 군단 5개 사단으로 재편성되면서 상당한 수준의 전력을 회복할 수 있게 되었다. 하지만 이러한 편제에도 불구하고 한국군의 무기와 장비, 물자의 보급율은 상상할 수 없을 만큼 열악했다. 전쟁초기 한국군 자체의 병참 계통도 없었을 뿐더러 보급지원 우선순위는 미군에 있었기 때문이다.

하지만 한국군의 군수지원은 7월 5일부터 서울지구보급창을 김천에 개설하여 대전지구보급창과 함께 보급지원을 수행하였고, 미군이 7월 초순부터 유엔군 및 한국군에 대한 지원을 개시하였다. 그리하여 7월 중순을 넘기면서부터 한국군의 보급창에도 미군의 보급품이 쌓이기 시작했고, 20일부터는 최전선에도 보급할 수 있었다.[21] 군수조달도 7월 26일부터는 남한 전역에서 징발제도가 실시되어 국민총력전 체제로 전환되었다.

> 기습은 결정적 지점에 상대적 우세를 부여하기 위한 수단이다.
>
> -클라우제비츠-

---

20) 7월 15일 제2군단 창설 때는 제1군단에 수도사단과 제1·2사단, 제2군단에 제6·8사단이 편성되었다. 그러나 7월 24일 제1군단은 수도사단과 제8사단으로, 제2군단은 제1사단과 제8사단으로 재편성 되었고, 병력손실이 심한 제2사단은 해체되었다. 제3사단은 육본 직할로 편성되었다.

21) 국방군사문제연구소(채한국 외 1인), 국방군사연구소, 〈6·25전쟁(상)〉, p.243.

제4절 한강 이남의 지연작전

1. 서부전선 지연전

서부전선의 지연전이란 한반도의 서부지역에서 경부국도를 중심으로 오산 북쪽의 죽미령 고개로부터 금강 방어선에 이르기까지 북한군 최정예부대인 제105전차사단 및 제3 · 4사단의 공격을 지연시키기 위하여 미 제24사단이 실시한 작전이다.

작전지역은 경부국도를 축으로 오산-평택-천안-전의-조치원을 연하는 축선이었다. 당시 미 제24사단과 한국군 제1군단의 정확한 전투지경선은 밝혀지지 않았으나 경부축선과 제1군단이 담당한 진천-청주 축선과의 중간선인 것으로 추정할 수 있다.[22]

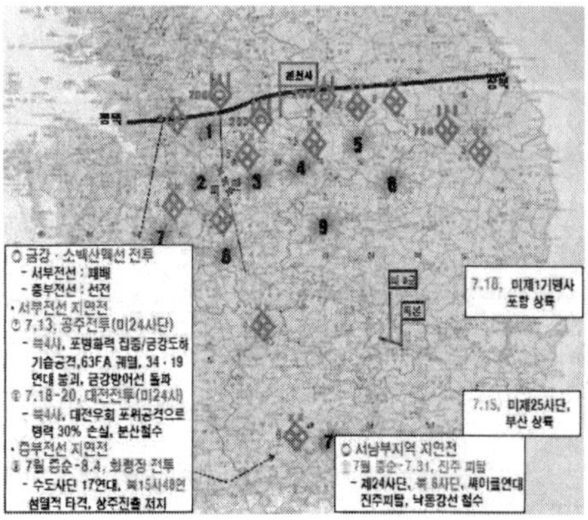

지연전시 주요 전투(1)

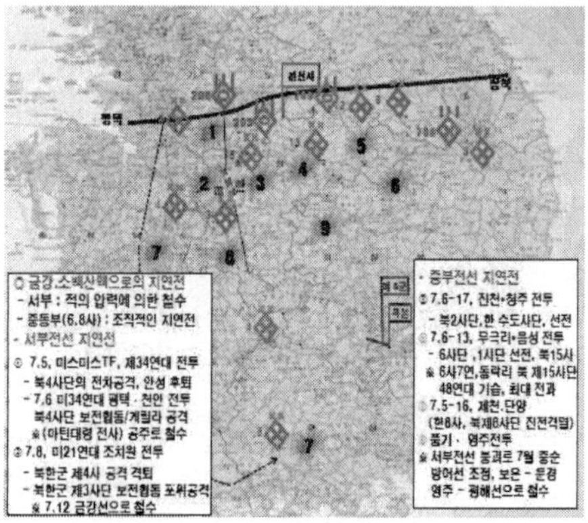

지연전시 주요 전투(2)

22) 전사편찬위원회, 〈6 · 25전쟁사〉 제2권, p955, 육본 전투명령 제23호.

미 지상군 투입 당시 북한군 주공인 제1군단은 7월 4일 수원을 점령한 후 남으로 계속 진출하고 있었고, 중동부의 제2군단은 7월 초에 제2·15사단은 한강을 넘어 한국군이 미배치된 장호원, 이천, 여주까지 진출하였고, 제1·12사단은 충주 및 제천까지, 제5사단은 동해안 삼척까지 진출했다.[23)]

이에 대응한 한국군은 한강 방어선 부대들이 신속히 철수하여 축차적인 지연진지를 편성하며 북한군의 남진을 지연코자했다. 중부지역의 제6·8사단은 지휘체계를 유지 북한군 제2군단의 진출을 지연시키고 있었다. 육본은 북한군 제2·15사단의 기동 기도를 간파하여 제6사단 예하부대를 신속히 출동시켜 지연임무를 수행하도록 하는 한편, 동해안 울진지역으로 제3사단 23연대를 출동시켜 북한군 제5사단의 남하를 저지하도록 했다.

1개 사단이 투입된 미군 전투력 수준은 생각 밖으로 허약했다. 각 사단은 전시편성의 66% 수준의 병력을 보유하고 있었으며, 각 연대는 2개 대대만을 보유하고 있었고, 연대에 인가된 전차 중대는 어느 연대에도 없었다.[24)] 포병 연대는 2개 포대만이 운용되고 있었으며, 미군의 어떤 무기체계도 북한군의 T-34전차를 파괴할 수 없었다. 교육훈련과 군기 또한 엉망이었다. 하지만 극동사령부의 수뇌부로부터 각개 병사에 이르기까지 모든 미군은 소련의 지원을 받아 체계적 전투력을 갖춘 북한군의 전력을 과소평가하고 있었다. 결국 미군은 최초 전투인 죽미령 전투부터 북한군 과소평가에 대한 값비싼 대가를 치르게 된다.

가. 죽미령 전투

죽미령 전투는 6·25전쟁에 투입된 미군의 최초 전투로 스미스 특임부대가 오산 북방 죽미령에서 7월 5일 오전 북한군 제105전차사단 및 제4사단과 벌인 전투다. 결과는 완패였다. 맥아더 원수는 최초 일본에서 미 제24사단에게는 출동명령을, 제1기병사단에게는 상륙작전 준비명령을 하달했었다. 이에 워커 장군은 딘 소장에게 대대 규모의 특수임무부대를 편성하여 부산으로 공수하도록 하였다. 딘 소장은 제21연대 1대대장에게(대대장, 중령 Charles B. Smith) 명령을 하달하면서, 한반도에 이미 파견된 처치준장의 지휘를 받도록 조치하였다.

23) 국방부 군사편찬연구소, 〈6·25전쟁사3, 한강선방어와 초기지연작전〉, 2004, p. 310.
24) 전차가 미편성된 이유는 일본의 도로가 신형 전차운용에 적합하지 못했기 때문이었다.

대전역에 도착한 스미스 부대
(1950. 7. 7)

죽미령 전투 현장

스미스 중령은 대대 편성을 보강 7월 1일 항공기로 일본을 출발 14:00 어간에 부산에 도착하였다. 그리고 열차편으로 대전에 2일에 도착했고, 7월 3일 평택 및 안성 일대에 진지를 편성했다. 하지만 북한군에 대한 구체적인 정보 없이 처치 준장으로부터 가능한 북쪽으로 이동하여 북한군의 공격을 저지하라는 명령을 받고, 7월 5일 03:00경 오산 북방의 죽미령에서 1번 국도를 중심으로 52포병대대와 함께 진지를 편성하였다. 이는 서부지역을 담당한 미 제24사단장이 주방어선을 평택-안성 선으로 선정하여 제34연대를 배치하고, 엄호 및 전초부대 임무를 수행하는 스미스 부대는 그 보다 북쪽인 오산 북방 죽미령에 배치되는 개념이었다.

하지만 스미스 부대는 죽미령에 도착하여 진지를 편성할 겨를도 없이 당일 아침인 5일 07:30분경 북한군 제4사단 및 105전차사단과 접촉하였다. 스미스 특임부대는 선두에 선 북한군 전차에 75mm 무반동총을 발사하였으나 파괴되지 않고 계속 전진하자, 105미리 곡사포로 직접 조준하여 두 대를 파괴시켰다. 그러나 30여 대의 전차는 계속 전진하며 지휘소와 포병진지 간에 설치된 유선을 절단시켜 포병화력 마저도 무력화되었다. 전차가 한바탕 진지를 휘젓고 오산 방향으로 내려가자, 이내 양 측면을 통하여 진입한 북한군 도보부대가 방어진지를 유린하기 시작했다. 결국 스미스부대는 7시간 만에 붕괴되었고, 전사자와 부상자들에게 군의관과 군목만 남겨둔 채 안성으로 철수했다. 역부족 이었다.

첫 전투에서 스미스 특임부대는 부대원 440명 중 150여 명이 전사하거나 행방

불명되었다. 포병대대 역시 배치된 화포를 모두 잃었고, 150명 중 31명이 전사 내지 실종되는 참패를 당했다. 이러한 죽미령 전투의 의의는 유엔군 사령관 맥아더 장군에게는 미군의 첫 전투임과 아울러 미 제8군사령관 입장에서는 지연전이었고, 주한 미군사령관 제24사단장 입장에서는 경계부대 전투였고, 특수임무부대장 스미스 중령은 북한군의 공격을 저지하기 위한 치열한 전투 그 자체였다.[25)]

나. 평택 · 천안지역 전투

평택-천안 전투는 미 제24사단 예하 34연대가 7월 6일부터 8일까지 평택에서 천안에 이르는 경부국도 축선에서 죽미령전투 이후 남진하는 북한군 제105전차사단 및 제4사단을 상대로 실시한 전투이다.

평택-아산만을 연하는 선을 첫 번째 방어선으로 선정한 딘 소장은 스미스 특임대대에 이어 2일 부산에 막 상륙한 미 제24사단 예하의 제34연대를 바로 북상시켜 평택(제1대대)-안성(제3대대) 선에 배치시켰다. 하지만 제34연대 장병들은 죽미령에서 스미스 부대를 격파하고 남진하는 북한군 전차에 공포를 느끼고 있었다. 7월 6일 북한군과 접촉하게 된 평택의 제1대대 장병들은 단 한시간만에 진지를 무단이탈하여 천안으로 철수하였고, 제3대대도 연대장 명령에 의거 천안으로 철수하였다. 이에 사단장은 연대장을 교체하는 지휘조치를 단행하며 전의를 고양시켰다.

7월 8일 06:00 북한군이 천안을 공격하자 의욕이 앞선 후임 연대장 마틴(Robert R. Martin) 대령[26)]은 2.36″로켓포를 들고 전차를 직접 공격하다가 적탄에 그만 전사하고 말았다. 이에 딘 소장은 연대를 공주 방향으로 철수시키고, 제34연대보다 하루 늦은 3일 부산에 도착한 제21연대를 급히 조치원 방향에 투입했다. 하지만 제21연대도 7월 12일 북한군에게 돌파되어 금강선으로 철수를 단행해야만 했다.

지상에서 악전고투하고 있던 때 제공권을 장악한 미 공군은 7월 9일 1번 국도를 따라 남하하던 북한군 차량 100여 대를 파괴하였고, 7월 10일에도 전차 40여 대, 자주포 7대, 트럭 117대를 파괴하여 단일 전과로는 전쟁에서 가장 큰 전과를 올렸다. 낙동강 전선에서 포로가 된 이학구 대좌는 “미군이 전쟁에 개입할 것이라

25) 국방부 군사편찬연구소, 〈6 · 25전쟁사3, 한강선방어와 초기지연작전〉, 2004, p. 343

26) 마틴 대령은 정복을 입고 전투에 임했다. 아직 미군은 북한군에 대하여 구체적인 정보가 없었다. 지난 2006년 충남 천안시는 관내 충절오거리에서 도리티 고개에 이르는 2Km의 대로를 ‘마틴의 거리’로 명명했고, 2010년 천안박물관 앞에 마틴 기념비를 세웠다.

고는 전혀 생각하지 않았기 때문에 오산에 미군이 와 있다는 사실은 하나의 큰 충격이었다."고 증언하기도 하였다. 한강을 돌파 속도를 내기 시작한 북한군은 전선 총사령부(사령관, 대장 김책)를 설치하여 제1, 2군단의 작전지휘를 총괄하고, 3개 사단(제7, 8, 9사단)을 추가 편성하여 공격 속도를 발휘하고자 하였다. 또한 김일성 강조사항을 하달하여, 어떠한 경우에도 적의 후방으로 포위·섬멸전을 진행할 것과 야간전투를 강화하도록 하였다.[27)]

2. 중부전선 지연전

미 24사단이 서부전선에 투입되면서 한국군은 중 · 동부전선을 담당하였다. 한국군 제1군단 예하의 수도사단과 제1 · 2사단이 중서부 쪽(이천, 진천, 청주, 음성 지역, 북한군 제1군단 예하의 제2사단과 제203전차연대, 제2군단 예하의 15사단)을 제6, 8사단이 중동부 쪽(충주, 제천, 단양 등 중부 내륙의 차령산맥으로부터 소백산맥까지, 북한군 제2군단 예하의 제12사단과 제1사단)을 담당 북한군의 남진을 저지 · 지연하고 있었다.[28)]

중부전선은 야지보다는 산악위주로 형성된 지역으로 험준한 산맥과 분지가 비교적 발달하여 기계화 부대 운용보다는 도보부대나 침투부대 운용에 유리한 지형이었다. 한국군의 작전 개념은 서부전선의 미군과 전선의 균형을 유지하면서 북한군을 최대한 지연시켜 미군의 증원시간을 확보하는 것이었으며, 넓은 기동 공간을 활용하여 기동하는 북한군을 차단하기 위하여 주요 축선 위주로 병력을 배치하여 통제하였다.

이러한 중부전선이 만약 서부전선보다 먼저 돌파된다면 서부전선의 미군 퇴로가 위협당하는 상황이 발생할 수 있고, 경부 축선이외에도 대전이나, 대구에 이르는 또 하나의 통로를 열어주는 상황이어서 그 전략적 가치와 중요성은 서부지역 못지않았다. 더욱이 미군의 제공권 및 제해권 장악으로 북한군은 피해가 증가하자 주간이동이나 주간공격보다는 산악이동이나 야간이동 그리고 야간전투를 선호하는 경향이 뚜렷해졌다. 거기다 영악하게도 상대적으로 전투력이 미약한 한국군 책임지역을 공격하기 시작하였다.

---

27) 일본 육전사보급회(이원복 역), 위의 책, PP.167~168.
28) 국방부 군사편찬연구소, 〈6 · 25전쟁사 3, 한강선방어와 초기지연작전〉, 2004, p 427.

가. 진천 · 청주지역 전투

진천-청주지역 전투는 7월 6일부터 13일까지 한국군 수도사단이 북한군 제1군단 예하 제2사단과 진천 및 청주 미호천 일대에서 실시한 지연전을 일컫는다.

중부전선의 한국군 제1군단은 수도사단을 진천에, 제1사단을 음성에 각 각 배치하고 있었다. 이때 춘천전투 이후에 전투력을 복원한 북한군 제2사단이 진천-청주 방향으로 진출을 획책, 7월 8일부터 본격적으로 진천 북단을 공략하기 시작하였다.

이 진천-청주 축선은 한반도 중앙에서 대전에 이르는 단거리 접근로로 경부 축선상의 미군 작전에도 지대한 영향을 미칠 수 있는 지역이었다. 이에 수도사단은 작전 중점을 북한군 제2사단의 진출을 지연시켜 천선조정에 필요한 시간을 획득하는 데 두고 있었다.

사단장은 예하의 제1 · 8 · 18연대와 군단 예비인 제2사단 20연대, 육본의 제17연대(-), 독립기갑연대 및 제1포병여단 1개포대로 진천 남단의 문안산-봉화산을 연하는 지역에 방어선을 편성하였다. 9일 아침 북한군 제2사단은 3개 보병연대와 1개 전차 연대(-)를 두입, 보 · 전 · 포 협동 공격을 실시하면서 진천-청주 방면으로 공격하여왔다. 수도사단은 주방어진지를 피탈 당한 후 역습을 감행 문안산-봉화산 일대를 되찾기를 2차례나 반복했지만 결국 군단 좌우측의 전선이 남하하여 청주 북방의 미호천 남안으로 철수를 준비했다.

김석원 사단장으로부터 전황을 보고받는 김홍일 군단장

용전분투(勇戰奮鬪)하는 한국군

북한군 2사단장(사단장, 소장 최현)은 수도사단의 철수 징후가 파악되자, 수도사단의 철수로에 대한 배후차단을 시도하고, 일부 병력으로 문안산을 양공[29]하면서 주력으로는 제20연대가 배치된 신원리와 강월리 일대를 공격하였다. 수도사단은 이때 유엔 항공기(F-51)를 요청하여 진천읍과 신월리에 네이팜탄을 맹폭하면서 북한군의 전열을 흩어놓고 철수를 단행하였다.

수도사단은 미호천 남단으로 철수한 이후에도 북한군 제2사단이 계속해서 접촉을 유지하려하자, 포병사격을 이용 병력집결지를 맹타 800여 명을 섬멸했다. 그러나 북한군 제2사단은 독전을 감행하여 13일 미호천을 도섭 수도사단의 방어선을 뚫고 문의-부강 방향으로 계속 남하하였다. 이후 수도사단은 인접 서부전선과의 전선정리를 위하여 청주 남쪽으로 접적이탈을 단행하였다.

청주전투가 끝난 후 보은에서는 한국군 수도사단 제8연대와 제7사단 제3연대의 잔여병력을 모두 수도사단 제18연대에 편입하였다. 이리하여 3개 연대의 고참병들이 모이게 되니 제18연대는 상사, 중사의 계급을 가진 고참병들이 많아지게 되었다. 이것은 제18연대가 이후 전투력이 강한 부대로 알려지고 백골부대의 명예를 유지하게 된 가장 큰 배경이 되었다.[30]

이 진천·청주전투는 북한군 제2사단이 진천-청주 축선을 따라 남진하여 한국군과 유엔군의 전투지대를 양분하면서 대전을 협공하려했던 기도를 분쇄한 것으로, 축차적인 철수와 지연전을 통하여 한국군과 유엔군이 금강선-소백산맥을 연하는 방어선을 형성할 수 있는 시간적인 여유를 확보한 전투였다. 북한군이 제3·4사단으로만 대전을 공격했던 이유가 바로 제2사단이 진천-청주에서 한국군 수도사단의 지연전에 말려들었기 때문이었다.

나. 음성지역 전투

음성지역 전투는 7월 6일부터 13일까지 한국군 제6사단 7연대와 제1사단이 북한군 제2군단 예하의 제15사단의 남진을 저지하기 위하여 음성 일대의 무극리와 동락리에서 실시한 전투이다.[31]

---

29) 양공 및 양동 : 양공은 적을 기만하기 위하여 실시하는 공격작전으로 적의 관심을 조공지역으로 전환시키며 적의 오판을 유도한다. 양동은 적을 기만할 목적으로 실시하는 무력시위로 적과 접촉하지는 않는다.

30) 송요태 외 1명, 위의 책, pp.172~176. 현재는 백골부대에서 그 전통을 잇고 있다.

음성은 차령산맥의 중앙부에 위치한 분지로 도로망이 잘 발달되어 있는 지역으로 재편성을 완료한 한국군 제1사단이 담당하게 되어있었다. 하지만 제1사단이 도착하기 이전에 음성 전방에는 한국군 제6사단이 배치되어 있었다. 춘천전투 승리부대인 제6사단은 춘천전투에서 제2군단 예비사단으로 임무를 수행하다 홍천-여주-장호원을 거쳐 전개한 북한군 제15사단(사단장, 소장 박성철)의 진출로 인하여 사단이 양분되는 위기에 처하게 되자, 한국군 제6사단장은 제7연대에게 장호원을 탈환하라는 임무를 부여하였다.

명령을 수령한 제7연대는 7월 6일 05:00 공격을 개시 11:00에 무극리를 탈환하였지만, 14:00 북한군의 역습으로 1대대는 백야리로, 제2대대는 가엽산 서쪽 부근으로, 제3대대는 가엽산 남쪽 290고지로 각각 퇴각하였다.

이후 북한군 제15사단 48연대가 장호원에서 남진하고 있다는 정보를 입수한 제7연대장은 무극리-음성간 도로와 644고지를 점령하여 북한군의 남진을 대비하였다. 동락리 남쪽 부용산에 배치된 제2대대는 7월 7일 15:00 경 북한군 제48연대가 동락초등학교에 집결하고 있는 징후를 포착하였다.[32] 제48연대 정찰대가 한국군 제3대대의 철수를 뒤따라 동락리에 진입한 후 한국군이 철수했다는 주민들의 제보와 자신들의 부근 정찰결과를 토대로 한국군이 모두 퇴각한 것으로 판단하고, 제48연대는 동락리에서 저녁식사 준비를 하면서 느슨한 경계태세를 유지하고 있었다.

호기를 포착한 제2대대장은 보고하여 조치를 받고 작전을 수행하면은 실기할 것으로 판단하고, 독단을 활용하여 공격을 개시하였다. 불의에 기습을 받은 북한군 제48연대는 아수라장이 되어 장비를 유기한 채 도주하였으며 상당수가 사살되거나 생포되었다. 전과로 800여 명의 북한군을 살상시켰으며, 연대 군수참모를 비롯한 90여 명을 포획하고 각종 장비를 노획하였다. 이 전투는 전쟁이후 달성한 가장 큰 전과였으며, 한국군에게 열세한 병력과 장비에도 불구하고 싸워 이길 수 있다는 자신감을 불어넣는 전투가 되었다. 이 전투로 제7연대는 대통령 부대표창과 함께 전원 1계급 특진의 영예를 안았다.

전투종료 후 음성에 도착한 한국군 제1사단은 7월 8일 15시에 제7연대로부터

31) 국방부 군사편찬연구소, 〈6·25전쟁사 3, 한강선방어와 초기지연작전〉, 2004, p.475.

32) 당시 동락초등학교 교사였던 김재옥이 북한군 상황을 제보하였으며, 한국군 철수 후 많은 주민들이 북한군의 분풀이 대상이 되어 학살되었다.

음성지역을 인수하여 소여리, 용산리, 비산리 등에서 방어선을 형성하였다. 이 날 오후 북한군 제15사단은 한국군 제7연대가 철수하자 한국군이 모두 철수한 것으로 또 다시 오판하고, 행군종대로 쫓아오는 것을 제1사단이 105mm곡사포를 비롯한 각종 화기를 동원하여 격멸하였다. 북한군 제15사단은 연전연패(連戰連敗)하자 9일에는 이를 만회하기 위해서인지 3개 방향에서 일제히 공격을 개시하였다. 하지만 이번에도 한국군 제1사단의 선전에 무릎을 꿇고 말았다.[33)]

그러나 10일 새벽 북한군 제15사단은 한국군 제1사단을 조금씩 돌파하기 시작하였고, 결국 제1사단은 전선조정을 위해 최대한 북한군을 지연하면서 "괴산을 경유 미원으로 철수하라."는 명에 따라 철수하였다.

다. 충주전투

충주전투는 한국군 제6사단 2연대가 7월 7일부터 7월 9일까지 북한군 제1사단 및 제12사단 131연대의 남진을 저지하기 위해 충주와 수안보를 비롯한 소백산 일대에서 벌인 전투로 전력에 있어서는 어려운 전투였다.[34)]

춘천·홍천전투이후 한국군 제6사단은 북한군 제12사단의 끈질긴 추격을 뿌리치며 횡성을 경유, 충주로(7. 3) 집결하였다. 이후 제6사단은 육군 명령에 의해 제19연대(이천)와 제7연대(음성)를 중서부 지역의 엄호부대로 운용하게 되었고, 사단(-2)은 충주에 위치했다. 이때 인접 제8사단은 제천, 제1사단은 음성 그리고 수도사단은 진천 정면을 담당 방어하였다.[35)]

한국군 제6사단 7연대가 무극리에서 북한군 제15사단과 전투를 진행 중이던 7월 8일, 원주를 경유해 진출한 북한군 제12사단과 수원방면에서 여주를 통하여 남진한 북한군 제1사단은 충주를 탈취하기 위해 전차를 앞세우고 한국군 제6사단 2연대가 배치된 남한강을 정면도하 하여 충주를 점령하려 하였다. 제2연대는 남한강 탄금대 일대에서 하천선방어를 위한 진지를 편성하였으나, 7월 8일부터 도하를 시작한 북한군에게 중과부적(衆寡不敵)으로 도하를 허용하고 10:00에 수안보로 철수하였다. 제2연대는 7월 9일 05:00 동 사단 제19연대의 지원을 받으며 충주를 회복하기위한 공격을 개시하였으나, 3면이 포위되어 수안보에서 축차적인 저

33) 채한국 외 1명, 위의 책, p.223.
34) 국방부군사편찬연구소, 〈6·25전쟁사 3, 한강선방어와 초기지연작전〉, 2004, p.519.
35) 국방부군사편찬연구소, 〈6·25전쟁사 3, 한강선방어와 초기지연작전〉, 2004, p.532.

지진지를 점령하면서 소백산맥으로 철수해 문경-영강 선 방어작전을 수행하였다.

한국군 제6사단은 충주-수안보로 이어지는 방어전에서 충주-문경-함장으로 진출하려는 북한군 제12사단 31연대와 제1사단을 지연·저지시킴으로서 소백산맥과 금강으로 이어지는 방어선 형성을 위한 시간을 획득할 수 있었다.

라. 단양지구 전투

한국군 제8사단은 옹진에서 철수한 제17연대 1개 대대의 엄호를 받으며 7월 2일 동해안에서 대관령을 거쳐 제천에 집결하였다. 제천은 중앙 축선의 교통의 요지였다. 이때 한국군 제8사단은 제6사단 7연대와 임무를 교대(제7연대는 충주 방면으로 이동)한 후, 예하의 10연대(+)를 원주일대, 제21연대(-)를 평창, 영월 쪽에 위치시켜 남하하는 북한군을 저지하고 있었다. 그러던 7월 4일 오후 제8사단은 "충주로 즉시 이동하라."는 갑작스런 육본 명령을 수령하였다.

사단장(대령 이성가)은 '중앙 축선을 비우고 충주로 철수하라.'는 명령이 전술적 상황에 맞지 않자, 병력을 열차를 이용 출발시켜 놓고, 자신은 차량을 이용 대전으로 이동하여 국방부장관과 딘 소장을 만났다. 사단장은 착오로 인한 명령을 확인하고, 사단을 다시 열차로 북상시켜 6일 18:00 단양에 도착했다. 하지만 이미 북한군은 남한강 부근까지 진출하고 있었다. 결국 제8사단은 통신체제가 미비하여 오선(誤傳) 여부를 확인하지 못하고, 불필요한 이동을 하면서 준비된 제천을 내주고 단양에 신방어진지를 구축하게 되었다.

북한군 제8사단(사단장, 소장 오백룡)은 안동을 조기에 확보할 목적으로 남한강을 도하하여 단양으로 이동, 한국군 제8사단을 공격할 태세를 갖추었다. 단양지구 전투는 한국군과 북한군 양 8사단 간의 자존심을 건 전투로, 한국군 제8사단은 7월 6일부터 7월 12일까지 단양 일대에서 7일간 동안 지연전을 수행하였다

이때 남한강에서 하천선방어를 하면서 적정을 파악한 제8사단장은 북한군 제8사단 전방지휘소(단양 북방 12km지점, 매포초등학교)를 공격하기로 하고, 제10연대 1대대에게 임무를 부여하였다.[36] 제1대대는 8일 05:00시 남한강을 역도하 하여, 9일 05:00 방심한 북한군 제8사단 전방지휘소를 급습 전차와 포를 파괴하는 전과를

36) 사단장은 피난민들로부터 북한군 제8사단 위치와 경계실태를 파악했다. 전과는 사살 100여 명, 포 10문 및 트럭 3대를 파괴했다(현재는 전방지휘소가 전술지휘소로 불리고 있으며, 주지휘소에서 전투를 통제하는 기능만이 분리되어 전투현장과 근접한 곳에서 전투를 지휘하는 임시지휘소이다).

올렸으나, 북한군의 역공으로 퇴로가 차단되어 20여 명의 사상자가 발생했다.

7월 9일 북한군 제8사단 제30, 32연대가 남한강을 도하하여, 방어중인 한국군 제8사단 21연대를 공격하였다. 사단장은 7월 9일 20:00 단양 외곽에서 연대를 교대하여 방어하였으나, 북한군의 공격으로 인해 결국 제8사단은 12일 전열이 흐트러지며 죽령으로 철수하였다.

이 전투에서 한국군 제8사단은 군 지휘통신망의 미비로 작전지도에 큰 혼선을 빚었으며, 제천에서 단양까지 24km의 공간을 좀 더 지탱하지 못하고 북한군에게 내어주어 중앙선 축선과 동부전선 방어에 중대한 영향을 미치기도 하였다.[37] 하지만 북한군 제8사단의 지휘소를 공격하여 북한군의 간담을 서늘케 하였으며, 단양에서는 조직적인 하천선 방어로 북한군의 진출을 지연시켰다.

3. 금강방어선 전투

미 제24사단이 폭파한 금강교

금강철교(자료 : 향토문화대전)

금강방어선 전투는 미 제24사단이 조치원에서 철수한 후 실시한 금강을 연한 공주 · 대평리 전투와 대전 전투를 포함한다. 이는 미 제24 사단장의 금강 · 소백산맥을 연한 방어선 구상의 일환이었으며, 사단 예하 부대가 한반도 투입 이래 비로소 협조된 전투를 실시하게 되었다.

금강[38]은 남한의 서부지역을 가르는 강으로 특히 공주와 대평리 일대는 강폭이

37) 채한국 외 1명, 위의 책, p.231.

500∽1000m, 수심 2∽5m로 천연적인 방어력을 제공해 주고 있었다. 대전은 경부선과 호남선 철도가 분진하고 호남과 영남으로 이어지는 도로망이 발달한 한반도 교통의 요지였다.

가. 공주 · 대평리 전투

대평리-공주 전투는 공주에서는 미 제34연대가 북한군 제4사단과 7월 14일에, 대평리에서는 7월 14일 한국에 막 도착한 미 제19연대(연대장, 대령 메로이 Guy S. Meloy)가 북한군 제3사단과 16일에 각각 하루씩 실시한 하천선방어 전투다.

7월 12일 금강 남쪽으로 철수를 완료한 미 제24사단은 공주에 제34연대, 대평리에 제19연대를 각각 배치하고, 제21연대를 예비로 하여 도하 거부대책[39]을 강구하고 있었다. 하지만 사단은 30km의 정면에 비해 연대별 2개 대대로 이루어진 감소편성 부대로 병력부족 문제를 해결 할 수 있는 뾰족한 대안이 없었다.

북한군 제1군단은 7월 12밤부터 금강 변에 모습을 드러내었다. 북한군 제1군단 예하의 4사단은 미 제34연대가 방어하고 있는 공주방면에, 제3사단은 미 제19연대가 방어하고 있는 대평리 부근을 담당하여 공격하였다.

북한군 제4사단은 7월 14일부터 공격준비사격을 실시함과 아울러 현지에서 습득한 목선 등을 이용 기습도하를 시도했다. 이들은 김일성의 전술지침에 따라 미군 방어진지의 측방으로 기동하여 포병진지부터 유린하기 시작했다. 북한군의 도선판 조립이 지연되어 전방으로부터 압력은 없었지만 후방이 차단된 제34연대는 허무하게 무너져, 7월 15일 논산을 거쳐 대전으로 철수하였다.

이에 따른 심각한 문제가 측방이 노출된 인접 우측의 제19연대에서 발생했다. 16일 03:00경 대평리에서 공격을 개시한 북한군 제3사단은 전차를 앞세우고 제19연대의 전면과 배후에서 공격하였다. 공주지역의 제34연대가 이미 철수한 상황이어서 좌측방으로 도하한 북한군 부대들이 제19연대의 후방으로 진출하여 공격한 것이다. 사단에서는 장갑차를 동원하여 포위망을 개척하려 노력하였으나 허사였다. 결국 연대는 많은 인명 피해를 입고 100여 대의 중장비를 유기한 채 유성 방향으로 철수함으로 해서 금강방어선 마저도 순식간에 무너져 버리고 말았다.

---

38) 금강은 전라북도 장수군 뜸봉샘에서 발원하여 북쪽으로(충청도) 흐르다가 대전 위쪽에서 서해로 흘러들어가는 401km에 달하는 강이다.

39) 병력배치, 화력계획수립, 장애물 설치, 교량 파괴, 도하수단 제거 등의 군사작전.

나. 대전지역 전투

북한군 제1군단은 공격 기세를 유지 제4사단은 공주 방향, 제3사단은 대평리 방향, 제2사단은 청주에서 각각 대전 방향으로 기동하는 작전계획을 수립하여 미 제24사단을 대전에서 포위·격멸하려 하였다. 그러나 이 야심찬 계획은 앞서 알아보았다시피 북한군 제2사단이 청주에서 진출이 지연됨에 따라 제3, 4사단만으로 대전을 공략하게 되었다.

금강방어선이 무너진 후 딘 소장은 대전에 위치하고 있던 제34연대에게 대전방어의 임무를 부여했다. 제21연대는 대전 동측방 마달령에 배치 북한군의 우회공격에 대비하고, 전투력이 급감한 제19연대는 영동으로 이동시켰다. 사단 수색 중대는 대전 남쪽 금산에서 적정을 수집하도록 지시했다. 하지만 제34연대의 방어 정면은 10km가 넘었다. 이에 사단장은 대전을 공격하는 북한군과 결전을 시도하지 않고 북한군을 최대한 지연시키는데 주안을 둔 작전을 진행하기로 하였다.

18일 대전 연대지휘소를 방문한 워커장군도 사단장에게 '포항에 상륙 중인 제1기병사단을 영동 일대로 투입하기 위해서는 앞으로 최소 2일간 대전 고수가 필요하다.'라고 하여, 결국 20까지 대전을 사수하는 것이 사단의 지상임무가 되었다. 방어임무를 수행하는 제34연대는 대전 외곽 갑천을 연하여 부대를 배치하였다.

한편 북한군은 대전 정면과 측면에서 공격함과 아울러 논산-대전 방향으로 공격하고 있는 제4사단에서 1개 연대를 차출하여 금산 및 옥천 방향으로 침투기동시켜 대전 후방의 도로를 차단했다. 북한군의 공격은 7월 19일 아침부터 야크기 6대의 공중 포격과 함께 시작되어 하루 종일 계속되었다. 전차의 위력 앞에 방어선 여러 곳이 무너질 위기에 처하자 사단장은 직접 초도 보급된 3.5인치 로켓반을[40] 이끌고 전차를 파괴시켰다.

한편 대전 후방을 차단하는 임무를 띤 북한군 제4사단 연대는 보문산 남쪽으로 기동하여 금산과 옥천으로 이어지는 대전 터널을 차단하였다. 또 다시 전방은 북한군이 압박하고 후방이 차단되는 악순환이 반복되었다. 지휘통신망이 마비된 사단(-2)은 모든 중장비를 폐기하고 소부대 단위로 분산하여 산악을 이용 금산 및

40) 3.5인치 로켓포는 제2차 세계대전 중 개발에 착수하여, 6·25전쟁이 시작되기 직전 양산체제에 들어간 대전차 화기다. 이때 초도보급 되어 사격법은 장비와 함께 도착한 교관반으로부터 전투 현장에서 전수받았다.

대전지역 전투 상황도

대전 시가지로 진압하는 북한군

옥천 방향으로 철수하였다. 이리하여 중부지역의 전략적 요충지 대전은 7월 20일부로 북한군의 수중에 떨어졌다. 이 전투로 미 제24사단은 2,000여 명의 인원과 65%이상의 장비 손실을 입고 전투력을 상실하였다. 더욱이 전투를 지휘했던 사단장은 옥천 방향으로 분산하여 철수하다가 본대에서 이탈하여, 전북 진안에서 주민의 밀고로 북한군에 포로가 되었다.[41)]

전과 면에서 미 제24사단은 워커 중장이 요구한 2일 이상 북한군을 지연시켜 미 제1기병사단이 영동에 투입되어 저지진지를 편성할 시간을 획득하였으며, 초도 보급된 대전차 화기인 3.5인치 로켓포는 전장에서 장병들에게 자신감을 불어넣는 계기가 되었다. 이때부터 북한군 전차는 전장에서 큰 위력을 발휘하지 못했다.

또한 북한군은 서울에서의 지체와 동일한 전술적 실수를 반복했다. 즉 북한군은 16일 공주·대평리를 점령하고 10km 남짓한 대전을 3일이나 지난 19일에 공격, 그 의구심을 불러일으킨 바 이는 북한군이 부산에 상륙중인 미 제25사단이 대전지역에 투입된 것으로 오판(실제는 상주, 의성으로 투입)한 것으로 보여 진다.[42)]

---

41) 딘 소장은 3년의 포로생활을 하다가 포로 교환시 복귀했으며, 한국 최고의 무공 훈장인 태극무공훈장을 수여받았다.

42) 정명복, 위의 책, p.130.

4. 소백산맥선 지연전

소백산맥선 전투는 7월 14일 이후부터 낙동강 방어선으로 철수하기 전까지 한국군 5개 사단이 소백산맥을 중심으로 전차로 증강된 북한군 제2군단 예하 5개 사단과(제1 · 8 · 12 · 13 · 15) 1군단 예하 제2사단 등 총 6개 사단의 공격을 17일간 방어하고 낙동강 방어선을 형성할 수 있는 여건을 마련한 전투이다.43)

한편 북한군 제2군단은 제1군단이 대전을 공략하고 있을 때 주공(제1, 13, 15사단)을 문경-상주-대구 축선, 조공(제8, 12사단)을 영주-안동-의성-대구 축선에 투입시켜 소백산맥 동남부지역에서 한국군을 포위섬멸하고 대구로 진출하려 하였다. 독전을 위해 전선사령부도 충주에서 수안보로 추진시켰다. 그러나 북한군은 이때부터 제해·공권의 상실과 빈약한 보급지원 등으로 이미 전투력 고갈 징후를 보이고 있었고, 유엔 및 한국군은 계속되는 증원에도 불구하고 북한군의 공격 기세에 밀리고 있었다.

미 제8군은 이를 타개하기 위해 이미 저항선으로 선정된 소백산맥 선에 부대를 배치하기 시작하여 7월 19일 미 제1기병사단을 영동, 미 제25사단을 상주, 미 제24사단을 김천-군위-의성지역에 각각 집결시켰다. 한국군도 북한군의 진출에 대비 8개 사단을 통합 함창-안동-영덕 선에 배치하고 있었다. 이 당시 제1사단은 음성전투이후 13일 미원으로 이동하여 북한군 제15사단 공격을 대비하고, 제2사단은 7월 13일 수도사단과 미 제19연대의 간격인 문의 일대로, 제6사단은 7월 12일 문경지역으로(제2연대가 이화령, 제19연대가 조령, 제7연대가 사단 예비로 문경) 집결 북한군 제1사단 공격을 대비하였다. 제8사단도 단양에서 죽령을 넘어 풍기로 철수 북한군 제12사단 진출을 대비하고 있었다.

가. 화령장 전투

화령장 전투는 7월 17일부터 23일까지 화령장 일대에서 한국군 제17보병연대와 북한군 제15사단 간의 전투로 주로 매복전으로 진행되었다. 화령장은 경북 상주군 화서면에 위치한 산골 마을이다.

---

43) 소백산맥은 태백산맥에서 나뉘어 서쪽으로 흐르다가 남서방향으로 뻗어내려 영남과 호남지방의 경계를 이루는 산맥으로 주맥(主脈)은 여수반도에 이른다.
국방부군사편찬연구소, 〈6·25전쟁사 4 금강-소백산선 지연작전〉, 2008, pp.223~381.

전투가 진행되면서 전선이 남하하자 부대 간 지리적으로 이격되어 지휘통신에 제한을 느끼게 되었다. 이에 따라 육본은 육군 편제를 군단 편제로 재편하기 시작했고, 화령장 전투가 발생하는 시기인 7월 15일에는 상주군 함창에서 제2군단(제6·8사단, 사단장, 준장 유재흥)을 창설하였다. 이러한 일련의 과정에서 제1군단은 수도사단 17연대(연대장, 대령 백인엽)를 안동으로 이동시킬 계획이었다. 하지만 북한군 제15사단이 화령장으로 진출하고 있다는 정보에 따라 육군본부는 제17연대를 제1군단에서 제2군단으로 배속 변경하여 이곳에 먼저 투입하고, 뒤에 제1사단을 투입할 할 계획이었다.[44]

북한군 제15사단은 7월 10일 음성을 점령한 이후 괴산에서부터 미원·보은에 이르기까지 한국군 제1사단을 공격하는 한편, 화령장을 돌파하고 곧바로 상주를 점령함으로써 한국군 제6사단의 퇴로 및 병참선을 차단하고 대구 방향으로 진출하려 했다. 이때 문경 부근의 제6사단을 지원하기 위해 상주로 이동 중이던 제17연대가 화령장 지역에 우선 투입되었다.

제17연대의 선발대인 1대대는 보은을 거쳐 충청북도와 경상북도의 경계선 부근인 상주의 화령장을 통과하는 북한군 1개 대대 규모가 상주 방향으로 남하하였다는 첩보를 지역 촌로로부터 획득했고, 대대장은 수색정찰을 통하여 북한군 동신군관을 생포 북한군 작전 명령서를 확보하였다. 작전 명령서를 분석한 대대장은 금곡리를 통하여 이동할 북한군 제15사단 45연대 주력을 격파하기로 결심하고 매복작전을 준비하였다.

7월 17일 19:30경 북한군 제48연대 주력은 선발대를 따라 남하하던 중 매복지역에서 안심하고 휴식을 취했다. 제48연대는 이미 선발대가 통과한 지역이었기 때문에 설마하고 경계를 소홀히 했던 것이다. 제1대대는 이러한 북한군에 집중사격을 가해 250여 명 이상을 사살하고, 트럭 2대분 이상의 장비를 노획하였다. 전투 후 제1,3대대는 현 위치에서 잔적소탕을, 제2대대는 상곡리 북서쪽 동비령에서 추가적인 북한군의 남하에 대비 매복을 실시했다.

44) 송요태외 1명, 위의 책, pp.203~206.

여기서 잠깐

감동을 주는 장군들

¢ 지평리 전투 영웅 프랑스 '몽클라르(Ralph Monclar) 중장'

6·25전쟁에 프랑스는 1개 보병대대와 구축함을 지원하였다. 중장(中將)인 몽클라르는 스스로 계급을 낮춰가며 보병 대대장으로 참전했다. 제1·2차 세계대전에 참전했던 장군은 중장 계급의 백전노장이었지만, 대대급은 중령이 지휘해야 한다는 군 규정 때문에 중령으로 계급을 낮춰 참전했던 것이다. 중공군 4차 공세가 한창이던 1951년 2월 13일부터 3일 동안 몽클라르 장군과 프랑스 대대 500여 명은 미 제23연대와 함께 지평리로 몰려오는 중공군 3만 명에 맞서 이곳을 지켜냈다. 당시 함께 싸웠던 한국군 장병들은 3성 장군과 함께 싸워 사기가 충천했다고 한다. 장군은 귀국하고 나서 다시 중장 계급으로 복귀했다.

¢ 인천상륙작전의 영웅 '백인엽 대령'

백인엽 대령은 인천상륙작전을 앞두고 이승만 대통령으로부터 인천상륙작전 참전을 권유 받았다. 이에 백인엽 장군은 당시 수도사단장 보직이었음에도 불구하고, 제17보병 연대 연대장 직위를 수행하여 성공적인 상륙작전을 수행하였다.

¢ 자기를 판 자를 용서한 미 '제24사단장 딘(William Frishe Dean) 소장'

6·25전쟁 당시 한반도에 최초로 도착한 미군은 제24사단(사단장 딘 소장)은 대전에서 북한군에게 포위되었다. 포위망을 각개 돌파하던 중 딘 소장 일행은 금산방향으로 길을 잘못 들었고, 사단장은 부상당한 병사에게 줄 물을 뜨다가 그만 계곡에 떨어져 대열에서 이탈했다. 사단장은 산야를 해매이다 진안에서 한두규라는 한국인에 의하여 단돈 3천원에 북한군에 넘겨진다. 그는 3년 포로 생활 후 포로교환 시 제1번 포로로 복귀했다. 그리고 미국에서 서대문 형무소에 수감 중인 한두규의 소식을 듣고 감형 탄원서를 제출하였다. 한두규는 형이 감형되어 1957년 출소했다.

¢ '벤 플리트 미 제8군사령관'과 그의 아들

제8군사령관 벤 플리트 대장은 외아들 벤 플리트 2세와 함께 한국전에 참가했다. 공군 조종사인 벤 플리트 2세는 1952년 4월 2일 북한의 순천지역 폭격작전에 참가했다가, 공산군의 대공포에 맞아 실종되었다. 이때 미 제8군사령관이던 벤 플리트 장군은 "밴 플리트 2세 중위에 대한 수색작업을 즉시 중단하라"고 지시하고 의연한 자세로 부대를 지휘했다. 그리고 그 해 부활절을 맞아 한국전에서 전사 및 실종된 장병의 부모들에게 다음과 같은 편지를 보낸다. "저는 모든 부모님이 저와 같은 심정이라 믿습니다. 우리의 자식들은 나라에 대한 봉사를 다하고 있습니다. 신이 말씀하신 바와 같이 이웃을 위하여 목숨을 내놓는 것보다 위대한 것은 없습니다."라고….

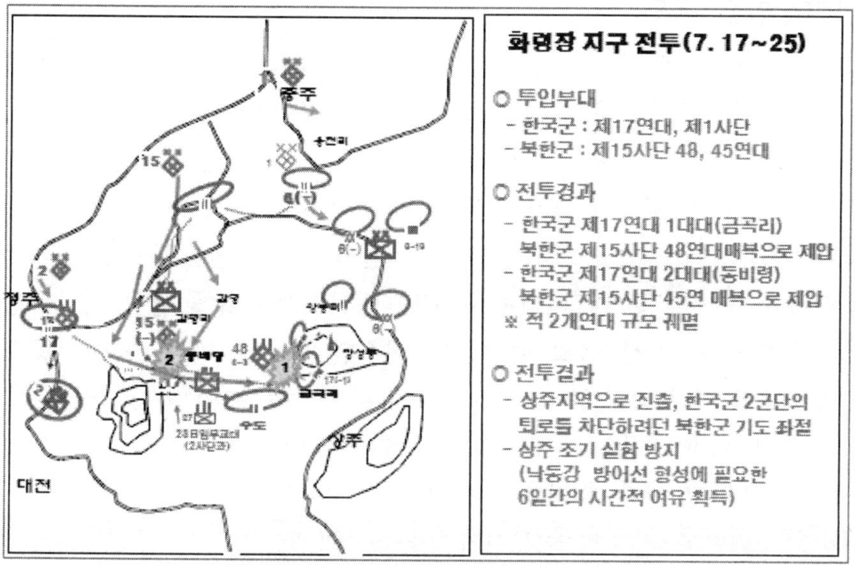

화령장 전투 상황도

이때 북한군 제15사단장은 45연대를 급히 갈령을 경유 동비령으로 진출시켜 괴멸직전의 제48연대를 지원하고자 했다. 한국군 제17연대장은 이러한 적정을 예상하고 제2대대를 동비령의 고갯길을 이용하여 양측에 1개 중대씩 배치한 후 북한군을 기다렸다. 매복부대는 7월 19일 11:00경 동비령 도로를 따라 내려오는 탄약추진부대를 전멸시켰을 뿐만 아니라 다음날 새벽에도 밀집종대 대형으로 행군하며 내려오는 북한군 제45연대 1대대를 기습해 전멸시켰다.

이 금곡리와 동비령 전투에서 한국군 제17연대는 병력과 장비의 열세에도 불구하고 지형을 활용한 과감한 기습과 매복작전으로 북한군 제15사단을 풍비박산(風飛博山)내고, 상주를 점령하겠다던 기도를 수포로 돌리게 했다. 이 전투의 후유증으로 북한군 제15사단은 낙동강 전선에서 제대로 전투력 발휘를 할 수 없었다.

그러나 한국군이 화령장 전투에서는 승리했지만 서부전선의 대전에서 밀리는 바람에 한국군 제1군단은 작전지역을 미 제25사단에게 인계하고 이동하라는 명령을 하달하였다. 그리하여 제1사단은 상주로, 제17연대는 육본 기동예비로 임무를 부여받고 대구로 이동했다.

나. 풍기·안동 전투

풍기-안동 전투는 한국군 제8사단이 중앙선 축선으로 남진하는 북한군 제12·8사단과 7월 14일부터 7월 31일간 풍기-영주-안동일대에서 치른 전투이다.

한국군 제8사단은 풍기로 이동한 날부터 차량의 전조등을 이용 왕복운행 하면서 풍기에서 철수한 것으로 보이도록 하여 북한군의 오판을 유도하였다. 그리고 사단은 다음 날인 7월 13일 풍기 일대의 개활지에 제10연대와 제21연대를 투입하여 살상지대를 형성하고, 경찰 병력을 포함 예천혼성대대를 편성 배치하였다.

북한군 제12사단은 7월 14일 한국군이 철수한 것으로 판단, 차량이동으로 탄막지대에 빠져들어 많은 피해를 입었다. 전투 다음날인 15일 제12사단은 재차 트럭 34대를 이용 1,000여 명의 병력을 실고 제8사단의 방어진지를 돌파하려 하였지만, 이마저 실패하고 많은 손실을 입었다.

이렇게 제12사단이 큰 손실을 입자, 북한군은 제8사단을 문경-예천 방향으로 투입해 한국군 제8사단을 협공하도록 하여, 7월 18일 재공격을 감행하였다. 한국군 제8사단은 일진일퇴의 공방전을 거듭하다가 영주를 거쳐 옹천, 안동 방향으로 철수하였다.

철수이후 한국군 제8사단과 수도사단은 7월 24일부터 다음날까지 안동으로 이동하여 내성천에 방어진지를 구축하였다. 제8사단은 내성천 일대에서 30일 새벽 북한군 제12사단의 공격으로 철수하고, 31일에는 안동 외곽의 중앙선 축선을 중심으로 새로운 방어진지를 편성 지연전을 전개하였다.

7월 31일 06:00부터 북한군 제12사단이 전차를 앞세우고 대대적인 공격을 개시하였다. 이날 저녁 7시 경, 미 제8군은 북한군 2개 사단이 서남부지역으로 기동하고 있음을 파악하고 한국군 제1군단에게 낙동강 선으로의 철수명령을 하달하였다.

명령을 접수한 제1군단은 사단 참모들을 집결하여 철수시기와 부대 우선순위를 토의하고, 사단은 연대 참모를 부르는 연쇄반응 속에 실제 행동할 귀중한 시간은 허비되고 말았다. 결국 양 사단은 8월 1일 북한군과 접촉 하에서 철수를 단행하게 되었다. 철수 순서는 군단장의 결심에 의하여 원거리인 제8사단이 먼저 하는 것으로 결정되었다. 철수 간 일부 부대는 주력이 안동교를 건너기도 전에 교량이 폭파되고, 북한군의 추격으로 인하여 1,000여 명의 손실을 입었고, 양 사단은 낙동강 변의 구미동-상아동으로 이동하였다.

5. 동해안지역 지연전[45)]

동해안 지구 전투는 한국군 제3사단 23연대를 주축(7월 24일 이후 22연대 및 독립 기갑연대 투입)으로 7월 1일부터 8월 2일까지 한 달 동안 북한군 제5사단의 남진을 저지한 공방전으로, 유엔 해·공군의 지원을 받으며 내륙의 전투와는 별개의 작전으로 진행되었다.

울진으로 진출한 북한군 제5사단은 제549육전대와 연결하면서 남하하여, 북상한 한국군 제23연대와 죽변 일대에서 조우하였다. 이에 북한군 제5사단은 제10연대를 해안도로로 제12연대를 산악을 이용 병진 공격하였다. 한국군 제23연대는 부족한 전투력이지만 미 해군의 함포사격 지원으로 제5사단의 진출을 저지하였으나, 결국 압력을 이겨내지 못하고 7월 13일 평해를 거쳐 영해로 철수하고 말았다.

영해에서 다시 한국군 제3사단과 접촉한 북한군 제5사단은 7월 17일 여명에 제10연대를 진보-청송 방향으로 우회시키면서, 2개 연대로 영해 남쪽 진지에 대한 공격을 개시하였고, 766부대는 이미 청송 방면으로 진출 중이었다. 한국군 제23연대는 유엔군의 지원사격을 받으며 힘겨운 지연전을 전개하였다. 17일 사단장은 아예 철수하여 북한군이 영덕으로 진입하면 밀집된 부대를 함포와 항공기로 타격하여 영덕을 탈환한다는 계획을 수립하고 자진 철수를 단행하였다.

영덕을 실함한 18일, 제3사단은 계획대로 유엔 함대와 항공기의 폭격을 이용 북한군 제5사단에 많은 피해를 입혔고, 영덕 북방으로 퇴각시켰다. 제3사단은 이때 일시적으로 영덕을 회복하였으나, 북한군의 다음날 역습으로 또 다시 영덕을 실함하였다. 이와 같은 상황에 처하자 워커 장군과 제5공군사령관 등이 전선을 시찰하고 전투비행대대와 함대를 증강하여 제3사단의 영덕 전투를 지원하도록 조치했다.

이후 영덕을 차지하려는 공방전이 하루에도 수차례씩 치열하게 진행되었다. 24일에는 내륙에서 작전 중이던 22연대가 재편성을 마치고 모체부대인 제3사단이 있는 강구에 도착하였고, 포항경비부에서 편성한 육전대가 강구에 도착하여 전투력이 향상되었다.

25일 저녁 사단장은 제22연대에 공격명령을 하달하였으며, 제22연대는 유엔 해·공군의 지원 하에 공격을 개시, 8월 2일 18:00 영덕 전방의 목표를 탈환(제3대

---

45) 채한국 외 1명, 위의 책, pp.271~275.

대 181고지, 제2대대 207고지)하고, 제23연대가 초월공격 하였다. 이 전투에서 북한군 제5사단은 전투력의 40% 이상 피해를 입고 영덕 북방으로 잠입 접촉을 단절했다.

이 전투에서 제22연대 제3대대 12중대 제2소대장 이명수 상사는 12명의 특공대와 함께 적진으로 침투하여 북한군의 자주포를 파괴하고 1개 소대 병력을 섬멸하는 성과를 달성, 금성태극무공훈장을 수여받았다.

이 때 독립기갑연대는 진보를 경유 영덕으로 우회기동을 꾀하던 북한군 제766부대와 제10연대를 경찰과 함께 저지하여 위기를 모면하였다. 이 작전으로 북한군 766부대의 침투와 제5사단 10연대의 영덕 우회기동이 좌절되었고, 한국군의 전선이 절단되는 것을 막아냈다. 만약 제3사단의 작전이 실패로 돌아갔다면 당시 남한 제2의 항구인 포항과 전술비행기의 대부분을 소화하고 있던 영일 비행장에 영향을 미쳐 위기가 조성될 뻔했다.

6. 서남부지역 지연전

미군의 무덤이라 불린 하동고개

미군의 기동모습

서남부지역 지연전은 호남지역으로 우회한 북한군 제6사단 및 제4사단을 차단하기 위하여 한반도의 남서부지역에서 미 제24사단을 비롯한 증원군이 7월 31일까지 전개한 지연작전이다.

북한군 제1군단은 남진하면서 '후방으로 우회하여 주력을 포위섬멸 한다.'는 전략에 따라 예하의 제3 · 4사단을 대전 방향에 투입시키면서, 후속하던 제6사단과 제603 모터싸이클 연대는 천안에서부터 방향을 전환 호남지역으로 우회기동 시켰다.

육군본부는 서남방지역 방어를 위하여 광주(7월 5일, 5사단), 전주(7사단), 부산(9사단) 등에서 부대를 편성하는 한편, 제주도로부터 해병대 작명 제1호에 의거 해병대 고길훈 부대(대대급)를 출동시켜(7월 15일) 금강을 도하(17일)한 북한군 제6사단(사단장, 소장 방호산)과 장항, 군산, 이리지구 일대에서 전투를 감행하게 하였다.[46] 곧이어 육본은 관구사령부를 창설 군 · 경을 통합 지휘하도록 하였으나, 지역의 광대함에 따른 지휘 폭과 병창문제로 소기의 성과를 달성하지는 못했다.[47]

우회하는 북한군 제6사단은 2개 제대로 나누어(13, 15연대는 주공으로 익산-김제-목포 방향으로, 제1연대는 조공으로 익산-전주-구례-순천 방향으로) 계속 남진하여 전주(7월 20일), 광주(7월 23일), 순천(7월 25일)을 거쳐 하동 방향으로 진출했다. 이때 미 제8군은 대전 붕괴이후 소백산맥 선 전투를 한창 진행하고 있던 때로, 서남방 지역에 대해 관심을 유지할 여력이 없었다. 미 제24사단이 대전에서 철수한 이후 서남방 지역은 무방비였던 것이다.

미 제8군은 이러한 북한군 제6사단의 우회기동을 전혀 파악하지 못했고 다만 북한군 제4사단의 기동 향방만을 주시하고 있었다. 미 제8군은 우회기동 중인 북한군 제6사단을 7월 20일 군산에서 항공정찰을 통하여 식별했지만 이 부대를 북한군 제4사단의 일부 부대로 판단하고 있었다.[48] 한 가지 다행이었던 점은 제6사단이 군산과 목포, 여수 등의 항구를 경유 병참을 해결해야 했기 때문에 우회속도가 상당히 더뎠던 것이었다.

미 제8군은 뒤늦게 서남부 지역의 위기를 인식하고 미 제24사단을 진주~거창~함양 선에 배치시켰다. 또한 7월 25일 예비부대로 재편성 중에 있는 19연대를 진주방면, 29연대는 안의방면(제1대대)과 하동방면(제3대대), 34연대를 거창방면에 각각 진출시켜야 할 만큼 위기가 심각해졌다.

전투는 7월 26일 하동에서 시작되었다. 미 제29연대의 3대대가 이동 중 북한군

46) 해병대 작전참모처 군사연구과, 위의 책, pp.50~54. 해병대 최초의 출동 전투다.
47) 국방부군사편찬연구소, 〈6·25전쟁사 4 금강-소백산맥선 지연작전〉, 2008, p.425.
48) 미 제8군은 장마철로 인하여 항공기가 이륙하지 못해 호남지역으로 이동하던 북한군을 놓치고, 비가 그친 20일 일단의 북한군이 군산에서 전주 방향으로 남하하는 것을 발견했는데, 이 부대를 대전 전투에 참가하지 않았던 북한군 제4사단의 일부로 판단했다.

의 기습을 받았다.[49] 이어 27일에는 미 제29연대(-)와 제34연대가 함양·거창지역에서 전투를 벌였다. 북한군의 압력이 거세지자 한국군 제17연대와 미 제21연대 1대대를 추가 투입하였으나, 7월 29일에 진주까지 피탈 당하고 말았다. 이 과정에서 미 제8군은 북한군 제6사단이 우회기동을 통하여 한반도 서남방으로 은밀하게 진출하고 있는 것을 북한군의 통신 감청과 포로 심문을 통하여 식별하였다.

당시 서남방의 위기를 대처할 자산이 없던 미 제8군은 경악했고, 특단의 조치를 내려야만 했다. 결국 미 제8군은 우회한 북한군 제6사단과 제4사단의 서남부지역 압력 해소를 위하여 전 부대를 낙동강 방어선 상으로 철수시키면서 1개 사단을 절약하여 마산의 북한군 제6사단을 대비하기로 했다. 7월 31이 미 제8군 사령관은 전 미군 및 한국군 지상군 부대에게 낙동강 선으로 철수 할 것을 명했다.

> 전쟁은 무식한 자에게는 도박이고, 전문가에게는 과학이다.
>
> -플라드-

49) 제19연대는 전 총참모장 채병덕의 안내에 따라 하동을 공격하면서, 북한군 제6사단의 유인매복(한국군 복장)으로 3대대 400여 명이 피해를 입었다.

제5절 지연작전 분석

한국군은 한강방어선에서 와해된 부대를 수습하여 북한군의 도강을 6일간이나 저지했다. 이는 한국군 재편성과 미군의 투입시간을 확보하는데 대한히 중요한 전투였다. 한국군은 한강방어선에서 북한군 전차의 도강이후 7월 4일에는 수원까지 물러났다. 이후 미군이 전선에 투입되어 한・미 연합전선을 형성하였다. 이 시기의 작전 목적은 오직 북한군 남진을 지연하면서, 미군과 유엔군의 증원시간을 확보하는 것이었다.

북한군은 초전의 전술적 승리이후 남쪽으로 추격전을 전개하며 전과를 확대하려 했다. 전선에서는 정면공격과 더불어 기동공간을 이용한 침투와 일점양면전술의 포위전술을 사용하였고, 화력과 기동력이 우세한 미군이 투입됨에 따라 야간전투 위주 작전을 전개했다. 이때 북한군이 적용한 우회기동은 소수의 부대로 지연전을 수행하는 한・미연합군에게는 매우 위협적이었다. 전방을 잘 방어해도 후방으로 침투한 부대에 의해 포위되기가 일수였다. 한・미 연합군은 지연전 초기에 북한군의 야간전투와 전술에 적응하지 못하고 많은 피해를 입었다. 하지만 지연전을 수행하면서 우수한 화력과 기동력을 바탕으로 적을 유인하고, 전투력을 보존하면서 위기를 극복해 나가기 시작했다.

또한 북한군은 제공권과 제해권을 상실하고, 남으로 내려가면 내려갈수록 병참선이 신장되는 취약점이 가중되었다. 북한군의 전쟁지도부는 단기결전의 전쟁지도에 맞춰 부산으로의 진출을 독려했지만, 전선뿐만이 아니라 후방의 병참계통 피해 또한 막심해져 갔다. 시간이 흐르면 흐를수록-전선이 신장되면 신장될수록-북한군과 미군을 포함한 한국군과의 전투력의 격차는 오히려 반비례로 변해갔다.

한국군은 초전의 실패에도 불구하고 한강방어선 전투이후 전열의 정비와 미군의 투입으로 전투력을 재정비하면서 축차진지상의 지연전을 수행할 수 있었다. 하지만 투입되는 미군의 전투력은 생각보다 미약했다. 이는 전투력이 절대적으로 부족했기 때문이며, 축차적 투입에 기인하는 것이었다. 그 대가는 낙동강 방어선으로의 패퇴였다.

지연전 기간 내내 북한군의 진출 속도와 미군의 증원 속도 경쟁이 치열하게 전개되었다. 미군과 한국군은 당초의 지연전 목표대로 공간을 양보하면서 미군의 증원시간을 획득하여, 지연전 기간 내에 북한군보다 우세한 전투력을 유지할 수 있었다. 하지만 북한군은 한국군과 미군을 낙동강까지 밀어내며 대륙(중국)에서나 구사할 만한 우회전을 한반도 서남부지역에서 제6사단을 통하여 선보이는 등 공격기세를 유지하고 있었다. 한·미 연합군 또한 전략적인 지연전을 통하여 최후의 보루까지 물러났고, 이제는 더 이상 물러설 수 없는 벼랑의 일전을 낙동강 상에서 준비하기 시작했다.

진정한 집중이란 계획성 있는 분산이다

-리델하트-

제5장

낙동강 방어선 전투

- 창과 방패의 대결 -

유엔군의 융단폭격

(B-29 98대가 왜관 북쪽 북한군 지역에 네이팜탄 투하)

제1절 낙동강 방어선 형성

1. 최후의 방어선
2. 창과 방패의 양 진영

1. 최후의 방어선

지연작전을 수행하던 한·미 양군은 7월말에 이르러 북한군의 거센 압박에 따라 전 전선에서 위기를 맞이했다. 중부전선에서는 북한군이 소백산맥을 넘어 제1, 13, 15사단은 문경과 함창, 상주 방면으로 진출하고 있었고, 제8, 12사단은 풍기, 영주를 거쳐 안동 방향으로, 제2, 3사단은 충풍령을 넘어 김천 외곽에 다다랐다. 동해안에서는 제5사단이 영덕을 위협했다. 서남부지역에서는 제4사단이 금산-진안을 경유 고령까지 진출했고, 제6사단이 갑작스레 출현했다.

25일 경 북한군의 진출선은 순천-거창-상주 영덕을 잇는 선으로 한·미연합군은 총체적 위기를 맞고 있었다. 특히 서남부 지역에 위기가 닥쳐옴을 인식한 미 제8군은 7월 24일 전투력 복원중인 미 제24사단을 진주-김천 간에 배치했다. 29일 북한군은 미 제29연대가 방어하는 진주를 공격했고, 미군은 30일 미 제8군 예비인 제27연대와 31일 상륙예정인 미 제5연대 전투단을 마산 정면에 증원하기로 했다.[1] 그러나 31일 06시 진주는 피탈되었다. 이에 미 제8군은 '마산 방어가 운명을 좌우한다.'고 판단하고 마산 축선의 사태를 수습하고자 했다

미 제8군사령관 워커 장군은 소백산맥에서의 북한군의 압력과 서남부 지역에서의 북한군의 압력을 종합적으로 고려하여 모든 부대를 낙동강 차안과 그 연결선으로 철수하도록 조치했다. 이렇게 형성된 것이 낙동강 방어선이다. 낙동강 방어선은 '부산 교두보(Pusan Perimeter, 부산을 기점으로 하여 총공격하는 교두보라는 뜻이다.) 또는 워커장군이 선정하여 '워커라인(Walker Line)'이라 불리기도 한다. 워커 장군은 미 제8군과 한국군 장병들에게 "증원군이 도착할 때까지는 버텨야 한다. 우리는

1) 일본육전사보급회편, 〈한국전쟁〉 2권, 명성출판사, 1987, p.44.

현재 시간과 싸우고 있다. 더 이상의 철수나 후퇴는 있을 수 없다. 덩케르크와 바탄반도의 비극[2]을 되풀이 할 수 없다. 우리는 끝까지 싸워야 한다."고 현지사수(Stand or Die Defence)' 전투의지를 강조하였다.

'낙동강 방어선'은 북한군의 공격으로부터 한반도를 방어하기 위하여 한국군과 유엔군이 낙동강을 연하여 선정한 마지막 방어선으로, 유엔군이 상륙할 수 있는 최후의 교두보인 부산을 사수하고 상륙작전과 반격여건을 조성하기 위해, 1950년 8월 초부터 반격작전이 시작된 9월 중순까지 최후의 결전을 벌였던 곳이다.

8월 1일 소백산맥 일대의 미군과 한국군은 미 제8군의 명에 의거하여 단계적 이동을 개시하며 낙동강 방어선을 점령했다. 8월 1일부터 낙동강 외곽선에서 북한군을 지연하면서 2일까지 철수했고, 낙동강상의 모든 교량을 거부했다. 철수작전은 비교적 순조로웠으나, 앞에서 알아본 바와 같이 안동 일대의 한국군 제1군단의 철수명령 하달과 접수가 지연되어 수도사단은 급박한 철수작전을 강행하다 많은 피해를 입었다. 하지만 8월 4일 경에는 낙동강 방어선이 안정적으로 설치되었다.

낙동강 방어선은 남해안의 마산으로부터 북으로 낙동강을 따라 대구 서북방의 낙동리까지 약 160㎞에 이르며, 여기서 다시 우측으로 청송을 거쳐 동해안 영덕까지 약 80㎞를 산악으로 연하는 총 길이 240㎞에 이르는 방어선이었다. 이때 낙동리로부터 동해안 영덕까지 120km를 한국군이 담당하였는데 이 방어선은 Y선[3]으로 철수하면서 한국군 담당구역이 80㎞로 축소조정 되었다. 이로서 방어선은 총 200km가 되었다.

낙동강의 지리적 환경은 서쪽방면은 낙동강[4] 자체가 천연적인 방어력을 제공해주고 있었고(마산에서 남지 간 80㎞는 산악으로 침투부대 운용에 유리), 방어선 북쪽방면은 횡격실의 산악지대로 형성되어 방어에 유리한 지형이었다. 특히 낙동강선 내부로는 철로를 포함 종적, 횡적 도로망이 방사형으로 잘 발달되어 있어 내선작전 수행에 유리한 조건이었다. 이와 같은 상황에서 워커 미 제8군사령관은 방어선을 축소하여 서남부 지역의 위기를 극복할 1개 사단의 전용과 지형의 이점을 활용한 병력

---

2) 제2차 세계대전 당시 독일군이 영·프 연합군을 대서양의 뎅케르크 항구를 통해 영국으로 몰아내면서 프랑스를 석권하였다. 바탄반도는 필리핀 영토로 일본군에게 함락되어 7만여 명의 미군 및 필리핀군이 포로가 되었다.

3) 낙동강 방어선 남쪽 60km인 다부동(제1사단)-의흥(제6사단)-보현산(제8사단)-기계(수도사단)-포항(제3사단)을 연하는 선이다.

4) 서남부 낙동강인 남지에서 낙동리 간 80㎞는 강폭 400~500m, 수심 1~2m로 강둑이 형성되어 있었다.

절약으로 총반격을 위한 공세이전의 여건을 조성하고자 낙동강 방어선을 선정했던 것이다.

그렇다고 해서 낙동강 방어선은 북한군의 거센 압박이나 서남방의 마산 위기를 타개하기위해 졸속(拙速)으로 형성된 방어선은 아니었다. 워커장군은 이미 지연전이 한창 진행 중이던 7월부터 낙동강을 최후의 방어선으로 구상하고 있었다. 7월 18일 워커 장군은 헬기 정찰 중 한국군 총사령관 정일권 장군에게 "낙동강이 차후 방어지역으로 이미 선정됐다."고 설명했고, 한국 정부의 협조 아래 7월 하순부터 낙동강 방어선 곳곳에 전투시설을 구축하고 있었다.

2. 창과 방패의 양 진영

가. 한국군과 유엔군의 방어편성

낙동강을 이용한 방어선

피난민을 앞세운 북한군 공격

낙동강 방어선에서 미 제8군사령관 워커 장군의 작전개념은 전형적인 '기동과 역습'이었다. 적의 압력이 약한 지역의 전투력을 절약하여 적절한 예비대를 보유하였다가 돌파된 지역에 포병 화력과 항공기로 북한군을 무력화하면서, 발달된 기동로를 통하여 예비대를 즉각 투입함으로써 국부적인 전투력의 우세를 달성하여 실지를 회복하는 것이었다. 워커 장군은 "역습이야말로 방어를 성공시키는 결정적 요소다."라고 강조하며, 역습지역 위주로 전선을 확인하고 현장지휘 했다.

미 제8군 지휘부는 낙동강 방어선을 구축하면서 부대의 현 위치와 특성을 고려하여 책임지역을 할당하였다. 즉 강력한 기동과 화력을 보유한 미군은 한반도의 서부지역으로 평지인 마산-낙동리 간을 할당하여 미군 3개 사단(남으로부터 미 제25, 24사단, 제1기병사단 순)을 배치하였고, 지게로 보급품을 져서 날라야 하는 산악지역인 동북쪽의 낙동리-청송-영덕 간은 한국군 5개 사단(동으로부터 제1, 제6, 제8, 수도, 제3사단 순)을 배치하였다.

한·미 연합군은 낙동강 방어선으로 철수함에 따라 전선이 축소되어, 그간의 '지연전'에서 '지역방어'로 작전형태를 전환할 수 있었다. 변경된 작전형태에 따라 그간 넓은 공간에서 '지역을 양보하면서 시간을 획득하던 전투'에서 벗어나 이제는 '싸워 지역을 지키는 전투'로 전환되었다. 그간의 지연전은 내가 지키더라도 인접 지역이 돌파되면 아무런 대책이 없었다. 따라서 인접지역에 사소한 상황만 있어도 덩달아 철수해 버리곤 했었다. 하지만 이제는 인접전우와 손을 잡고 싸울 수 있었다. 따라서 '싸워 시간을 얻는 전투'에서, '싸워 이기는 전투'로 전환된 것이다.

하지만 지역 할당 간 기동력과 화력이 미약한 한국군에게 산악지역으로 형성된 넓은 책임지역을 부여한 것은 문제가 있었다. 한국군 담당 지역은 부대와 부대가 연결이 되지 않은 곳이 많았다. 이에 따라 제8군사령부는 8월 11일부로 한국군 5개 사단의 책임지역을 왜관-다부동-신령-기계-포항을 연하는 선(Y선)으로 축소 조정, 전체적으로 방어선을 축소하였다.[5)]

맥아더 유엔군 사령관은 낙동강 방어선 설치를 보고받고, 만일의 사태 시 부산 상륙지역을 방어할 수 있는 예비 방어선의 추가적인 설치를 검토하도록 하였다. 이에 제8군 공군참모 데이비드슨(Garrison M. Davidson) 준장이 마산 북방으로부터 밀양, 울산을 연하는 90㎞의 예비진지를 선정하고 이를 '데이비드슨 선'이라 명명하였다.

이때 한·미 연합군은 미 제5전투여단(7월 31일), 제1해병 임시여단(8월 2일)과 미 제2사단 제9연대와 23연대(7월 31일에서 8월 5일) 등이 미 본토와 하와이로부터 도착하여 총 9개 사단(미군 4, 한국군 5)과 1개 여단 14만여 명의 병력과 300여 대의 전차(최초로 제89전차대대 M4A3 50대 한국도착, 제 25사단 배속), 약 430문의 야포를 보유하게 되었다. 이에 따라 8월 3일 정일권 총참모총장은 북한군보다 미군과 한국군의

5) 육본작전명령 제119호(1950. 8. 1).

전력이 우위에 있음을 공식발표하고 장병들의 사기를 진작시켰다.[6] 이때 육군본부와 미 제8군사령부는 대구에서 부대를 지휘하고 있었다.

나. 북한군 공격기세

한국군과 미군을 추격한 북한군은 8월 1일 현재 전선사령부(사령관, 김책)는 수안보, 제1군단 사령부(군단장 김웅)는 김천, 제2군단 사령부(군단장, 김무정)는 안동에 위치하고 있었다. 전방 부대는 진주-김천-안동-영덕을 연결하는 선으로 진출하고 있었다.[7] 김일성이 20일 수안보에 있는 전선사령부를 방문하여 '8월 15일까지 부산을 점령하라'고 다그치자, 북한군 지휘부는 낙동강 방어선 외곽선에 1개 전차사단으로 증강된 10개 사단을 집결시키는 한편, 예비 사단인 제10사단을 남진시키면서 제7·9사단도 서울에 집결시켜 남하를 독려하고 있었다.

이때 북한군은 한국군과 유엔군을 추격하며 지리적으로는 비록 한반도의 약 90%선을 점령하였지만, 제공권과 제해권을 완전히 상실한 가운데 병참선이 과도하게 신장되어있었다. 당시 북한군은 약 7만여 명으로 유엔군의 전투력에 비하여 절대 숫자가 적은 상태였다. 장비도 전차, 야포 및 박격포 대부분이 파괴되었다. 따라서 북한군의 전투력은 50~60%선으로 공세종말점에 다다라 있었다.

그러나 북한군은 야음을 이용하여 보급품을 수송하고 식량 배급을 줄이며 점령지의 주민들을 강제로 징집 의용군이라 칭하면서[8], 독전대를 조직하여 무자비한 전투를 강요하고 있었다. 북한군은 이러한 여건 하에서 부산 점령의 최종 목표달성을 위하여 8월과 9월 낙동강 상에서 두 차례의 총 공세를 단행하게 된다.

> 지금 신에게는 아직도 전선 12척이 있습니다.
>
> -이순신-

6) 國防部 政訓局, 〈韓國動亂1年紙〉, 1951, pp.A60~62.

7) 국방부군사편찬연구소(김행복), 위의 책, p.60.

8) 북한군은 남한에서 7월 1일부터 징집을 시작하여 3개월 동안 대략 30만 명이 의용군으로 징집하였다. 북한군은 점령지 보안사령부 예하에 12개 치안연대(연대 당 2,000명)를 편성했다. 이들 부대는 90%가 현지 주민으로 주로 전쟁지원 임무를 수행했고, 제102(전주), 제103(안동), 제104(사천) 치안연대는 전투에 투입되었다(육군본부(역), 〈6 · 25전쟁〉 제2권, pp.78~79).

제2절 북한군 8월 공세 및 대응

1. 개 요

낙동강 방어선이 형성되면서 전투양상은 변모하기 시작하였다. 북한군은 그간의 손실과 보충의 불일치로 인하여 전투력은 급감하기 시작했다. '8월 15일까지 부산을 점령하겠다.'던 구호는 슬그머니 '8월 15일까지 대구를 점령 하겠다.'는 구호로 바뀌었다. 대신 한국군과 미군의 전투력은 증대 되었다. 8월 공세 간 북한군은 신속한 작전을 전개하기 위해 대구방면으로 주공을 지향하면서 '4개의 공격방향'[9]을 선정하여 공격했다. 어느 방향이든지 돌파구가 형성되면 이를 확대하여 돌파하겠다는 의도였다.

공격방향은 ① 경부도로를 따라 대구로 공격 ② 동해안 도로를 따라 포항-경주 방향으로 공격 ③ 유엔군의 병참선을 차단하기위해 창녕 서쪽의 낙동강 돌출부 공격 ④ 남해안을 따라 마산-부산방면으로 공격하는 방향이었다.

북한군은 8월 4일부터 공격의 고삐를 바짝 당기기 시작했다. 전선에서는 낙동강 전선의 북동쪽에 위치한 제2군단의 제15사단(상주 위치, 선산으로 도하 다부동-대구 방향 공격)과 제13사단(함창 위치, 낙동리로 도하 다부동-대구 방향 공격), 제1사단(함창 위치, 군위 점령 후 대구-경주 방향 공격), 제8사단(예천 위치, 제8사단 정면에서 영천 점령 후 경주 방향으로 공격), 제12사단(안동 위치, 수도사단 정면에서 포항 점령 후 경주-부산 방향 공격)이 공격을 준비를 하는 한편, 제105전차사단(40대) 도 왜관북방 한국군 제1사단 정면에서 도하를 준비했고, 동해안(영덕-포항 축선)에서 북한군 제5사단과 766부대는 부산으로 진격할 태세를 갖추었다.

---

9) 정명복, 위의 책, p.154.

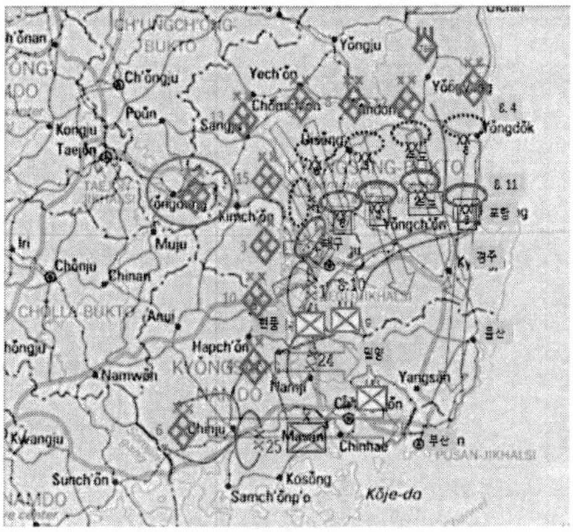

낙동강 방어선 형성

낙동강 전선을 시찰하는 워커 장군

한편 낙동강 전선의 동남쪽 방향에서 공격중인 북한군 제1군단은 예하의 제3사단(김천 위치, 제1기병사단 정면에서 왜관으로 도하 대구 공략), 제10사단(고령 위치, 현풍을 도하 대구 공략), 제4사단(합천 위치, 낙동강 돌출부의 미 제2사단 정면에서 영산-밀양 탈취 대구-부산 방향 공격), 제6사난과 모디씨이클연대(마산 서부 위치, 미 제25사단 및 제5전투여단 정면에서 마산-부산 방향으로 공격) 등이 공격을 준비하고 있었다.[10)]

이 시기의 북한군의 주공격 목표는 지역은 대구였고 부대는 한국군이었다. 북한군은 대구 공격에 5개 사단(다부동 대구 축선의 제15·13사단, 기타 지역에서 제10·3·1사단), 한국군 지역에 총 7개 사단(제5·12·8·1·13·15사단, 제3사단)을 집중시켰다. 하지만 북한군은 동일한 대구를 목표로 공격하면서 제1·2군단이 상호 협조하지 않는 고질적인 병폐를 드러내어 전투력 집중은 효율적이지 못했다.

미군은 북한군의 공격을 낙동강을 장애물로 이용하면서, 화력과 기동력을 이용한 역습으로 저지했다. 이와는 달리 한국군은 북한군의 공세가 시작되자 곳곳에서 방어선이 돌파되면서 위기 국면이 조성되었다. 이유는 한국군 보다 2개 사단이 많은 7개 사단이 한국군 지역에 투입 되어 전투력이 미약한 한국군으로서는 물론 버겁기도 하였거니와, 지역 자체가 산악지형에 광정면 이었다. 더욱이 이를 저지할만한 현저한 자연 장애물도 없어 애초부터 한국군에게 120km(한국군 사단 평균 30km, 미군 사단 평균 45km)에 가까운 책임지역을 할당하는 것 자체가 무리였다.

---

10) 최용성, 위의 책, pp.60~62.

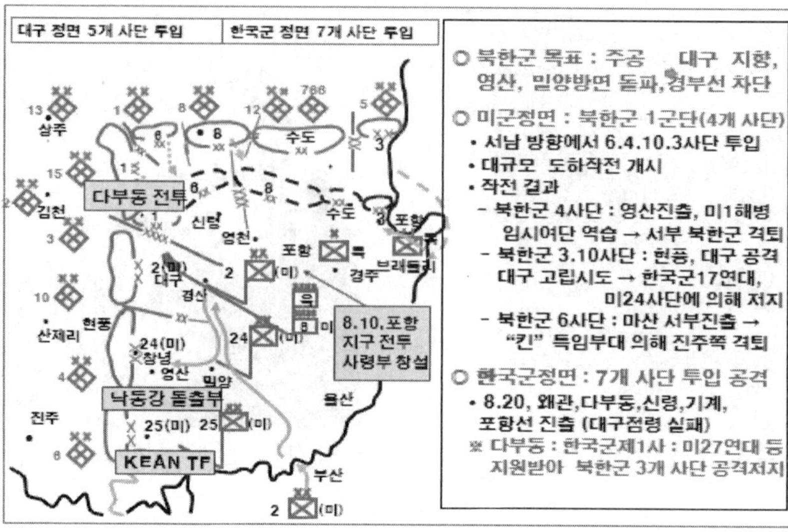

낙동강 방어선상의 피아 배치상황(8월 공세)

미 제8군사령부는 마산 지역에 투입된 미 제25사단을 주축으로 킨 특수임무부대를 편성하였다. 킨TF(kean TF)는 북한군 제6사단을 역공격하여 진주–사천 일대까지 방어선을 확장하는 것이었으나 실패하였고, 대구 축선의 위기가 고조되면서 해체되었다. 영산 정면에서는 북한군 제4사단이 낙동강에 수중보를 설치하여 일시 미 제24사단 책임지역인 영산 일대를 장악하여 밀양 일대까지 위협을 받았다. 이 지역은 미 제8군의 예비대가 곧 바로 투입되어 위기를 해소하였다. 왜관의 미 제1기병사단 지역으로는 북한군 제3사단이 공격해 왔으나 곧 이를 격퇴시켰고, 북한군 제3사단은 이후 한국군 제1사단이 위치한 다부동 지역으로 공격 방향을 전환했다.

8월 5일 수도사단이 북한군의 기습으로 의성 방향으로 철수했다. 정면의 북한군 제12사단이 비학산을 경유 기계 북쪽으로 진출하여 한국군 수도사단과 제3사단의 측방을 위협하면서 부산 방향으로 진출하자 유엔군과 한국군의 방어선이 2개로 분리될 형세였다. 또한 제3사단은 장사동에 고립되어 해상철수를 단행했고, 포항이 실함되었다. 육본은 제17연대를 급거 포항으로 이동시키고, 신편된 제25연대와 '포항지구전투사령부'를 창설하여 북한군의 첨단을 저지하고 수도사단을 투입시켜(제18연대, 기갑연대) 역공격을 감행했다.

다부동 지구에서는 한국군 제1사단이 Y선으로 철수하기 위해 도로를 따라 역행군 하는 동안 북한군 제15사단 일부가 먼저 산악을 이용 Y선을 점령하여 대구에 위기가 찾아오기도 하였다. 하지만 한국군 제1사단은 미 제27연대, 제23연대, 한국군 제8사단 제10연대를 등을 증원받아 최초로 한미 연합작전을 수행하면서 북한군 제13사단, 제15사단을 격퇴하고 Y선을 확보했다.

2. 주요 전투

가. 서 · 남부 지구 작전

서남부지구 작전은 8월 1일부터 9월 14일까지 진주-마산과 창녕-영산의 두개 축선에서 미 3개 사단(제24, 2, 25사단)이 미 제1해병여단과 한국군을 지원받아 전차로 증강된 북한군 5개 사단(제2, 제4, 제6, 제7, 제9사단)과 격전을 벌인 전투와 통영에서의 한국군 해병대의 상륙적전 등을 지칭한다.

먼저 진주-마산 축선 전투는 북한군 제6사단의 우회기동으로 야기된 마산의 위기를 해결하기 위해 8월 7일부터 9월 13일까지 미 제25사딘이 미 제1해병여단(제5해병연대)과 한국군을 지원받아 북한군 2개 사단(제6, 제7)과 전투를 치렀다.

미 제8군사령부는 북한군 제6사단의 우회기동이 확인되자, 낙동강 방어선으로 전선을 축소시키면서 미 제25사단을 전용하여 위기를 극복히기로 결정했다. 미 제25사단이 선정된 이유는 미 25사단 정면(상주)에 있는 북한군 제15사단이 동락리와 화령장 전투에서 한국군에 연전연패(連戰連敗)를 당하고, 미군 포병의 집중사격으로 전투력이 상대적으로 미약한 것으로 판단되었기 때문이다.

하지만 적과 대치하고 있는 부대를 전선 이탈시켜 마산으로 전용한다는 것은 현실적으로 어려운 문제였다.[11] 8월 1일 오후 2시 미 제25사단 선두부대는 철도로 최초 목적지인 삼랑진으로 이동했고, 주력은 8월 2일 이동을 시작하여 3일 19:30경에 목적지인 마산에 도착했다. 미 제25사단은 부대이동 명령수령 후 총 140㎞를 36시간 만에 목적지에 도달했다. 이 미 제25사단의 기동은 "유사 이래 가장 극적인 기동으로 부산을 구했다."고 평가되었다.

11) 만약 미 제25사단이 마산으로 전용된다는 것을 북한군이 간파한다면 그 지역으로 공격이 집중될 것이 자명했다.

제25사단의 서남부 기동

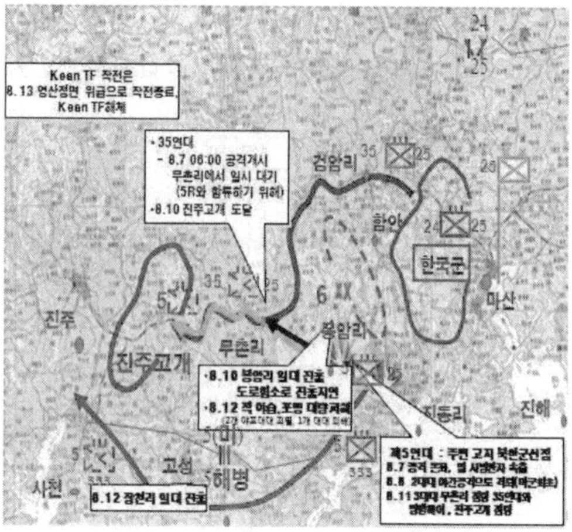

킨 특수부대 전투 상황도

미 제25사단 마산 도착 이후 북한군의 주공이 대구 정면으로 향하는 것을 파악한 미 제8군은 대구 정면에 집중되는 북한군의 압력을 분산하기위한 방안으로 제25사단의 공세행동을 계획했다. 또한 부산에 이르는 교두보로서 양측에 매력적인 도시인 마산을 확보하면서 방어선을 진주-사천고개 일대로 추진함과 아울러 공격작전을 경험하는 네 마리 토끼를 잡는 계획이었다.

미 제8군은 역공격을 계획하고, 미 제25사단을 주축으로 미 제5해병연대, 미 제5연대 전투단, 민부대, 한국군 해병대, 미 제89중전차대대, 해병 전차대대로 미 제25사단장 이름을 딴 킨 특수임무부대를 편조토록 하였다. 킨 특수임무부대는 병력 2만 4천 명, 전차 101 대로 편성되었으며, 북한군 제6사단은 약 7,500여 명의 병력으로 전차 25대, 포 36문과 제83모터싸이클연대가 증원되어 있었다.

킨 특수부대장의 의도는 3개 도로로 진출하여 진주를 탈환하는 것이었다. 이를 위해 북쪽에서는 미 제35연대가 남해안 간선도로를 따라 검암리에서 무촌리로, 미 제27연대와 교대한 미 제5연대가 진동리-봉암리-무촌리로 진출한 후 미 제35연대와 협동으로 진주고개를 공격하며, 미 제5해병연대가 고성-사천 도로를 따라 진격하여 진주 남동쪽을 공격하며, 미 제24연대가(민부대, 김성은부대, 경찰 배속) 서북산 일대로 침투하여 북한군의 보급로를 차단하고 소탕하는 임무를 부여받았다.[12)]

12) 국방부군사편찬연구소, 〈6 · 25전쟁사 5, 낙동강선 방어작전〉, 2009, pp. 290.

공격은 8월 7일 06:30에 시작되었다.

북한군 제6사단 또한 7월 31일 18:10에 진주를 점령하고 마산을 위협 권에 두고서 진출하고 있었다. 그리고 8월 6일 저녁에는 각 방면에서 공격을 개시하면서 미군의 보급로를 차단하고 검암리와 함안 일대 감제고지를 장악하였다. 장비가 열세한 북한군은 산악 능선의 주요 목을 차단하고 도로를 따라 기동하는 미군을 공격하였다. 매복한 북한군은 공격하는 미군의 후속부대들을 골라 곳 곳에서 차단했다. 설상가상으로 8월의 기온은 섭씨 35도까지 치솟아 일사병 환자[13]가 속출하여 전투능률을 저하시켰다. 더욱이 북한군 제6사단이 미군의 보급로와 후방시설을 위협했기 때문에, 전차는 전장을 주도하지 못하고 보급 및 기타 운행차량 엄호용으로 이용되어 후방경비의 주축으로 변질되었다.[14]

킨 특수임무부대는 이와 같은 악전고투(惡戰苦鬪) 속에서 목표인 사천-진주선 부근의 장천리-진주 고개를 연하는 선까지 진출하는데 성공했다. 하지만 12일 새벽 봉암리에 위치하여 지원하고 있던 미군 포병 3개 대대가 북한군의 습격을 받아 400여 명의 인원손실이 발생하였다. 피해규모가 심각하자 미 제8군은 현재까지의 특수임무부대 성과와 당시 대구 북쪽에서 북한군의 압박이 오히려 가중되고, 한국군 제3사단이 장사동에 포위되는 상황 등을 종합 검토하여 12일 저녁부로 7일 만에 공격작전을 중지하였다.

킨 특수임무부대의 역공격은 미군이 6·25전쟁에 참여한 후에 최초로 실시한 사단급 공격작전이었다. 작전은 '진주 탈환과 대구 정면의 압박 해소'라는 소기의 목적은 달성하지 못하고 많은 피해를 입고 종료되었지만 킨 특수부대의 공격작전으로 마산을 계속하여 확보할 수 있게 되었고, 미군은 그간 수세위주 작전에만 치중하다가 공격작전으로 전환하여 차후작전을 위한 경험을 획득하는 계기가 되었다. 서남부 지역에서 8월의 위기를 극복한 미 제25사단은 9월에 또다시 북한군 제6사단과 제7사단의 공세를 맞이하게 된다.

8월 서남부 지역 전투 중에서 킨TF 전투와 더불어 한국군 해병대의 통영지구 전투가 의미가 있었다.[15] 8월 중순 북한군은 낙동강 방어선에서 진전이 없이 교

---

13) 당시 일사병으로 전투력을 상실하게 된 장병의 숫자가, 전투를 치르다가 전투력을 상실한 병력의 6배에 달한다고 기록되어있다(육군본부,〈한국전쟁사(요도식 요약 전사)〉, 1983, p.111).

14) 육군대학교(교육참고 2-1), 〈한국전투사〉, 1977, pp.180∼181.

15) 해병대 작전참모처 군사연구과, 위의 책, pp.60∼65.

착상태에 빠지자, 거제도를 점령하고 마산과 진해항을 봉쇄하면서 돌파구를 찾아보기 위해 통영 방향으로 공격을 전환하고 있었다. 8월 15일 북한군 제7사단 소속 1개 대대 약 650여 명이 고성으로부터 통영으로 향했고, 군과 경찰 약 100여 명은 통영을 포기하고 철수하였다. 이에 해군 참모총장(손원일 제독)은 김성은부대로 하여금 통영일대로 상륙작전을 시행하여 거제도에 침입하려는 북한군을 격멸하도록 지시했다.

김성은부대는 8월 17일 18:00를 기해 통영에 상륙을 개시하였고 목표를 향하여 진출하는 사이 함정에서는 포격을 퍼부었다. 이때 북한군은 통영에 포화가 집중되자 고지의 병력들을 해안선으로 내려 배치시켰다. 상륙한 해병대는 8월 18일 05:30에 공격을 개시하여 목표인 매일봉을 점령하여 버렸다.

목표인 매일봉을 점령한 해병대는 다시 매일봉을 점령하러 오는 북한군을 섬멸하고 통영을 장악하였다. 통영전투에서 또 하나의 승리 관건은 내륙으로부터 유일한 공격로인 원문고개를 수차례나 육탄 전투로 막아낸 결과였다. 이 전투에서 북한군 469명을 사살하고 포로 83명을 획득하였다.[16)]

이 통영 상륙작전은 한국 해병대가 한국 해군 함정의 지원 하에 실시한 역사적인 단독 상륙작전이었으며 사실상의 한국군 최초의 공격작전이었다. 인천상륙작전 이전 한국 해병대도 이미 상륙작전의 경험을 가지고 투입되었던 것이다. 당시 이 작전을 취재하던 종군 외신기자들은 한국군 해병대의 용맹스런 전투 모습을 '귀신 잡는 해병'이라 표현하였는데, 현재도 전 국민이 해병대를 호칭할 때 많이 애용하는 표현이다.

다음으로 창녕-영산 축선에서는 8월 5일부터 9월 6일까지 미 제24사단과 이어 교체된 미 제2사단이 북한군 3개 사단(제2, 제4, 제9사단)의 부산 진출을 저지하고자 격돌하였다. 북한군 제4사단은 8월 5일부터 낙동강을 도하하여 8월 18일까지 전투를 실시하였고, 이후에는 북한군 제2, 제9사단이 북한군 제4사단 일부를 통제하여 낙동강 돌출부에서 미군과 전투를 전개했다.[17)]

---

16) 통영 상륙작전의 영웅은 단연 고병조 해병 일등병조였다. 그는 김성은부대 제7중대 1소대원으로 참전하여 원문고개에서 백병전으로 북한군 3명을 처치하고, 북한군을 추격하여 6명을 사살하였으며, 북한군이 수류탄을 던지자 자신의 몸으로 덮쳐 동료들을 구하고 장렬히 전사하였다. 당시 고종석 3등 병조는 대통령 특명에 의하여 2계급 특진되어 1등 병조가 되었으며, 전쟁기념관이 선정한 2004년 8월의 인물로 선정되기도 했다(해병대 작전참모처, 위의 책).

17) 국방부군사편찬연구소, 〈6·25전쟁사 5 낙동강 방어작전〉, 2008, pp.242~250.

미군이 담당한 마산에서 낙동리에 이르는 지역은 물결이 굽이쳐 흐르고 있었고, 미군은 도섭 가능지역 위주로 화력계획을 수립해두고 병력을 절약하여 역습을 대비하고 있었다. 이 때 미 24사단은(사단장, 소장 처치) 낙동강과 남강 합류지점으로부터 낙동강을 따라 현풍까지 약 60km의 하천선(정면 37km)을 담당하고 있었다. 사단은 제34연대로 하여금 낙동강 돌출부의 영산, 제21연대는 창녕을 담당하게 하고 한국군 제17연대를 현풍지구 강변 고지에 배치시켰다.[18] 특히 제34연대가 배치된 영산 맞은편은 '낙동강 돌출부'라 하여 낙동강이 큰 반원형을 그리며 흘러가고 있었다. 하지만 낙동강 돌출부 지역은 중요한 고지와 고지를 연결하는 거점형태의 방어진지를 형성하고 있었으며, 중간에는 차량으로 순찰하는 등 경계가 취약했다.

북한군 제4사단은 8월 5일 자정 무렵의 야음을 틈타 오항 나루터로 도하공격을 개시하였으며, 이는 사단장의 예상과는 달리 제34연대 정면을 공격한 것이었다. 북한군은 미군의 배치 간격을 이용하여 침투하였고, 영산이 북한군 제4사단 18연대에게 피탈되었다. 하지만 미 제8군은 8월 12일 예비대(미 제27연대, 미 2사단 23연대 1대대)를 즉시 투입하여 13일 북한군을 격퇴하고 위기를 타개할 수 있었다.

미 제24사단은 8월 17일 총공격을 감행하여 보급선이 무너진 북한군 제4사단을 낙동강 너머로 몰아냈으며, 이 전투로 인해 밀양-삼랑진-부산 방향으로 진출하려던 북한군의 기도는 완전 좌절되었다. 하지만 이 낙동강 돌출부 지역에서는 지역을 인계받은 미 제2사단이 북한군의 9월 공세 간 북한군 제1군단 예하의 부대들과 또 한 차례의 격전을 치르게 된다.

나. 안강 · 기계 전투

안강·기계 전투는 한국군 수도사단이 낙동강 방어선에서 8월 9일부터 9월 14일까지 북한군 제12사단(제766부대 증강)의 남진을 저지한 전투다. 길안(청송 서쪽 15㎞) 부근에 위치하고 있던 한국군 수도사단은 8월 5일 북한군 제12사단의 기습 공격으로 의성 방면으로 철수했다. 따라서 의성-청송-영덕을 연하는 약 50㎞의 방어선에 간격이 발생했고, 청송-기계 축선은 무방비 상태가 되었다.[19] 이러한 상

18) 제24사단 예하의 제19연대는 8월 3일 미 제2사단에 배속되어 운용되다가 미 제25사단의 35연대와 교체된 후 창녕일대에서 예비로 재편성 중에 있었다. 사단은 대전 전투이후 전투력이 완전히 보충되지 않아 약 40%선이었다.

19) 국방군사연구소, 「韓國戰史」(上), p333

황에 대하여 당시 육본과 미 제8군에서는 안이한 상황판단으로 일관했다. 북한군 대부대가 청송에서 기계로 형성된 험준한 31번 도로를 극복하면서 까지는 전진하리라고는 예상하지 못했던 것이다. 하지만 예상은 빗나가고 말았다. 북한군 제12사단은 이러한 호기를 놓치지 않고 북한군 특기인 산악 행군을 감행하여 8월 7일 도평동(기계 북방 40km)을 통과하여 10일에는 기계까지 진출하였다.[20] 이 사실은 한국군과 유엔군에게는 충격 그 자체였다. 만약 북한군이 기계에서 안강-경주 방향으로 진출한다면 한국군의 방어선이 동서로 양분됨은 물론이고, 포항이 고립되는 상황이 발생할 수 있었다. 또한 부산으로 계속 진출한다면 낙동강 방어선 존립 자체가 위험해지는 상황이었다.

위기에 직면한 육본은 10일 '포항지구전투사령부'를 급편 하였고, 신편중인 제25연대를 축차적으로 역습에 투입하였으나 각개격파 되었다. 이에 육본과 제1군단장 김홍일 장군은 제17연대와 수도사단(의성 위치) 제1연대로 안강에서 북한군 제12사단의 진출을 차단한 후, 수도사단 제18연대와 독립기갑연대를 북한군 후방인 기계로 침투시켜 안강-기계 일대에서 '북한군 제12사단을 앞뒤로 포위섬멸 한다.'[21]는 계획을 구상하게 되었다.

작전이 구체화되어 진행되자, 이제는 작전이 또 다른 양상으로 전개되었다. 그것은 '한국군 제17연대와 수도사단의 안강 도착이 빠르냐?' 아니면 '북한군 제12사단의 포항·경주 도착이 빠르냐?'의 시간 싸움이었다. 그런데 파죽지세(破竹之勢)의 북한군에게는 한 가지 아킬레스건이 있었다. 바로 제공권이었다. 유엔군의 공중포격으로 후방으로부터의 보급이 기동을 따라오지 못하고, 후속부대의 진출 지연으로 기동부대가 정지해버린 것이다. 이 사이 한국군 제17연대가 8월 12일 안강에 먼저 도착하여, 안강-포항 간 도로를 선점하였다. 다음 날에는 수도사단 제1연대와 제26연대가 안강에 도착하여 북한군의 경주 진출을 차단했고, 같은 시기 수도사단 제18연대와 독립기갑연대가 기계로 기동하여 북한군 후방을 차단하고 북한군을 역포위했다.[22] 궁하면 통한다는 전화위복(轉禍爲福)의 상황이었다.

---

20) 국방부 전사편찬위원회, 〈안강·포항전투〉, 1986, pp.21~25.

21) 3士論文集, 〈한국전쟁에서의 한·미 연합작전 분석 : 낙동강방어선 전투와 북진작전을 중심으로〉, 2005, p.188.

22) 최용성, 위의 책, pp.64~65.

포로로 잡힌 북한군

불타는 북한군의 Su-76 자주포

수도사단은 8월 20일까지 잔적소탕을 완료하고 제26연대는 포항의 제3사단으로 원대복귀 했다. 하지만 북한군 제12사단이 패잔병을 흡수 26일 기계를 재공격하여 피탈되고 말았다. 이때 포항도 무너지고 있었다. 그러자 미 제8군사령부 부사령관인 콜터(John B. Coulter) 장군이 동부전선의 지휘권을 넘겨받아 잭슨(Jackson) 특수임무부대를 편성하여 29일 기계를 재탈환했다. 기계선투에서 북한군은 1,200여 명 이상의 인명손실을 입어 한국군은 전쟁이후 최대의 전과를 거두었다. 이후 북한군 제12사단은 9월 2일부터 다시 공세를 감행한다.

다. 포항전투

포항전투는 한국군 제3사단이 반격작전을 진행하기 전까지 증원부대와 더불어 8월부터 동해안의 영덕 · 포항일대에서 북한군 제5사단의 영덕 및 포항 점령 기도를 분쇄하고 부산 진출을 저지, 공세이전의 전기를 마련한 전투이다.

영덕에서 한국군 제3사단에게 패해 북상했던(8월 2일) 북한군 제5사단은 기계방향으로 공격하는 제12사단과 병진하여 영덕-포항 방향으로 공격을 재개하였다. 영덕을 방어하고 있던 한국군 제3사단 22 · 23연대는 북한군 제5사단의 공세에 밀려 돌파되었고, 역습과 철수를 병행하면서 영덕 남쪽의 강구를 경유 8월 10일 장사동 일대로 철수했다. 포항이 실함위기에 처하자 워커 장군은 영일 비행장을 사수하기 위하여 '브래드리(Bradley) 특수임무부대'를 편성하여 영일 비행장에 대한 방어태세를 유지하였다. 한편 8월 10일 인접지역인 기계가 북한군 제12사단에 의하여 피탈되고, 11일에는 포항 시내에 제766유격대가 진입함에 따라 한국군과 미군은 또 한 번 낙동강 방어선 돌파의 위기를 맞이하였다.[23]

포항 북방에서는 북한군 제5사단 일부가 동해안 도로에서 내륙으로 우회하여 흥해까지 진출함으로써 한국군 제3사단은 해변의 장사동 일대에 고립되어 완전 포위되고 말았다. 해변에 갇힌 제3사단은 진지를 사수할 수뿐이 없었다. 유엔 해군은 LST 4척을 지원하여 8월 17일 06:00 제3사단을 구룡포로 철수시켰다. 이때 사단 인원(9,000여 명)과 경찰, 노무자 등 약 11,000여 명이 전투력 소진 없이 성공적으로 철수하였다.

제3사단이 해상으로 철수작전을 진행 중인 17일 포항 탈환임무를 부여받은 민부대[24]는(대령 민기식) 형산강 남쪽에 배치되어 있다가 함포지원을 받으며 시내로 진입하여, 다음 날 포항을 재탈환했다.

라. 다부동 전투[25]

다부동 전투는 유엔군이 낙동강 방어선을 형성한 직후부터 반격으로 전환되기 이전까지 한국군 제1사단이 미 제27연대 등과 함께 대구 북방의 다부동 일대에서 북한군 제2군단(제3사단, 제13사단, 제15사단)의 8월 공세를 저지하고, 곧이어 진지를 인계받은 미 제1기병사단이 다부동과 자천, 도덕산 일대에서 북한군(제13사단, 제3사단)의 9월 공세를 저지하며 대구를 사수한 전투를 지칭한다.

당시 한국군 제1사단은 지연전을 전개하면서 7월 하순 함창에서 부대를 재편하였다. 그리고 8월 3~4일에는 미군 추진보급소로부터 개전 이래 처음으로 무기와 개인 장구류를 보급 받고, 학도병 500명도 보충되어 사기가 앙양되어 있었다.[26] 한국군 제1사단은 8월 5일부터 왜관-낙동리를 연하는 선에 배치되어서 낙동강을 도하하여 공격하는 북한군 3개 사단(제3, 13, 15사단)의 공세를 적절히 저지하고 있었다.

---

23) 국방부 전사편찬위원회(김기옥), 앞의 책, p.68~69.

24) 민기식 대령이 지휘하는 부대로 당시 제7사단 창설을 위한 기간요원들로 구성되어 있던 부대로 약 2개 대대 규모로 편성되어 있었다. 약식으로 민부대로 호칭한다.

25) 제1차 세계대전시 프랑스군이 막대한 희생을 감내해 가면서 독일군의 대공세를 좌절시켜, 방어전투의 신화로 알려진 베르됭(Verdun)의 전투와 비견되어 한국의 베르됭 전투라고도 불리었다.

26) 국방부 전사편찬위원회(김기옥), 〈다부동 전투〉, p.28.

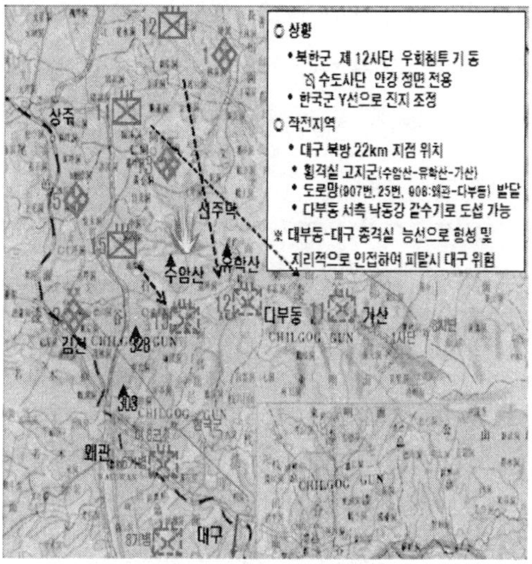

다부동 전투 상황도 1

다부동 전투 상황도 2

하지만 문제는 다른 지역에서 발생했다. 제1사단 우측에 배치된 한국군 4개 사단이 북한군의 압력에 밀리고 있었다(북한군 제12사단이 한국군 수도사단을 돌파하여 기계 일대로 진출, 포항 피탈 및 제3사단 장사동 일대 고립 등 동부전선 붕괴로 전선이 49km 남하). 이에 육본은 11일 각 사단을 앞서 언급했던 왜관-다부동-신령-기계-포항을 연하는 전선으로 전선을 축소·조정하여, 한국군 제1사단은 13일 변경된 방어지역인 다부동 일대의 Y선으로 이동 배치를 명받았다.[27] 이때 제1사단은 왜관 북방의 328고지로부터 270고지-수암산-유학산-신주막을 연하는 20km를 연하는 방어선을 부여받았다.

다부동은 대구 북방에서 328고지와 수암산(518고지), 유학산(839고지) 등으로 이어지는 횡격실 능선과 가산(902고지), 팔공산(1192고지) 등에서 발달한 고지군들로 둘러싸인 방어에 유리한 지역으로, 대구의 북쪽 관문이었다. 그러나 다부동에서 남쪽인 대구로는 종격실 능선이 발달해 있었다. 따라서 다부동에서 북한군을 저지하지 못한다면, 대구의 안전을 장담할 수 없는 상황이었다. 당시 대구는 대한민국 정부와 미 제8군사령부가 위치하고 있어, 대구가 차지하는 전략적 가치와 위상은 대단히 높았다.

27) 육본 작전명령 제119호.

하지만 북한군은 한국군 제1사단이 전방에서 철수하여 배치 선에 도착하기도 전에 Y선인 328고지와 유학산, 674고지 등을 미리 점령하여 버렸다. 8월 14일에는 북한군 제3사단이 낙동강을 도하하여 제1사단 서측의 제15연대가 위치한 328고지 일대를 공격하여 14:00경 피탈되었고(당일 16:00에는 연대 역습으로 확보했으나, 15일에 다시 피탈되었고, 8월 16일에는 제1사단 좌 인접 미 제5기병연대가 반격을 개시하여 재탈환), 중앙의 제12연대 지역은 북한군 제15사단이 이미 선점한 상태였으며(다부동에서 재편성 후 수암산과 517고지, 유학산에 배치하려 하였으나 북한군이 이미 선점하였다. 그러나 연대는 8차례의 공격 끝에 23일 밤에는 야간 공격을 감행하여 유학산을 재탈환하고, 8월 28일에는 수암산을 탈취하고 Y선을 확보), 북한군 제13사단이 다부동의 신주막 674 고지를 선점하여 다부동 피탈 위기가 감돌았다.

북한군은 14일 이렇게 전술적으로 유리한 호기를 포착하자, 왜관 북방에서 4개 사단이 집결하여 도하 준비를 서둘렀다. 미 제8군으로서는 어찌 할 수 없는 중과부적(衆寡不敵)의 상황이었다. 이에 제8군사령부에서는 유엔군 사령부에 다부동의 압박을 해소하기위한 방안으로 융단폭격[28]을 건의하였다. 그리하여 8월 16일 오전 11시 58분부터 26분 동안 960톤의 폭탄을 왜관북방 낙동강 변의 북한군 지역에 투하하였다.

융단폭격에도 불구하고 당일 가산으로 침투하려던 북한군이 741고지에서 다부동 서측 466고지를 공격함으로써 한국군 제1사단은 "돌파되느냐, 고수하느냐?"의 기로에 놓이게 되었다.[29] 전황은 제1사단에게 불리하게 진행되었으며, 이를 주시하던 미 제8군은 한국군 제1사단만으로 다부동을 고수하는 것은 무리라고 판단하여, 17일 제8군 예비인 미 제25사단의 27연대를 투입했다.

그럼에도 불구하고 8월 18일 새벽에는 가산에 침투한 북한군 박격포탄이 대구에 떨어져, 정부가 긴급히 부산으로 이동하는 등 대구 피탈의 위기감이 고조되었다.

---

28) B-29 폭격기 98대가 참가했으며, 5.6㎞X12㎞지역에 960t의 폭탄을 투하했다. 연기가 2시간 이상 피어올라 BDA(폭격피해판정)는 확인하지 못했고, 지상 관측도 실패하여 확인이 불가하였다. 포로의 증언에 의하면 북한군 제3사단 및 제15사단의 포병, 전차, 탄약부대 등에 막대한 피해를 준 것으로 알려졌고, 제2군단장 김무정은 이때 '승리에 대한 확신을 잃었다'고 하였다(국방부군사편찬연구소, 〈6 · 25전쟁사 5 낙동강 방어작전〉, 2008, pp.140~142).

29) 최용성, 위의 책, pp.72~73.

여기서 잠깐

신화탄생의 주역

¢ 6·25전쟁을 통하여 한국군은 한편으로 싸우면서도 한편으로는 현대 군으로 변모 했다. 이는 당시 군 선배들의 피와 땀의 대가로 이룬 것이다. 그러면서 오늘날 각 부대는 전쟁기간의 가장 극적이며 멋진 승리를 자랑스럽게 생각하고 이를 부대의 전통으로 승화하고 있다.

*** 귀신 잡는 해병대**

어려운 여건에서도 완벽한 임무를 수행하는 해병대원을 보고 지금도 '귀신 잡는 해병대'라 부르고 있다.

☞ 6·25전쟁 당시 전설의 미국 종군기자인 '뉴욕 타임즈'의 마거릿 히긴스는 1950년 8월 23일자 기사에서 경상남도 통영 상륙작전을 승리로 이끈 한국 해병대의 용기와 희생정신을 보도하며 "그들은 귀신을 잡을 수 있을 정도로 용감했다.(They might capture even devil)"라고 작성했는데, 이것이 '귀신 잡는 해병대'의 유래가 되었다.(중앙일보)

*** 백골부대**

백골은 한국군 제3사단의 부대 상징이다. 그 기원은 북한 청장년층인 '서북청년단원'들이 독립제18연대(이후 수도사단 및 제3사단 예속)에 자진 입대하면서 '죽어 백골이 되어서도 고향땅을 되찾겠다.'는 뜻으로, 철모에 백골을 그려 넣은 데서 유래되었다.

☞ 지연전 당시 수도사단은 북한군 제2사단과 청주전투를 끝내고 보은에서는 예하의 제8연대와 제7사단 제3연대의 잔여 병력을 모두 예하 제18연대에 편입하였는데, 제18연대는 3개 연대의 상사, 중사 계급을 가진 고참병들이 많아지게 되었다. 이로 인해 제18연대가 이후 전투력이 강한 부대로 알려지고 이후 백골부대의 명예를 유지하게 된 원인이 되었다.(송요태외 1 명, 〈6·25 전쟁사〉)
현재도 백골부대의 전통이 이어져 제18연대는 '진백골(眞白骨) 부대'라 불리 운다.

*** 백골병단(白骨兵團) 한국군 최초의 유격부대**

1950년 12월 21일 국민 총 동원령에 따라 집결한 6,000여 명의 장정 중에서 817명을 선발, 1951년 2월 20일 채명신 중령이 지휘 적진 후방으로 침투했다. 백골병단은 인민군 제69여단을 궤멸하고, 대남 빨치산 사령관과 지대장 인민군 길원팔 중장, 대좌 강칠성 등 지휘부 전원을 섬멸했다. 1951년 3월 설악산 지구 전투에서 북한군 1개 사단 협공을 받아 364명이 전사하고 283명이 생환했으며, 백골병단 기념비가 강원도 인제군 용대리에 있다.

융단폭격에 나선 B-29
(자료 : 티스토리)

파괴된 북한군 전차
(자료 : 티스토리)

미 제8군사령부는 북한군의 압력이 거세지자 미 제2사단의 23연대와 한국군 제8사단 제10연대를 다부동 지역에 추가 투입하여 제1사단의 종심과 우측면을 보강하였다. 이와 같은 대규모의 병력 투입은 효과를 발휘하기 시작하여 점차 전황은 호전되어 갔다.

이와 같은 연합작전과 군·민의 총력전에 힘입어 북한군은 20일 밤 이후 다부동을 단념하고, 유학산 일대의 제15사단을 의성 방면으로 이동시켜 영천을 공격하도록 했다. 이때 쌍방의 전투손실[30]은 기록적이었다. 이때 학도병들이 보충되고, 대대급에 50~60여 명의 노무자[31]들이 배치되어 지게로 탄약과 급식을 보급하고 전사상자를 후송했다.

그러던 북한군은 8월 21일 저녁이 되자 돌연 전차와 자주포를 앞세워 다부동 계곡으로 대규모 공세를 가해왔다. 다부동 고지에서는 한국군 제1사단이 북한군

30) 제1사단은 8월 중 낙동강 방어선에서 일일 평균 600~700여 명의 병력손실이 발생하였고, 이를 학도병과 신병으로 보충하였다.(소대장이 부하의 이름이나 얼굴도 모르고 전투에 임하는 경우가 많았다. 8월 12일까지 북한군 사살인원이 무려 6,800여 명에 달했다(국방부군사편찬연구소, 〈6·25 전쟁사 5 낙동강방어작전〉, 2008, pp.127~129).
당시 사단장이던 백선엽 장군은 진지를 인계받던 미 제1기병사단이 '시체 썩는 냄새가 진동하여 시체를 치워주지 않으면 진지를 인계받지 않겠다'고 했다 한다.

31) 당시에는 '노무자'라는 명칭으로 불렸고, 현재는 전시근로자라는 명칭으로 제2국민역을 부대별 지정하여 전시에 동원인력으로 운용한다(당시 지게부대로 알려진 미 육군 한국근무단 United States Army Korean Service Corps Battalion·KSC을 창설하여 전쟁 막바지에는 약 9만여 명이 운용되었다).

보병과 싸우고, 계곡에서는 미 제27보병연대가 북한군 전차와 5시간이나 전차전을 전개했다. 이때의 전차전을 가리켜 '볼링장(Bowling Alley) 전투'라고 한다. 전차에서 발사된 포탄의 섬광이 마치 "볼링공이 재빠르게 핀을 향하여 미끄러져 나가는 모습"같다하여 붙여진 이름이다. 볼링장 전투에서 북한군은 전차 9대와 장갑차 4문 그리고 300여 명의 전사자가 발생하는 피해를 입었고, 볼링장 전투는 한반도 첫 번째 전차전이 되었다.[32)]

23일 한국군 제1사단은 혁혁한 전과를 달성했다. 제12연대가 그동안 8차례의 공격 끝에 최초의 야간 기습을 통해 유학산을 탈환했으며, 제1사단은 북한군 제1사단 1연대가 제8사단 10연대가 방어하고 있는 741고지를 점령하고 가산으로 침투하여 제11연대 지휘소와 미군 포병진지를 공격하자 미 제27연대와 연합으로 신주막을 점령하고, 가산일대로 침투한 북한군을 격퇴하고 741고지를 탈환하였다. 이는 실로 미군이 투입한 이래 최초의 한·미 연합작전으로 그 의미가 컸다.[33)]

이후 전선은 안정을 되찾고, 곧이어 미 제27연대는 증원임무가 해제되어 마산의 모체 부대로 원대복귀 하였다. 승리를 거둔 한국군 제1사단은 유엔군의 병력증원이 이루어지자, 8월 말 미 제8군의 계획에 의하여 다부동 지역을 미 제1기병사단에게 인계하고 팔공산 북쪽으로 이동하였다. 이 지역을 담당하게 된 미 제1기병사단은 이후 9월 북한군의 공세를 받아 다부동에서 또 한 차례의 불꽃 튀는 공방전이 전개되었다.

다부동 전투로 인해 연합군은 북한군의 예봉을 꺾고 대구를 방어하는데 성공했다. 하지만 다부동 전투는 방어준칙[34)] 측면에서 전훈으로 분석할 사항이 많은 전

---

32) 최용성, 위의 책, pp.69∼73.

33) 미 2사단 사령부가 위치한 캠프 케이시(CP Casey, 동두천)에 백선엽 장군 기념관(Gen Baik Sun-Yup Memorial)은 다부동 전투에서 진지를 버리고 달아나는 한국군 앞에 선 백선엽 사단장의 유명한 일화를 기록하고 있다. "우리는 여기서 더 후퇴할 장소가 없다. 더 후퇴하면 조국은 망한다. 우리가 더 갈 곳은 바다밖에 없다. 저 미군을 보라. 미군은 우리를 믿고 싸우는데 우리가 후퇴하다니 무슨 꼴이냐? 대한 남아로서 다시 싸우자. 내가 선두에 서서 돌격 하겠다. 내가 후퇴하면 나를 쏴라."라는 백장군의 다부동 전투지휘 상황이 새겨져 있다. 이와 같은 사단장의 진두지휘(陣頭指揮)와 리더십으로 역습에 성공하며 미군과 연합작전을 수행했고, 기적과 같이 다부동의 승리를 달성할 수 있었다(8월 21일 미명 제1사단이 Y선으로 진출하고자 반격을 가했는데, 북한군 제13사단의 최후 저항으로 인하여 사단 우전방의 제11연대 1대대가 448고지에서 철수하자, 인접에 배치된 미 제27연대장 마이케리스 대령이 한국군 제1사단장 백선엽 사단장에게 미군도 철수하겠다고 통보하였다. 그러자 백선엽 사단장은 즉시 제11연대 1대대로 달려가 철수하는 장병들에게 행한 훈시로, 장병들은 그길로 역습을 진행하여 448고지를 탈환했다).

투였다. 먼저 철수문제에 있어 많은 문제점을 들어냈다. 한국군 제1사단이 다부동으로 철수한 것은 8월 12일 20:00인데 사단이 군단으로부터 철수명령을 접수한 것은 철수 26시간 전이었다. 이렇게 사전 준비 명령을 하달하여 예하 부대의 준비여건을 보장하지 않고 철수시간에 촉박하게 하달되는 명령은 예하부대를 당혹하게 만들며 결국 전술적 실책을 유발하게 한다.[35] 또한 철수로 선정에 있어서도, 곧바로 점령하면 될 것을 Y선 후방으로 돌아들어가 다부동을 경유하여 다시 Y선을 점령하는 역행군로를 선정하여 하달했다. 그리고 철수 시에도 적과 접촉을 유지하면서 철수하는 것이 전술의 기본임에도 불구하고, 1개 대대만을 사단의 엄호부대로 운용하는 등 철수작전의 제 준칙을 준수하지 않아, 어이없게도 북한군에게 새로운 방어진지를 선점 당했다.

군단은 방어간 부대별 책임지역도 명확하게 부여하지 않아, 담당부대가 없는 가운데 가산 지역으로 북한군 1개 연대 규모가 침투했다. 방어간 제대별 국지경계부대(전투전투, 일반전초, 보초, 청음초 등) 운용을 소홀히 하여 북한군에 수시로 기습을 허용했다. 또한 사단의 측후방 경계를 미실시하여 북한군의 침투부대가 준동하였다(사단 지휘소 피습 3회). 북한군의 공격을 받을 당시에 아직 주진지조차도 구축되지 않았고, 공격에 대비한 예비진지도 구축하지 않았다. 따라서 도로를 따라 대전차방어를 위한 종심 깊은 방어력 배비는 꿈도 꾸지 못했다. 인적자원에 있어서도 당시 병력들은 제대로 된 훈련을 받지 못했으며, 특히나 매번 야간 전투에서는 북한군에 고배를 마셨다.

하지만 이와 같은 상황은 당시 지휘관·자들이 무능해서라기보다는 당시 능력에 비해 광정면(25km)을 할당받은 것과, 인원, 장비의 편성에서 비롯된 일이기도 했다. 그러나 다부동 전투는 당시의 여건 하에서 최선을 다한 전투로, 한국군 전사에 길이 빛날 전투가 되었다. 특히 한국군 제1사단은 미군을 처음으로 증원받아 한·미 연합작전으로 다부동을 지켜냈다. 당시 종군 작가였던 조지훈[36]은 다부동

---

34) 방어준칙 : 전장관찰, 전투력 집중, 방어수단의 통합 및 협조, 방자의 이점 최대 활용, 공세행동의 최대이용 등이 있다.

35) 예하부대 나름대로 사전 지형정찰도 해야 하고, 예하부대에 또 준비명령도 내려야하기 때문에 가용시간의 1/3만 해당 제대에서 할용하고 나머지 2/3는 예하부대에 할당하는 것이 시간사용의 원칙이다. 사전 준비명령을 하달하여 작전반응시간을 단축해야 한다.

36) 육군3사관학교 충성대연구소(강경표 외 2명), 〈1950년대 전쟁문학 속에 나타난 전장리더십 연구〉, 2007, pp.22~23.

전투지역을 가을에 다시 찾고 '多富院(다부원)에서'라는 시에서 전장의 참상을 사실적인 서정으로 기록했다.

일찍이 한 하늘 아래 목숨 받아
움직이던 생령들이 이제
싸늘한 가을 바람에 오히려
간 고등어 냄새로 썩고 있는 다부원
// · · · (중략) · · · //
살아서 다시 보는 다부원은 죽은 자도 산 자도 다 함께
안주의 집이 없고 바람만 분다.

병사들과 신뢰를 쌓아라. 수만의 지원군보다 더 소중하다.

-한니발-

제3절 북한군 9월 공세 및 대응

1. 개 요

북한군은 한국군과 유엔군이 낙동강 방어선을 구축하고 전투에 돌입할 때부터 전력이 급감하고 있었다. 그리하여 8월 공세는 작전 목표였던 부산은 물론 대구조차도 공략하지 못하고 공세종말점에 이르고 말았다. 하지만 김일성은 8월 22일 전선사령부에 또다시 나타나 '공세준비에 총력을 경주 할 것'을 다구 쳤다. 이에 전선사령부는 새로운 작전준비기간을 설정하고 최후 공세인 9월 공세를 준비했다.

북한군은 총력전을 각오하고 예비인 제7·9(-)·10사단 등 3개 사단을 새로 투입하면서[37], 소련으로부터 지원된 전차로 신편한 제16·17기갑여단(T-34)을 야간열차를 이용하여 전선에 투입시켰다.[38] 이제 북한군은 모든 전력을 낙동강 전선에 쏟아 붓고 김일성의 지시에 따라 '피 한 방울까지 바쳐 싸우자'는 마지막 일전을 준비하고 있었다.

9월 공세 간 북한군의 작전 방침은 두 개의 타격집단으로 구분하여 '낙동강에 집결된 한국군과 유엔군을 대구와 영천일대에서 포위소멸하고, 부산을 점령 한다'는 것이었다. 이와 같은 방침에 따라 서남부지역의 제1군단이 8월 31일 23:00 먼저 공격하며, 동북부지역의 제2군단은 제105전차여단(-), 제17기갑여단(전차 34대)를 배속하면서 이보다 늦은 9월 2일 18:00 공격하는 계획을 수립하였다.[39] 이는 전형적인 주·조공 기만전술이었다. 선 공격을 통해 유엔군의 예비대를 미리 서남부 지역으로 끌어들인 뒤 동북부지역에서 전투력을 집중하여 강력한 돌파를 시도하겠다는 의도였다.

37) 육군대학교(교참2-1), 앞의 책, pp.207~213.
38) 채한국 외 1명, 위의 책, pp.341~342. 당시 부대의 전투원들은 1/3 인원이 남한에서 강제 초모한 병력들이었다.
39) 최용성, 위의 책, p.75.

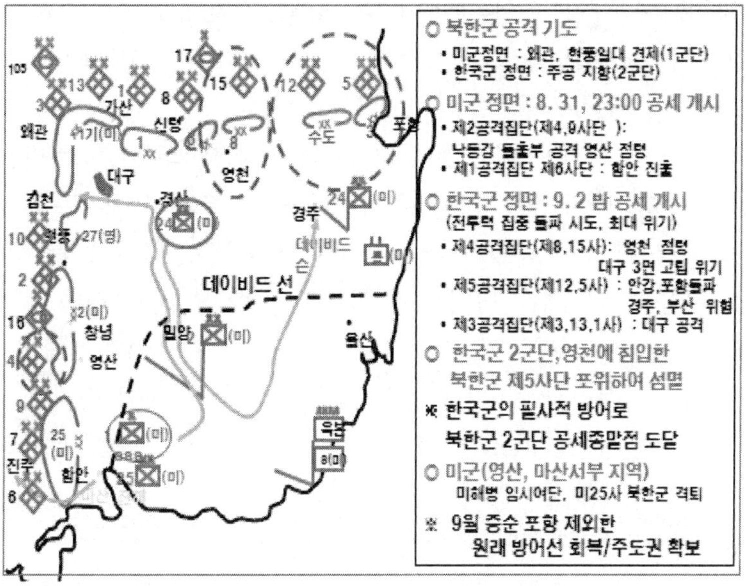

낙동강 방어선(9월 공세)

이를 위해 북한군은 제1군단은 6개 사단, 제2군난은 7개 사단으로 편성하고, 이들을 다시 5개 공격집단으로 나누어 대구, 영천, 경주, 창녕, 마산 정면에서 동시다발적인 돌파를 시도하였다. 이와 같이 북한군이 일정 지역에 한정하여 돌파를 시도하지 않고, 전 전선에서 돌파를 시도하는 것은 당시 진장 상황을 반영한 궁여지책(窮餘之策)이었다. 낙동강 방어선의 방어형태는 협조된 지역방어로 지연전에서와 같이 포위를 할 수 없어 정면 돌파를 해야 하나 이전과 같이 전차가 위력을 발휘할 능력도 없었다. 또한 일부지역을 돌파한다 한들 유엔군이 예비대를 활용 국부적 전투력의 우세를 달성하면서 즉각 역습을 시도하면 허사가 될 것이고, 돌파를 위해 병력을 집중하면 공중포격이 기다리고 있었기 때문이었다. 또한 현지 조달하는 식량문제를 해결할 방도도 없었다.[40]

이에 비하여 한국군 및 유엔군은 낙동강 방어선에서 지속적인 전투력 보강이 이루어졌다. 특히 미 본토로부터 미 제2사단 38연대가 도착했으며(8월 19일), 영국군 보병 2개 대대도 부산에 당도하여(8월 29일) 유엔군으로서 두 번째 지상군 파병국

40) 송요태 외 1명, 위의 책, pp.283~285.

이 되었다. 또한 공세여건 조성을 위해 제714철도수송대대가 도착하여 전투근무지원 능력을 향상시키고 있었다.

9월 공세 전 쌍방 전투력을 단순비교 했을 시, 유엔군 측은 8월 16일 현재 전차부대가 6개 대대[41] 500여 대로 북한군에 비해 5:1의 비율로, 병력은 176,000명 대 98,000명으로 2:1의 비율로 각각 우세했다.[42] 더군다나 유엔군은 완전한 제공권과 제해권을 확보하여 월등한 전투력을 유지하고 있었다. 따라서 한국군 제1사단으로부터 다부동을 미 제1기병사단이 인계받을 수 있는 여력이 있었던 것이다. 하지만 이때 까지만 해도 전장의 주도권은 여전히 공자인 북한군에 있었다.

공세 첫날, 마산 정면에서 공격을 개시한 북한군 제1공격집단(제6, 7사단)은 미 제25사단을 돌파하여 함안까지 진출했고, 영산 및 창녕 일대를 공격한 북한군 제2공격집단(제2, 4, 9사단)은 미 제2사단을 창녕과 영산 지역으로 양분시켰다. 그러자 미 제8군사령부는 예비대를 영산에 즉각 투입했다.

하지만 이러한 조치는 바로 북한군이 학수고대(鶴首苦待)하던 것이었다. 이를 예의주시하고 있던 북한군 전선사령부는 9월 2일부터 북한군 제2군단을 왜관-다부동 지역과 신령-영천지역, 안강-포항 지역으로 투입하여 집중적인 공격을 감행하였다. 이러한 북한군의 9월 공세는 매서웠다. 다부동에 투입된 미 제1기병사단은 북한군 제3공격집단(제3, 13, 1사단)의 공격으로 불과 3일 만에 다부동을 내어 주고 4km 후방으로 철수했다. 미 제8군사령부는 한때 데이비드슨 선으로 철수를 검토했으나 인천상륙작전을 위해 더 이상의 철수는 용납될 수 없었다. 결국 9월 12일 북한군의 공세능력은 한계에 다다랐고, 미 제1기병사단은 대구 10km 전방에서 북한군의 공격을 돈좌시켰다.

다부동 돌파와 더불어 북한군 제4공격집단(제8, 15사단)이 신령, 안강, 영천지역으로 공격을 개시하면서 동북부의 낙동강 방어선에 다시 한 번 위기가 고조되었다. 특히 북한군 제15사단은 한국군 제1군단과 제2군단의 간격을 이용하여 후방으로 침투하여 영천을 점령하였다. 한국군의 중·동부 전선이 순식간에 양단될 위기에 처하고 말았다. 하지만 제15사단을 측면에서 지원할 북한군 제8사단이 한국군에게 격퇴당하며, 북한군 제15사단이 한국군에 의해 역 포위되는 상황으로 반전되었다.

41) 이 당시 미군의 전차는 6개 대대 중 1개 대대는 M46패튼 전차, 기타 대대는 M26퍼싱 전차, M4A3 셔면 전차를 동수로 편제하고 있었다.

42) 채한국 외 1명, 위의 책, p.344.

한국군은 9월 8일 영천을 탈환함과 동시에 북한군 제15사단을 9월 10일 완전히 섬멸하고 북한군의 9월 공세를 종결지었다.

북한군 9월 공세 기간 중 한 가지 주목할 점은 학도의용군 지원이 대폭 증가되었다는 것이다. 이미 포항지구에서는 8월 중에 제3사단에 학도의용군이 자진 지원하여 전투에 참여했고, 9월 초에는 153명이 중화기 중대 요원으로 영일 비행장 경계임무를 수행하기도 하였다. 일본에서 온 재일교포 학도병 54명이 미 제1기병사단에 편입되어 참전했으며, 9월 13일부터 641명의 지원자가 참전하였다.

또한 미 지상군 병력의 보충을 위해 카투사 제도가 8월 15일부터 시행되었다. 목적은 미군 사단의 부족 병력을 보충하는 것으로, 소총중대 및 포대 당 100명으로 책정되었다. 또한 미군 사단에는 평균 500여 명의 노무자가 배치되어 전투근무지원에 활용되었다.[43]

이에 비해 북한군은 8월 초에 보급사단인 제36사단을 창설하고 현지에서 주민 30만 명을 강제 동원하여 1인당 1야에 20kg의 보급품을 20-30km씩 운반하게 하는 릴레이식 수송으로 총 400톤을 보급했으며, 각 전투 사단 당 일일 평균 15톤 정도의 최소한의 보급을 유지하면서 전투에 임했다.[44]

2. 주요 전투

가. 창녕 · 영산 전투(제2공격집단 공격)

창녕, 영산 지역은 북한군 8월 공세시 미 제24사단이 낙동강 돌출부 전투를 통하여 방어한 이후 8월 20일 미국 본토에서 도착한 미 제2사단(사단장, 소장Lawrence B. Keiser)이 인수하여 방어하고 있었다. 창녕·영산 전투는 8월 31일부터 9월 9일까지 미 제2사단과(미 제1해병여단 배속) 북한군 제2공격집단인 제16기갑연대의 지원을 받는 제2 · 4 · 9사단 간에 전투였다.

북한군 제2공격집단은 8월 31일 23:00시 도하공격을 개시하여, 9월 1일 아침 미 제2사단의 전 지역을 10km나 돌파하여 사단의 책임지역을 창녕과 영산으로 양분시켰다. 이에 사단장은 지휘통제의 효율성을 고려 현풍 일대의 부대는 사단

43) 채한국 외 1명, 위의 책, pp.345~340.
44) 3사論文集, 위의 책, pp.189-190.

포병사령관에게, 영산지역의 부대는 부사단장에게 지휘하도록 조치하였다. 한편 9월 2일에는 현풍으로도 북한군 제10사단이 도하 공격을 개시하였으나 더 이상의 진출은 하지 않았다.

미 제2사단이 이렇게 위험에 빠지자 워커 미 8군사령관도 현장을 확인하고, 미 제1해병여단을 미 제2사단에 배속[45) 역습을 통하여 낙동강방어선을 확보하도록 명령하였다. 이에 해병여단이 9월 3일 08:55 중앙에서 영산 서쪽으로 공격을 개시하여 9월 5일 오봉리 능선을 점령했고, 제9연대는 클로버고지까지 진출하였다. 이때 탄약이 바닥나고 유류가 고갈된 북한군은 제대로 된 대응을 하지도 못하고 물러났다.

북한군은 9월 6일까지 간신히 클로버 고지를 연하는 선에서 교두보만을 확보하고 있었다. 북한군 포로의 진술에 의하면 이 전투로 인해 북한군 제2사단은 약 3,800여 명의 인원손실로 전투력을 상실했고, 가장 큰 손실을 입은 미 제23연대도 전투력이 38%로 저하되었다고 한다.[46) 미 제1해병여단은 예정된 2일차인 9월 5일까지 작전을 수행하다가 상륙작전을 위하여 부산으로 이동했다.

나. 왜관 · 다부동 전투(제3공격집단 공격)

왜관·다부동 지역은 한국군 제1사단이 북한군의 8월 공세를 막아내고, 미 제1기병사단에게 인계한 지역이다. 북한군은 9월 2일부터 12일까지 다시 이 지역에 제3공격집단인 제1·3·13사단 및 105전차사단(-)을 투입 총공세를 감행했다.

이곳은 다시 8월 공세와 같은 일진일퇴(一進一退)의 공방전이 전개되었다. 9월 3일 수암산 후방으로 침투한 북한군에게 미 제7기병연대가 포위되어 사단전체가 후방으로 약 4km를 철수했다. 그러자 대구와의 이격거리는 고작 10km 남짓 되었으며, 대구는 북한군 야포 사정권 내에 들어갔다. 쌍방의 치열한 교전이 벌어져 9월 5일 하루에만 미군의 전사 및 행방불명이 724명, 전상이 521명으로 최악을 전사상자를 기록했다.

이러한 심각한 위협에 처한 제8군사령부는 '데이비드슨 선'으로 철수할 것을 일

---

45) 맥아더 원수는 미 제1해병여단(연대규모)을 인천상륙작전에 사용하기 위하여 워커 사령관에게 2일의 기한을 정하여 사용토록 허락하였다.

46) 채한국 외 1명, 위의 책, p.361.

시 검토하였다. 하지만 유엔군사령부는 데이비드선 철수로 인해서 인천상륙작전에 영향을 미치지나 않을까 노심초사(勞心焦思)하였다. 결국 미군 제8군 주지휘소와 육군본부는 부산으로 이동하고, 전방 지휘소는 대구에서 글대로 운용하기로 결정했다.

하지만 북한군의 공격은 여기까지가 한계였다. 최후의 공세를 가하던 북한군은 12일 무렵 작전한계점에 도달하였다. 그 이유는 간단했다. 항공기에 의한 지속적인 공격으로 북한군의 병참기능이 제대로 발휘하지 못한 것으로 장비는 도착하지 않고, 탄약은 고갈되었으며 급식이 이루어지지 않으니 부대가 전진할 수가 없었던 것이다. 이리하여 미 제1기병사단은 대구 북방 10㎞에서 북한군의 공격을 저지하고 대구를 사수할 수 있었다.

다. 영천 전투(제4공격집단 공격)

영천지역 전투는 북한군의 제4공격집단인 제2군단 예하의 제8·15사단과 한국군 제1군단 예하 제6사단 및 제2군단 제8사단 간의 전투로, 9월 5일부터 13일까지 실시되었다. 영천은 철도가 동서로 통과하고 있는 지역으로 만약 피탈된다면 한국군의 병참선이 동서로 차단되고, 한국군 제1군단과 제2군단이 양분될 수 있는 전략적 요충지였다. 따라서 북한군 제2군단의 제4공격집단은 바로 이 영천을 노린 것이다.

당시 한국군 제8사단은 오른쪽 운주산에 배치된 수도사단과 협조된 방어진지를 편성하고 있었다. 9월 3일 북한군 제12사단의 운주산 지역 공격으로 수도사단이 철수를 단행하자, 제8사단 오른쪽에는 약 14㎞의 간격이 발생했다.

북한군 제2군단장은 동락리, 화령장, 다부동 등에서 연전연패(連戰連敗)한 제15사단장 박성철을 책임을 물어 조광열로 교체하면서 공격의 고삐를 바싹 당기도 있었다. 결국 절치부심(切齒腐心)한 제15사단은 한국군이 배치되지 않은 간격을 이용 침투하여 기습공격을 가함으로써 9월 5일 01:00 영천을 점령하였다.[47] 이제 북한군은 영천에서 대구 방향이나 경주 방향으로 진출을 선택할 수 있었다.

낙동강 방어선상 최대의 균열이 발생하자 각 제대의 지휘부는 결단을 내려야만 했다. 육본은 제1군단과 제2군단의 전투지경선상에서 돌파됨에 따라 우선 제1군단 소속의 제8사단을 제2군단으로 지휘계통을 전환했고, 제2군단장은 당면 위기를 극

47) 육군대학교(교참2-1), 앞의 책, PP 219~236

복하기 위해 전방상황이 위급함에도 불구하고 예하의 제1 · 6사단에서 1개 연대씩을 전용토록 하여, 제1사단 11연대와 제6사단 19연대가 차출되어 영천에 급파되었다.

선택자인 북한군은 결국 경주방면으로 방향을 틀었다. 하지만 북한군 후방에 고립되어 있던 제8사단 21연대는 영천 북방에서 견부를 확보하고 돌파구 확장을 저지하고 있었다. 제8사단 좌측에 있던 제6사단도 북한군 제8사단의 집요한 공격을 굳건히 막아내고 있었다. 상황이 이렇게 변모하자 북한군 제2군단장은 '영천을 점령한 북한군 제15사단의 우측면이 노출되고 있는 것은 북한군 제8사단의 신령 돌파가 늦어지는 데 원인이 있다'고 하면서 북한군 제8사단의 신령 돌파를 독전하였다. 그러나 한국군 제6사단은 북한군 제8사단의 공격을 끝까지 잘 막아냈다.

결국은 국면이 전환되었다. 공격하던 북한군 제15사단은 영천 깊숙이 들어와 포위되었고, 한국군은 제8사단과 신편된 제7사단을 투입하여, 9월 8일 오후 영천을 탈환하였다.[48] 그리고 이틀 후 후퇴하는 북한군 제15사단을 추격하여 포위·섬멸하고 방어선을 설치하였다.

결과적으로 한국군은 이 영천 전투에서 북한군 제15사단을 궤멸시키면서 북한군 9월 공세의 실마리를 잘라버리고 수세에서 공세로 전환하는 계기가 되었다. 김일성은 별오리 회의에서 "우리가 영천을 점령했을 때 승리할 수 있었고, 영천을 상실함으로써 패배했다,"라고 분석하였다. 반면 한국군은 한국군 단독의 군단 반격작전을 성공적으로 완료함으로써 낙동강 방어선을 보존하고 바로 앞에 다가온 인천상륙작전의 발판을 마련할 수 있었다.[49]

작은 변화가 전쟁을 바꾼다.

-스키피오-

48) 경북 영천에서는 당시 승리의 주역인 제8사단과 참전용사들이 전승기념행사를 매년 개최하고 있다.
49) 국방부군사편찬연구소, 〈6 · 25전쟁사 5 낙동강선 방어작전〉, 2008, pp.433~434.

제4절 낙동강방어선 전승요인

워커 장군(좌)과 맥아더 장군(우)

작전을 숙의 중인 워커장군

낙동강 방어선 성에서 쌍방은 8월과 9월 두 달 동안 치열한 창과 방패의 싸움을 전개했다. 판정은 인천상륙작전이 성공함에 따라 방패의 승리로 판가름 났다.

한국군과 유엔군의 낙동강 방어선 전투는 여러 가지 측면에서 시사하는 바가 컸다. 38선에서 기습 이래 전장의 주도권을 잡고 공격 일변도의 작전을 수행한 북한군은 숨 쉴 틈 없이 한국군 및 유엔군을 추격하여 왔다. 북한군은 낙동강 방어선에 이르러서도 외선작전의 이점을 이용 수차례에 걸쳐 부산 교두보의 존립 자체를 위협하였다. 하지만 병참선의 신장과 해·공의 취약점은 곧바로 전투력을 공세종말점에 이르게 했다. 반면 한국군 및 유엔군은 수세적인 방어와 지연전으로 일관하다 낙동강 방어선에서 처음으로 협조된 방어로 전환, 내선작전의 이점을 이용 과감한 공세행동을 통하여 전장의 주도권을 회복하였다.

낙동강 방어선 전투는 곧이어 시행되는 인천상륙작전의 버팀목이었다. 낙동강 방어선전투로 인한 북한군의 저지와 부산 교두보의 확보가 가능했기 때문에 인천상륙작전의 가능했던 것이다. 결국 낙동강방어선은 한반도의 지형적인 마지막 보루로써의 역할과 함께, 인천상륙작전 성공의 디딤돌이 되었다는 측면에서 그 의의를 찾을 수 있을 것이다.

이러한 낙동강 방어선 전투의 성공요인으로는 우선 연합국의 우세한 해·공군력을 들 수 있다. 워커 제8군사령관도 낙동강 방어선 전투의 성공요인을 '해·공군의 지원에 힘입은 바 크다'라고 술회한 적이 있다.[50] 항공기는 북한군의 후방시설 포격과 차단작전을 통하여 북한군의 병참계통을 무력화시킴으로써 전투지속능력을 현저하게 약화시켰다. 이로 인해 각 전선에서는 탄약과 식량 그리고 기타 전투물자 및 장비가 턱없이 부족하였다. 또한 전투 현장도 항공기와 포병의 근접사격으로 인하여 인원은 물론이고 전차나 야포 등이 대부분이 파괴되었다.

완벽한 제해권 또한 낙동강 교두보의 한국군과 미군에게 승리를 가져다주었다. 해군은 함포지원 외에도 보급수송과 측익 보호, 해상 철수작전, 북한군 해상보급 차단 등 다양한 임무를 수행하였다. 특히 낙동강 방어선 전투를 기점으로 해서 미군과 유엔군의 지원이 활발하게 이루어져 지상군에서도 전투력 역전현상이 일어나게 되었다.

다음으로 꼽을 수 있는 것은 미 제8군사령관 워커장군의 뛰어난 전술 식견이다. 그는 이미 제1차 세계대전시 중대장으로 참전 뛰어난 전공으로 특진하였고, 제2차 세계대전시에는 패튼장군의 휘하에서 제4기갑군단장으로 활약한 화려한 경력의 소유자였다. 심성도 풍기는 인상만큼이나 강인하여 '불독(Bulldog)'으로 통하였다. 그의 공세적인 기질은 낙동강이라는 천연장애물을 내선작전의 이점과 결합시켜 '기동과 역습'이라는 전략으로 전사에 길이 남을 명장면들을 낙동강 상에서 드라마틱하게 연출해 냈다. 하지만 무엇보다도 돋보이는 것은 백척간두(百尺竿頭)에 선 나라를 구하겠다고 나선 대통령으로부터 학도의용군까지 모든 국민들의 충정 바로 그것이었다.

> 나의 결심은 천재성이 아니라 연구와 사색에 의한 것이다.
>
> -나폴레옹-

50) 낙동강방어선 전투 간 일일 근접항공지원(CAS)의 지원 대수는 각 사단별 일일 평균 40여 대로 지상최대의 작전이라 하는 노르망디 상륙작전간 각 사단이 지원 받았던 대수를 능가했다.

제6장

인천상륙작전과 반격 · 북진작전

- 계산된 도박 -

제1절 인천상륙작전
제2절 수도 서울 탈환작전
제3절 낙동강선 반격작전
제4절 북진작전

지휘함 마운트 매킨리호(USS Mount McKinley) 함상의 맥아더 원수

제1절 인천상륙작전

1. 개 요

인천상륙작전은 그간 수세 일변도의 한반도 전황을 일거에 뒤바꾸어 놓았다. 이 세기의 작전은 사실 책상머리에서 노트를 끼적이다 불현듯 떠오른 아이디어로 시행된 작전이 아니었다. 이미 태평양전쟁을 승리로 이끈 노장의 '군사적 혜안'에서 탄생한 '명품작전' 이었던 것이다. 맥아더 원수는 6·25전쟁 5일 째인 6월 29일 한강방어전을 시찰하면서 이미 인천상륙작전을 구상했었다.

인천상륙작전은 신편된 미 제10군단이 한국군 2개 연대(해병연대, 제17보병연대)를 통제하여 실시한 작전으로, 해상기동을 통하여 각급 부대가 9월 15일 인천항에 상륙한 후 인천시가지에 설정한 해두보를 확보할 때까지의 작전을 말한다.

가. 계획수립

맥아더 원수는 한강방어선 시찰시 "북한군이 계속 남진을 할 경우에는 적절한 선에서 이를 저지시키고 상륙작전을 시행해야 하며 측방에서 치명적으로 병참선을 타격하여 전세를 역전시킬 곳은 바로 인천이다."라고 생각했다. 이러한 구상은 '7월 하순 미 제24사단이 적절한 지점에서 북한군의 전진을 저지하고, 미 제1기병사단이 인천으로 상륙'하는 계획으로 구체화되었다. 이 최초의 인천상륙작전 계획이 '블루하트(Blue Heart)'계획이었다. 그러나 지연전을 수행하면서 북한군의 공격을 효과적으로 저지하지 못해 실기하면서 때를 기다리던 상륙작전은 드디어 낙동강 교두보에서 북한군이 저지되자 좀 더 확대된 규모로 결실을 보게 된 것이다.

7월 초 맥아더 원수는 상륙작전을 다시 검토하도록 조치하여, 극동 사령부내 합동전략기획단(JSPOG)이 상륙작전 실시안을 기획하였다. 제1안은 인천상륙(100-B계

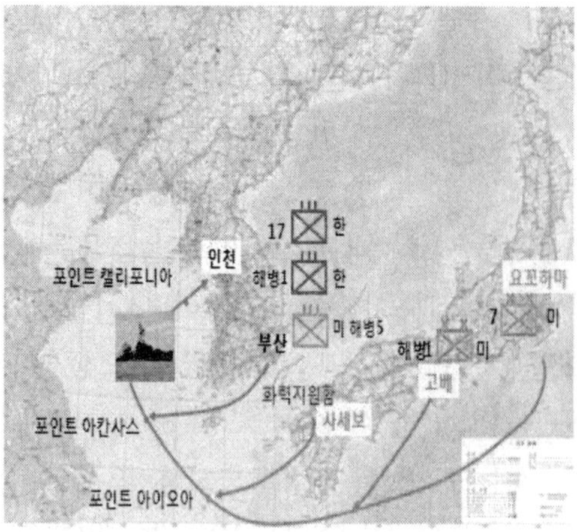

상륙군 해상기동 계획
(자료 : 채한국 외 2인, 국방군사연구소 재구성)

집결된 상륙함대와 코르세어기

획), 제2안은 군산상륙(100-C계획), 제3안은 주문진상륙(100-D계획)으로 기획의 핵심은 'Where(어느 지역으로 상륙하느냐?)'였다.

맥아더 원수는 결국 그의 최초 구상처럼 인천으로 상륙하는 100-B안을 추진하였고, 이는 7월 23일 '크로마이트(Chromite) 계획'으로 구체화되었다. 하지만 해군 측과 미 합참은 '인천으로의 상륙'을 결사반대했다. 미 육군참모총장 콜린스(Lawton J. Collins) 대장과 해군참모총장 셔먼(Forrest P. Sherman) 제독은 동경까지 방문하여 인천상륙에 대한 맥아더의 생각을 바꾸어 보고자 했다. 대체적인 반대이유는 첫째 인천은 부산으로부터 240㎞나 멀리 이격되어 상륙군과 낙동강방어선이 각개격파될 우려가 있고, 둘째 인천 앞바다 조수 간만의 차가 9m나 되어 함정이 갯벌에 노출될 위험이 상존하며, 셋째 낙동강에서 해병여단을 차출 시 방어선 유지 자체가 어려우며, 제7사단 차출 또한 일본 방어에 공백을 발생시킬 것이며, 넷째 인천항은 지리적인 장애물[1])이 산적한 지역으로 상륙작전이 불가하며, 다섯째로는 상륙용 선박이 부족하다는 것이었다.

그러나 맥아더 원수는 인천은 군사적 가치는 물론 정치적 의미에서도 가장 값어치 있는 지역으로, 바로 이와 같은 반대이유 때문에 기습을 달성할 수 있

1) 바닷길로 인천에 접근하기 위해서는 비어수로(飛漁水路)라 하는 좁은 단일 통로만을 이용해야하며, 인천 앞의 섬 팔미도를 선점해야 한다. 인천항은 절벽부분이 많아 상륙에 제한사항이 많았다.

여기서 잠깐

전쟁이 남긴 생활 속의 용어

¢ **DMZ(Demilitarized Zone) : 비무장지대(非武裝地帶)**

1953년 7월 27일 정전협정 시 체결한 '한국 군사정전에 관한 협정'에 규정된 군사분계선(휴전선, 동해안의 간성 북방에서 서해 임진강 하구까지 155마일)을 중심으로 남북으로 2km이내 비무장지대를 말한다.

¢ **GOP(General Out Post) : 일반전초(一般前哨)**

부대가 행군 후 정지하거나 야영지 또는 전투진지에 있을 때, 주력부대가 적의 기습을 받지 않도록 하기 위해 통상 사단급에서 증강된 대대급을 배치한다. 휴전선에서는 남방한계선을 연하여 일반전초를 배치하고 있다.

¢ **GP(Guard Post) : 경계전초(警戒前哨)**

경계전초는 군단장이 운용하는 경계부대로, 통상 증강된 연대급으로 운용한다. 휴전선에서는 군사분계선과 남방한계선 지역에 위치한 초소를 말한다. 즉 철책선(Gop)내부에 있다. 북한군과 가장 가까운 초소로, 육군의 눈 역할을 수행한다.

¢ **NNL(northern limit line) : 북방한계선(北方限界線)**

북방한계선(NLL)은 해상에서 육상의 군사분계선과 같은 역할을 하고 있다. 1953년 정전협정 체결시 해상경계는 합의하지 못했고, 유엔군 사령부가 서해 5도인 백령도~대청도~소청도~연평도~우도를 따라 선정한 해안 경계선이다. 북한은 20여 년간 이의를 제기하지 않다가 근래에 해상 도발을 일으키며 NNL 무력화를 시도하고 있다.

¢ **D-day(D는 day 날짜 또는 debarkation 상륙의 약자)**

중요한 작전·변화가 예정된 날을 의미한다. 제2차 세계대전시 연합군의 노르망디 상륙작전 개시일인 1944년 6월 6일을 D-day라 명칭한데서 유래했다. 군사적으로 공격 예정일을 확정하지 않고, 공격을 전후해서 일어날 수 있는 여러 상황을 판단하거나, 공격예정일을 확정해 놓고 그 날짜를 기준으로 하여 계획을 준비할 때 하나의 기준 날짜로 사용한다.

¢ **TF(Task Force) : 특수임무부대(特殊任務部隊)**

기본임무와는 다른 특수한 임무를 수행할 수 있도록 편성한 부대이다. 현재는 일반 조직에도 널리 활용되어 별도의 조직단위 프로젝트를 수행한다.

¢ **KATUSA(Korean Augmentation To the U.S. Army) : 일명 카투사**

한국주둔 미군에 파견 근무하는 한국군이다. 낙동강 방어시기인 1950년 8월 15일 이승만 대통령과 맥아더 원수 간 합의되어 출범했다. 목적은 미군의 부족 병력보충이다. 봉급과 행정처리는 한국정부에서, 급식과 일용품은 미군으로부터 받았다.

다고 주장하며, 미 합동참모본부 수뇌부를 설득시켰다. 결국 미 합참은 '크로마이트 계획'을 승인했으며, D-day는 9월 15일로 확정되었다.[2)]

나. 부대편성

상륙작전을 실시할 부대는 극동군 제7함대를 주축으로 한 제7합동기동함대를 편성하면서 시작되었다. 우선 제7합동기동함대 사령관은 스트러블(Arthur D. Struble)해군 중장으로 임명하고, 상륙군인 미 제10군단을 신편하여 극동군사령부 참모장인 알몬드(Edward M. Almond) 육군 소장을 군단장으로 임명하였다. 군단 참모부는 극동군사령부의 참모장교들을 활용 구성했다.

신편된 미 제10군단에 배속되는 부대들은 미 제1해병사단[3)](사단장, 소장 Oliver p.Smith)과 한국군 제1해병연대(연대장, 대령 신현준)[4)], 미 제7사단(사단장, 소장 David G. Barr)과 한국군 제17연대(연대장, 대령 백선엽)였고, 여기에 미 제2특수공병여단 등을 포함하면 상륙에 동원되는 인원은 총 7만 5천명이며, 함정은 모두 261척이었다. 한국군 해병연대 중 제3대대는 상륙돌격부대인 제5해병연대 예비대대, 한국군 해병연대(-1)는 미 해병사단의 예비 부대가 되었으며, 제17보병연대는 미 제7사단에 배속되었다.

참가한 한국군 해병과 제17보병연대는 미군으로부터 인정받은 한국군 최고의 부대였다. 한국군 해병대는 통영전투에서 승리한 후 제주도에서 신병 3,000여 명을 모집 연대편성으로 증강하여 참가하였고, 제17연대도 경북 상주의 화령장에서 혁혁한 전공을 세운 부대였다. 미 제5해병연대도 9월 5일까지 낙동강 교두보에서 북한군의 공격을 격퇴하고 장도에 올랐다.

---

2) 9월 중 15일 이외에도 10월과 11월에 각 1회씩 상륙이 가능했으나 계절적인 태풍과 추수기이전 작전을 종료 북한군의 군량미 확충을 막고, 낙동강 방어선 유지 곤란과 인천지역으로 북한군 집결 등을 고려 9월 15일로 상륙일을 확정함.

3) 한국에 이미 파견된 제1임시해병 여단은 해병사단이 편성되면서 제5연대로 전환한다.

4) 신현준 대령은 해병대 초대 사령관으로 중장으로 예편했으며, 2007년 미국에서 작고 했다.

2. 상륙작전 경과

가. 준비 공격

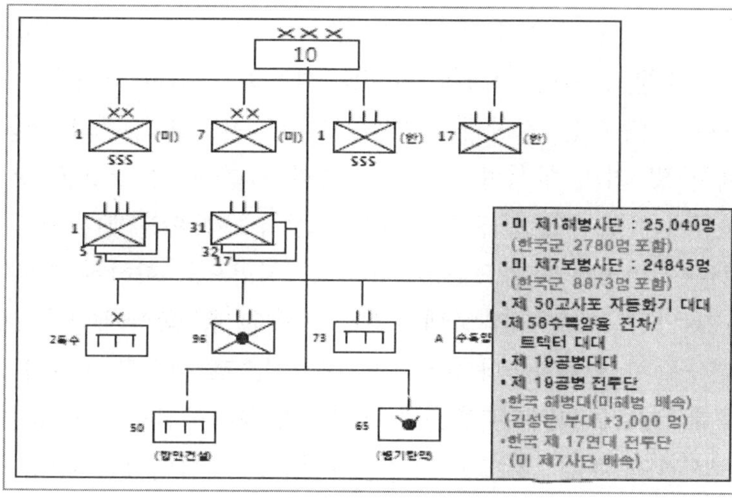

상륙군(미 제10군단) 전투편성표(자료 : 채한국 외 2인, 국방군사연구소)

인천상륙작전은 9월 15일 실시되었으나, 그 이전부터 사전 준비가 치밀하게 진행되고 있었다. 상륙작전의 생명은 '보안과 기습'이다. 즉 상륙작전 시기와 장소를 적이 모르게 해야 한다. 따라서 나의 의도를 숨겨야 하며, 상륙지역과 시간은 '쥐도 새도 모르게' 선정되어야 한다. 이를 위해 상대방의 오판을 유도하기도 하며, 이를 충족하기 위한 각종 기만대책이 수립되어 시행되기도 한다.

인천상륙작전에서 기만대책의 핵심은 상륙작전 그 자체보다 "언제, 어디서" 에 중점을 두었다. 그래서 유엔군은 상륙작전을 공개적으로 연습했다. 사실 인천은 상륙작전 지역으로는 고려할 수 있는 지역이 아니었다. 따라서 오히려 객관적인 상륙목표로 알려진 군산에 대한 북한군의 관심이 쏠리도록 기만하였다.5)

우선 상륙지역에 대한 기만으로 서해의 평양으로부터 군산과 동해의 영덕, 주문진 등을 선정하여 항공기 및 함포에 의한 포격과 함께 9월 12일에는 군산, 14일에는 영덕에 실제로 상륙부대가 상륙하는 양동상륙작전을 전개하였다. 특히 군산에서는 '민간인은 내륙으로 피신하라'는 내용의 삐라를 뿌려 고도의 심리전을 병

5) 국방부군사편찬연구소, 〈6·25전생사6, 인천상륙작전과 반격작전〉, 2009, pp.123.

행하였고, 평양 앞바다인 남포일대에 미 항공모함을 기동시키는 양동작전으로 북한군 수뇌부의 간담을 써늘하게 하였다. 상륙작전 준비기간도 1개월로 단축하여 시간상의 기습도 달성하고자 했다.

한편 상륙지역에 대한 정보수집 활동도 실시되었다. 이는 상륙군에게 북한군 부대배치와 상륙 지형에 대한 정확한 정보를 제공하기 위한 것으로, 클라크(Eugene F. Clark) 대위가 지휘하는 정찰대가 9월 1일부로 인천항 부근의 영흥도에서 북한군의 부대 배치 및 기뢰 부설여부, 상륙지역의 지형 등의 정보를 수집하였다. 그리고 상륙 당일에는 팔미도 등대를 점화하여 상륙군을 인도했다.

9월 13일부터는 항공기와 함포를 동원하여 인천항으로 향하는 철도와 주요 도로는 물론 인천항 반경 50㎞이내의 교량, 터널 등 대기동 표적에 대한 포격을 촘촘하게 실시하였다. '설사 인지하였다 하더라도 군사적으로 대처할 시간이 없을 때를 기습'이라 하는 데, 이 시간에는 북한군이 유엔군의 상륙작전을 인지하더라도 이미 대응할 수 없는 시간이었다. 그야말로 인천상륙작전은 기습이었던 것이다.

나. 해상기동 및 해두보 확보

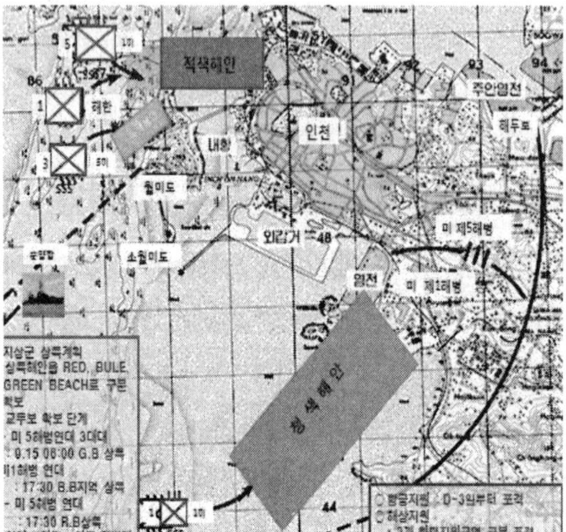

상륙계획(자료 : 국방일보 재구성)

불타는 인천항

상륙당시 인천지역에는 월미도에 제226독립육전연대 제33대대의 400여 명이 제918해포연대 예하부대와 경계 중이었고, 북한군 제9사단 87연대가 8월 12일부터 인천지역 방어임무를 수행하고 있었다. 이때 서울지역 방어병력은 김포지역의

상륙중인 인천항

적색해안 제방을 극복하는 미 제5해병연대

500여 명을 포함 5,500여 명이었으며, 9월 4일까지 추가로 서울-인천지역에 증원된 북한군은 약 10,000여 명이있다.[6] 인천은 무방비로 완벽한 기습이었다. 상륙군이 탑승한 261척의 수송선단은 일본과 부산에서 각각 출발했다. 한국군 제1해병연대와 제17연대, 미 제5해병연대는 부산에서, 미 제1해병사단(-)은 고베에서, 미 제7사단은 요코하마에서(각각 9월 11일), 수송선단과 회력지원함 그리고 지휘함은 요코하마에서 각각 출발하여 9월 14일 서해의 덕적도(Point California)에 집결한 후 인천으로 기동했다.

상륙작전은 인천지역의 지형적 특성에 따라 2단계로 구분하여 실시되었다. 첫 단계는 인천항 바로 앞에 있는 월미도를 점령하는 단계이며, 두 번째 단계는 월미도로부터 해두보(海頭步)[7]로 선정된 인천 시가지를 확보하는 단계였다. 9월 15일 02:00 상륙작전 명령이 하달되자 선두 함정이 비어수로를 따라 인천항으로 돌진하고, 크라크 대위에 의하여 월미도의 등대가 함대를 유도했다.

05:00 상륙작전에 참가한 함정들이 월미도를 포위하고, 함재기 및 순양함과 구

6) 채한국 외 1명, 위의 책, pp.402~403.
7) 적의 해안지역에 설정되는 지역으로 병력 및 물자의 계속적인 상륙이 가능하며 차기 작전의 발판이 될 수 있는 상륙작전의 실질적인 목표라 할 수 있다.

축함에서 월미도를 포격하기 시작했다. 06:33에 미 제1해병사단 5연대 3대대가 탑승한 17척의 함정(LSVP)과 전차를 적재한 함정(LSV)이 월미도에 도착하여 진격하기 시작했다. 북한군의 해안포는 기능을 상실했고, 저항하는 약 400여 명의 보병을 근접전을 통하여 제압[8]하며, 상륙돌격부대는 08:00에 월미도를 점령했다.

이로서 1단계 작전은 완료되었으나, 썰물이 시작되면서 함정들은 외해로 물러났다. 월미도 상륙 부대는 고립되었고, 이때 북한군이 지원된다면 자칫 상륙작전 실행 자체가 위험에 빠질 수가 있었다. 따라서 함재기들이 썰물기간 동안 인천으로 향하는 도로상 40㎞ 이내 표적을 타격하여 북한군 증원을 차단했다.

2단계 작전은 16:45에 시작된 만조와 함께 다시 개시하여 다음날 새벽까지 진행되었다. 상륙 엄호포격과 함께 해두보를 확보하기 위한 주 상륙군이 월미도를 뒤로하고 인천항을 향하여 돌격했다. 미 제5해병연대는 적색해안, 제1해병연대는 청색해안[9]에 17:30을 넘기면서 상륙했다. 이들은 곧바로 해두보 선으로 진격하여 돌격부대 상륙 24시간 만에 상륙 목표인 해두보를 확보했다. 한국 해병연대는 3대대가 미 제5해병연대에 배속되어 돌격 상륙부대에 뒤이어 적색해안으로 상륙했고, 연대(-1)는 이날 해질 무렵 적색해안으로 상륙 하였다.[10] 특히 인천시내의 잔적소탕은 각 연대에 배속된 한국군 해병 제1·3대대가 임무를 수행하며, 실질적으로는 한국군 해병대 사령관 지휘로 이루어졌고[11] 포로도 181명 획득했다.

3. 상륙작전 성공요인과 의의

'세기의 도박'이라 불리는 인천상륙작전은 결국 성공했다. 성공확률 1/5,000의 도박이 과학으로 승화될 수 있었던 데에는 몇 가지 이유가 있었다. 그 첫째는 완벽한 기습이었다. 무엇보다도 북한군의 의표(意表)를 찔렀다. 지리적인 불리함을 역이용하고, 다양한 기만대책으로 북한군의 오판을 유도한 것이 주효했다. 심지어 북한군은 공개적으로 상륙작전 훈련을 하는 것을 낙동강에 배

8) 미 해병의 총 피해는 부상자 17명인 반면, 북한군은 사살 108명, 포로 136명, 150명 이상은 도쟈 전차에 의하여 동굴에 생매장 되었다.
9) 인천항에서 적색과 청색해안 만이 상륙 가능한 지역이었다.
10) 채한국 외 1명, 위의 책, p.408.
11) 국방부군사편찬연구소, 〈6·25전생사 6, 인천상륙작전과 반격작전〉, 2009, pp.138~140.

치된 북한군의 압력을 해소하기 위한 기만책으로 인식하기도 했다. 더구나 상륙지역이 적어도 인천은 아닌 것으로 보았다.

월미도 근처 부대에서 노획한 북한군 대대 전투명령서(1950. 8. 29)를 보면, 북한군은 상륙작전 2주일 전부터 어느 정도 상륙작전을 감지하고 대비하여 왔던 것으로 확인되었다. 인천에 대한 상륙 거부대책이 미흡했던 이유는 상륙지역이 인천이라는 확신이 없었기 때문에 인천에 대한 적극적인 방어대책을 수립하지 못하고 있었던 것뿐이었다. 유엔군은 상륙작전의 필수요소인 완벽한 제해·제공권의 확보와 전투력의 집중 그리고 절약한 전투력으로 상륙지역에서 북한군보다 상대적으로 우세한 전투력을 발휘할 수 있었다.

상륙작전 파급효과가 전 한반도에 거대한 쓰나미처럼 밀어닥쳤다. 낙동강 방어선의 북한군은 기습을 허용 병참선뿐만이 아니라 퇴로마저 차단되어, 그야말로 '죽느냐 튀느냐'의 상황으로 전투의지는 완전히 말살되었다. 북한 지도부는 이제 상륙군의 대용목표[12]를 고민할 만한 여유도 없었다.

인천상륙작전을 여타의 상륙작전과 비교하여 그 특징[13]을 다음과 같이 정리할 수 있다. 첫째는 상륙 전사에서 유래를 찾아보기 힘들만큼 천연적인 장애물을 극복하고 실시된 상륙작전이었다. 이로 인하여 완벽한 기습을 달성한 상륙작전이 되었다. 둘째로 인천상륙작전은 태평양전쟁 시의 미 해군 및 해병대의 상륙작전 경험과 맥아더의 전략적 식견을 결합시켜 리델하트의 적의 최소예상선과 최소저항선에 상륙부대를 투사한 전형적인 작전으로 자리매김했다. 셋째로 적의 전투력과 전투의지를 파괴하는데 병참선이 매우 효과적이라는 점을 증명하였고, 넷째로 전략적 대포위기동의 전례가 되었다.

결과적으로 인천상륙작전은 그간의 수세 위주의 전쟁 분위기를 180도 전환하여 이제 유엔군이 전장의 주도권을 잡고 공세로 전환할 수 있게 되었다. 북한군은 전쟁 의지와 전투력이 완전히 붕괴되어 외부의 도움 없이는 재기할 수 없는 상황에 다다랐다.

사실 북한의 전쟁지도부는 부산이라는 고지가 저기 보이는 만큼 낙동강을 넘어 부산 탈환에 집착한 나머지, 가용한 모든 전력은 낙동강 전선으로 보냈고, 전략예

12) 여러 개의 목표 중에서도 공자가 선택의 자유를 갖는 동등 목표군으로, 이제 상륙군은 서울이라는 지역목표와 더불어 북진이냐 아니면 북한군 격멸이냐의 목표를 선정할 수 있다.

13) 최용성, 위의 책, pp.92~93.

비를 보유하지 못했다. 프리드리히 대제의 "예비대가 없는 지휘관은 대사건의 방관자에 불과하다." 군사 격언이 북한 전쟁지도부의 어이없는 실책을 대변해 줄 수 있을 것이다.

인천상륙작전의 가치는 또 다른 데 있다. 만약 유엔군이 낙동강 방어선에서 반격작전으로 북진했다면 북한군은 한·미연합군이 남으로 지연전을 수행했던 것처럼 동서의 지형지물을 이용 지연전을 전개하면서 북으로 철수하였을 것이다. 그렇다면 유엔군과 한국군은 서울까지 상당한 기단동안 전투를 진행하면서 도달해야만 했다. 거기다가 수많은 인명손실을 각오하면서 이를 극복해야만 했고, 이 과정에서 무엇보다도 국민들이 피해를 입을 수 있었다. 그러나 인천상륙작전으로 단숨에 북한군의 인후를 움켜쥠으로 해서 그만큼의 시간과 인명손실[14]을 예방할 수 있었다. 이런 의미에서 인천상륙작전은 '휴머니즘'이나 '녹색' 작전으로 평가해도 무리가 없을 것이다.

기습이야말로 전쟁에서 승리하는 가장 긴요한 요소이다.

-맥아더-

14) 인천상륙작전은 낙동강 선에서 총반격하여 38선으로 진격하는 방안에 비하여 병력 14만 명과 민간인 200여 만 명의 피해를 줄인 것으로 판단한다.(국방부군사편찬연구소, 〈6·25전쟁사 6, 인천상륙작전과 반격작전〉, 2009, p.193.)

제2절 수도 서울 탈환작전

1. 한강으로 진출
2. 서울 탈환

1. 한강으로 진출

수도 서울 탈환작전은 상륙군이 9월 18일 인천에서 한강으로 진출하여 9월 28일 서울 탈환까지 실시한 작전을 말한다. 인천을 수복한 미 제10군단의 다음 목표는 수도 서울의 탈환이었다. 상륙군이 한강방면으로 진출하자 북한군은 제107연대와 제18사단 분산 병력들을 모아 김포-부평에서 방어선을 구축했다.[15]

제10군단의 당시 전투편성과 임무를 보면, 미 제1해병사단은 한국군 해병연대를 배속하여 서울 서쪽방향으로 진격하고, 미 제7사단은 한국군 독립 제17연대를 배속하여 서울 남쪽에서 북한군의 증원차단과 더불어 퇴로를 차단하면서 북상하는 미 제8군과 연결하는 것이었다.

미 제1해병사단에게는 중간목표로 김포비행장과 영등포 확보가 임무로 주어졌다. 미 제1해병사단은 9월 16일 한강으로 진출하면서 경인 국도를 기준으로 북쪽 지역은 제5해병연대, 남측은 제1해병연대에게 책임구역을 부여했다. 제5해병연대 목표는 김포공항이었고, 제1해병연대의 목표는 영등포였다. 제5해병연대는 부평지역에서 북한군과 소규모전투를 실시한 후, 18일에는 김포비행장을 완전히 장악하여 20일부터는 김포에서 항공기가 출격했고, 19일에는 김포반도의 계양산(395고지)[16], 개화산(행주대교 서단)까지 진출하여 김포반도의 서북부를 완전히 장악했다.

미 제1해병연대는 9월 17일 영등포를 목표로 경인 국도를 따라 한강을 향해 진출해 나갔다. 당일에 인천 부개동을 탈환하고, 18일에는 소사를 거쳐 19일 영등포 바로 서측인 안양천(당시 갈천) 일대까지 진출했다.

미 제7사단은 제1해병연대의 우측에서 공격하고 있었다. 제32연대는 17일 상륙

15) 국방부군사편찬연구소, 〈6·25전쟁사 6, 인천상륙작전과 반격작전〉, 2009, p.144.
16) 계양산은 김포반도에서 가장 높은 고지로 김포공항을 감제할 수 있다.

과 동시에 제1해병연대 우측을 인수받았고[17], 미 제7사단(-)과 한국군 제17연대도 19일에는 전선에 도착하여 공격작전에 합류했다. 제일 늦게 하선한 미 제31연대는 수원을 향하여 진격했다.

2. 서울 탈환

인천에 상륙한 부대들이 서울방향으로 진출하면서 북한 전쟁지도부는 황급히 서울 방어대책을 강구하기 시작했다. 우선 무고한 서울 시민들을 동원하여 시가전 준비를 하면서, 연희고지와 안산 일대를 중심으로 조직적인 저항을 준비했다. 동원된 부대는 낙동강으로 향하던 제18사단을 비롯하여 철원에 있던 제25여단, 제78독립여단, 제9사단 87연대 등 약 2만 명이었다.[18]

상륙군의 작전계획은 서울 서측에서 한강을 도하 서울을 탈환하면서, 남쪽으로는 미 제8군과 연결하면서 북한군의 퇴로를 차단하는 것이었다. 이를 위해 미 제1해병사단장은 제5해병연대에게는 한강도하를, 제1해병연대는 영등포 방면으로 계속 진출을 명하였다. 제5해병연대는 행주나루에서 20일 02:00 야간 정밀 도하작전을 개시하였으나 북한군의 저항으로 실패하였다. 이후 화력을 집중하여 북한군을 약화시키고 주간 강습도하로 한강을 도하 덕양산(행주산성지)을 탈환할 수 있었다. 이때 배속된 한국군 해병2대대와 전차중대도 도하를 완료했다. 미 제1해병연대는 9월 20일 경인 국도를 따라 안양천까지 진출하여, 21일부터 영등포 지역을 공격했지만 북한군 제9사단 87연대, 제18사단 예하부대의 저항에 부딪혀 고전하다가, 22일 아침에서야 영등포를 수복할 수 있었다.

서울 남측방의 미 제7사단은 9월 20일 인천-안양 간 도로를 중심으로 작전에 돌입했다. 사단은 미 제1해병연대가 영등포에 진출하고 있을 때 그 우측을 공격하면서 북한군을 견제하고, 다른 한편으로 수원 비행장을 조기에 확보하는 임무를 부여받았다.[19] 그리하여 미 제31연대는 9월 22일 수원비행장을 확보했고, 제32연대는 영등포 탈환 이후 한강 남안으로 진출하였다.

---

17) 미 제32연대의 병력은 총 5,114명으로 이중 미군이 3,241명, 한국군 카투사가 1,873명이었다.
18) 정명복, 위의 책, p.192.
19) 국방부군사편찬연구소, 〈6·25전쟁사 6, 인천상륙작전과 반격작전〉, 2009, p.163.

연희고지의 해병대원

서울 시가전

미 제5해병연대와 한국군 해병 제1대대는 9월 21일 서울 서북쪽 외곽까지 진출했다. 당시 북한군은 서울 서북방에 위치한 안산(296고지) 일대 능선과 의령터널 고지(105고지)-와우산(105고지)-노고산(105고지)의 세 개의 105고지 군[20]을 연한 지역에 약 5,000여 명의 병력을 배치하여 서울 외곽방어선을 형성하고, 결사항전을 준비했다.

미 제5해병연대와 한국군 제1해병대대는 22일 07:00에 북한군이 방어 중인 연희고지 일대(56고지, 현 연세대 부근)를 공격했지만, 저항에 부딪혀 탈취에 실패하고, 이틀 후인 24일 오후 항공기의 근접지원과 함께 연희고지를 재공격하여 탈환했다. 이후 노고산과 터널고지도 탈취하여, 북한군의 서울 방어선을 완전히 붕괴시켰다.

이때 미 제1해병연대도 한강을 도하하여 마포방향으로 진출했다. 하지만 서울 서측방에서 북한군의 조직적 저항은 서울 탈환이 유엔군사령부가 예상했던 것보다 약 1주일이 지연되는 원인 중의 하나가 되었다.[21]

미 제10군단장 알몬드 소장은 서울 탈환일이 계획했던 9월 25일보다 지연되자, 9월 25일부터 미 제7사단 32연대와 한국군 제17연대를 신사리에서 도하시켜 추가로 서울 남부를 장악하기 시작했다. 미 제1해병연대도 25일부터는 서울 서측방서 진공작전을 전개했고, 9월 26일 미 대사관을 탈환했다. 미 해병대는 바로이어 중앙청으

20) 이중 56고지 일대를 연희고지라 불렀다.

21) 국방부군사편찬연구소, 〈6·25전쟁사 6, 인천상륙작전과 반격작전〉, 2009, p.181.

로 진격했고, 한국 해병대는 27일 15시 08분 중앙청에 태극기를 게양했다.[22)]

서울시내에서 시가전을 전개하던 북한군은 27일부터 서울에서 철수하기 시작하더니 곧 자취를 감추었다. 미군과 한국군은 9월 28일 서울 시내를 완전 수복했다. 다음 날인 29일 12:00 서울수복을 기념한 환도식(還都式)이 중앙청에서 이승만 대통령과 맥아더 원수 등이 참석한 가운데 개최되었다. 이는 인천상륙작전 이후 12일, 서울 피탈이후로는 3개월만이었다. 서울 시민들은 다시 광명을 되찾았다.

대한민국 수도인 서울 수복은 군사적 의미와 더불어 정치, 사회적인 의미가 매우 컸다. 하지만 서울 탈환은 전광석화(電光石火)와 같이 실시되었던 인천상륙작전의 속도에 비하면 진출속도가 너무 느려 인천상륙작전의 기습효과를 반감시켰다. 상륙군 제10군단장도 이를 충분히 인식하고, 서울 남측방에서 새로운 기동부대를 투입했던 것이다. 철수하는 북한군에게 12일은 전선을 정리할 수 있는 천금과도 같은 시간이었다고 볼 수 있다. 서울탈환에 진출속도가 조금 더 빨랐으면 하는 아쉬움이 남는 대목이다.

중앙청에 게양되는 태극기

서울 환도식

예비대를 보유하지 않은 지휘관은 대사건의 방관자에 불과하다.

-프레드릭-

22) 중앙청 태극기는 한국군 해병연대 제6중대 1소대 박정모 소위 등이 게양하였으며, 양병수 2등병조가 이 공로로 은성훈장을 수여받았다.

제3절 낙동강선 반격작전

1. 반격작전 준비

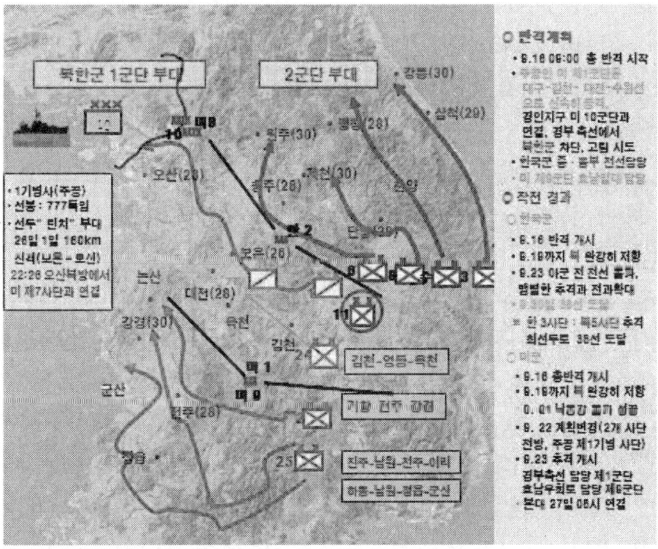

반격작전 상황도(자료 : 채한국 외 2인, 국방군사연구소, 재구성)

낙동강선 반격작전은 미 제10군단의 인천상륙작전과 함께 미 제8군과 한국군이 낙동강 방어선 상에서 9월 16일부터 개시한 돌파작전으로 38도선으로 북한군을 추격한 작전이다. 이 작전을 준비하기 위해 미 제8군사령부는 낙동강 방어선 전투가 한창 진행 중이던 9월 6일 인천상륙작전과 연계한 반격작전을 수립하여 유엔군 사령관의 승인을 득했다.

반격작전이 개시될 당시 북한군 전선사령부는 아직 김천에 있었고, 병력은 총 7

인천상황을 모르고 전투중인 북한군
(자료 : 티스토리)

북으로 진격하는 미 제24사단
(자료 : 티스토리)

만여 명, 장비는 50% 수준을 유지하고 있는 것으로 판단되었다. 반면 유엔군과 한국군은 4개 군단에 10개 사단과 1개 여단으로 증강되어 총 병력은 15만 7천여 명(한국군 7만 2천, 유엔군 8만 4천)으로 북한군에 비해 2배, 화력은 6배 이상 앞섰다.[23]) 당시의 북한군 보급사정을 9월 17일 창녕에서 생포된 북한군 제2사단 17연대 군의관 손광대 소좌는 "하루 두 끼의 주먹밥으로 간신히 식사하고, 탄약과 장비도 절대 부족했다."라고 진술하였다.[24])

미 제8군의 전투편성은 제1군단에 미 제1기병사단(미 제5연대 전투단 배속), 미 제24사단(영 제27여단 배속), 한국군 제1사단, 신편 되는 미 제9군단에는 미 제2사단, 미 제25사단, 한국군 제1군단에는 수도사단과 제3사단, 한국군 제2군단에는 제6사단과 제8사단이 각각 편성되었다. 상륙작전으로 인하여 미 제8군은 충분한 병력이 부족하자 방어부대에서 부대를 차출하여 주공사단에 배속시켜 공격력을 강화했다. 또한 공격을 지원할 항공력의 부족, 탄약과 도하자재의 부족 등은 공격의 제한 사항으로 대두 되었다.

미 제8군사령관 워커장군은 9월 16일 현 접촉선인 낙동강 상에서 반격을 가하도록 명했다.[25]) 미 제8군의 진격작전 개념은 '현 접촉선을 공격개시선으로 하여 9

23) 국방부군사편찬연구소, 〈6·25전쟁사 6, 인천상륙작전과 반격작전〉, 2009, p.205.
하지만 유엔군의 정보판단은 북한군을 당시 10만 이상으로 과대 판단하고 있었다. 이는 계속 공세를 유지하고 있는 북한군에 대한 상대적인 심리적 위압감이 반영된 것으로 판단된다.

24) 송요태 외 1명, 위의 책, p.338.

월 16일 09:00 주공을 대구-김천-대전-수원으로 공격 축선을 지향, 공세이전으로 북한군을 격멸하고 상륙군인 미 제10군단과 연결'하는 것이었다. 반격작전은 공격 통로를 기준으로 4개의 방향과 공격집단을 형성하여 실시되었다.

① 대구-대전-수원을 잇는 경부 축선으로 미 제1군단이 담당
② 낙동강선의 중동부 축선은 한국군 제2군단이 담당
③ 낙동강선의 동부 축선은 한국군 1군단이 담당
④ 서남부지역은 새로 창설되는 미 제9군단이 담당

주공 방향은 경부 축선과 호남 축선(마산-전주-대전-수원), 중앙 축선(대구-문경-충주-수원) 그리고 언급된 몇 개의 축선을 동시 돌파하는 안이 고려되었으나, 미 제8군은 미 제10군단과 연결할 수 있는 최단거리 접근로 이며, 기계화 부대 진출에 유리하고 보급지원의 용이성과 북한군 부대를 손쉽게 포위할 수 있다는 점 등을 고려 경부 축선을 주공 방향으로 선정하였다. 하지만 선정된 경부 축선은 북한군의 주타격 방향에 아군의 주공을 투입하는 것으로 이 또한 무리수임에는 틀림없었다.[26] 따라서 북한군의 선무시경선과 배치가 약한 측익을 공격하며, 주공의 전투력이 저하되면 바로 초월공격 하도록 계획했다.

2. 낙동강선 돌파 및 추격 작전

낙동강선 반격작전은 9월 16일 계획대로 실시되었다.[27] 초기 작전에는 악천후로 인한 공중지원이 제한되었고 상륙작전 소식 자체가 차단되어 낙동강의 북한군

25) 일부에서는 공격개시일을 하루 늦추면 상륙작전을 전해들은 북한군의 사기가 저하 될 것이라고 판단하여 하루 늦게 공격했다고 하나 이는 옳지 않다. 하루 늦은 16일로 반격 개시일이 결정된 것은 반격작전의 주공으로 운용될 미 제24사단이 9월 4일부터 경주지역 역습에 참가하고 있어서, 반격 위치로 복귀하는 시간과 공격준비에 필요한 시간을 고려한 것이었다.

26) 전술의 기본은 적의 강점을 피하고 약점을 공격하는 것이다. 즉 아군의 주공은 적의 주요 방향을 피하면서 적이 퇴각한 정면이나, 공격이 실패한 정면 또는 적의 측방이나 차요 방향으로 주공을 지향하는 것이 전술의 정석이다. 북한군의 주타격 방향은 북한군이 공격시 더 많은 기재와 역량을 할당한 부대로 한국군의 주공과 같은 역할을 수행한다.

27) 낙동강선 반격작전을 앞두고 제9군단장 콜터 소장(John B. Coulter, 수동적)과 제1군단장 밀번(Frank W. Milburn, 도전적) 소장의 경력과 개인 특성을 고려하여 군단장 직위를 상호 교대하여 반격작전을 전개했다.

들은 이를 알지 못하고 전투에 임했다. 따라서 반격작전 초기에는 공자와 방자를 구분할 수 없을 정도의 치열한 공방전이 전개되었다.

미 제1기병사단과 제5연대전투단이 주공으로 중앙에서 왜관 대안의 교두보를 확보하고, 미 제24사단이 왜관 하류, 한국군 제1사단이 왜관 상류에서 각각 조공으로 도하작전을 실시, 도하 후에는 미 제24사단이 제1기병사단을 초월하여 김천을 경유 대전으로 공격할 계획이었다.

하지만 계속되는 노력에도 불구하고 북으로 통로개척이 지연되자, 워커 장군은 전 부대를 17일 데이비드슨선으로 철수하면서 군산으로 상륙작전을 구상하기에 이르렀다. 9월 18일 기상이 호전되어 진출로를 개척하기 위한 융단폭격이 왜관 서측에서 실시되었다. 19일에는 맥아더 장군도 '미군 2개 사단, 한국군 2개 사단으로 하는 군산 상륙'을 언급했다. 하지만 낙동강 전선의 돌파가 가능하다는 판단이 나오면서 이 구상들은 취소되었다.

이러한 상황에서 한국군 제1사단은 9월 18일 다부동 동쪽인 가산 산성 우측 계곡에 병력이 배치되지 않을 것을 탐지하고 그곳으로 북한군 방어진지 후방 깊숙이 침투하여 왜관-다부동 선의 북한군 제1, 3, 13사단을 혼란에 빠트렸다.[28] 드디어 9월 20일에는 미 제1기병사단이 왜관을 탈환했고, 21일에는 다부동에서 미 제1기병사단과 한국군 제1사단이 북한군 제3사단을 격파했고, 미 제25사단은 진주까지 진출했다.

미 제8군과 한국군의 낙동강 상에서의 반격작전은 작전이 개시되고 일주일이 지난 9월 23일, 드디어 낙동강을 돌파하면서 추격 작전을 전개할 수 있었다. 그러나 주공인 미 제24사단의 진출이 지연되어 워커 장군은 제24사단과 제1기병사단을 병행공격 하도록 계획을 변경하였다.(미 제24사단은 대구-김천-대전 방향, 미 제1기병사단은 다부동-보은-청주-수원 방향) 미 제1군단의 주력은 왜관에서 경부도로를 따라 진격하였으며, 그 선두 부대인 제1기병사단의 777TF(미 제7기병연대 주축, 지휘관 중령 해리스, 선도는 7연대 3대대인 Lynch부대 담당)는 낙동리-상주-청주-천안으로 진격하여 3일 만인 9월 26일 22시 26분, 오산 북방에서 인천상륙 부대인 미 제7사단 31연대와 연결에 성공했다.

미 제1군단과 제9군단은 서남부지역인 대전(미 제24사단, 28일), 논산(미 제2사단. 30

---

28) 송요태외 1명, 위의 책, p.343.

일)을 탈환했다. 대구 북방의 한국군 제1사단은 북한군 제1사단을 돌파하고 잔적을 소탕하면서 미 제1기병사단을 후속 10월 11일 고랑포에 당도하였다. 신령지구의 한국군 제2군단의 6사단은 함창-문경-충주를 거쳐 원주를 탈환하고(30일), 영천의 제8사단은 제천을 탈환했다(30일). 한국군 제1군단의 수도사단은 청송-영월-평창을 거쳐 9월 30일 38선 일대에 도달했고, 제3사단은 북한군 제5사단을 추격하여 동해안 도로를 따라 제일 먼저 38선에 도달하였다.[29]

개전 이래 공격 일변도의 북한군에게 후퇴라는 작전 형태는 사뭇 생소했다. 구소련 전법 자체가 공격 제일주의이고, 후퇴와 방어는 보조수단 쯤으로 취급하기 때문에 철수에 대한 훈련이나 준비는 부족했을 것이다. 이러한 군사사상에서 출발한 북한군은 낙동강 전선이 차단되는 그 순간에도 무감각하게 대처했으며, 철수조치를 단행하지 않았다. 북한군 분위기상 아예 철수나 후퇴라는 용어 언급 차체가 금기시 되었을 수도 있었다. 하지만 8월과 9월의 공세종말점을 넘기는 무리한 공격은 무질서한 대 패퇴를 불러왔다.

철수하던 북한군은 금강-소백산 선에서 저지선을 형성하고자 했으나, 유엔군과 한국군의 추격속도에 제압되어 무위로 끝나고 말았다. 더욱이 북한군은 전략 예비대를 보유하지 못하고 있었다. 반격작전으로 북한군 전선사령부는 철의 삼각지대로 퇴각했고, 제1군단 사령부는 조치원에서 해체되어 지휘부는 태백산맥으로 잠입하였다. 낙동강전선에 투입되었던 북한군 13개 사단은 완전히 괴멸되었으며, 북한군 제13사단 참모장 이학구 총좌를 위시한 2만 3,500여 명이 투항하거나 포로로 잡혔고, 전선에 투입된 인원 중 포위망을 뚫고 38선을 넘어 도주한 병력은 약 2만 5천에서 3만 명으로 추산되고 있다.[30]

반격작전은 인천상륙작전과 더불어 속도 면에서 돋보이는 작전이었다. 사전 치밀한 작전계획의 수립, 절대적으로 우세한 제공권과 제해권, 지상전에서의 미군의 우수한 기동력, 한국군의 투혼 등 제 요소가 결합된 성공적인 작전이었다.[31]

반격작전은 전쟁원칙 측면에서 완벽한 승리였다. 우선 서울이라는 적절한 목표를 선정하여 확보하였다. 과감한 공세행동과 전투력의 집중으로 전장의 주도권을 확보하였다. 해상과 육상의 기동으로 북한군을 압도하였다. 새로운 군단의 창설과

29) 김성우외 1명, 〈6·25전쟁사〉, 진영사, 2011. p.165.
30) 국방부군사편찬연구소, 〈6·25전쟁사 6, 인천상륙작전과 반격작전〉, 2009, p.330.
31) 국방부군사편찬연구소, 〈6·25전쟁사 6, 인천상륙작전과 반격작전〉, 2009, pp.330~332.

군단장 교체(미 제9군단) 등 지휘의 통일도 달성했다.

하지만 '옥의 티'는 있는 법이다. 지나친 진출 속도는 결국 문제를 야기했다. 추격군은 도로만을 따라 경쟁적으로 진출했다. 추격 작전 중에 유엔군과 한국군의 선두부대는 철수하는 북한군보다 먼저 북진하기도 했다. 뒤처진 패잔병들이 오히려 지휘체계를 회복 추격부대의 후방을 공격하였다. 패잔병들은 태백산맥과 지리산 등에 잠입하여 게릴라 활동으로 제2전선[32]을 구축했다. 이들은 이후 중공군이 개입하고, 재남진 시에 한국군 및 유엔군 후방에서 정규군과 배합하여 협공을 가해 선을 쉽게 무너트렸다.

> 적이 예상치 못한 지점을 공격해야 한다.
>
> -구데리 안-

32) 적을 견제하고 그 전력을 분산시키기 위하여 주전선 이외에 부차적으로 설치하는 전선. 북한군 제 6·7사단 3,500여 명은 지리산 및 백운산에서 유격전을 전개했다.

제4절 북진 작전

1. 개 요

가. 38선 돌파논쟁

인천상륙작전과 반격작전으로 한국군과 유엔군이 낙동강 방어선 상에서 38도선 상으로 진출하자, 이제 38선 돌파여부가 세기의 관심사로 떠올랐다. 유엔군은 서울을 탈환한 다음 날인 9월 29일 돌연 38도선 상에서 '진격 중지' 지시를 하달했다. 따라서 38선에 도착한 유엔군은 더 이상 진군하지 아니하고 38도선 상에서 대기하게 되었다.

대한민국 국민들은 물론이고 이승만 대통령도 북진통일을 강력히 주장했다. 이미 9월 20일에는 성명을 내고, "만일 유엔군이 38도선에서 정지하더라도, 한국군은 북진한다."는 결연한 의지를 대내외에 표방한 상태였다.

38선 돌파문제는 지연전을 전개하던 7월부터 미 행정부 내에서 검토를 하고 있던 사항으로, 유엔군의 북진이 가시화되면서 미국 내에서도 38선 돌파문제에 대한 찬반 주장이 엇갈리고 있었다. 38도선에서 '돌파'나 '정지'를 주장하는 측 모두에게 명분은 있었다. 정지를 주장하는 입장은 중공과 소련의 개입으로 제3차 세계대전 발발을 염려했고, 돌파를 찬성하는 입장은 유엔의 참전 목적인 '전범자를 처벌하고 한반도를 통일해야 하며, 만약 여기서 멈춘다면 유엔군이 계속 주둔해야 한다.'는 점을 부각시켰다. 그리고 38선에서 정지는 추격권에 위배되며, 이미 해·공군은 38선 이북에서 작전 중임을 강조했다.[33]

그러면서도 당시 미국의 관심사는 오직 소련과 중공의 전쟁 개입여부였다. 9월

1일 미국의 국가안전보장회의가 전쟁지도에 대한 각 부처의 의견을 종합한 결과, '한반도에서 미국이 소련보다 유리한 입장에 있는 이때를 최대로 활용해야 한다.'는데 의견의 일치를 보이고 있었다.[34] 결국 미국은 소련과 중공이 한반도 전쟁에 개입 시기를 상실한 것으로 판단하고 북진을 확정지었다. 미국의 애치슨 장관은 9월 20일 제5차 유엔총회 기조연설에서 "유엔군의 군사행동은 38선 이북으로 계속 진행되어야 한다."고 발표했다. 이에 따라 자유진영 국가들의 38선 돌파와 유지 논쟁은 돌파로 확정되었다.

트루먼 대통령은 9월 11일 이미 "중공과 소련이 개입할 염려가 없는 경우에 지상 작전을 북한지역으로 확대한다."는 합참의 방침을 승인했었다. 미국은 유엔군 사령관에게 차후작전 준비를 위한 시간을 부여하기위해 9월 15일과 27일에 '38도선 돌파 및 군사작전 지침'을 극비리에 하달했었다. 내용은 유엔군의 38도선 돌파와 38도선 이북의 북한 지역에 대한 군사작전을 승인하면서, 작전 목적을 '인민군 격멸'이라는 군사목적에 한정하였다. 또한 유엔군은 중·소 국경에는 접근하지 않도록 하여 소련 및 중공과는 충돌을 방지하려 하였으며, '소련과 중공이 전쟁에 참여하면 지상 작전은 중단한다.'는 조심스런 가이드라인을 포함하고 있었다. 국제적으로 영국을 비롯한 8개국이 미국의 '38도선 돌파' 결의안을 제5차 유엔총회에 제출하여 미국의 입장을 지지했다.[35]

우리가 여기서 한 가지 눈여겨 볼 점이 있다. 바로 유엔군의 공세시기 일정조율이다. 유엔군은 이미 본국의 훈령에 따라 더 일찍이(9월 29일) 북진할 수 있었다. 그러나 유엔군의 북진작전은 10월 9일까지 진행되지 않았다. 이유는 쉽게 추측해 볼 수 있다. 10월 7일 유엔의 결의가 있을 때까지 유엔군은 결코 38선을 넘어 북으로 움직이지 않았던 것이다. 이는 다분히 정치적 요소가 작용된 것으로 유엔군은 어디까지나 유엔의 통제 하에 움직이고 있음을 나타낸 것이라 볼 수 있다.

---

33) 채한국 외 1명, 위의 책, p.487.
34) 김행복, 위의 책, p.95.
35) 일본육전사보급회(이원복 역), 위의 책, p.208.
당시 유럽은 전쟁의 불씨가 유럽으로 확대될 것을 두려워하고 있었다. 유엔에서 자취를 감추었던 소련 대사 말리크가 안전보장이사회에 복귀하여 '38도선 돌파결의'에 대하여 반대표를 행사하자, 10월 7일 총회에 회부하여 찬성 47, 반대 5, 기권 7, 불참 1로 가결시켰다. 이것이 이른바 유엔의 '10. 7 통일한국 결의'로 한반도 통일을 위한 절차와 방안을 권고하고 있다.

나. 대륙의 동향

북한군의 패퇴와 더불어 공산 진영에서는 중공이 6·25전쟁에 관심을 보이기 시작했다. 대만 문제에 전념하고 있던 중공은 한반도 문제를 빌미로 중공 대표단의 유엔 참석을 요구했다. 그러면서 군사적으로는 대만과의 일전을 준비하고 있던 린바오(林彪)휘하의 제4야전군 19개 사단 25만 명을 8월 중순부터 요동으로 집결시켰다.[36)]

저우언라이(主恩來)는 수차례 주중 인도대사 파나카(Sardar K. M. Paninikkar)를 초치하여 "중국은 한국군이 38선을 넘는 데는 관여하지 않겠다. 그러나 미국이 38도선을 돌파하는 것을 좌시하지 않을 것이다."라고 경고하였다. 소련도 한반도의 전황이 불리하게 진행되자 안전보장이사회에 말리크(Yakov A. Malik) 대사를 복귀시키면서 내전을 언급하며 전쟁이 더 오래 지속된다면, 전쟁이 불가피하게 확대될 것임을 경고했다.[37)] 이는 유엔군의 38도선 돌파를 사전에 봉쇄하기 위한 외교적 책략을 구사한 것으로 볼 수 있다. 한편 북한군 전쟁지도부는 신속히 38선 북방으로 철수를 단행하고, '미군이 공격하지 않는 한 38선은 존재할 것이다.'[38)]라는 그들만의 희망사항을 버리지는 않고 있었다.

다. 북한군 방어 상황

인천상륙작전과 일대 반격으로 패주를 거듭한 북한군은 포로나 실종을 제외하고, 2만 5천에서 3만 여 명이 북으로 철수했고, 나머지 약 3만여 명은 지휘체계가 와해된 상태에서 유격활동을 하거나 38도선 이북으로 북상을 시도하고 있었다.

이 상황에서 북한군 최고사령부는 38선 일대에서 방어선을 구축하기 위해 서부(민족보위상 최용건, 배천-개성-고랑포-사미천 선, 가용부대 : 북한군 제19, 제27, 제17기갑사단)와 동부(부수상 김책, 사미천-동해안 선, 가용부대 : 북한군 제5, 제12, 제15사단, 후방부대)로 구분하여 방어선을 형성하여 유엔군과 한국군의 북진을 저지하면서, 패잔병들의 철수를 엄호하기 위한 적극적인 방어를 기도했다.[39)] 그러나 당시 북한군은 정상적인 보급이 단절되었고, 사기는 저하되어 있었다. 병력이 절대적으로 부족하여

---

36) 따라서 전쟁 초기에는 임표가 중공군을 지휘하고 있는 것으로 판단했다. 제 50군은 중남군 지역에서, 제9병단은 산동에서, 제19병단은 섬서(陝西) 지역에서 이동했다.

37) 국방군사연구소, 〈중공군 압록강을 건너다〉, p.98.

38) 육군본부, 〈한국전쟁의 서부전선〉-유엔의 북진과 주공군의 초기 공세-, 육군본부, 1955, p20. (Appleman, South to the Naktong, North to the Yalu, p.766 m.57 재인용)

39) 합동참모본부, 위의 책, pp.48~50.

북한군 자체만으로는 이제 38선 방어가 불가능한 것으로 판단되었다.

2. 38선 돌파

가. 한국군

29일 서울 환도식에 참석한 이승만 대통령과 맥아더 장군은 자연스레 38도선 돌파 문제에 대하여 상호의견을 교환했다. 이승만 대통령이 38선 돌파가 지연되는 문제에 대하여 묻자, 맥아더 원수는 "유엔이 38도선 돌파 권한을 부여하지 않았다."고 언급했고, 이승만 대통령은 "내가 명령하지 않아도 우리 국군은 북진할 것이다."라고 응수했다.[40] 이미 본토에서 북진작전에 관한 훈련을 받고 북진작전을 계획하고 있던 맥아더 장군과 무초 대사는 중공과 소련을 자극하지 않기 위해 38도선 돌파를 연합국 지도자에게도 한마디 언질 없이 처리할 생각이었다.

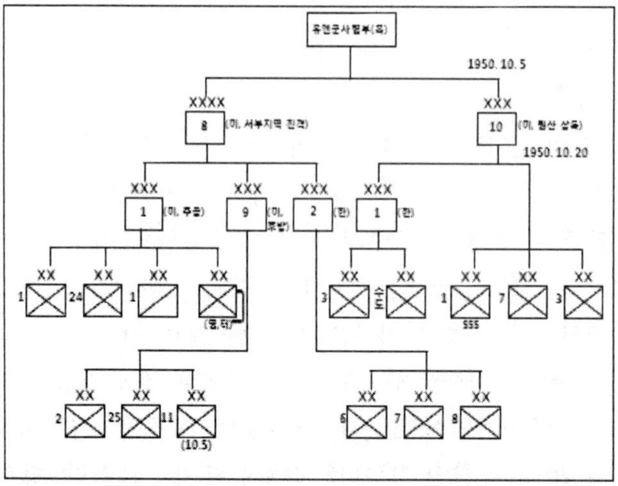

38선 돌파시 유엔군 전투편성표(자료 : 채한국 외 2인, 국방군사연구소, 재구성)
한국군 제11사단 : 1950. 10. 5. 미 제9군단이 작전통제
한국군 제1군단 : 1950. 10. 20. 이전 미 제8군단이 작전통제
1950. 10. 20. 이후 미 제10군단이 작전통제

---

40) 프란체스카 비망록, 〈6·25와 이승만 대통령〉, 중앙일보, 1983. 7.

38선을 돌파를 기념하는 제3사단

38선 돌파 주역 정일권 참모총장

북진하던 부대가 정지하자 이승만 대통령은 독자적인 국가의 주권과 군 통수권을 행사하기로 결단하고, 대구에 있는 육군본부에 들러 군 수뇌부를 소집했다. 이 자리에서 정일권 총참모총장과 해 · 공군 참모총장을 한국군 단독으로 38선을 넘어 북진하라고 명령하였다. 이에 정일권 총참모총장은 군사상의 지휘체계도 유지하면서 대통령이 부여한 임무를 수행하기 위한 묘안을 짜냈다. 그는 38선에 도달하여 있는 한국군 제1군단장 김백일 준장에게 미리 한국군이 북진시 피해를 줄 수 있는 지역을 확인하였다. 그리고 워커 미 제8군사령관을 면담하면서 동해안의 일부 고지(하조대)로부터 총격을 받아 피해를 입고 있으니 이를 점령하게 해달라고 하여 워커 장군의 승낙 받았다.

그리고 9월 30일 동해안의 제3사단을 방문하여 현장을 확인하고 현지에서 북진을 명하였다. 이에 제23연대(연대장, 대령 김종순)가 10월 1일 05:00에 38선을 돌파했다. 제23연대는 인구리에서 출발하여 양양을 목표로 진격하였는데, 이것이 감격스런 38선 돌파 모습이었다.[41] 이렇게 한국군의 38선 돌파는 영도자의 결단과 정일권 총참모총장의 적절한 조치, 그리고 워커 장군의 계산된 묵인 하에 한·미간 외교적 문제없이 순조롭게 진행되었다.

중부전선에서의 돌파작전은 한국군 제2군단이 담당하였다. 육군본부 작전명령 제205호에 의거 제2군단 제6사단(10월 3일, 춘천북방 모진교 남단)은 화천-회양-지경

41) 38도선 돌파일인 10월 1일은 국군의 날로 지정되었다.

리(원산 외곽)로, 제8사단(10월 7일, 동두천 북방 초성리)은 철원-평강-용지원리(신고산 북쪽)로, 제7사단(10월 8일, 포천북방 양문리)은 제6사단과 협조하여 금화 점령 후 예비로 전환하도록 했다.

북진명령이 하달되자 각 부대들은 8일 어간에 38도선을 돌파하고 진격하였으며, 제6사단이 화천(8일), 금화(10일)를 점령했다. 그리고 제8사단은 연천(9일), 철원(10일)을 탈환했고, 제7사단은 금화부근(10일)에 진출했다. 이후 제2군단은 계속 북한군을 추격, 일부 부대는 평양으로, 일부 부대는 평양을 우회하여 진출했다.

나. 유엔군

'9·27 훈령'으로 38도선 이북으로의 작전 확대를 승인받은 유엔군 사령관 맥아더는 북진계획을 수립하여 10월 2일 유엔군 산하 전 부대에게 작전명령 제2호로 다음과 같이 하달하였다.[42]

① 미 제8군은 주공으로 38도선을 돌파 개성-사리원-평양 축선으로 진격한다.
② 미 제10군단은 '원산 상륙작전'을 실시하여, 미 제7사단은 평양 방향으로 공격하여 제8군과 연결하고, 해병 제1사단은 한·만 국경선 방향으로 공격한다.
③ 정주-군우리-영원-함흥-흥남선 이북지역 작전은 한국군에게 일임한다.

물론 이 맥아더의 북진계획은 중공군이 참전하지 않는 것과 동계이전에 작전이 종료될 것을 가정하여 기획한 것이다. 명령의 골자는 미 제8군을 주공으로 평양 축선으로 진출하고, 미 제10군단은 독자적인 상륙작전으로 원산에 상륙한 후 북진한계선(일명 맥아더 라인, 압록강으로부터 90~170㎞ 남쪽)까지 진출하며, 그 이북의 중·소 국경지역에 대한 작전은 한국군에 일임한다는 요지이다.

하지만 이 북진계획은 미 제8군사령관 워커 중장의 견해와는 상이한 것이었다. 워커 장군은 미 제10군단을 미 제8군에 배속시켜 한반도 전구(Theater)내에서 작전 지휘의 통일을 원했지만, 맥아더의 권위 앞에 동상이몽(同床異夢)으로 끝나고 말았다.

---

42) 합동참모본부, 위의 책, pp.448~450.

여기서 잠깐

맥아더와 워커의 동상이몽(同床異夢)

¢ 미군을 주축으로 하는 유엔군은 인천상륙작전에 이어 38선 돌파를 계획한다. 이때 유엔군 사령관 맥아더 원수와 미 제8군사령관 워커 중장은 서로 다른 기동 계획을 구상한다. 변수는 바로 미 제10군단의 운용 방안이었다.

¢ **맥아더와 워커의 기동계획**

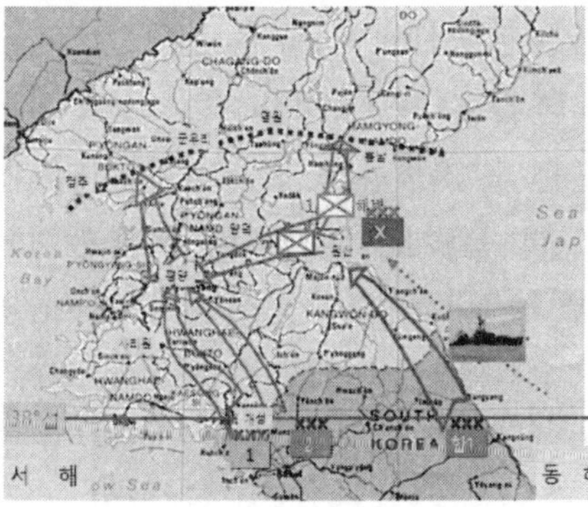

미 제10군단을 원산으로 상륙

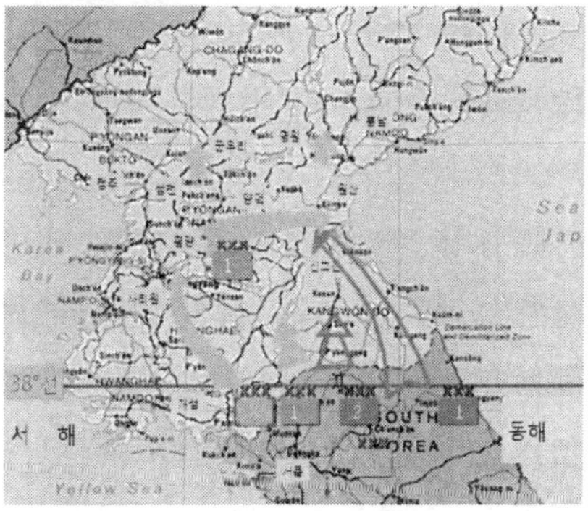

미 제10군단을 미 제8군이 통제

*** 맥아더의 북진구상**

미 제8군은 서해안을 따라 진격하여 평양을 탈취하고, 미 제10군단은 유엔군사령부가 통제하여 원산에 상륙작전을 실시한다.

*** 워커의 북진구상**

미 제10군단을 미 제8군의 지휘하에 북상시켜 평양을 경유 청천강으로 진격하게 하고, 미 제1군단은 제10군단을 후속하다가 평양에서 원산으로 진격하여 한국군 제1군단과 연결작전을 실시한다.

¢ **원산상륙작전 수립 이유와 반대 이유**

구 분	상륙작전 이유(맥아더)	상륙작전 반대 이유(워커)
내 용	· 평양 협공 가능 · 병참지원 곤란해소 · 지리적 난점 극복 · 워커와 알몬드의 불화	· 추격 시기 상실 · 원산 조기 점령가능 · 평양 단독 탈취 가능 · 미 제8군 보급지원

유엔군 북진계획

명령을 수령한 미 제8군은 10월 3일 북진명령을 하달하였다. 주공 군단은 미 제1군단이었다. 미 제1군단은 주공을 미 제1기병사단으로 금천-사리원-평양 축선을 따라 공격하게하고, 조공으로 좌측은 미 제24사단이 연안-해주 방향으로, 우측에는 한국군 제1사단이 토산-신계-수안 방향으로 공격하게 했다. 한국군 제2군단은 의정부-춘천지역에, 제1군단은 주문진 일대에 집결하여 북진작전을 준비하였고, 미 제9군단은 부산-서울간의 병참선을 경계하도록 하였다. 그리하여 미 제8군은 미 제10군단으로부터 10월 2일에서 7일 사이에 경인지역의 지역 방위책임을 인수함과 동시에 북진작전 준비에 돌입하였으며, 8일 38도선에 전개하여 9일 북진을 개시하였다. 물론 제10군단은 원산 상륙작전 준비에 착수하였다.

하지만 이때의 최대 현안문제는 군수보급이었다. 북진작전에는 막대한 군수물자의 지원이 수반되어야 하나 인천항만의 적채와 북으로 향하는 병참선의 파괴는 미 제8군의 군수지원소요 충당을 어렵게 했다. 더욱이 인천항에서는 원산상륙을 위해 해병 제1사단에 항구 사용 우선권이 주어져 북진을 위한 군수물자의 수송은 우선순위에서 밀려났다. 자동차와 항공기만으로 물동량 수송은 그 수요를 충족할 수 없었고, 결국 물동량 선적의 여유가 있는 부산항으로부터 수송을 위해서는 철로의 보수가 무엇보다도 시급히 요구되었다. 이를 위해 미 철도 공병단, 제8건설 공병단. 미 제1군단 예하 공병부대들이 현지 노무자의 도움을 받아 10월 10일까지 보수를 완료하여 일일 약 4,000여 톤의 보급소요를 충족시킬 수 있었으며, 이는 미 제8군의 공격 시기를 결정짓는 중요한 요소로 작용 되었다.[43)]

다. 38선 돌파 의의

38선 돌파작전은 대한민국 국민과 군인이라면 너무나 당연한 것이었다. 전 국민은 그간의 압박과 고난에서 벋어나 바로 통일이 되는 것처럼 기뻐했다. 하지만 38선 돌파 문제는 유엔군에게는 한국민의 정서와는 달리 신중하게 받아들여졌다. 더군다나 38선 돌파라는 것이 정략적 고려이기 보다는 사실 맥아더 장군의 개인적 추진의지가 더 크게 작용하였던 사안이었다.

그러나 군사적 입장에서 보았을 때 유엔군의 38선 돌파 작전은 정치적 정당성을 확보하기 위해 10여 일의 시간을 허비하여 북한군에게 재편성 및 북으로 철수할 수 있는 시간적 여유를 마련해 준 것이었다. 일부 간선도로만을 확보하며 제대로 패잔병들을 소탕하지도 못한 상태에서 38선까지 달려왔는데 그만 정지하고 만 것이다.

특히 정치적 제약이 없는 한국군마저 38선상에서 대기한 것은 북한군과 이후 한반도 진출을 노리고 있는 중공군에게는 천금과 같은 시간이었다. 좀 더 빨리 진출하여 압록강과 두만강을 방패삼아 차안에서 경계작전을 전개 했더라면?하는 아쉬움이 두고두고 남는 대목이다. 이러한 지체는 서울에서 3일을 지체한 북한군만큼이나 차후 작전을 진행하는데 따른 전략적인 타격을 입었다.

반면 조국 통일의 열망과 투지에 불타는 한국군 제1군단은 자체적으로 북한군을 공격하여 동해안을 따라 쉼 없이 전진했다. 그리고 공격을 개시한지 10여 일만에 상륙작전을 진행하는 미군보다 먼저 원산을 탈환하였다. 한국군 제1군단의 진출속도는 공격기세의 중요성을 다시 한 번 증명했다.

43) 채한국 외 1명, 위의 책, p.501.

3. 청천강선 확보

가. 원산탈환 작전

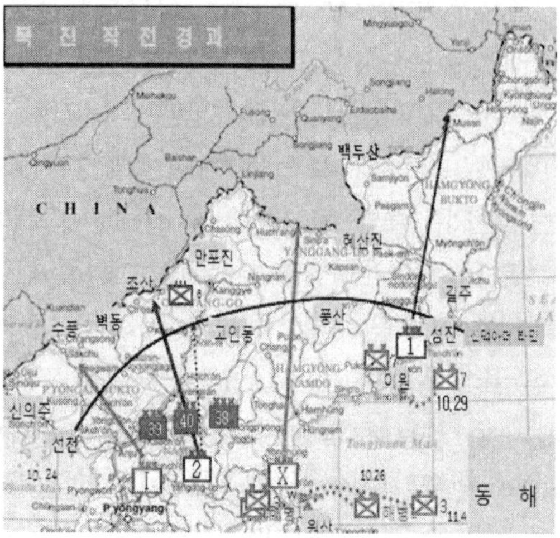

북진작전 경과(1)

한국군 제1군단 원산입성

한국군 제1군단은 동해안 축선에서 38선을 넘어 진군했다. 38선을 돌파한 제3사단 23연대는 양양을 목표로 진격하여 10월 1일 14:00에 양양에 입성했다. 같은 시간에 수도사단도 제18연대가 선도하는 가운데 양양에 입성하였다. 양양을 수복하자 육군본부는 10월 5일 제1군단에게는 원산을, 제2군단에게는 금화, 철원, 평강 일대 점령을 명하였다.

한편 원산은 북한 동부의 정치, 경제, 교통의 중심지로 동해안 최대의 항구였다. 전쟁이전부터 소련으로부터 전쟁 물자를 하역하던 항구였다. 북한군은 제249여단으로 원산방어사령부를 편성하며, 패잔병들을 규합하여 전차로 증강된 약 2만여명으로 방어준비를 하고 있었다.

한국군 제1군단은 38선을 돌파한 이래 패잔병을 소탕하면서 하루 26㎞의 속도로 쾌속 진출하고 있었다. 하지만 이들의 보급사정은 열악하여 맨발에 헝겊을 싸고 진군했을 정도였다. 하지만 북진하는 한국군의 사기는 높았다.

원산 공격은 10월 10일 새벽에 시작되었다. 김백일 제1군단장은 원산탈환을 위해 우선 원산 시가지를 감싸는 고지군을 탈환하고자, 좌일선의 수도사단은 시가지 중심부 서측방의 여왕산을, 우일선의 제3사단에게는 시가지 동측변 고지군을 목표로 부여 공격을 개시하였다. 양 사단 공히 13:30 원산시내로 돌입하였다. 원산 탈환의 공로로 이승만 대통령은 원산을 직접 방문하고 제1군단 전 병사들을 1계급 특진시켰다. 원산 탈환 시기의 벅찬 감흥을 당시 종군작가였던 유치환은 〈東海여 - 東海街道를 가며〉라는 시에서 이렇게 노래했다.

> 이 길을 가며 비로소 깨닫노니 - 동해여
> 半萬年을 아니
> 하늘과 땅과 물이 처음 가름되던 그날부터
> 나의 사랑하는 祖國 半島의 山河는
> 당장엔 모를 커다란 愛情같은
> 너의 한결 같은 다스림에 이룩되어 왔나니
> // · · · 중략 · · · //
> 아아 나의 祖國의 어머니 東海여 東海.

나. 평양 탈환작전

미 제1군단은 10월 8일에 임진강을 건너 개성까지 진출하였다. 10월 9일 09:00에는 기존의 38선을 넘어 북한군 제43사단의 저항을 물리치고 예성강을 도하, 북한군 제19·27 사단이 배치된 금천지역을 공격하기 시작했다. 금천은 평양방어의 관문이었다. 밀리면 바로 평양이 위협받는다는 것을 누구보다 잘 아는 북한군의 저항은 그야말로 필사적이었다. 길목마다 지뢰를 매설하고 일전을 준비했다. 이 때문에 북으로의 진출은 10월 11일까지도 지지부진하고 있었다.

그러자 미 제1기병사단의 작전목적을 북한군 격멸에서 지역목표인 방어진지 후방의 한포리로 변경하여 제7기병 연대(3대대)가 주·야간 행군으로 한포리를 선점하여 북한군 2개 사단의 퇴로를 차단하였다.[44] 그리고 제1·8기병연대를 좌우로 우회시켜 10월 12일에는 2중 포위를 달성했다. 하지만 정면 압박부대와 포위부대

---

44) 미 제7기병연대의 예성강 도하 후 한포리까지 장거리 우회기동작전은 사실상 군수지원의 승리였다. 예성강 도하 전 사단 군수지원회의에서 도하 이후의 연대군수지원을 보장하기가 어렵다는 사단의 입장에 따라 연대장(대령, William A. Harries)과 실무자들이 필요한 보급품을 인천항으로부터 13척의 차량 상륙정(LVC)에 적재하고 해상으로 예성강까지 수송하여 예성강 도하 후 기동을 보장하였다.

의 템포 적용에 실패하여 포위망이 형성되기 전에 포위된 부대 일부가 이탈한 것은 오점이었다. 하지만 금천 전투는 전사에서 양익포위의 진수를 보여주는 사례로 왕왕 회자된다. 이 금천 전투로 인하여 평양 탈환이 4일간 지연되면서 북한군이 청천강 선으로 철수할 수 있는 시간을 허용하고 말았다. 금천 수복 후 곧이어 평양을 탈환하기 위한 북진작전이 개시되었다.

평양은 한반도에서 서울 다음 가는 도시로, 북한 전쟁지도부의 총 본산이었다. 평양은 지형적으로 하폭 400∽500m의 대동강을 중심으로 두 개의 지역으로 나뉘어져 있다. 평양을 탈환하는 대열에는 미 제1군단 제1기병사단과 미 제24사단, 한국군 제1사단 그리고 한국군 제2군단(제6·8사단) 등이 참가했다.

미 제8군으로부터 평양 탈환의 임무를 부여받은 미 제1군단장 밀번 소장은 미 제1기병사단을 주공, 미 제24사단을 조공, 한국군 제1사단은 후방작전의 임무를 부여했다. 그러자 한국군 제1사단장 백선엽 준장은 군단장에게 평양 공격의 기회를 달라고 요청하였다. 이에 밀번 소장은 제24사단과 임무를 교대하여 제1사단을 조공으로 임무를 변경하였다. 하지만 한국군 제1사단은 미 제1기병사단보다 이틀 늦은 10월 11일에야 38선에 다다랐고, 미군에 비하여 기동력이 현저히 미약하여 진출이 지연되었다. 이에 사단장은 미군 포병사령관의 조언을 따라 미군의 전차를 지원받아 일종의 TF를 구성 진출속도를 증강시켰다.

이때 주공인 제1기병사단은 금천전투 이후 사리원-황주-평양 남측 흑교리를 경유 일사천리(一瀉千里)로 19일 대동강 변에 도달했다. 미 제1기병보다 중서부의 험로를 걷는 한국군 제1사단도 수안-평양 동남쪽 지동리를 경유 대동강 변에 19일 아침 도달했다. 각 부대 및 제대별로 평양탈환에 대한 경쟁이 치열하게 전개되었다. 기계화 부대인 미 제1기병사단이 평양을 먼저 점령할 가능성이 커지자, 이승만 대통령은 정일권 총장에게 평양만큼은 한국군이 먼저 점령해야 한다고 밀명을 내렸다.

멸악산맥 일대의 평양방어선이 붕괴되자 북한군은 대동강 및 동평양 일대에 3중의 견고한 진지를 구축하고 완강하게 저항하는 가운데, 평양 탈환작전이 전개되었다. 결국 한국군 제1사단 12연대가 19일 11:00경 북한군의 세 번째 방어망을 뚫고 동평양의 대동교 인근의 선교리 로터리에 진출하면서 평양에 입성한 최초의 부대가 되었다. 곧이어 미 제1기병사단과 한국군 제7사단도 대열에 합류했다.

한국군과 미군이 대동강에 도달하자, 북한군은 철수하면서 동평양과 본평양을 연결하는 대동강 교량을 파괴했다. 따라서 미 제1기병사단은 10월 20일 대동강을 도하할 부교를 준비했고, 한국군은 19일 그날 밤 적절한 도섭지를 선정하여 급속 도하를 강행, 미군보다 빨리 본평양을 점령했다. 한국군 제7사단도 거의 동시에 평양에 입성하였다.

수도 평양까지 함락당한 북한군은 거의 고사 직전 이었다. 독전에 의하여 전투는 치열하게 진행되었음에도 집단투항이 늘어났고, 전투의지는 급격히 붕괴되어갔다. 이승만 대통령이 참석한 가운데 10월 30일 한국군과 유엔군의 평양입성 환영식이 개최되었다.

하지만 평양탈환 작전은 정치, 심리적 위안을 제외하고 군사적으로는 그리 성공적이지 못한 작전이었다. 우선 북한의 수도를 점령하고도 북한의 전쟁지도부를 와해시키지 못했다. 한국군과 유엔군의 수뇌부는 추격 작전의 속도와 포위에는 무관심했다. 평양이라는 지역목표를 버리고, 북한군 격멸을 위한 포위작전을 시행했었더라면 좀 더 효과적인 결과를 얻을 수 있었다.

더욱이 한국군은 평양에 입성한 그 자체로 만족했다. 미군은 평양입성과 동시 '인디언 헤드(Indian Head)'이라는 특수임무부대를 투입, 미 제2사단 정보참모 지휘 아래 북한 정권의 각종 기밀문서를 확보하여 동경으로 후송했다. 역시 많은 전쟁을 치른 국가는 노하우(Know How)가 달랐다. 또한 수복지역에 대한 통치권 문제에서 양측은 이견을 보여, 각기 다른 민정관을 파견하기에 이르렀다.[45] 대한민국은 수복지역을 당연히 한국정부의 통치하에 두는 것으로 이해하고 있었으며, 미국은 '한국통일 문제는 유엔의 결의에 따라야한다.'고 하면서 한국정부의 통치를 인정하지 않음으로 해서 상호 갈등이 빚어졌다. 그러나 이 문제는 북진이 진행 진행되고 전선 상황이 불투명해지면서 수면 아래로 가라앉아 더 이상의 외교적 마찰은 없었다. 하지만 이러한 수복 지역에 대한 주도권 문제는 차후 한반도에서도 또 다시 발생할 소지가 충분하다. 따라서 수복지역 안정화단계에 대한 더 많은 연구와 노력이 진행되어야 할 것으로 보인다.

45) 정명복, 위의 책, pp.205~210.

다. 숙천·순천 공수작전

숙천·순천지역 공수작전

성조기를 펼치는 미군

숙천·순천의 공수작전은 미 제1군단이 평양을 탈환하면서, 북한군의 퇴로를 차단하고, 북한의 고위 관리들을 포획하며, 유엔군 포로를 구출하기 위하여 실시한 작전이었다.

여기에 투입된 병력은 미 제8군의 제187공수연대 전투단(연대장, 대령 Frank S. Bowen) 4,220명으로, 10월 20일 12:00 C-119 및 C-54 수송기 113대에 분승하여 김포에서 이륙, 평양북방 56㎞지점에 위치한 숙천(주 투하지역)과 그 동쪽으로 17km 떨어진 순천에 투하되었다. 이때 처음으로 중장비인 105미리 곡사포가 전투지역에 항공기를 이용하여 투하되기도 하였다. 연대는 투하 당일 17:00까지 목표를 탈취하고 전술적 절단을 완료했으며, 야간에 한국군 제6사단과 연결하였다.[46)]

당시 맥아더는 아직 북한군 주력이 평양 북방에 잔류하고 있을 것으로 판단하였으나 성과는 북한군 철수를 엄호하던 제239연대 소속 일부 병력을 격멸한 것과 유엔군 포로 일부를 구출한 것이 전부였다. 하지만 철수하는 북한군에게는 심리적으로는 큰 위압감을 주었다. 이후 한국군 제2군단의 6사단, 한국군 제8사단, 미 제1군단 소속의 한국군 제1사단, 미 제24사단 순으로 청천강 선으로 각각 진출했다.[47)]

---

46) 채한국 외 1명, 위의 책, p.544.
47) 채한국 외 1명, 위의 책, p.553.

라. 원산 상륙작전

한편 맥아더 원수는 6·25전쟁에서 또 한 번의 상륙작전을 연출하고자 했다. 맥아더는 미 제8군이 평양을 점령하고, 미 제10군단이 원산을 점령하여 동서로 연결하여 북한군의 퇴로를 차단한다는 계획으로 원산 상륙을 계획하였다. 당시 맥아더의 상륙작전 계획에 대한 위험성에 대해서는 워커의 구상과 비견되면서 공론이 형성되었으나, 아무도 이견을 제안하지는 못했다.

미 제10군단은 원산으로 출항하기 전 경인지역을 미 제8군에게 인계하고, 인원 및 장비 승선을 하는데 많은 시간을 소모하였다. 상륙을 준비하면서는 오히려 주공인 미 제8군의 북진에까지 영향을 미치는 결과를 초래했다.

미 해병사단은 10월 16일 인천에서 승선하여 원산을 향하여 출항했고, 미 제7사단은 열차편으로 부산으로 이동한 후 부산에서 승선하고, 10월 17일 출정하여 19일 원산 앞바다에 도착했다. 그러나 한국군 제1군단은 동해안 축선에서 10월 1일 진격을 개시하여 10월 10일 원산을 먼저 탈환한 상태였다. 한국군의 원산 탈환으로 인하여 계획된 상륙작전은 행정적 상륙으로 전환되었다. 거기다가 원산 앞바다의 기뢰제거 작전[48]에 많은 시간을 허비해야만 했다. 소해작전을 진행하면서는 일부 함정이 파손되는 피해를 입기도 하였다.

10월 19일 원산 해역에 도착한 미 제1해병사단은 소해작전이 종료된 26일부터 시작하여 28일까지 상륙을 완료했다. 미 제7사단은 기뢰제거 작업 내내 부산에서 출항하여 10일간 바다에 떠 있다가, 10월 29일부터 이미 탈환한 함경남도 이원에 행정적으로 상륙하여 혜산진으로 향했다.

상륙부대인 미 제10군단은 북진작전의 귀중한 시간에 기뢰를 제거하는 시간까지 합하여 약 20일 이상을 원산 앞바다의 함상에서 보내야만 했다. 원산 상륙작전은 단순한 전술적 실수가 아니었다. 이는 중공군의 개입과 연계되어 전략적인 실패를 초래했다. 결국 이 문제는 미국 상원의 군사외교합동위원회의 맥아더의 청문회에서까지 언급되는 대실책으로 기록되었다.

---

48) 10월 10일부터 실시된 기뢰제거 작업에는 미군 소해정 10척과 일본군 소해정 8척, 한국군 소해정 1척 등 모두 21척이 동원되었다(이 상륙작전을 '바다에서 왔다, 갔다한다' 하여 '요요작전'이라 부른다).

4. 아! 압록강·두만강

가. 진출한계선 북상 조정

북진작전이 한창 진행되고 있던 10월 15일 미국의 트루먼 대통령과 맥아더 원수가 태평양의 웨이크(Wake) 섬에서 전략회의를 가졌다. 대통령이 섬까지 찾아온 것은 전장의 지휘관에 대한 일종의 배려였다. 여기서 맥아더는 승리를 낙관하며, "추수감사절 안에 북한군의 공식적인 저항을 종식시킬 수 있다."고 보고하였다. 중공군의 개입 가능성에 대해서는 "거의 없다. 중공군은 효과적인 개입시기를 놓쳤다."[49]라고 트루먼 대통령에게 보고했다. 회담의 결과는 미국 정책에 그대로 반영되어 이후 유엔군의 추가 파병과 보급품의 선적에 제한을 받았다. 더욱이 중공군은 개입하지 않을 것으로 받아들여져, 이에 대한 대비를 전혀 하지 않았다.[50] 이는 이후 유엔군의 북진 작전에 영향을 미쳤다.

맥아더는 17일 미 제8군이 평양 부근까지 진격했을 때, 한국군을 제외한 유엔군의 진출한계선을 9·27훈령에 따른 기존의 맥아더 라인(정주-영원-함흥)에서 '신 맥아더 라인(한반도 서해안의 선천으로부터 회목동-고인동-평원-성진을 연하는 선)'으로 북상 조정하여 유엔군 작전명령 제4호로 하달하였다. 신 맥아더 라인으로부터 한·만 국경선까지는 대체로 48∼64㎞를 남겨두고 있었다. 맥아더의 총 추격명령은 사실상 자신의 진출한계선을 폐기한 것으로 유엔군도 한·만 국경으로 공격하라는 것이었다. 이 조치는 소련과 대결을 피하려는 미 합참과 갈등을 빚었다.

이즈음 한국군 제3군단이 10월 16일 창설되어 제5사단, 제11사단을 예하부대로 서울, 춘천, 양구, 인제지구에서 공비소탕 임무를 수행하며 북진작전을 지원했다.

나. 압록강·두만강으로 진격

평양을 우회한 한국군 제2군단 부대들은 10월 21일 퇴각하는 북한군을 뒤로하고 진격하였다. 맥아더는 늦어도 추수감사절(11월 23일)까지는 전쟁이 종료될 수 있다고 판단했다. 그리고 소련과 중공군의 개입징후가 없자, 24일부 '전 병력을 투입하여 최단 시간 내 한·만 국경선까지 진격하라'는 총 추격명령을 하달했다.

유엔군의 압록강과 두만강으로의 진격작전은 크게 낭림산맥을 기준하여 미 제8

49) 육군본부(역), 〈전쟁과 지도〉, 1974, pp.275∼278.
50) 정명복, 위의 책, pp.211∼212.

군의 서부지역과 미 제10군단의 동부지역 작전으로 구분되어진다. 24일 맥아더의 국경선까지 진군하라는 총 추격명령에 따라, 서부의 미 제8군 워커 장군은 미 제1군단장 밀번 소장에게 한국군 제7사단을 배속하면서(23일) 가능하면 국경선지대의 작전을 한국군에게 맡길 것을 지시하였다.[51] 이에 따라 한국군 제2군단인 제6사단이 초산, 제8사단이 만포진과 중강진을 목표로 하여 진격하였다. 동부의 미 제10군단장 알몬드 소장도 한국군 제1군단은 동해안 도로 및 무산 도로를 따라 국경선을 점령하고, 미 해병사단은 장진호 부근으로 진출하여 강계 공격을 준비하고, 미 제7사단은 백두산 남쪽으로 진출한다는 복안을 수립 시행하였다.

유엔군은 진격작전을 전개한 끝에 10월 26일경에는 박천-태천-운산-온정-희천-이원을 연하는 선까지 진출하였다. 반면 중공군이 아직 모습을 나타내지 않은 서해안 방면에서는 미 제24사단과 영연방 제27여단이 신의주 남쪽 30km지점인 정거동까지 진출하고 있었다. 제6사단 7연대는 청천강에서 북한군의 노획차량으로 차량화하여 큰 저항없이 10월 26일 14:15에 압록강 변 초산에 당도했다. 초산에 도착한 장병들은 통일을 향한 벅찬 가슴을 안고서, 수통에 압록수를 담았다.

그러나 한반도에 진입한 중공군은 내륙 깊숙이 들어와 진격하는 한국군 및 유엔군의 철수로를 차단하기 위한 은밀한 기동을 실시 중이었다. 다만 한국군 제6사단 7연대는 중공군과 진격로가 엇갈려 압록강까지 진격할 수 있었던 것이다.[52]

추수감사절 공세 다음 날인 10월 25일 서부지역에서 전혀 예측하지 않은 중공군의 기습으로 미 제8군 전체가 붕괴될 수 있는 상황이 전개되었다. 이것이 중공군이 한반도에 투입되어 처음으로 실시한 이른바 '제1차 공세'였던 것이다. 그러나 아직도 승리감에 도취되어 있던 유엔군 사령부는 이런 상황을 대수롭지 않게 여기고, 오히려 계속 공격을 명하였다.

운산지역에서 한국군 제1사단이 중공군으로부터 공격을 받아 철수하기 시작했고, 온정리의 한국군 제6사단 2연대는 와해되어 버렸다. 또한 초산으로 진격했던 제6사단 7연대는 27일 철수명령을 받고 적진에 고립되고 말았다. 중공군의 출현으로 전선의 균형이 갑자기 기울자, 미 제8군은 전방 진출부대의 퇴로 차단을 염려하여 후방으로의 철수를 명했다.

---

51) 국방부전사편찬위원회, 〈청천강 전투〉, 1985. p.49.
52) 송요태외 1명, 위의 책, p.409.

북진작전 경과(2)

압록강에서 물을 담는 병사

미국의 안보회의에서는 중공의 참전을 확인하고 전면전을 회피한다는 기존의 입장을 재확인하면서, 한·만 국경으로 진격작전을 중지하고 방어태세로 전환하도록 했다. 하지만 유엔군 사령관 맥아더 원수는 공산주의자들에 대한 유화정책을 경계하고 단호한 공세적 입장을 견지했다.

유엔군은 중공군의 참전사실을 인정하면서 중공군이 조직적인 공격력을 갖추기 전에 전쟁을 종결짓고자 했다. 맥아더 원수는 "이번 작전이 마지막이 될 것이며, 10일 이내에 전쟁을 종결짓고 크리스마스 이전까지는 고향으로 돌아갈 수 있을 것이다."라고 유엔군을 향하여 훈시했다. 이에 따른 유엔군과 한국군의 마지막 북진작전인 '크리스마스 공세'가 11월 24일 단행되었다.

5. 북진작전 분석

38선 돌파와 더불어 시작된 북진작전은 그야말로 한국 및 유엔군에게는 승리의 기쁨과 더불어 조국통일과 세계평화를 달성하는 환희에 젖어들게 하기에 충분했다. 한국군 및 유엔군은 38선에서부터 북한군을 파죽지세(破竹之勢)로 압록강과 두만강 변으로 몰아냈으며, 재기불능의 심대한 타격을 가했다.

이러한 일련의 성공적인 군사작전 뒤에도 우리가 짚어봐야 할 몇 가지 사항들이 있다. 먼저 공격기세 유지다. 이 문제는 정략적인 문제와 얽혀있기는 하지만 군사적인 측면에서는 너무도 큰 실책이었다. 한국군은 인천상륙작전이후에 서울탈환에서도 비교적 많은 시간이 소요되어 전광석화와 같은 인천상륙작전의 공격기세가 약화되었다. 더욱이 한국군이 동부에서 이미 10월 1일 북진을 개시하였는데, 유엔군은 10월 9일에서야 38선을 넘었다. 이는 공자 스스로 공격기세의 페이스를 포기한 상황이며, 방자는 역으로 전투력을 재정비할 수 있는 시간을 얻을 수 있었다. 손자가 병법에서 세(勢)를 강조하는 이유가 여기에 있는 것이다,

둘째로 지휘의 통일 문제이다. 미 제8군과 제10군단은 낭림산맥을 기준하여 좌우로 나뉘어 별도의 부대로 작전을 수행하였다. 동일한 전구에서 이원화된 지휘는 경쟁 심리를 부추기고 적절한 협조를 전해하였다. 또한 제10군단은 상륙작전을 시행하다가 20여 일 동안 바다에서 유병화되는 전대미문(前代未聞)의 사건이 발생했다. 이에 따라 제10군단이 충분히 진출하지 못하고 진격하는 서쪽의 미 제8군과 간격이 확대되었다. 중공군은 낭림산맥에 형성된 이 공간을 활용하여 한국군 및 유엔군의 배후를 공격하거나 철수로를 차단하였던 것이다.

셋째로 공격 시 목표선정 문제다. 최초 38선 돌파 단계인 금천전투에서 적절한 지역목표 선정으로 북한군 2개 사단을 효과적으로 포위하여 격멸하는 사례를 볼 수 있었다. 그러나 평양 탈환 작전에서는 평양이라는 지역목표에 고착되어, 미 제1군단 부대뿐만이 아니라 한국군 제2군단 부대들까지 평양이라는 지역목표에 집중함으로 해서 북한군 부대는 퇴각할 수 있는 시간을 확보할 수 있었다.

넷째로 북으로 진격시 전선에만 급급하여 후방의 패잔병 처리에 관심을 갖지 못했다. 결국 패잔병들은 산악으로 들어가 유격활동을 전개하면서 제2전선을 형성함으로 해서 이후 한국군 및 유엔군이 지불하게 될 피해와 대가는 엄청났다.

마지막으로 정보의 문제이다. 유엔군 사령부는 적정 파악이 부진한 가운데 전쟁이 조기에 종료될 것이라는 안이한 판단을 했다. 정말 간과할 수 없는 것은 중공군의 전쟁 개입과 한반도 진입을 파악하지 못한 맥아더 정보라인의 무능함이었다. 그 결과는 전세를 파멸로 몰아넣었고, 수많은 인명이 살상되었으며, 오늘날의 한반도 분단으로 귀결되어진다. 맥아더는 군신(軍神)이지만, 정보의 맹신(盲神)이기도 하였다.

> 전쟁에서 승리를 대신할 수 있는 것은 아무것도 없다.
>
> –맥아더–

제7장

중공의 개입과 재반격

- 새로운 전쟁 -

결빙된 압록강을 넘고 있는 중공군

제1절 중공군 참전과 제1차 공세

1. 중공의 선택

가. 참전 경위

중공은 대륙 통일 과업을 진행 중이던 1949년 이전까지는 김일성의 대남전략에 대하여 한반도 내부의 문제로 취급하고 별다른 관심을 보이지 않았다. 그러나 건국을 완료한 마오쩌둥(毛澤東)은 1950년 초순 베이징(北京)을 방문한 김일성과의 회담에서 모스크바에서 결정된 무력통일에 관한 구상을 지지하며, 미국이 전쟁에 참여한다면 중공은 군대를 파견해 북한을 지원할 것이라고 언급했다.

하지만 중공은 전쟁이 발발할 당시만 해도 타이완 합병준비에 박차(拍車)를 가하고 있었다. 6·25전쟁 발발 직후에 미국이 중공군의 타이완 침략을 대비하여 타이완 해협에 미 제7함대를 급파하자, 중공은 이에 대한 비난을 하면서부터 한반도 상황에 반응을 보이기 시작했다. 그리고 미군이 한반도에 상륙하자 중공은 둥베이(東北)에 대한 위기의식을 느끼고, 7월 15일부터 중남군 지역의 제50군, 타이완 공격을 준비했던 제9병단, 산시(陝西)의 제19병단 등을 동북지방으로 이동시키고, 동북에서 모집한 인원을 더하여 총 25만 여명의 '둥베이 변방군(東北邊防軍)'을 편성하였다.[1] 8월 말에 이르러서는 급기야 타이완 통합을 위한 재공격 준비를 보류한다고 선언했다.[2] 이후 중공은 한반도 상황을 예의 주시하면서 제2·3선으로 추가적인 병력을 이동시키고, 북·중 접경지역에서 대대적으로 병력을 모집했다.[3]

---

1) 국방부 군사편찬연구소, 〈6·25전쟁사 7 중공군참전과 유엔군 철수〉, 2010, p.25.
2) 서상문, 〈모택동과 6·25전쟁-파병결정과 개입동기-〉(서울 : 국방부 군사편찬연구소, 2006, pp.72~74).
3) 주로 조선족들을 모집하여, 미군의 카튜사와 같은 역할을 부여하였다.

반격을 시작한 유엔군은 1950년 10월 1일 김일성에게 항복을 권유했고[4], 김일성이 이를 받아들이지 않자 유엔의 결정에 따라 38선을 넘었다. 반면 김일성은 항복대신 스탈린과 마오쩌둥에게 간곡한 지원 요청을 선택했다. 스탈린은 "소련군의 직접 참전이 제한되기 때문에 중공군이 의용군의 형태로 참전하는 것이 바람직할 것"이라는 내용을 마오쩌둥에게 전달했고, 김일성은 박헌영을 단장으로 하는 대표단을 베이징으로 보내 파병을 요청하였다.

이제 공은 중공으로 넘어갔다. 하지만 중공 당국은 거듭된 파병 논의에도 불구하고 결론을 내리지 못하자 마오쩌둥이 정치적 직권으로 파병을 결정했다. 사실 중공은 전쟁이전부터 여러 경로를 통하여 '미군이 38선을 넘으면 한반도의 전쟁에 개입하겠다'는 의사를 미국에 전달했다. 그러나 미국은 이를 무시하고, 38도선을 넘었으며, '전쟁을 중국으로 확대하지 않을 것이며 북·중 국경선에서 중국의 안전을 보장한다.'고 밝혔다. 마오쩌둥 또한 미국의 이런 발언을 믿지 않았고, 미국이 중국을 침략할 것이라는 '미국 위기설'을 조장하였다. 결국 중공의 참전은 중·미 상호간에 상대의 통보 내용을 제각기 주관적으로 해석하여 의사를 왜곡한 결과였다.

중공은 10월 8일 출병 결정 사실을 김일성에게 통보했다.[5] 하지만 중공의 한반도내 병력 파견은 여러모로 문제를 야기하는 결정이었다. 중공은 당시 유엔의 회원국도 아니며, '중국의 유일한 합법 정부'도 아니었다.[6] 중공은 둥베이를 보호해야하겠다는 자의적 해석 하에 한반도에 진주한 것이다.

당시 중국의 한반도에 대한 기본 전략은 조선 문제는 조선 자체적으로 해결되기를 바랐다. 중공은 다만 미군의 진출로 인하여 둥베이가 위협받지 않도록 하는 것이었다. 따라서 중공은 미국에 전쟁의 빌미를 주지 않기 위해 미국에 선전포고도 하지 않았고, 중공의 정규군인 둥베이 변방군의 명칭도 '중국인민지원군(中國人民志願軍)'으로 개칭하고 중공의 정규군이 아니라 마치 인민들이 '스스로 자원'한 민간 차원의 부대인 것처럼 위장하였다. 전쟁의 명칭도 '항미원조전쟁(抗美援朝戰爭)'이었다.

---

4) AKKN을 개국하고 첫 방송을 김일성에게 항복을 권유하는 내용의 방송을 했다.
5) 채한국 외 1명, 위의 책, pp.42~14.
6) 국방부 군사편찬연구소, 〈6·25전쟁사 7 중공군참전과 유엔군 철수〉, 2010, pp.85~87.

나. 마오쩌둥의 참전 결심

김일성 · 스탈린 등과 함께 6 · 25전쟁의 3대 결정자인 마오쩌둥은 당시 중국 주석으로 국론 결정의 정점에 있었다. 마오쩌둥은 전쟁 전에 스탈린과 신 중·소 동맹을 체결하여 소련으로 하여금 둥베이에서 많은 이권을 포기하게 했고, 이로 인해 소련은 동방전략을 구현하기 위해서 동만주나 한반도에서 새로운 전략을 구사해야만 했다. 또한 마오쩌둥은 '50년 초에 조 · 중 · 소의 합의에 따라 북한에 5만 한인 병력을 지원했고, 스탈린의 최후 전쟁조건에 동의함으로 해서 전쟁발발 원인을 충족 시켰다.

마오쩌둥이 건국 1년도 채 되기 전에 국내통합과 경제발전, 대만통일, 국제 외교관계 등 산적한 현안문제를 제쳐두고 한반도 전쟁에 개입한 동기는 과연 무엇일까? 파병의 첫째 이유는 국가안보의 선제 발동이었다. 국토의 핵심부를 방위하려면, 그 주변부를 우선 방위해야 하듯이, 둥베이 지방을 방위하기 위해서는 우선 한반도가 중공의 통제 하에 있어야 했다. 결국 중공이 제국주의로 간주하고 있는 미국이 한반도의 38선을 넘어 둥베이로 접근해 오자 위협을 느낀 중공은 적을 기다리기보다는 국외의 전장에서 '적극적 방어전략'을 구사한 것으로 볼 수 있다.[7] 이 전략은 미국이 태평양을 자국의 내해로 삼아 방어망을 형성하는 것과 동일한 개념의 제국주의적 논리였다.

둘째 이유는 북한 정권 즉 공산주의 집단의 유지였다. 중국 대륙과 한반도는 순망치한(脣亡齒寒)[8]의 관계로 김일성이 주도하는 공산주의 정권이 붕괴된다면 결국 친미주의의 한반도와 지리적으로 연결되어 중공의 안전에 위협을 줄 것으로 판단하고 있었다. 이는 대륙과 한반도의 지정학적 관계에서 명(明)조 이래 싹튼 지역안보관이 반영된 결과라고 볼 수 있다.[9] 한반도와 미 · 일의 연대는 장차 공산주의 체제인 중공의 아시아 주도권 확보에 이로울리 없었다.

셋째는 경제개발이다. 중공은 한반도의 전쟁으로 소련과 밀접한 외교관계가 유지

---

7) 국방부 군사편찬연구소, 〈6 · 25전쟁사 7 중공군 참전과 유엔군 철수〉, 2010, pp.61~68.

8) 脣亡齒寒 : 입술이 없으면 이가 시리다는 뜻의 4자 성어이다. 입술과 이, 수레의 덧방나무와 바퀴처럼 따로 떨어지거나 협력하지 않으면 일이 성취되기 어렵다는 뜻의 순치보거(脣齒保擧)라는 4자 성어도 같은 의미로 사용된다.

9) 1592년 임진왜란 시 왜가 조선을 침략하자 순치보거의 명조는 조선에 지원군을 파견하여 왜(倭)와 강화하였다.

중공군 사령관 펑더화이(좌)와 김일성(우) (자료 : 티스토리)

중공의 병참 지원 (자료 : 티스토리)

되면서 이를 바탕으로 건실한 경제협력관계가 유지되기를 기대했다. 더욱이 둥베이의 경제적 요소(공업시설, 풍부한 지하자원과 전기 생산)를 고려해 보았을 때, 둥베이는 절대 포기할 수 없는 매력적인 지역이었다. 이러한 둥베이에 미국이 침범한다고 예단한 마오쩌둥은 미국과의 일전을 불가피한 것으로 판단했고,[10] 중공은 이미 '50년 7월 들어 미국과 전쟁을 결심하고 대만, 한국, 베트남 등 3곳의 전장을 선정하고 있었다. 그 중 한반도를 제일 유리한 전장지역으로 판단했을 뿐이다.[11]

마지막으로는 중화사상(中華思想)과 보은의식(報恩意識)의 결합이었다. 중국과 북한은 일본 제국주의에 대한 공동 무장투쟁과 국민당 군과의 전쟁을 전개하면서 자연스레 '피로 맺은 형제의식'이 형성되어있었다. 이와 같은 배경 하에서 한반도에 전쟁이 발발하자, 이제 중공이 북한을 도와주어야 할 차례라고 생각하게 되었다.[12] 더욱이 많은 중국인들은 청대(淸代)까지만 해도 조공을 받던 번속국(藩俗國)에게 도움을 받고도 모른 체한다는 것은 대국답지 않은 행동으로 생각했다.

그러나 마오쩌둥이 최종적으로 고려한 것은 스탈린과 함께 주창하던 '국제주의'도 아니고, 김일성이 주창한 '아시아의 반제 동맹' 도 아닌, 바로 '중국의 국익이

---

10) 국방부 군사편찬연구소, 〈6·25전쟁사 7 중공군 참전과 유엔군 철수〉, 2010, p.69. (Sergei N. Goncharov, etc., op. cit p.181 재인용)
11) 徐焰-吳小京, 육군본부 역〈중공군의 한국전쟁 교훈, 原題 : 抗美援朝戰爭史 書卷〉, 육군 인쇄창, 2005, p.10.
12) 예프게니 바자노프, 나딸리아 바자노프 저, 김광린 역, 〈소련의 자료로 본 한국전쟁의 전말〉(서울 : 도서출판 열림, 1998년), p.115.

무엇인가?' 하는 것이었다. 그래서 마오쩌둥은 일주일간 독방에 들어앉아 고독한 번민을 통해 한반도 파병이라는 번뇌의 결정을 했던 것이다.[13] 하지만 마오쩌둥의 국익이 과연 '중국 전체 인민의 이익을 대변하였는지?' 아니면 '계급의 이익을 대변했는지?' 는 고려해봐야 할 문제이다.

또한 마오쩌둥이 전쟁 참전 결정을 한 배경에는 '소련 공군 1개 사단이 지원될 것'이라는 믿음이 있었기 때문에 가능했다. 중공은 참전을 결정하고 소련에 약속했던 공군 지원을 요청했다. 하지만 스탈린은 "공군 참가는 불가하고 10개 사단 분 전쟁 물자를 지원하겠다."며 중국 단독 출병을 권유했다(10월 12일).[14] 마오쩌둥은 사령관을 펑더화이(彭德懷)로 임명하고 출전 준비를 하다가, 소련의 조치에 일시 출병을 보류하기도 하였으나, 결국 소련의 지원여부에 관계없이 한반도에 출병하기로 결정했다.

중공군 이동경로

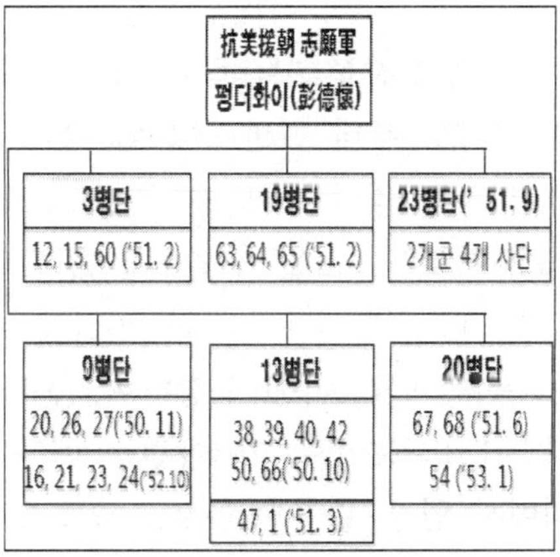

중공군 부대별 출병 일정

2. 중공군의 전개

중공군은 유엔군의 북진작전이 진행되고 있을 때, 압록강을 걸어서 도강하기 시작했다. 한반도에 침입한 중공군은 주로 ① 안동(安東 1965년 이전, 현재는 丹東)-신

13) 徐焰-吳小京 저, 위의 책, p.17.

14) 소련의 약속 위반은 후에 중·소 갈등으로 발전한다.

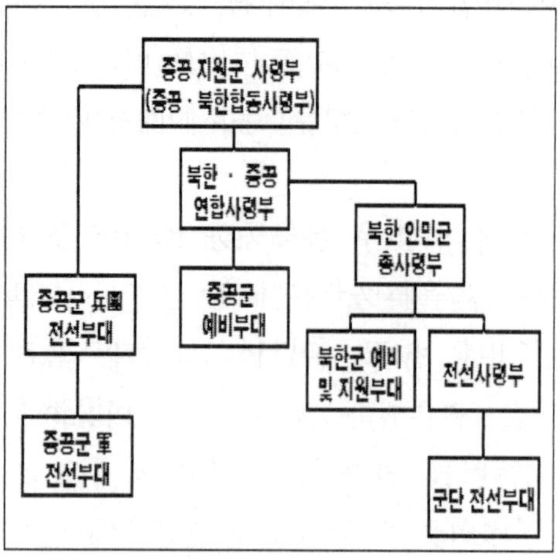

중공 북한 합동군 사령부
(자료 : 채한국 외 2인, 국방군사연구소)

공세명칭	기간	유엔군 조치 (주요 조치 및 전투)
제1차 공세 (제1차 전역)	'50.10.25 ~ 11.5	추수감사절 공세 (운산·온정리 전투)
제2차 공세	'50.11.25 ~ 12.24	크리스마스 공세 (청천, 장진호 전투, 흥남 철수)
제3차 공세	'50.12.31 ~ '51.1.15	1.4후퇴, 37도선 철수, 1차 공세 (문산지구 전투, 원주 전투)
제4차 공세	'51.2.11 ~ 2.18	제2차 반격 (지평리 전투, [illegible])
제5차 공세	'51.4.22 ~ 4.29	(설마리·사창리 전투)
제6차 공세 (제5차 전역 2단계)	'51.5.16 ~ 5.22	제3차 반격 (현리 전투, 용문산 전투)
제7차 공세	'53.6.10 ~ 7.20	(금성지구 전투)

중공군 공세 구분

의주 ② 청성진(淸城津)-삭주 ③ 지안(輯安)-만포진 ④ 임강(臨江)-중강진 등 중국의 동북지역으로부터 한반도에 이르는 4개의 통로를 이용했다. 선두 부대인 제4야전군 예하 제13병단 12개 사단(약 18만 명)이 10월 19일 야간에 지안(輯安)에서 압록강을 도강하였고, 10월 20일에는 펑더화이가 신의주를 거쳐 대유동에 동북변방군사령부를 개소하였다.[15] 10월 26일에는 중공군 2차 부대인 6개 사단(8만 명)이 안동-신의주 통로를 이용 도강하여, 총병력 18개 사단 26만 여명이 한반도에 전개하였다. 11월 초순에는 제3야전군 예하 제9병단 3개 군 12개 사단(약 12만 명)이 동북지역에서 임강-중강진 통로로 압록강을 넘었다.

미군은 웨이크도 회담내용[16]에서 볼 수 있듯이 중공군의 개입을 전혀 예측하지 못했다. 여러 통로를 통하여 확인된 중공군 개입에 관한 유용한 첩보들은 묵살되고

15) 중공군 보병사단은 7천 명 정도이나 항미원조지원군은 1만~1만 1천여 명으로 보강된 3각 편제였다.

16) 인천상륙작전으로 명성이 절정에 오른 맥아더 장군이지만 6·25전쟁에서 돌이킬 수없는 전략적 실수를 반복했다. 이는 역설적이게도 군신의 반열에 오른 맥아더의 권위와 명성에 아무도 조언하지 못했기 때문이다.
첫째는 중공의 참전 사실을 파악하지 못한 것이다. 웨이크도 회담에서 맥아더 장군은 트루먼 대통령에게 "중공은 참전 기회를 실기했다."고 보고했으며, "또한 참전하더라도 미 공군이 이를 격퇴할 수 있다."고 했다. 이는 정보전의 실패로 기록될 수 있다. 둘째는 원산에 육로가 아닌 상륙작전을 실시하여 결국 미 제군과 제10군단 사이의 낭림산맥을 비워두게 한 것이다. 이 공간을 이용하여 중 공군이 유엔군을 포위함으로써 생사를 건 철수 길에 올랐고, 통일은 멀어졌다.

말았다. 중공군들은 압록강을 도강하여 일몰과 함께 행동하고 새벽 4시면 이동을 중지하고 5시까지 모든 행동을 은폐하였다.[17] 이러한 방법으로 중공군은 미군의 공중 관측에 발견되지 않고, 하루에 7-8시간의 야간행군으로 산악지형을 이용 한반도 내륙으로 진출할 수 있었다.

한편 중공 전쟁지도부는 유엔군이 평양-원산 선을 점령하고 진격을 정지할 것으로 판단했다. 중공군 전략은 최초 계획은 전략적 방어에 치중하다가 소련으로부터 무기를 지원받은 후 주도권을 잡고 공세로 전환하는 것이었다. 따라서 중공군은 한반도 내륙으로 깊숙이 들어와, 원산-평양 이북 산악지역에 근거지를 마련하고 덕천, 영원선 남쪽에 2~3개의 방어선을 구축한다는 계획을 수립하고 있었다.[18] 그러나 유엔군의 진출속도가 워낙 빨라 한반도에 진입하자마자 공세로 전략을 전환하지 않을 수 없었다.

중공군은 한반도에서 치른 전투를 중공 특유의 전역(戰役, campaign)[19]이라는 개념으로 파악하여, 6·25전쟁 중 다섯 차례의 전역과 전쟁후기의 3차의 전역 및 주요 전투를 치른 것으로 파악하고 있다.[20] 전쟁기간 중 전투를 성격에 따라 전략적 반격(1950년 10월 25일부터 1951년 6월 10일까지 다섯 차례의 전역)과 전략적 방어(1951년 6월 11일부터 1953년 7월 27일 진지전 위주의 방어전 전개)의 두 단계로 구분한다.[21] 본서에서는 기간내 지속적으로 계속된 중공군의 공세를 총 7차례의 주요 공세로 구분하여 기술하였다.

지원군 사령관 펑더화이는 마오쩌둥의 군사사상을 반영하여 한반도의 지형에 적합한 전술로 전환하였다. '진지전(지역방어)과 운동전(기동방어)의 배합전'을 수행하면서, 전술적 상황에 따라 역습, 매복, 기습으로 한국군과 유엔군의 유생역량을 소멸하였다. 중공군은 미군에 비해 상대적으로 화력과 기동력이 미약한 한국군의 방

---

17) 중공군은 1일 평균 40km의 속도로 이동하였으며, 이동간 철저한 행군군기를 유지하였다. 화기는 각 국의 화기를 사용하여 탄약은 호환되지 않았고, 무전기는 군단별 70대 가량이며, 군단이하는 도보로, 군단이상 부대는 자전거로 전령 임무를 수행했다.

18) 국방부 군사편찬연구소, 〈중국군의 6·25전쟁사(1)〉, 2002, pp.218~287.

19) 중국의 군사학에서 말하는 전역이란 적대적인 쌍방이 일정한 방향 혹은 공간에서 통일적인 지휘를 받는 부대가 전쟁의 국부적 또는 전체적인 목적을 달성하기 위해 각자의 작전계획에 의거 일정한 기간 내 진행하는 일련의 전투를 포괄하는 총칭이다(국방부 군사편찬연구소, 〈6·25전쟁사 7 중공군 참전과 유엔군 철수〉, 위의 책 p.136).

20) 국방부 군사편찬연구소, 〈6·25전쟁사 7 중공군 참전과 유엔군 철수〉, 2010, pp.136~137.

21) 국방부 군사편찬연구소, 〈6·25전쟁사 7 중공군 참전과 유엔군 철수〉, 2010, pp.135~137.

어지역을 먼저 공격하여 포위·소멸하여 분리시킨 후 미군의 측방을 노출시켜 그 퇴로를 차단·포위하고 미군을 소멸시키는 전략을 수립하였다.[22] 특히 제1차와 제2차 전역(공세)에서는 '유엔군을 깊숙이 유인하여 섬멸한다(誘敵深入)'는 전술을 사용하였다.

이와 더불어 중공군은 우리가 잘 알고 있는 인해전술과 함께 미군의 막강한 화력과 공군기를 피해 야간공격을 위주로 했고, 역으로 한국군과 유엔군에 밀착하여 화력을 피하기도 하였다. 또한 장비의 기동이 취약한 산악지대 위주로 방어진지를 구축하였다.

3. 추수감사절 공세와 중공군 제1차 공세

유엔군의 추수감사절 공세와 중공군의 제1차 공세는 하루 차이로 진행되었다. 유엔군이 청천강 선에서 10월 24일 한·만 국경을 향하여 진격하자 중공군이 10월 25일부터 적유령산맥 남단에서 공세를 단행, 11월 5일 까지 진행된 쌍방의 공방으로 유엔군이 청천강 이남으로 철수 하였다.

유엔 지휘부는 추수감사절(11. 23)까지는 전쟁을 끝낼 수 있을 것이라고 판단하고, 동·서의 지휘관에게 두만강과 압록강을 향하여 최대의 속도로 진출하도록 명했다(10. 24). 이러한 추수감사절 공세에 따라 한국군과 유엔군은 총공격을 감행, 서부전선에서는 청천강을 도하 서해안에서는 영연방 제27연대와 미 제24사단이 정거동, 한국군 제2군단이 운산, 온정리까지(제6사단 7연대는 초산), 동부전선에서는 10월 26일 원산에 상륙한 제1해병사단이 인공 호수인 장진호 방향으로 미 제7사단은 혜산진방향으로, 한국군 수도사단이 청진 방향으로 각각 진격해 나갔다.

중공군은 유엔군이 아직 중공의 참전사실을 인지하지 못하고 분산된 채 전진하여 미 제8군과 제10군단의 전선이 서로 연결되어있지 않은 점과 서부전선의 한국군 3개 사단이 지나치게 돌출되어 있다는 점을 파악하고 있었다. 따라서 작전 목표를 열린 공간인 낭림산맥 일대를 이용 한국군과 유엔군을 청천강 이남으로 축출하여 국경선으로의 진출을 저지하는데 두었다.[23]

22) 정명복, 위의 책, pp.226~227
23) 이때 중공군은 유엔군이 평양-원산 선에서 일시 정지할 것으로 판단했다. 따라서 중공군은 최초 청

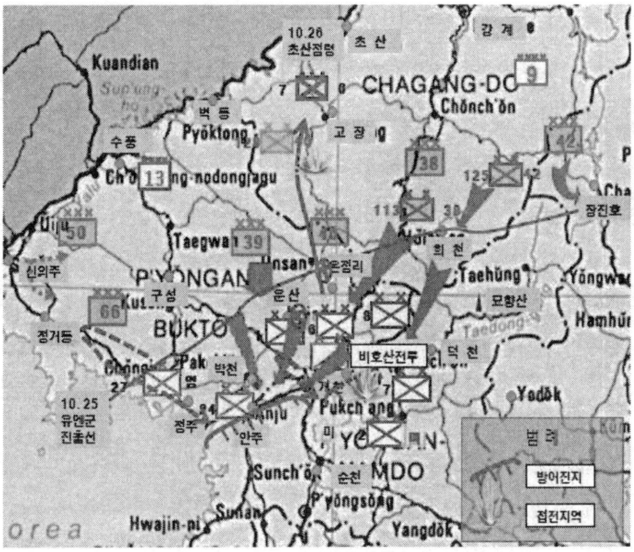

중공군 제1차 공세 상황도

마오쩌둥은 10월 21일 "중요 지역에 매복하여 공격부대를 기습하되 화력이 미약한 한국군 제2군단(제6·7·8사단)을 먼저 기습한 후에 미군과 영국군을 공격하라"고 전선의 사령관에게 지시하였다. 이리하여 시작된 것이 중공군의 제1차 공세이며 중공군은 이를 제1차 전역이라 부른다.[24)]

중공군은 추수감사절 공세 다음날인 10월 25일부터 공세를 개시했다. 지금까지 압록강을 도강한 6개 군 중에서 5개 군(38군, 40군, 39군, 66군, 50군)을 서부전선으로 투입하여 적유령산맥 남단에서 서남쪽의 운산-희천 방향으로 공격했고, 42군은 장진호 북쪽에서 남쪽으로 전개했다.

25일 운산에서 한국군 제1사단 15연대와 12연대가 북진하던 중 중공군 제40군 예하부대 매복지역으로 진입하여 중공군과 첫 전투가 실시되었다. 증원된 미 제1기병사단장이 한국군 제1사단의 중공군 배치 사실에 관한 포로 심문 결과를 무시하면서 제8기병연대를 무리하게 초월 공격시켜 이 또한 포위되고 말았으며(전차소

천강선 이남에 방어진지를 구축하려 하였다. 그러나 유엔군이 북으로 계속하여 진출해 오자 '청천강 선 이남에 방어진지를 구축하겠다.'던 적극적인 방어에서 '공격하여 섬멸하겠다.'는 적극적 공세로 작전형태를 전환하였다. 이는 다급했기 때문이다.

24) 합동참모본부, 위의 책, pp.466~479.

한국군 제1사단을 공격중인 중공군(운산)

매복하고 있는 중공군

대가 구룡강 변에서 한국군을 가장한 중공군을 통과시켜 3대대가 괴멸되었다.)[25] 11월 2일에 중공군 제39군단의 포위공격에 패퇴하였다.

25일 제6사단(사단장, 준장 김종오) 선봉부대인 제2연대도 온정리에서 중공군 제40군단 제118사단의 매복에 걸려 가까스로 포위망을 탈출했으며, 초산까지 진출한(26일 14시 15분) 제7연대는 퇴로가 차단되었다. 또 한국군 제8사단(사단장, 준장 이성가) 16연대 마저 포위되어, 10월 말에는 한국군 제6 · 8사단 4개 연대가 와해되어 버리는 사태가 발생했다.[26]

동부전선에서도 한국군 제3연대가 황초령에서 중공군 제42군 124군과 접전이 발생하여 11월 13일까지 전투는 계속되었다. 이렇게 중공군의 거센 저항에도 불구

25) 미 제1군단의 선봉부대였던 한국군 제1사단은 전쟁 초기 전투, 낙동강 전선의 다부동, 평양탈환 등에서 혁혁한 전공을 세운 정예부대였다. 백선엽 사단장은 기온이 급강하고 하복을 입은 장병들은 추위를 타기 시작하자 불안감을 느낄 수 있었다. 첫 번 째 획득한 중공군 포로를 직접 신문하고 충격을 받아 미 제1군단장 밀번 소장에게 직접 신문하도록 했다. 군단장은 포로 심문 결과를 워커 제8군사령관에게 보고했고, 미 제1기병사단은 제1사단의 철수를 엄호하도록 하여, 미군이 중공군과 사상 첫 교전을 하게 되었다. 이때 미 제8기병연대 3대대는 중공군에 포위되고 통신이 두절되었다. 호바트 게이 미 제1기병사단장은 제5기병연대를 보내 제3대대를 구출하도록 지시했다. 하지만 제5기병연대마저도 중공군의 집중적인 공격을 받고 마비 상태에 빠졌다. 게이 사단장은 더 오래 구조작전을 끌다가는 제5기병연대까지 전멸할 위험이 있다는 판단을 내렸고, 제3대대를 포기하라고 지시했다. 미군 전사 상 포위된 부대의 구조를 포기한 것은 이것이 처음이었다. 이때 3대대 장병 800명 가운데 600명이 戰死하거나 실종되었다. 백선엽 장군은 만주군 출신으로 팔로군과 전투를 일찍이 수행해본 경험이 있어, 워커 제8군사령관과 참모들이 중공군을 과소평가하는 것을 보고 깜짝 놀랐다고 한다. 미군들은 한국군 지휘관들이 책임을 회피하려고 중공군을 과장하여 보고한다고 생각하기도 했다고 한다(자료 : 조갑제 닷컴, 현대사).

26) 김성우 외 1명, 위의 책. p.218.

하고 유엔군이 계속 진출한 이유는 유엔군 지휘부에서 중공군의 참전을 인정하지 아니하고 계속 공격을 독촉했기 때문이었다.

유엔군은 미 제1기병사단이 패퇴하고 중공군의 압력이 거세지자, 11월 3일 청천강으로 철수했다. 이는 9월 15일 인천상륙작전을 실시한 이후 40일만의 후퇴였다. 중공군 제38군과 제40군 및 제39군은 미 제8군의 우측인 한국군 제2군단 지역을 돌파하여 청천강을 따라 안주 방향으로 진출하기 시작했다. 이는 한국군 돌파이후 유엔군의 후방 차단을 기도하는 수순이었다. 그리고 11월 4일에는 요충지인 개천 탈취를 시도했다. 만약 중공군이 개천에서 순천이나 신안주로 진출한다면, 미 제1군단의 퇴로가 차단되어 궤멸되는 것은 시간문제 일수도 있었다.

상황이 이렇게 급박하게 전개되자 미 제1군단은 군단 예비인 한국군 제7사단을 비호산에 투입했다. 비호산은 개천-순천, 개천-덕천을 연결하는 도로를 통제할 수 있어, 미 제8군의 운명을 결정지을 수 있는 지역이었다. 한국군 제7사단은 다행히 비호산에서 중공군 제40군을 저지시킬 수 있었고, 이때 미 제8군의 1군단은 철수를 단행하였다. 10여 일 동안 공세를 퍼붓던 중공군은 11월 7일 돌연 접촉을 단절한 채 적유령산맥으로 잠적했다. 동부전선의 중공군은 서부전선 공세 시 그 측방을 보호하는 수준의 임무가 주어졌기 때문에 강한 압박을 퍼붓시는 않고 위력수색 정도에 그쳤다. 이 과정에서 한국군 제3사단 26연대도 중공군 포로(1951. 10. 29, 16명)를 생포하여 중공군 참전을 확인했다.

이런 중공군의 제1차 공세는 유엔군의 추수감사절 공세를 실패로 돌아가게 함과 동시에 맥아더의 북진을 멈추게 했다. 한국군 제6사단과 미 제8기병연대 등은 부대가 와해되는 피해를 입었다. 중공군은 유엔군을 저지했고, 후속증원부대의 전개시간을 획득했다. 중공군도 한국군 3개 사단에 대하여 섬멸적 타격을 기대했지만 더 이상 큰 전과를 거둘 수는 없었다. 이는 중공군 자체의 열악한 보급과 미군의 지상 및 공중화력이 강력했기 때문이다.

하지만 유엔군은 아직까지도 중공군의 실체를 제대로 꿰뚫어 보지 못하고 있었다. 중공군이 개입한지 일주일이 지난 11월 2일 유엔군사령부는 한국에 침입한 중공군을 약 6만여 명(실제 병력 150,000명)으로 파악하고, 이들은 수풍발전소를 경계하던 경계부대로 북한군과 중공 의용군이 혼성된 부대라는 분석을 내놓았다.[27)]

---

27) 송요태 외 1명, 위의 책, p.412.

따라서 유엔군은 중공군의 1차 공세에도 불구하고 중공군의 개입을 크게 우려하지는 않았다. 11월 6일 중공군이 잠적하자 유엔군 지휘부는 다시 한 번 확신에 찬 목소리를 내었다. 중공군의 한반도의 전쟁에 개입한 목적은 수풍댐[28]을 확보하고, 유엔군에 대해 일종의 무력시위를 하는 정도로 판단했기 때문이었다. 하지만 중공군은 자신들의 전력을 위장하기 위해 청천강 상에서 추격을 멈추고 영악하게도 더 큰 유인 작전을 준비 중에 있었던 것이다.

> 전쟁에서 예측할 수 있는 일은 한 가지 예측대로는 일어나지 않는다.
>
> -클라우제비츠-

28) 압록강 하구에 위치하고 있는 세계적 수력발전소이다. 압록강 수력발전 주식회사와 만주국(滿洲國)이 공동 출자하여 1943년 11월에 완공되었고, 전력은 당시 만주와 북한에 50 : 50으로 나누어 배전하였다.

제2절 크리스마스 공세와 중공군 제2차 공세

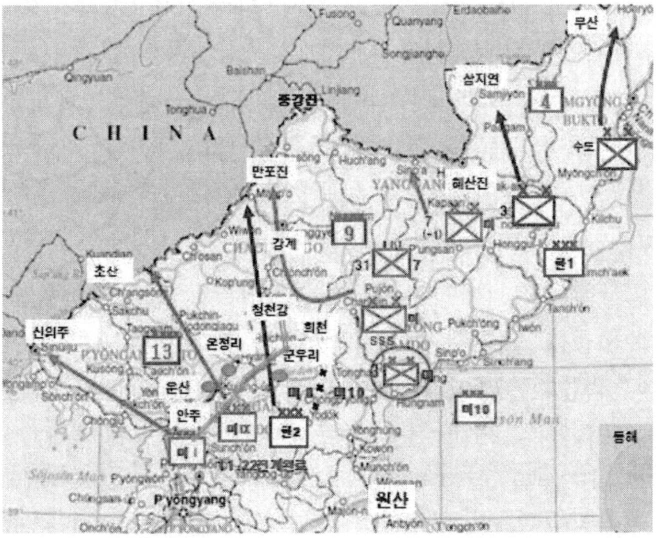

유엔군의 크리스마스 공세 상황도

크리스마스 공세와 중공군의 제2차 공세는 유엔군이 11월 24일 청천강 상에서 다시 총공세를 단행하면서 중공군이 다음 날 공세를 가해 서부의 청천강 일대와 동부의 장진호 및 함흥 일대에서 12월 24일까지 벌어진 공방전을 지칭한다.[29]

중공군의 제1차 공세에 따라 청천강을 연하여 방어선을 구축하고 있던 유엔군과 한국군은 11월 7일 대치하고 있던 중공군이 접적단절을 하고 퇴각한 것을 확인하였다. 이에 유엔은 중공군의 정확한 기도를 파악하지는 못하고, 공중엄호 하에 위력수색으로 다시 영변과 박천 일대를 탈환하였다.

중공군과 일전을 치른 맥아더 장군은 소수의 중공군이 참전한 것으로 판단하고, 중공군이 조직적인 전력을 갖추기 전에 전쟁을 종결짓겠다는 구상을 했다(작전 소요 예상기간 10일). 그리하여 동부전선에 계획대로 상륙시키고, 서부전선에도 미 1개 군단을 추가 투입 11월 24일 총 공세를 단행하였다.

29) 국방부 군사편찬연구소, 〈6·25전쟁사 7 중공군참전과 유엔군 철수〉, 2010, p.389.

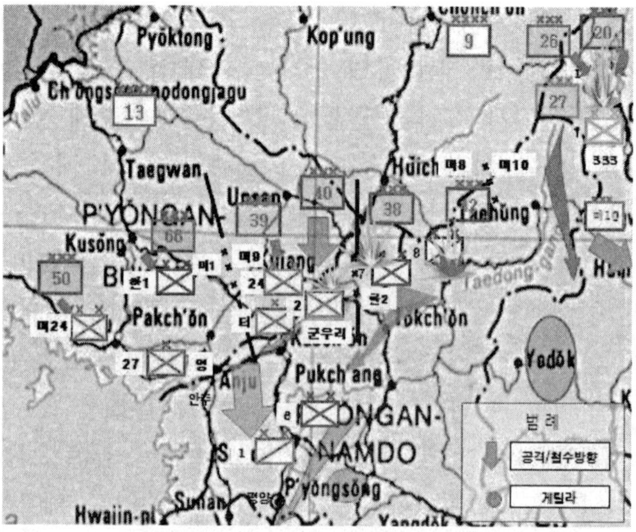

중공군 제2차 공세 상황도

유엔군 사령부는 미 제8군의 북진과 함께 미 제10군단의 서진에 의하여 중공군을 포위하려는 계획이었다. 미 제8군은 3개 군단 병진으로 공격했다. 미 제1군단은 제일 서쪽에서 청천강에서 압록강 하류로(안주-신의주), 중앙은 소강상태를 이용 투입된 미 제9군단이 압록강 중류로(운산-초산 방향), 그 우측에서는 한국군 제2군단이 만포진(희천-만포진 방향)으로 각각 공격했다. 미 제10군단은 미 제1해병사단을 서진시켜 제8군과 연결한 후 만포진으로 공격하게 하고, 미 제7사단을 혜산진 및 압록강 방면으로, 한국군 제1군단을 만주와 소련 국경선으로 전출하도록 했다.

중공군 또한 제1차 반격에서 자신감을 얻고 '반격을 통해 공세로 전환'하고자 했다. 이번 작전 목적은 청천강과 장진호 그리고 청진지역에서 유엔군을 섬멸한 후 제2전선 부대와의 연계 하에 38도선 회복하는 것이었다.[30] 이는 주로 도로를 따라 공격하는 한국군과 유엔군이 진격하는 동안에 노출되는 측면과 후방을 공격하는 일종의 유인격멸작전이었다.[31] 중공군은 1차로 진입한 제13병단은 적유령산맥 남단, 2차로 진입한 제9병단은 장진호 및 개마고원 부근에서 전개하여 북진하는 유엔군을 기다리고 있었다. 서부의 제38군이 덕천지역 한국군 제7사단을, 제42군

30) 국방부 군사편찬연구소, 〈6·25전쟁사 7 중공군 참전과 유엔군 철수〉, 2010, p.395.
31) 정명복, 위의 책, p.231.

단이 한국군 제8사단을 우선 섬멸하기로 했고, 동부의 중공군은 미 제1해병사단을 유인하여 섬멸하기로 했다.

한국군 및 유엔군은 11월 24일 10:00를 기해 청천강을 도하, 첫날 8~15km를 전진했다. 공격 첫 날 정주(미 제24사단)와 태천(한국군 제1사단) 부근을 탈환했고, 한국군 제2군단(제7·8사단)은 덕천-영원 일대까지 진출했다. 곧이어 선두부대는 압록강 선으로 진출하고, 일부는 국경선을 향하여 진군했다.

그러나 공세 2일차인 11월 25일 은폐하고 있던 중공군은 일제히 공세로 전환하여 미 제8군과 한국군을 압박하기 시작했다.[32] 중공군은 또 다시 유엔군의 측방인 한국군 제2군단의 정면을 집중 공격했다. 26일 한국군 제7사단이 덕천지역에서 중공군에게 순식간에 붕괴되었고, 중공군은 이어서 미 제8군의 우측면으로 진출하기 시작했다. 중공군이 미 제8군의 측방으로 주공을 지향하여 청천강 이남으로 진출하자, 또 다시 미 제8군은 심각한 붕괴위기에 휩싸였다. 이에 미 제8군은 터키와 영연방 여단을 긴급히 투입하여 청천강을 따라 군우리와 순천으로 진출하는 중공군을 저지하도록 했다. 군우리 지역에 투입된 터키여단은 중공 제38군과 조우하여 1/3이상의 병력손실을 입었다. 또한 미 제8군을 최후까지 엄호하고 철수하던 미 제2사단이 군우리-순천 간을 연하는 계곡을 통과하면서 중공군 세42군에게 집중공격을 받아 괴멸상태에 이르렀다.

공격하는 중공군
(자료 : 미 국립문서보관소)

공격중인 중공군
(자료 : 미 국립문서보관소)

32) 중공군은 유엔군이 공세를 감행하자, 전선에 사용 불가한 장비부터 유기하면서 포로들을 풀어주는 등 철저하게 유엔군을 기만했다.

동부전선 또한 미 제1해병사단이 장진호일대에서 눈보라와 함께 중공군 제9병단에 포위되어 버렸다. 청진 일대의 한국군 제1군단과 미 제7사단 지역은 소규모 조우전이 있었으나 전체적인 상황을 고려 급편방어로 전환하였다. 원산지역은 북한군 제2전선 부대들에 의하여 피탈되어 이제 동부지역은 육상 퇴로가 차단되었다. 공세 중에 역공을 당한 유엔군과 한국군의 전반적인 상황은 섶을 메고 불에 뛰어드는 격이 되어 버렸다.

한편 맥아더 유엔군 사령관은 중공군 개입을 워싱턴에 타전하고, 11월 28일 도쿄 유엔군 사령부에서 긴급작전회의를 개최하여 미 제8군은 청천강 이남으로 철수를, 미 제10군단은 흥남일대로 집결하도록 명했다. 미 제8군은 12월 1일 숙천-순천을 연하는 선으로 철수하여 방어선을 구축했다. 3일에는 평양 30km 북방인 순안-성천선, 4일에는 평양 방어선마저 포기해야 했다. 또한 철수로 보장을 위해 평양까지는 제183공정연대를, 이후 38선까지는 한국군 제2사단과 제5사단을 북상시켜 북한군 제2전선부대들의 준동에 대비했다. 서부의 제8군은 12월 중순에 38도선까지 철수했고, 동부의 제10군단은 12월 14일부터 24일까지 해상을 통해 철수했다. 유엔군의 북진작전은 불과 2주 만에 38도선까지 250km를 후퇴하는 대패배였다. 반면 중공군은 2단계 작전 목표였던 38도선으로 진출하는 성과를 달성했다. 하지만 중공군 역시 제9병단이 2~3개월 동안 전투력을 복원해야 하는 막대한 피해를 입고 추격 작전의 한계를 인식해야만 했다.

가. 새로운 정책과 전략

중공군의 공세로 전세는 또다시 역전되었다. 실로 쫓는 자와 쫓기는 자가 하루아침에 뒤바뀌었다. 맥아더는 유엔군 앞에 나타난 것이 30만 명의 중공군이라는 현실을 인정하고, "우리는 전적으로 '새로운 전쟁'에 돌입하고 있다."고 당시의 상황을 표현하였다. 미 제8군은 중공군과의 접촉을 단절한 채 철수하였다. 다만 평양 확보만큼은 강조했다. 미 제10군단은 중공군과 접촉을 유지하면서 흥남과 함흥의 항구지역으로 철수하였다. 유엔군 사령관 맥아더와 미 합참의장 콜린스 대장(J. Lawton Collins)은 12월 7일 미 제8군과 제10군단을 통합한 후 단계별 방어선[33]을 설정하여 지연전을 전개하면서 부산으로 철수하는 계획에 최종 합의했다.[34]

---

33) 방어선은 9개로 서울 북쪽에 4개가 선정되었고, 최종 방어선은 낙동강이었다.

유엔군의 철수작전

중공군의 공격으로 철수하게 되자 맥아더 원수는 워싱턴과 합참에 만주지역에 대한 폭격은 물론 중공의 해안을 봉쇄해줄 것과 타이완의 군대로 중국 본토 공격을 강력히 요청했다. 하지만 이 조치들은 받아들여지지 않았다. 트루먼 대통령은 중국 본토에 대한 공격은 서유럽이나 일본이 공산권의 위협에 노출될 수 있다고 반대했다. 트루먼 대통령은 성명에서 "미국은 가용한 모든 무기의 사용을 포함하여 군사사항에 대처할 어떠한 조치도 취할 것"이라고 언급하여 큰 반향을 불러 일으켰다. 하지만 미국의 '0'순위 우방으로서 6 · 25전쟁에 참여한 유럽의 대표 격인 영국이 결사반대했다. 이유는 무엇보다도 유럽의 안녕과 아편 전쟁(1840)이래 중공으로부터 할양받고 있는 홍콩을 염두에 둔 조치였다.

한편 전쟁수행에 관한 국제적 논의가 진행되어 '전쟁의 확산을 방지하면서도 전쟁을 명예롭게 종식 시킨다'는 인식이 폭넓게 확산되었으며, 이는 12월 초순 미국의 트루먼 대통령과 영국의 애틀리(Clement R. Attle) 수상간의 정상회담에서도 재확인 되었다. 영 · 미 양국은 정상회담에서 전쟁 이전의 38도선을 토대로 전투행위를

34) 국방부 군사편찬연구소, 〈6·25전쟁사 7 중공군 참전과 유엔군 철수〉, 2010, p.524.
이 과정에서도 맥아더와 미 합참은 조치 방안이 달랐다. 미 합참은 미 제8군과 제10군단을 연결하여 철수하자는 안을 제시하였고, 맥아더는 미 제10군단을 함흥 일대로 집결시키면서 중공군 일부를 유인하여 중공군의 압력을 분산시키자는 안을 추진하였다.

종결짓는데 합의했다. 이는 종전의 '군사적 공세와 응징'에서 '정치적 협상과 타협'이라는 새로운 방향으로 전환된 것을 의미했으며, 이는 차후 유엔군 전쟁지도 노선의 대원칙이 되었다.[35)]

나. 청천강선 철수작전

청천강을 건너 철수하는 미군
(자료 : 미 국립문서보관소)

포로로 잡힌 미군
(자료 : 미 국립문서보관소)

한국군과 유엔군이 청천강에서 중공군과 격전을 벌이면서 중공군 주공 지역인 한국군 제2군단이 먼저 붕괴되었다.[36)] 군단의 주요 전투시설이 습격을 받거나 파괴되었고 모든 통신이 마비되었으며, 주요 도로는 점령되어 차단되었다. 먼저 덕천 지역의 한국군 제7사단이 무너졌다. 중공군 제38군과 조우하여 한국군 제2군단의 7·8사단의 전투지경선에 돌파구를 형성하여 놓고 더 이상 한국군은 공격하지 않았다. 그리고 이 통로를 이용하여 대규모 부대를 미 제9군단 배후로 투입시켰다. 이어 중공군이 덕천과 맹산[37)]일대로 진출하면서 한국군 제8사단이 전투에 휘말렸고, 미 제9군단의 배후가 위협받으면서 미 제8군은 심각한 붕괴의 위기에 직면하였다.

35) 김행복 외 1명, 위의 책, pp.121~122.
36) 제2군단장 유재흥 장군은 부친과 함께 일본군 출신이다. 초기 전투인 의정부 전투에서 자신이 사단장이던 제7사단이 붕괴되었고, 중공군 제2차 공세 시에도 자신이 군단장이던 제2군단이 붕괴 되었으며, 이후 중공군 제6차 공세시 군단장으로 있던 제3군단이 현리에서 또다시 붕괴됨으로 해서 계속되는 부대해체로 패장의 멍에를 쓰고 살다가, 2011년 11월 타계했다.
37) 영원-맹산에서는 미 8군의 우익인 한국군 제2군단 예하 8사단이 묘향산 동측방인 영원과 맹산에서 중공군 제42군단과 1950년 11월 23일부터 27일까지 5일간 전투를 진행했다.

대동강 철교를 넘는 피난민

사령관 워커로부터 훈장을 수여받는 야지치 터키여단장

이제 청천강 남쪽의 군우리(개천)와 순천 일대 확보 여부에 따라 제8군의 안위가 달려있었다. 이에 워커 중장은 제8군의 예비로 있던 터기 여단[38]을 긴급 출동시켜 덕천과 맹산으로부터 군우리와 순천 방향으로 밀려드는 중공군을 저지하도록 하였다. 터키 여단은 군우리를 통과 덕천 방향으로 이동 중 11월 27일 와원 일대에서 중공군 제40군과 조우하여 협곡에서 포위되어 퇴로를 차단당한 채 지연전을 전개했다. 미 제8군의 주력은 11월 30일까지 터기 여단이 싸워준 4일간 철수할 수 있었다. 터키 여단은 이 전투에서 심대한 피해를 입었지만, 미 제8군이 철수하는데 필요한 시간을 얻었다.

한편, 미 제8군의 최종 철수 엄호부대인 미 제2사단은 마지막으로 철수하면서 11월 29일부터 12월 1일까지 군우리-순천 간의 '태형(笞刑)의 계곡'[39]에서 매복하고 있던 중공군 제42군의 공격을 받아 참전 이후 최대의 피해를 입어 부대는 해체 일보직전까지 가고, 사단장은 직위해제 되었다.

---

38) 터키 여단은 야지치(준장, Tahsin Yazici) 준장 지휘아래 10월 17일 부산에 도착했다. 터키 여단은 북극성 여단이라고도 불렸으며, 이슬람교의 규율 아래 충성심이 강하고 용맹했다. 터키 여단은 미 제8군 예비였으나 전황이 급박하여 미 제9단이 통제하여 11월 26일 군우리로 투입되었다. 터키 여단이 치른 첫 전투는 승리로 오보 되었는데, 이는 후퇴하는 한국군 제7·6사단 장병 200여 명을 공격하여 다수를 살상시킨 것이었다. 터키 여단은 미 제8군으로부터 은성 및 동성 무공훈장 15개를 받았으나 정작 본 국으로부터는 아무 훈장도 받지 못했다(자료: 육군본부, 〈한국전쟁의 서부전선〉).

39) 인디언들이 적 포로나 범법자를 길게 늘어선 두 줄 사이로 들어가게 하고 나올 때까지 실컷 두들겨 패주는 형벌에서 유래한 말로 미군은 이 지역을 '인디언의 태형(笞刑, Gauntlet)' 이라 부르며 교훈으로 삼았다.

미 제2사단은 11월 30일 새벽, 제9연대, 사단 본부, 포병 및 지원부대, 제38연대, 한국군 제3연대, 제23연대의 순서대로 철수를 개시했다. 계곡 양측에 매복한 중공군 제42군 113사단은 사단 본대 유인을 위해 첨병 전차소대는 그대로 통과시키고 본대를 기다렸다 계곡 좌우측에서 집중 공격했다.

미 제2사단이 태형의 계곡으로 명명된 군우리에서 용원리까지 15km를 통과하는 동안 모든 장비를 포기하고 철수해야만 했다. 가장 마지막으로 철수를 개시한 미 제23연대는 연대장 독단으로 신안주로 우회하여 중공군의 공격을 피할 수 있었다.[40] 군우리 전투에서 미 제2사단은 3,000여 명의 사상자와 대부분의 편제 장비를 상실하여 부대가 완전히 와해되었다.

청천강 선의 방어선을 포기한 미 제8군은 12월 3일 평양 북쪽의 순안-성천을 연하는 선으로 철수하여 평양 방어선을 구축했다. 하지만 중공군의 끈질긴 추격에 의하여 순안-성천 선도 무너지고, 다음 날인 4일에는 평양에서도 철수해야 했다. 결국 유엔군 사령관 맥아더 원수는 유엔군 전투력 보존을 위하여 38도선으로 철수하려는 제 8군사령관 워커 중장의 건의를 승인할 수밖에 없었다.

다. 장진호 철수작전

장진호 철수 장면
(자료 : 미 국립문서보관소)

철수하는 미군에 스스로 찾아와
포로가 된 중공군(자료: 미 국립문서보관소)

40) 연대장 독단으로 행군로를 변경한 것에 대하여서는 그 행위의 정당성을 판단해 볼 여지가 많았다.

장진호 철수 전투는 미 해병 제1사단이 중공군 제9병단에 의하여 퇴로가 차단된 상황 하에서(11월 27일부터 12월 11일까지 2주간) 함경도의 인공호수인 장진호 일대에서 전개한 필사의 철수작전을 지칭한다. 당시 미 제1해병사단은 낭림산맥 서쪽으로 진출하여 미 제8군과 연결한 후 압록강까지 진출하도록 임무를 부여받아 11월 27일에 장진호 서북단의 유담리까지 진출하고 있었다.

이때 돌연 중공군의 공세가 시작되어 험한 산맥의 외줄기 퇴로가 차단될 위기에 봉착했다. 미 해병대는 물밀듯이 밀려드는 중공군 제9병단 예하 3개 군 7개 사단의 공세와 험악한 지형, 그리고 갑자기 몰아닥친 한파의 3중고를 무릅쓰고 12월 초순 하갈우리까지 철수하여 사단 전체가 집결하는데 성공했다. 또한 하갈우리에서 장진호 우측을 따라 신흥리까지 진출했던 미 제7사단 31연대도 합류했다.

당시 철수병력은 1만여 명이었고, 장비 1,000여 대와 피난민 1,500 명도 함께하고 있었다. 유엔군 수송 참모 터너 준장이 모든 장비를 버리고 인원만 비행기로 철수를 제의하자, 해병사단장(소장, Oliver p. Smith)은 "미 해병 역사상 이 같은 치욕은 없었다."며 제안을 거부하고 하고, 12월 6일' 후방으로 전진'을 명했다. 흥남으로 이어진 도로에는 이미 중공군이 요지를 점령하고 있었고, 교량은 폭파되었다. 그리고 중공군은 철수하는 미군을 협공해 왔다. 미 해병사단은 2중 3중의 중공군 포위를 돌파하면서 훗날 '죽음의 계곡'이라 불린 이 계곡을 2주 만에 돌파했다.

이 전투는 미 제1해병사단이 중공군 제9병단을 유인하여 미 제10군단 예하의 다른 부대는 흥남으로의 안전하게 철수했다. 하지만 "아무도 기억하지 않는 전쟁" 그러나 당시 전투원은 "잊을 수없는 전쟁"이 된 이 전투에서 미 제1해병사단의 피해는 심각했다. 특히 동계 전투로 인한 비전투손실이 많았다. 이는 중공군 제9병단도 마찬가지였으며, 장진호 전투는 동계전투의 전형으로 전사에 기록되고 있다.

라. 흥남 철수작전

흥남 철수작전은 미 제10군단이 중공군의 개입으로 철수로 전환한 이후 12월24일까지 실시된 흥남과 함흥의 해안 교두보지역 확보와 철수작전을 일컫는다.

미 제1해병사단이 장진호에서 철수작전을 수행하고 있을 때, 미 제3사단이 이를 지원하기 위해 원산 일대에서 북상하였다. 그러자 북한군은 원산 일대를 점령해버렸다. 따라서 흥남 교두보로 집결한 미 제10군단(미 제1해병사단. 제7사단, 제3사단과

여기서 잠깐

기적의 배, '메러디스 빅토리아'호(자료 : 자유공간)

1950년 12월, 중공군의 2차공세가 시작되자 동부의 흥남부두에는 한·미 연합군 105,000명과 약 10만 명의 북한 주민들이 남으로 향하기 위해 집결했다. 이들과 전투물자 수송을 위해 선박이 동원되었지만 철수에는 역부족이었다.

그때 활약한 배가 바로 '라루 선장'의 '메러디스 빅토리아호'였다. 7,600톤 규모로 제트연료를 싣고 부산으로 갈 계획이었던 화물선이기 때문에 승선인원은 59명이 정원이었다. 피난민을 모두 태울 수 없게 되자 라루 선장이 명령했다. "저 부두에서 떨고 있는 피난민을 한 명도 남김없이 이 배(빅토리아호)에 모두 태워라. 그렇지 않으면 출항하지 않겠다." 외부 갑판을 비롯해 사람이 들어갈 수 있는 공간엔 모두 다 피난민을 태웠다. 12월 23일 11시 10분, 승선이 완료됐을 때 승선한 인원은 1만 4000명으로 정원의 230배가 넘었다. 남으로 가는 항해 중에 몇 명의 새 생명이 태어나 현재 실존하고 있다. 그리하여 빅토리아호는 크리스마스에 14,000여 명의 피난민을 거제도에 내려놓을 수 있었다. 이렇게 메러디스 빅토리아호는 14,000여 명의 생명을 구하는 기적을 만들었다.

바로 이 배의 선장이었던 라루가 또 한 번 한국과 인연을 맺게 되고, 이 이야기가 비로소 세상에 알려지게 된다. 1954년 전역한 선장 라루는 수도원에 입회하여 수사가 되었다. 그 수도원이 더 이상의 입회자가 없어서 문을 닫을 지경이 되었을 때, 한국 수도원의 도움으로 수사를 입회시키게 되는 과정에서, '한국'이라는 말이 나오게 되자 반가운 나머지 '6·25전쟁과 흥남부두 철수작전 이야기'가 나오게 되었고, 비로소 세상에 알려지게 되었다. 그는 2006. 10. 20 수도원장으로 임명받고 이틀 후 영면했다.

배에 탄 피난민

메러디스 빅토리아호 모형(거제도)

현재 거제도 포로수용소에는 당시의 메러디스 빅토리아호를 축소한 모형배가 전시되어 있고, 인류를 가장 많이 구한 배로 기네스 북에 등재되어 있다.

흥남부두 마지막 철수장면
(자료 : 미 국립문서보관소)

폭파되는 흥남부두
(자료 : 미 국립문서보관소)

한국군 제1군단의 수도사단, 제3사단)은 육로가 차단되어 해상으로 철수할 수밖에 없었다. 미 제10군단장은 흥남 철수작전을 위하여 3개의 통제선을 설정하고, 미 제10군단과 한국군 제1군단을 흥남 해두보 일대에 배치하였다. 당시 철수해야할 총 물동량은 인원 105,000명, 차량 18,000여 대, 각종 전투물자 35,000톤이었다. 이를 수송하기위한 선박은 총 125척으로 물동량을 수송하기에는 역부족이었다.

항구를 향한 중공군의 공격이 거세게 진행되자, 미 제10군단은 항공기와 함포를 총 동원해 중공군의 진출을 저지하고 흥남 해두보를 확보했다. 우선 항공기로도 3,600여 명의 인원과 차량 196대, 1,300톤의 물자를 수송했다. 철수 순서는 한국군 제3사단, 미 제1해병사단이 먼저 승선하여 부산으로 출항했고(12. 15), 이어 미 제7사단과 미 제10군단 사령부가 승선했다(12. 20). 마지막으로 12월 24일에는 미 제3사단이 승선하여 철수하였다. 특히 철수 간 한국 정부의 강력한 요청과 미군의 협조로 남쪽으로 향하는 피난민 약 95,000명이 함께 철수할 수 있었으며, 다 수송하지 못하는 수백 톤의 폭약과 유류 등은 항만 시설과 함께 폭파했다. 흥남철수작전 자체는 성공적으로 수행되어, 미 제10군단은 다음 작전에 바로 투입할 수 있게 되었다.

> 신병과 고참병을 똑같이 대우하는 것은 어리석은 일이다.
>
> -나폴레옹-

제3절 중공군 제3차 공세와 서울 피탈

1. 다시 무너진 38선

한국군과 유엔군이 평양을 내주고 철수작전을 전개함에 따라 12월 13일부터 전선은 다시 38도선을 연하여 형성되었다. 유엔군과 한국군은 북한군이 그랬듯이 내심 중공군이 38도선에서 멈추기를 바랐다. 공세중인 중공군과 북한군 또한 그간의 공세활동과 열악한 보급사정으로 부대정비와 보급이 절실히 요구되었다. 따라서 펑더화이는 38선 일대에서 중공군의 1 · 2차 공세로 인한 부대정비와 증원부대(제19병단)의 도착, 그리고 장진호 전투에서 심각한 피해를 입은 제9병단의 전투력복원 등을 고려하여 2~3개월의 시간을 가진 후 38선을 돌파, 서울을 점령하겠다는 복안을 가지고 있었다.[41]

하지만 마오쩌둥은 펑더황이의 견해를 이해하면서도 "중공군이 정지할 경우, 38도선이 고착화될 것이다."라는 정치적 견해와 함께 유엔군간 결속력이 약화된 시기인 이때를 노려야 한다며 독전을 주문했다. 이에 따라 펑더화이는 즉각 공세준비에 착수하여 12월 31일을 공격개시일로 선정하고 우선 중공군과 북한군을 통합 지휘할 연합사령부를 설치하였다.

한편 38선 남쪽으로 철수한 유엔군 각급 부대는 책임지역을 할당받아 전투준비를 하고는 있었지만 중공군의 공세에 대비한 특별한 비책은 없었다. 오히려 중공군이 내려오면 철수하는 것이 상책이라는 패배감이 만연했다. 설상가상으로 미 제8군사령관 워커 중장[42]이 의정부에서 교통사고로 순직하는 불상사가 발생하였다.

41) 김행복 외1명, 위의 책, pp.131~132.
42) 우리 정부는 서울특별시 광진구 아차산(성) 자락에 '워커 힐' 즉 '워커 언덕'이란 호텔을 지어 워커

그의 후임으로는 리지웨이(Matthew B. Ridgway)[43] 중장이 임명되었으며, 유엔 지상군은 미 제8군이 미 제10군단을 통합 지휘하는 단일 지휘체제를 갖추었다.

신임 리지웨이 미 제8군사령관은 현 38선 진지로부터 수원-주문진, 평택-안성-삼척, 금강선, 소백산맥선, 낙동강선 등 6개의 축차적인 통제선을 선정하고 "축차진지상에서 방어의 반복"이라는 개념을 정립했다. 그러면서 리지웨이 장군은 이 방어선은 낙동강으로 물러나기 위한 단계적 방어선이 아니고, 중공군에게 최대의 출혈을 강요하기 위한 '공세적 개념의 선'이란 점을 분명히 했다. 하지만 최후의 경우 한국정부와 군을 한반도의 도서지역으로 철수시킬 계획이었다.

피난길에 나선 서울시민(1951·1·4)

(자료 : LIFE)

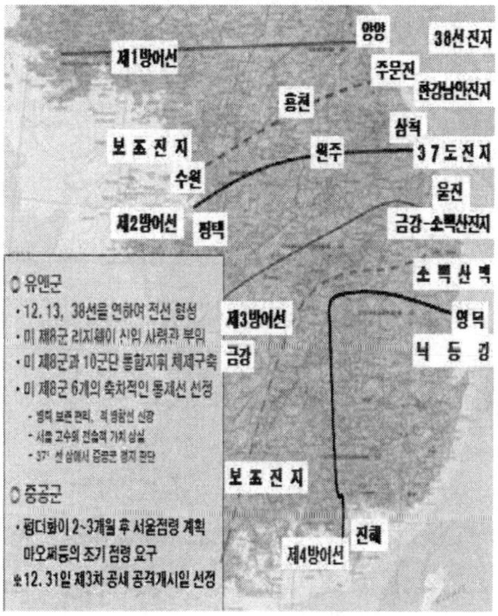

다시 편성된 축차진지

(자료 : 한국전쟁(중) 국방부군사편찬위)

장군을 추모하고 있다. 고 박정희 대통령이 휴가철에 시설이 좋은 일본으로 빠져나가는 주한 미군 장병에게 좋은 휴양 서비스를 제공하기 위하여 건립한 것인데, 일본 매스컴에서 불건전 시설로 매도, 주한미군 부인들이 반대하여 미군 장병의 휴양 서비스 장소로는 이용되지 못했다. 현재 워커 장군의 동상이 세워져 있다.

43) 1917년 육군사관학교를 졸업하고, 제2차 세계대전 중 공수 군단을 이끌고 1943년 7월 시칠리아 섬에서 공수강습작전을 감행하였다. 6·25전쟁에서는 워커장군의 뒤를 이어 미 제8군 사령관으로서 중공군을 격퇴하였으며, 1951년 맥아더를 이어 극동연합군 최고사령관이 되었다. 1년 뒤 아이젠하워의 뒤를 이어 유럽연합군 최고사령관, 1953년 미 육군 참모총장을 역임하고 1955년 퇴역하였다.

2. 서울 피탈과 1 · 4후퇴[44)]

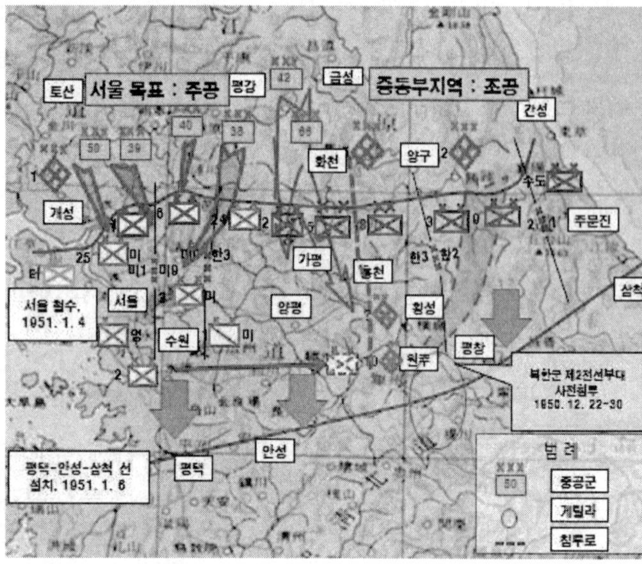

중공군 제3차 공세 상황도(자료 : 국방군사연구소(채한국 외 2인) 재정리)

조 · 중 연합군은 1950년이 저무는 12월 31일 17:00에 공격준비사격과 함께 전 전선에서 압도적인 병력으로 공격을 개시하였다. 조 · 중 연합군은 총 9개 군단(13병단 6개 군, 북한군 3개 군단)을 편성 투입했다. 주공 5개 군단(중공군 4개, 북한군 1개)은 서울을 목표로 공격하고, 조공을 2개 집단으로 편성하여 가평 및 서울 동측 방향으로는 중공군 2개 군단을, 홍천-원주 방향으로는 북한군 2개 군단을 각각 투입했다. 더욱이 중동부 지역에서는 북한군이 사단 단위로 사전에 침투하였다. 서부지역에서는 임진강을 도강하여 약 20만 명의 중공군이 서울 북방으로 쏟아져 들어왔으며, 이들은 문산 우측의 한국군 제1사단과 동두천에 위치한 한국군 제6사단을 집중하여 공격했다. 공격을 받은 한국군 제1 · 6사단은 용전분투(勇戰奮鬪)하였으나 중공군의 인해전술을 당할 방도가 없었다.

공세 하루가 지나 연도가 바뀐 1951년 1월 1일 오전, 미 제8군사령관 리지웨이 장군은 돌파구가 형성된 한국군 제1 · 6사단의 전선을 방문하여 전투상황을 확인했다. 리지웨이 장군은 중동부에서 한국군 제3군단 또한 집중 공격을 받고 있는 상

44) 김행복 외 1명, 위의 책, pp.133~135. 중공군의 '신정' 또는 '정월공세'라고도 한다.

황(홍천 1월 4일 피탈)까지를 종합적으로 판단하여, 한국군과 유엔군이 현 전선에서 계속 머뭇거린다면 중공군의 제1·2차 공세처럼 포위될 것으로 판단하였다. 이에 따라 사령관은 1월 3일 오후 전 전선에서 평택-안성을 연하는 계획된 선으로 철수할 것을 명하였다.

한강 이북의 모든 유엔군 및 한국군 부대들은 1월 4일 오전까지 한강에 임시로 설치된 부교를 통해 철수를 완료했다. 수도 서울을 또 한 번 포기해야 했다. 하지만 이번에는 소개령이 내려져 서울 시민도 남부여대(男負女戴)하고 함께 피난 보따리를 꾸릴 수 있었다. 이 후퇴가 바로 1·4후퇴[45]로, 당일 13시 마지막 부대가 통과하고 임시 교량은 폐쇄되었다. 15시부터 서울 주요 관공서에는 인공기가 나부끼기 시작했다.

이번에 한강을 방어선으로 이용하지 않은 것은 계절이 겨울이라 한강이 얼어 장애물로서의 가치가 제한되었기 때문이었다. 서울에서 철수한 한국군과 유엔군은 1월 6일, 평택-안성을 연결하는 방어선을 점령하였다. 그러나 막상 중공군의 추격은 없었다. 중공군의 공격 목표는 부대격멸이 아니고, '서울 점령'이었기 때문이었다.

3. 북한군 제2전선 형성

인천상륙작전으로 인해 퇴로가 차단된 북한군 패잔병들은 태백산맥을 따라 북쪽으로 도주하거나 험준한 산악으로 잠적하였다. 하지만 유엔군 및 한국군은 빠른 진출속도로 인해 패잔병들을 완전히 소탕하지 못했고, 패잔병들은 전선 후방지역에서 집결했다. 특히 이들 패잔병들 가운데 중부 산악지대에 집결한 북한군 약 1~2만 명은 지휘체계가 유지되어 전투력을 발휘하고 있었다.

이러한 부대들은 마오쩌둥의 전략 방침에 따라 인민군의 제2전선 형성 및 유엔군의 후방지역 교란, 증원부대 차단 및 공세작전으로 전환 시 전선부대와의 배합전을 수행했다. 중공군 개입과 때를 같이하여 중부 산악지대의 북한군 제2군단 7개 사단을 비롯한 전국에서 게릴라들의 활동이 눈에 띄게 증가하기 시작했다.[46]

45) 미 제8군 사령관은 서울을 포기한다고 한국 정부에 통보하였고, 12월 24일 서울 피난령이 발령되었고, '51년 1월 3일 정부는 부산으로 이동하였다. 이 기간 중 전국적으로 약 750만 명이 피난길에 올랐다. 소개령은 적의 습격이나 천재지변으로부터 피해를 줄이기 위해 하는 피난조치.

이들은 경비가 허술한 부대나 야전병원 등을 습격하여 인원을 살상하고, 도로를 차단하면서 후방을 교란했다.

이에 따라 북진작전이 한창 진행 중일 때 미 제8군은 후방경비를 위해 제9군단(지휘소 : 대전)을 운용해야만 하는 사태에 이르렀고, 청천강 선에서 38선으로 철수 시에는 경계를 위해 대규모 부대를(미 제183공정연대 및 한국군 제2, 5사단) 투입해야만 했다. 북한군 제2전선 부대들은 철수를 방해하면서 일부는 중공군의 향도(嚮導) 역할을 수행했고, 평양-원산에서 유엔군의 신방어선 형성을 저지하는데 큰 역할을 했다. 동부지역에서도 원산지역을 피탈당해 미 제10군단이 해상철수를 단행해야했다.

급기야는 북한군들이 중공군 제3차 공세를 전후하여 중동부 전선을 통한 본격적인 후방침투 작전을 전개하여 제10사단 약 6,000여 명이 한국군과 유엔군 후방으로 침투하여, 다른 침투부대(김원팔 부대)와 연결 춘천-대구-원주를 잇는 요충지를 통제하기에 이르렀다.[47] 그리고 중공군 제3차 공세 시 남으로 공격한 북한군 제3 및 제5군단과 남에서 호응하여 영화 속에서나 나올 법한 "정규전과 비정규전이 통합"된 배합전을 구사하였다. 이 배합전으로 인하여 한국군 제2군단이 원주 일대에서 조기에 무너지며 미 제8군의 우익을 노출시키는 결과를 초래 전선의 위기를 조성했다.

4. 원주지구 전투

서울에서 철수한 부대들이 1월 6일 평택-안성을 연하는 선을 점령하고 안정을 찾고 있을 때, 오히려 위기는 중부전선에서 발생하고 있었다. 그간 절치부심(切齒腐心)하며 전열을 가다듬은 북한군이 전선에 모습을 드러냈기 때문이었다. 2개 군단 규모의 중공군도 가평-춘천 지역에서 북한군과 함께 공격에 가담했지만 중공군의 공세는 1월 8일을 전후해 멈추었다. 하지만 홍천-원주 일대에서는 앞에서 알아본 바와 같이 12월 중순, 대규모의 북한군이 태백산맥의 줄기를 타고 한국군 후방으로 침투해 기존의 유격대와 합류하였다.[48]

46) 국방군사연구소, 〈6 · 25전쟁〉, 1996, pp.142~144.
47) 육군대학, 〈6 · 25전쟁사〉, 위의 책, pp.386~392.
48) 북한군 김원팔 유격부대, 제10사단 등이 50년 12월 하순부터 평창-영월 및 단양-안동까지 침투한

공격하는 중공군

미 제2사단의 원주공격
(자료 : LIFE)

이들은 중공군의 제3차 공세 때 공격한 북한군 2개 군단과 전후방에서 협공하여, 공격부대가 손쉽게 한국군 부대들을 격파하고 원주-평창과 영월-단양 일대로 진출할 수 있게 하였다. 여기서 북한군이 서쪽으로 방향을 틀어 충주-대전 방향으로 진출한다면, 유엔군 주력의 후방이 차단되는 참사를 불러올 수 있었다. 따라서 모든 관심은 원주로 집중되었다. 다행히 중공군은 원주를 점령한 후 진격을 중지 하였으나, 북한군은 계속하여 공격해왔다. 북한군의 공격력은 중공군보다는 미약했지만, 유엔군의 우측방이 노출되는 결과를 초래했다.

미 제8군사령관은 제10군단(미 제2, 7사단, 한국군 제2, 5, 8사단)장에세 1월 2일 진투를 명하고 원주 지역으로 북상시켰다. 우선 군우리에서 패배한 이후 전투력을 회복중인 미 제2사단(사단장 소장, 로버트 B. 메크레어)이 투입되었다. 제2사단은 북한군에게 역습을 감행했고, 이내 공방전이 진행되었다. 미 제2사단에게는 프랑스군과 네덜란드군 대대가 배속되어 있었으며, 전황이 급박해지자 우측 돌파구 확장을 방지하기 위하여 미 해병 제1사단도 추가적으로 투입되었다. 결국 미 제2사단 등은 북한군 4개 사단과 싸워, 1월 11일 원주 남쪽의 247고지를 확보하고 원주를 탈환했다. 북한군은 4일 간의 전투에서 막대한 피해를 입고 철수했다. 공세가 종료된 시점인 1월 15일 경 공산군의 진출선은 평택-원주-단양-삼척을 연하고 있었다.

것으로 판단된다.(육군대학, 〈6·25전쟁사〉, 1999년, pp.386~392).

이 승리는 단지 군우리(미 제2사단)와 장진호(미 해병제1사단)의 악몽을 기억하고 있는 부대들만의 승리가 아니었다. 그간 의기소침(意氣銷沈)하던 전 유엔군과 한국군에게 새로운 희망을 전하는 메시지가 되었다. 하지만 와신상담(臥薪嘗膽)하던 북한군에게는 사형선고와도 같은 결과였다. 북한군은 이제 자신들만으로는 아무것도 할 수 없다는 사실을 뼈저리게 받아들여야만 했다. 조·중 연합군의 주도권은 완전히 중공군에 넘어갔다.

중공군이 제3차 공세에서 북한군과 달리 더 이상 공격을 자제한 이유는 중공군 공세 목적이 서울 점령이었기 때문이다. 그래서 중공군은 서울 점령이라는 목적을 달성한 이후 더 이상 전과확대를 추구하지 않았으며, 원주에서의 호기를 이용하지 않았다. 이러한 조치 뒤에는 마오쩌둥의 정치적 계산이 배경으로 깔려있었다. 한국군과 유엔군이 평양 확보를 바라던 만큼 마오쩌둥도 서울 점령을 간절히 원하고 있었던 것이었다. 만약 중공군이 공세 목표를 적 부대 격멸로 선정하였더라면 더 많은 피해를 입고 원주의 호기를 활용했더라면 최악에 상황에 직면했을 수도 있었다. 유엔군과 한국군에게는 다행이었다. 최대의 위기를 넘긴 셈이었다.

반면 신임 미 제8군 사령관인 리지웨이 장군은 중공군의 제3차 공세간 비록 서울을 실함했지만, 축차적인 방어선을 형성하여 중공군의 전력을 약화시키며 전투력을 보존하고 한반도 포기라는 최악의 상황을 피하면서도 공세이전을 위한 전기를 마련할 수 있었다.

> 죽고자 하면 살고 살고자하면 죽는다. 한사람이 길목을 막고 지키면 천명도 두렵게 할 수 있다.
>
> -이순신-

제4절 유엔군 제1차 반격

1. 풍전등화의 한반도
2. 유엔군 1차 반격

1. 풍전등화(風前燈火)의 한반도

1·4후퇴 시 37도선으로 밀려난 유엔군은 한반도로부터 '철군이냐, 아니면 확전이냐'하는 선택의 기로에 서게 되었다. 유엔은 유엔군과 한국군이 금강선까지 밀린다는 가정아래 유엔군의 철수와 더불어 한국정부의 망명을 심각하게 고려하고 있었다.[49] 한반도의 운명이 또 한 번 이 땅의 주인도 모른 채 흔들리고 있었다.

그렇다고 한국 정부와 국민이 넋 놓고 앉아있지만은 않았다. 100만 명의 애국청년을 무장하려는 계획이 수포로 돌아가자 국민방위군을 설치하기로 결정, 전국적으로 약 50만 명의 국민방위군을 모집하였다.[50] 국민방위군은 중공군의 3차 공세에 따라 훈련 장소를 남쪽으로 이동하는 과정에서 고급 간부들이 미국으로부터 지원된 군수품을 부정으로 착복함으로써 많은 요원들이 아사하거나 동사하여, 결국 국민방위군은 해체되고 창설 자체가 백지화되는 사건이 발생했다.

한편 국제정치 상황은 맥아더 장군의 강력한 응징 주장과는 다른 방향으로 전환되고 있었다. 영국을 중심으로 한 유럽 국가들은 중공과의 휴전회담을 다각도로 모색하기 시작했다.[51] 그러나 유리한 전세를 유지하고 있는 중공은 휴전회담을 거부하였다(1951. 1. 17). 하지만 유엔에 '중공의 전력이 매우 약화되어 곧 유엔군의 대대적인 반격이 있으리라'는 한반도 전황이 전해지자, 유엔 회원국들은 2월 1일

49) 1951년 1월 유엔군은 금강 선 이남으로 밀릴 시 철군을 고려하고, 한국 정부가 낙동강 선에서 계속 전투를 진행하던가, 아니면 100만 명 규모의 인원을 제주도에 정착시켜 망명정부를 수립할 것인가를 결정할 수 있도록 모종의 조치를 1급 비밀로 분류하여 진행하고 있었다. 급기야 이승만 대통령은 대전 사수를 외치면서 권총을 빼 들었으며, 유서를 작성했다(프란체스카, 위의 책, 2010).

50) 방위군은 전체 병력이 50만 명으로 17세부터 40세까지 장정이 대상이었으며, 사령부 예하 전국에 교육연대가 51개소 설치되었다.

51) 휴전 회담을 위해 자유진영에서는 중공 측에게 즉시 휴전, 외국군 부대 철수 그리고 중공의 유엔 가입 문제와 타이완 문제는 차후 대화로 해결할 것을 제의했다.

총회에서 중공을 '침략자'로 규정하고, 차후 한반도에서 유엔군의 작전 목표를 또 다시 '침략자를 한국에서 축출하는 것'으로 결정하였다.[52] 참으로 국제정치는 힘의 논리 그 자체였다.

중공군 제3차 공세는 다행히 유엔군이 철수 마지노선[53]으로 결정한 금강의 약 50km 북방인 37도선에 정지했다. 유엔군도 중공군에게 여기까지 진출한 대가로 최대한의 출혈을 강요했고 중공군의 보급 능력이 여전하다는 정보도 얻을 수 있었다. 이에 따라 한국 정부를 제주도로 이전하려 했던 계획은 수면 아래로 가라앉고, 안정을 되찾았다. 그렇다면 이제는 반격 차례였다.

무기지원 궐기대회

이동하는 국민방위군

2. 유엔군 1차 반격[54]

가. 반격준비 - '울프 하운드 작전(Operation Wolfhound)'

1951년 1월 초 37도선(평택-삼척)으로 형성되어 있는 한국군과 유엔군의 방어선은 1월 11일 원주 회복과 더불어 어느 정도 안정을 회복하고 있었다. 하지만 정보판단 결과 중공군의 다음 공세가 1월 20일 경으로 예상되었기 때문에 장병들은 '또 다시 후퇴해야 하지 않는가?'하는 불안의식에 사로잡혀 있었다.

52) 정명복, 위의 책, p.250.
53) 제1차 세계대전 종료 후 프랑스가 독일의 공격을 저지하기 위해 양국의 국경선을 중심으로 구축한 대규모의 근대적 요새진지 선이다. 이는 프랑스의 방어적 군사사상에서 발상된 것이다.
54) 최용성, 위의 책, pp.116~122.

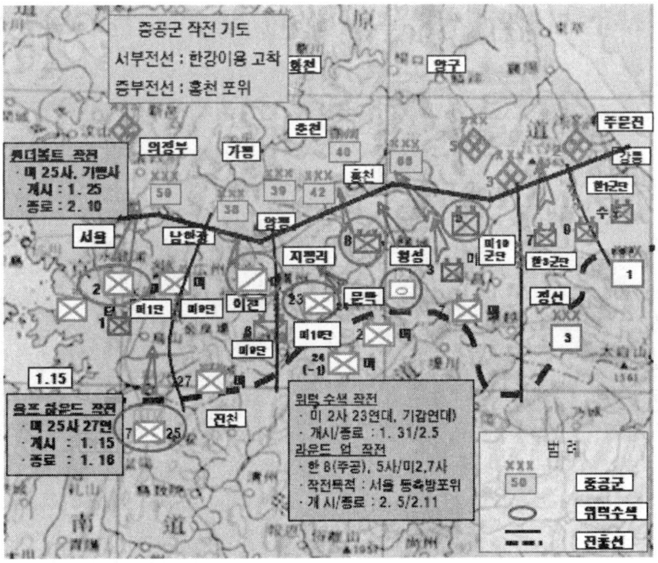

유엔군 제1차 반격 상황도

제8군사령관 리지웨이 장군은 이러한 장병들의 사기를 고려 공세행동을 계획했다. 공세행동의 직진 목적은 지역 확보 보다는 적 부대격멸로 선정하여 공산군의 출혈을 강요하도록 했다.[55] 중공군을 찾기 위한 부대별 정찰활동 결과 중공군은 어디에서도 보이지 않았다. 따라서 리지웨이 장군은 우선 연대규모의 위력수색을 통하여 적정을 확인한 후, 전면공격으로 전환하기로 하였다. 군사령관의 작전의도에 따라 미 제1군단은 1월 15일 아침 예하 제25사단 27연대로 하여금 '울프 하운드'(부대 명칭) 작전명의 위력수색을 실시하였다. 제27연대는 항공기의 지원을 받으며 1번 도로를 중심으로 수원방향으로 진격하여 16일 아침에 수원 근처에서 중공군의 첫 저항을 받았다. 이에 미 제1군단은 제27연대 좌우측의 미 제3사단과 한국군 제1사단을 엄호부대로 운용했고, 제27연대는 항공기 공격을 요청하고 접촉단절하여 복귀하였다. 이때 중공군은 일부 엄호부대만을 한강 이남에 배치하고 주력은 38도선 일대로 철수 하여 정비 및 휴식을 취하면서 다음 춘계 공세를 대비하고 있었다.

---

55) 군사작전의 목적에는 적 부대격멸, 지역 확보 및 탈취, 심리적 타격 등 여러 요소가 있다. 여기서 부동산이라 함은 지역 확보 및 탈취를 의미한다.

나. 반격실시 - 서부지역의 '썬더볼트 작전(Operation Thunderbolt)'

공격중인 미군 탱크
(자료 : 티스토리)

중공군의 보급전
(자료 : 티스토리)

울프 하운드 작전으로 중공군의 배치와(수원-이천을 연하는 선) 전력을 확인한 리지웨이 장군은 중공군의 보급사정이 여의치 않아 현 상태에서 공격할 수 없다는 것을 간파하고 한 단계 더 높은 단계의 위력수색인 '썬더볼트 작전' 즉 번개작전을 추진하였다. 서해안-오산-여주를 연하는 선의 서부지역에서 한강 이남까지 5개의 통제선을 설정하고(공격부대의 안전한 진출을 보장하기 위하여 군단 지역 전방에 8km 간격으로 설정), 미 제1군단과 제9군단이 각각 1개 사단을 전방에 내세워 통제선을 하나씩 하나씩 점령해 나가는 계획이었다. 전진하면서도 그간의 도로위주 작전을 지양하고 인접부대와 협조를 통해 공산군을 완전 섬멸하고, 통제선 통과 시마다 군단장의 승인을 받도록 하여, 매 공격 시마다 유엔군의 길목에서 매복하여 기습하던 공산군의 전술에 대비했으며[56], 필요하면 군단장이 한국군 1개 연대를 추가로 투입하도록 했다.[57]

미 제8군은 1월 25일 07:30에 미 제1군단 지역에서는 25사단이, 미 제9군단 지역에서는 제1기병사단이 선두에 위치하여 위력수색을 시작하였다. 썬더볼트 작전은 전년도 11월 24일 크리스마스 공세 이래 유엔군이 처음으로 전개한 공세활동이었다. 진출은 비교적 순조로웠다. 1월 31일 안양-양평 선 이후부터 양 군단은

56) 김성우 외 1명, 위의 책, p.275.
57) 최용성, 위의 책, pp.116~117.

'주력을 전방으로 하여 적극적인 공세'로 전환하였다. 위력수색을 진행하던 양 군단은 미 제1군단 지역의 미 제25사단이 1월 31일 수리산[58]에서 중공군 제150사단 예하 연대를 공격하여 2월 2일 정상을 탈환하였다. 전진하던 미 제1군단의 한국군 제1사단도 2월 9일 관악산에서 중공군 부대와 치열한 전투를 치른 후, 2월 10일 영등포-노량진 선으로 향했다.

이 공세로 2월 10에 미 제3사단이 제일 먼저 영등포-노량진으로 진출하여 한강에 도착, 1·4후퇴 1개월 만에 다시 서울을 눈앞에 두었다. 서측 김포반도 방향에 위치한 미 제25사단은 김포 비행장 방향으로 계속 진출했고, 지역을 방어 중이던 북한군 제1군단은 한강을 넘어 퇴각했다.

다. 중·서부(서울 동측방) 포위- '라운드 업 작전(Operation Round Up)'

이제는 서울 차례였다. 그러나 리지웨이 장군은 서울 먼저 탈취하고자 서두르지 않았다. 당시에 중동부전선이 서부전선보다 남으로 돌출되어 있어서 이에 대한 정리가 우선 필요하였다. 리지웨이 장군은 서울을 직접 공략하는 것 보다는 먼저 이 돌출된 중부전선을 북으로 양평-홍천을 연하는 선까지 북상시키고, 홍천 일대에서 중공군 주력을 포착·격멸하여 자연스럽게 서울의 농 측방을 원거리로부터 포위, 서울을 탈환하고자 했다.[59] 그리하여 미 제10군단을 움직였다.

한편 1951년 1월 말경 한국군과 연합군의 1차 반격에 직면한 펑더화이는 서부지역에서의 유엔군 공세는 한강을 이용하여 저지하면서, 중부전선에서는 병력을 집결시켜 유엔군과 한국군을 홍천 및 횡성일대에서 타격을 가하는 계획을 구상하고 있었다. '쫓는 자와 쫓기는 자'가 회심의 격전지로 한반도의 중부전선을 선택하여 승부를 결정짓기를 원했다.

중부 지역에서 여주-평창 선을 점령하고 있던 미 제10군단의 공세는 서부지역의 공세 방법을 적용하여 1월 31일 미 제2사단 23연대 전투단(문막-지평리)과 기갑부대(원주-횡성)로 나누어 위력수색을 시작하였다. 양 부대는 경미한 저항을 받다가

58) 수리산은 경기도 군포와 안양의 남서쪽에 위치한 475고지의 암벽으로 이루어진 산이다. 수원-군포-안양을 경유 영등포로 이어지는 1번 도로와 수원-안산을 경유해 부천과 인천으로 이르는 42번 국도를 통제할 수 있는 해발 475미터의 고지이다.
관악산은 안양과 과천의 경계선에 있는 해발 629미터의 고지로 서울로 진입하는 관문에 위치하고 있다.

59) 채한국 외 2인, 앞의 책, pp.376~387.

기갑부대가 2월 5일 홍천에서 이르러 집결하고 있는 공산군 부대와 대치하게 되었다.

제10군단장은 제8군 사령관의 복안에 따라 홍천을 포위하여 공산군의 거점을 분쇄하고, 전선을 홍천-대관령-강릉으로 북상시켜 차후작전에 유리한 여건을 조성하기 위해 한국군 제3군단과 협조하여 '적의 주력을 몰아서 섬멸한다.'는 라운드 업 작전을 구상했다.[60] 미 제10군단장 알몬드 소장은 한국군 제8사단을 서측에서 주공, 한국군 제5사단을 동측에서 조공으로 홍천을 포위공격하며, 미 제2사단과 제7사단은 반격에 대비토록 했다.

홍천 포위공격은 2월 5일 아침 08:00에 시작되었다. 한국군 제8사단은 5번국도상의 삼마치 고개에서 중공군 198사단의 강력한 저항에 직면하여 2월 10일까지 진출하지 못했고, 동측의 한국군 제5사단도 북한군 제5군단 예하의 6사단의 저항을 받고 2월 10일까지 전과를 올리지 못했다. 홍천지역의 전황은 진척이 없었으나, 동부전선의 한국군 제3·1군단은 2월 7일 창동리-대관령-강릉을 연하는 선에 진출하여 전술적 요충지인 동해안의 비행장과 항구, 대관령 등을 확보하였다.

1951년 1월말 반격작전에 나선 한국군과 유엔군은 썬더볼트 작전과 라운드 업 작전을 통하여 2월 10일 경에는 전선을 남한강-횡성-강릉을 연하는 선으로 북으로 30~60km이상 밀어 올리면서 공세적인 분위기를 회복할 수 있었다. 반면 중공군의 공격 기세는 전투력 보충과 보급제한으로 주춤해졌다. 더욱이 북한군은 평창-영월-안동까지 침투해 있던 부대와 연결이 차단되고, 원주에서 주 전투력을 잃게 되어 차후 작전에 위기를 맞이하였다.

> 위대한 전술은 전투에 따라 변하는 것이다. 항상 같은 방식으로 전투에 임하는 장군은 불행이 따른다.
>
> -나폴레옹-

60) 최용성, 위의 책, pp.120~121.

제5절 중공군 제4차 공세와 유엔군 제2차 반격

1. 중공군 제4차(2월) 공세

1951년 2월에 들어서면서 전선에서는 부대 재배치로 보이는 중공군의 부산한 움직임들이 여기저기서 포착되었다. 특히 원산에서 전투력 복원을 완료한 제9병단이 춘천으로 남하 중인 것이 관측되어 전선의 긴장 수위는 한층 높아져만 갔다. 중공군은 유엔군의 1차 공세 후 자신들이 불리한 서부 지역은 한강을 이용하여 견제하면서, 중동부 전선에 전투력을 집중하여 유엔군 1~2개 사단을 유인 섬멸하고 우측방을 타격하여 유엔군의 진출을 저지하기 위한 제4차 공세를 계획하였다.

한국군과 유엔군은 제1차 반격작전 성공으로 1951년 1월말부터는 중공군에 대한 자신감을 회복하고 있었다. 하지만 중공군은 지난 1.4후퇴 이후부터 지속적인 전투력 보충으로 전력을 보강하면서 다음 공세를 준비하고 있었다.

중공군은 계획대로 서부전선에서는 유엔군의 전진을 저지시키면서, 자신의 주력을 중부전선의 가평-홍천 일대로 집결시켜 양평-횡성(삼마치 고개) 일대의 한국군 및 유엔군 돌출부에 대한 공세를 진행하였다.[61] 2월 11일 공격을 개시한 중공군은 서부전선에서는 중공군 제38군으로 수원을 공략하면서 견제하도록 조치하고, 중부전선에서는 중공군 2개 군과 북한군 2개 군단으로 한국군 제2군단을 공격하기 시작했다. 중공군은 미군이 배치된 지평리와 한국군이 배치된 횡성 중에서 한국군 중부전선에서는 중공군 2개 군과 북한군 2개 군단으로 한국군 제2군단을 공격하기 시작했다.

61) 최용성, 위의 책, pp.122~123

중공군 제4차 공세(자료 : 정명복 재정리)

중공군은 미군이 배치된 지평리와 한국군이 배치된 횡성 중에서 한국군배치 지역인 횡성을 먼저 공격하고 다음 지평리를 공격하여 전선을 원주-충주 방향의 내륙 종심으로 확대하려 했다.[62] 중공군은 횡성 정면에서 중공군 및 북한군 13개 사단으로 한국군 제8사단, 제3사단, 제5사단을 격파하고 횡성을 탈취한 후 원주 방향으로 진출했고, 북한군 제3군단은 제2전선부대와 배합전을 수행하며 한국군 제7사단, 제9사단을 격파한 후 평창 정면으로 진출했다.

횡성이 위험해지자 미 제8군은 2월 12일 오후에 지평리-원주를 연결하는 새로운 방어선을 선정하여 점령하도록 했다. 또한 돌파구 견부인 원주를 고수하면서 반격작전의 여건을 조성하기 위해 미 제2사단을 원주 돌파구 지역에 투입했다.[63] 이때 한국군 제3사단을 추격한 중공군 제66군은 원주를 우회하여 제천으로 진출, 미 제10군단 배후를 차단하려 했다. 만약 중공군의 의도대로 중공군이 제천으로 진출한다면 퇴로가 차단된 미 제10군단 전체가 붕괴되는 위기가 닥칠 가능성이 농후했다. 위기에 처한 유엔군은 대구에서 재편성 중인 미 제7사단을 영월 지역에 철수한 한국군 제3사단, 제5사단, 제8사단 등은 돌파구 첨단에 투입하고 한국군 제1·3군단도 전선을 조정하여 중공군의 돌파구 확장을 저지했다.

---

62) 한국전략문제 연구소, 〈중공군의 6·25전쟁사(항미원조사)〉, 세경사, 1991, pp.96~117.
63) 주시후, 위의 책, p.155.

전선을 관측중인 펑더화이

전선으로 이동중인 중공군
(자료 : 티스토리)

한편 지평리를 담당하고 있던 미 제2사단 23연대는 횡성 일대를 확보한 중공군의 공격 징후가 보이자 철수를 준비했다. 하지만 리지웨이 사령관이 지평리를 확보하여 공세이전의 발판으로 삼고자 결심하고 고수방어 명령을 내리면서 상황은 전환되었다. 연대는 지평역에 지휘소를 선정하고 즉시 방어준비에 착수하여 원형 방어진지를 편성했다.

중공군 제39군은 계획대로 13일 지평리 일대를 완전히 고립시키고 공격하기 시작했다. 중공군은 지평리를 공격하면 유엔군이 철수할 것으로 판단하고, 유엔군의 철수로를 미리 차단했다. 그러나 미 제2사단 23연대는 철수하지 않고 참호를 깊게 파고 고수방어[64]로서 중공군을 기다리고 있었다. 미군이 평소와 같이 철수하지 않자, 중공군은 계획을 바꿔 지평리로 공격해 왔다. 그러자 미 제23연대는 가용한 포병화력(155mm 6문, 105mm 18문)을 동원하여 공격하는 중공군을 강타했다. 중공군도 6개 연대 병력으로 진지를 포위하면서 화력을 집중시켰다. 이 와중에 제23연대에 배속되어 있던 프랑스대대가 분전했다. 그들은 4배나 되는 중공군 병력이 접근하는 것을 침착하게 기다렸다가 근접전과 백병전으로 격퇴하였다.

미 제9군단 소속 한국군 제6사단과 영국군 제27여단이 2월 13일 고립된 미 제23연대 구원 작전을 시도했으나 실패했다. 15일에는 군단 예비인 미 제5기병연대가 2개 야포대대, 2개 전차중대, 1개 공병중대로 증강하여 적진돌파에 나섰다. 미

64) 고수방어(固守防禦) : 강력한 방어진지 편성과 결전의지를 기초로 방어지역의 상실을 최대한 억제하면서 적의 공격을 저지 격멸하기 위한 방어 작전의 개념으로서 중요 지형의 확보와 적 격멸에 주안을 둔다.

제5기병연대는 난관을 극복하고 중공군의 포위망을 뚫고 당일 제23연대와 연결작전을 성공적으로 마무리 지었다.[65] 양평-원주-제천-평창에 이르는 커다란 돌파구도 미 제9군단(한국군 사단)이 저지시키므로 해서 중공군의 제4차 공세는 2월 18일 기세가 꺾였다.

이로써 중공군의 4차 공세는 목표를 달성하지 못하고 종료되었다. 이 전투는 중공군의 인해전술에 대한 미군 화력의 우위를 증명했다. 지평리 고수방어 성공은 유엔군과 한국군에게 새로운 전투방향을 제시하는 계기가 되었다. 또한 중공군의 제4차 공세는 지금까지의 3차례의 공세에서 한껏 고무되어 있던 중공군에게 미군이 그렇게 만만한 상대가 아니라는 것을 알게 해준 기회가 되었다. 그간 패배만 당하던 유엔군에게는 1차 반격에 이어 중공군에게 거둔 최초의 방어전투 승리로 중공군에 대한 완전한 자신감을 회복할 수 있는 계기가 되었다.

2. 유엔군 제2차 반격과 서울탈환

가. 중공군 주력섬멸 - 킬러작전(Operation Killer)

지평리, 원주 일대에서 중공군의 4차 공세를 물리치고 승기를 잡은 리지웨이 장군은 철수하는 공산군의 꼬리를 물고, 중공군에게 아예 새로운 공격을 준비할 시간을 주지 않으면서 비정상적으로 돌출된 제천-영월 지역의 중공군(제39, 40, 66군) 주력을 포착 섬멸하기 위해 즉각적인 반격작전을 시행했다(당시 전선 : 한강-양평(지평리)-원주-제천-영월-대관령을 이은 선).

이는 중공군 개입 이래 유엔군의 두 번째 반격작전으로 작전 목적이 공산군 주력을 섬멸하는 작전인 만큼 '킬러작전'이라 명명하고, 미 제9군단(원주-횡성 방향), 미 제10군단과 한국군 제3군단(제천-평창 방향)이 병진공격 하도록 했다.

유엔군과 한국군은 2월 21일 10:00부터 공격을 개시했다. 미 제9군단은 주공인 해병사단을 중심으로 4개 사단이 횡성을 향하여 병진공격을 감행하였고, 한국군

65) 미 제23연대는 중공군과의 전투에서 52명의 전사자와 259명의 부상자, 42명의 실종자가 발생했다. 그러나 연대는 부상당한 연대장 프리만(Paul L. Freeman) 대령이 후송을 거부하고 끝까지 부하들과 생사를 함께 하는 등 전 장병이 혼연일체가 되어 중공군의 집요한 공격을 뿌리칠 수 있었다. 프리만 대령은 후에 대장으로 진급하여 유럽 주둔군 사령관이 되었다.

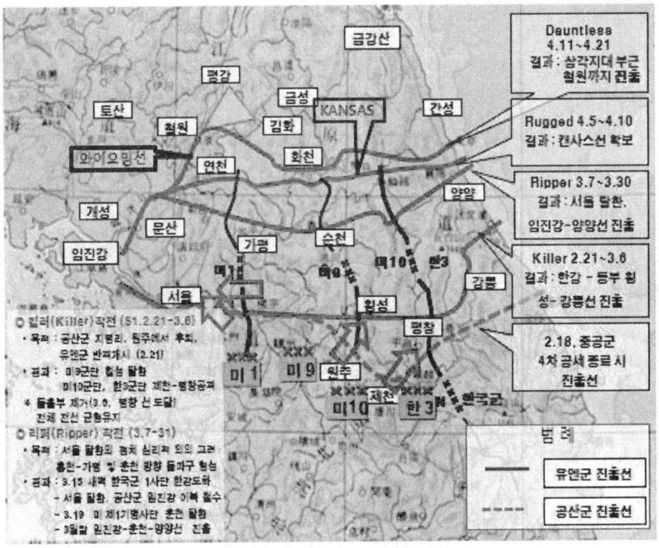

유엔군 제2차 반격

제3군단과 미 제10군단은 동부전선에서 북한군 유격대와 전투를 진행하였다. 하지만 갑작스러운 기온이 상승과 때맞추어 내리는 폭설은 산악지형에서 장비와 인원의 기동을 제한시켰다. 안타깝게도 24일에는 전선을 시찰 중이던 제9군단장 무어(Bryan E. Moore)소장[66]이 한강에서 헬기추락으로 순직하기도 하였다.

이러한 기상과 지형의 문제에다 중공군의 강력한 저항까지 있었으나, 결국 미 제9군단의 주공인 미 해병사단이 중공군을 물리치고, 3월 4일 목표인 중부의 횡성을 탈환하였다. 미 제10군단과 한국군 제3군단도 산악을 이용하여 저항하는 북한군 제2전선 부대들과 폭설 속에서 치열한 교전을 벌여가며 3월 6일 목표인 강릉 선에 도달하여 제천 일대의 비정상적인 공산군의 돌출부를 북상시키며 전체적인 전선의 균형(횡성-강릉)을 유지하면서 킬러 작전은 성공적으로 종료되었다.

나. 서울 재탈환 - 리퍼작전(Operation Ripper)

킬러작전 결과 유엔군과 한국군은 이제 전선을 한강-횡성-강릉을 연하는 선으로

66) 무어 장군은 리지웨이 장군과 육사 동기생이다. 리지웨이 장군이 부임 이후 펜타곤에 건의한 4명의 군단장 후보 중 가장 유능한 장군으로, 51년 1월 31일 부임해 3주 만에 첫 작전에서 전사했다. 1951년 10월 미군은 여주군 여주읍 탄현리에 추모비를 세웠다.

녹번동에서 유엔군 포병부대

방어중인 중공군

북상시킬 수 있었다. 당시 국내외의 모든 시선은 '서울은 언제?'였다. 하지만 미 제8군 사령부는 서울을 정면 공격하는 것은 무리가 있다고 판단하고 있었다. 그래서 현전선(횡성)의 중앙으로부터 홍천-가평 및 춘천 방면으로 돌파구를 형성하여 중공군과 북한군을 동서로 나눈 다음에 서울을 한강(정면)과 가평·춘천 방면(측방)에서 양익포위 한다는 전략을 수립하기에 이르렀다.[67] 작전의 명칭은 영문으로 '자른다'는 뜻을 포함하고 있는 'Ripper(리퍼)'로 명명되었다.

리퍼작전의 제8군 주공인 미 제9군단은 3월 7일 우세한 화력을 앞세워 사단 병진으로 중공군의 방어진지를 공격한 후 용문산-홍천을 향하여 진격하기 시작했다. 군단의 주공인 제1해병사단을 비롯한 각 부대는 신속한 전진을 감행하여 3월 14일 홍천 외곽까지 진출하고, 3월 15일에는 한국군 제1사단이 한강을 도하 서울을 재탈환하는데 성공했다. 서울 재탈환은 1·4후퇴 이후 70일만이었다. 그러나 한국군 제1사단이 서울을 점령할 때는 중공군은 이미 서울에서 철수하여 '텅 빈 서울'이었다. 이어 미 제1기병사단이 3월 19일 춘천을 탈환하여, 3월말 진출선은 임진강-춘천-양양 선이었다. 이어 유엔군은 '러기드(Rugged)작전' 즉 '요철 작전'을 4월 5일부터 10일까지 실시하여 캔사스 선을 확보하였다. 이후 마지막 단계로 4월 11일부터 21일 까지 '돈트리스(Dauntless)' 작전을 실시 철의 삼각지대를 확보하고자 하였으나 중공군 제5차 공세로 철원부근까지 진출하고 작전은 종료되었다.

67) 최용성, 위의 책, p.125.

3. 연안 도서 탈환작전[68)]

1·2차 연평 해전과 2010년 북한의 천암함 폭침 및 연평도 포격사건 등으로 서북도서방위사령부가 창설(2011. 6. 15)되고, 서해 도서에 대한 국민적 관심이 그 어느 때보다도 높은 상태이다. 그런데 북한은 현재 바다에서 남과 북을 가르고 있는 NLL(Northern Limit Line, 북방한계선)[69)]을 무력화 하고자, 지상의 군사분계선을 따라 해상으로 직선으로 이어 긋는 새로운 해상분계선을 적용하자고 주장하고 있다.

하지만 서해 5도는 소련과 미국이 한반도 진주 당시 대부분이 38도 선상 이남에 있는 섬으로 남한의 영토였고, 지금도 실효적으로 지배하고 있는 남한의 영토이다. 특히 서해 5도는 6·25전쟁 기간 중에 한국군 해병대가 수복작전을 실시하여 탈환한 도서이다. 물론 한국군과 마찬가지로 북한군과 중공군도 전쟁 중에 해안도서 평정작전을 실시했었다(1951. 11. 5~11.30). 중공 공군이 최초로 한반도에 참전한 것도 바로 도서 지역에 폭격을 가하기 위해서였다.

동·서해안의 도서탈환 작전은 1951년 2월부터 실시되었다. 북한 후방의 도서들을 점령함으로 북한군을 봉쇄하고 제해권을 확보하는 것이 1차 목표였으며, 북한군을 고착하고 유격대의 활동보장 및 피난민 구출 등이 부차적인 목적이었다. 이 임무는 해병대에 부여되었고, 임무수행을 위한 별도의 부대(해병독립제41중대 : 서해안 담당, 해병독립제42, 43중대 : 동해안 담당)가 진해에서 창설되었다.

가. 동해 도서

1951년 2월 7일, 북한의 전략 항구인 원산항을 통제하기 위해 해병대 독립 제42중대가 진해에서 LST로 출발하여 원산 영흥만의 여도와 신도, 소도, 대도, 황토도를 차례로 장악하였다. 먼저 가장 원거리이며 큰 섬인 여도(원산항에서 18km 동북쪽)에 상륙했다. 북한군이 신도와 갈마반도에서 포격을 가하였으나 24일 무리없이 점령하였다. 다음 황토도에 대한 상륙작전이 실시되었고, 상륙 간 육지에서 포사격이 있었으나 항공기와 함정에서 무력화 시켰다. 이후 중대는 점령한 도서에 병력을 배치하여 1개월 동안 적정을 탐지하였다. 북한군은 이 섬들을 견제하기 위

68) 해병대 작전참모처 군사연구과, 위의 책, pp.163~168.

69) 북방한계선은 1953년 유엔군 사령부가 정전협정 체결직후 서해 5도인 우도-연평도-소청도-대청도-백령도를 따라 그은 해안 경계선이다.

하여 많은 병력을 투입하지 않으면 아니 되었다. 1951년 다시 독립 제43중대가 편성되어('51. 8. 28) 동해안의 양도에 투입되었다.

나. 서해 도서

경기 인근의 서해 도서 탈환작전은 동해보다 한 달 늦은 3월 28일 해병대 독립 제41중대가 창설되어 실시되었다. 서해 도서는 북한군의 영향력이 아직 미치지 못하고 있었고, 의용 청년들로 구성된 유격대와 첩보 기관들이 활동하고 있었다. 제41중대는 4월 2일 오전에 유격대가 활동하고 있는 교동도에 북한군과 접촉 없이 상륙하여 강 넘어 북한군과 포격전을 벌였다. 해병 중대는 교동도에서 피난민을 선무하고, 청년들을 훈련시켜 해주로 침투 정보를 수집하기도 했다.

해병 중대는 4월 23일 백령도, 5월 7일에는 대동강 하구의 석도까지 상륙하여 수차의 서해안 상륙과 구월산 투입 등 조직적인 유격활동을 전개할 수 있도록 했다.

이후 독립 중대들은 대대 급으로 개편되면서 해병 도서부대 창설의 모체가 되었다.

> 적을 알고 나를 알면 백 번 싸워도 위태롭지 않을 것이다.(知彼知己百戰不殆)
>
> –손자–

제6절 유엔군 38도선 재돌파와 중공군 제5차 공세

1. 유엔군의 38도선 재돌파[70)]

유엔군과 한국군이 서부전선에서 서울을 재탈환하고 기존의 38선 지역으로 진출해 나가자 다시 38선 돌파 문제가 거론되었다. 하지만 지금의 38선 돌파는 1950년 당시의 돌파와는 차원이 다른 문제였다. 이제는 정책과 전략적 문제가 아닌 전술적 차원의 문제였고, 38도선 북방에 진출했다는 명분을 얻기 위한 진출이었다. 따라서 미국 정부는 이 문제를 현지 제8군 사령관에게 일임하였다.

동부전전에서도 한국군 제1군단 소속의 제3사단과 수도사단이 북한군 제69사단의 저항을 물리치고 3월 27일 양양을 탈환하였다. 한국군과 유엔군의 일련의 공세작전으로 피해를 입은 중공군은 평강-철원-김화로 연결되는 지점으로 집결하여 전투력을 회복하면서 차후 공세를 준비하고 있었다.

전세를 관찰하던 리지웨이 장군은 38도선 확보를 위한 완충지대로 38도선 북쪽으로 방어선을 선정(임진강-연천-화천 저수지-양양을 잇는 총 연장 184km)하여, 전선이 38도선에서 최대 16km까지 북상되었다. 당시 이를 캔사스 선(Cansas Line)이라 하였는데, 이 캔사스 선은 서울 재수복 이후 북쪽 방향으로 전선을 북상시키고자 실시한 요철 작전(Operation Rugged)을 통해서 확보되었음을 이미 알아보았다.

하지만 유엔군은 대한민국 정부와 국민의 희망과는 반대로 좀처럼 캔자스 선을 넘으려 하지 않았다. 왜냐하면 유엔군의 입장에선 압록강까지 진격한다 하더라도 더욱 거세진 중공군의 저항에 부딪힐 것이고, 중공을 극복한다 하더라도 주적인

70) 최용성, 위의 책, pp.126~127.

소련이 기다리고 있다고 생각했기 때문이다. 그리하여 다시 한 번 전쟁을 휴전으로 일단락 시키자는 의견이 대두되기 시작했다.[71] 이때부터 자유진영에서는 켄사스 선을 미래의 휴전선으로 여기기 시작했고, 이는 또 다른 북진 한계선이나 다름없었다.

캔사스 선을 확보한 유엔군과 한국군은 중공군이 집결하여 공세를 준비 중인 평강-철원-김화를 연결하는 철의 삼각지대[72]를 공략할 필요를 느꼈다. 이 지역은 서울과 원산의 중간지대로 철도가 통과하는 교통의 요지였다. 이에 리지웨이 장군은 캔자스선 북방 10~20km에 와이오밍(Operation Wyoming, 캔자스 선 북방으로 10~20Km를 연하는 선)선을 설정하고, 이를 확보하기 위한 '불굴작전(Operation Dauntless)'을 진행하였다. 불굴의 작전은 4월 11일부터 진행되어 철원에 이르렀으며, 4월 22일부터는 도처에서 공산군의 저항에 부딪혔다. 이에 리지웨이 장군은 중공군의 공세에 대비하여 방어로 전환할 것을 명하였다. 이제 전투력을 회복한 중공군이 '어디로 공격해 올 것인가?' 하는 것이 세기의 관심사가 되었다.

2. 맥아더 장군의 해임과 불승불패(不勝不敗) 전략

1951년 4월 11일 맥아더 원수 해임 사실이 느닷없이 발표되었다. 중공군 개입 이후 유엔군 사령관인 맥아더 원수와 군 통수권자인 대통령과의 잦은 의견 충돌로 결국 전선 사령관이 교체된 것이었다. 맥아더는 정치적인 제한에 구애받지 않고, 그의 재량권 내에서 자유로운 군사작전을 추진하고 싶어 했다. 그래서 맥아더는 워싱턴의 정책과는 다르게 유엔군으로 하여금 공격작전을 진행하도록 했다. 이에 따라 미 제8군은 4월 5일 공격을 개시하여 캔사스 선을 확보했고, 이어 철의 삼각지대를 확보하기 위해 와이오밍 선을 향하여 진출했었다.

6·25전쟁 이전부터 대한민국의 통일정책은 변함이 없었지만, 미 행정부 내의 대(對) 한반도 정책은 유엔군이 중공군에 밀려 철수한 1951년 전반기부터 '휴전을 통해 전쟁을 종결 한다.'는 정책으로 선회하고 있었다.

---

71) 정명복, 앞의 책, pp.260~261.

72) 당시 취재하던 기자들이 극적인 표현으로 이 지역을 '철의 3각지(Iron Triangle)'라고 기사화했다. 철의 삼각지대라는 말은 이 지역 일대가 아군이 공격하기에는 불리하고, 적이 방어하기에는 최적의 지형적 특징을 지닌 난공불락(難攻不落)의 여건을 구비하고 있어 붙여진 이름이다.

휴전을 반대하는 학생들
(자료 : 유용원의 자유세계)

신임 유엔군 사령관 메튜 리지웨이
(항상 가슴에는 수류탄을 달았다)

이러한 정책 변경의 과정에서 한반도에 완전한 군사적 승리를 원하는 '군인 맥아더'와 정치적 타협을 주장하는 '정치가 대통령' 사이의 견해 충돌이 발생한 것이었다.[73] 이는 또한 한・미 연합국간의 갈등이기도 했다.

트루먼 대통령은 맥아더 장군의 군사적 돌출 행동을 민주주의 체제와 군 통수권자에 대한 도전으로 받아들였고, 결국 4월 11일 맥아더를 유엔군 사령관, 미 극동사령관, 미 극동지상군 사령관의 직위로부터 해임시켰다. 이후 맥아더는 미국으로 복귀하여 국민들로부터 영웅적인 환대를 받았고, 미 국회에서 "노병은 죽지 않는다. 다만 사라질 뿐이다."라는 유명한 말을 남기고 역사의 뒤안길로 사라졌다.

신임 유엔군 사령관은 제8군사령관인 리지웨이 장군이 영전했고, 신임 제8군사령관에는 밴 플리트(James A. Van Fleet) 중장[74]이 임명되었다.

맥아더와 달리 신임 유엔군사령관 리지웨이 대장은 미 제8군 사령관으로 부임한 밴 플리트 중장에게 캔사스 선과 와이오밍 선을 넘어가는 작전은 모두 유엔군사령관인 자신의 승인을 받도록 조치했다. 이렇게 유엔군이 북진에 소극적인 이유는 필연적으로 발생할 막대한 희생을 고려한 것과 설령 압록강까지 진격했다 하

---

73) 정명복, 앞의 책, pp.262~263. 대한민국의 영토를 어디로 보느냐의 시각(트루먼 : 38선 이남, 맥아더 : 한반도 전역)차이로 보았다.

74) 밴 플리트 장군은 1915년 미 육사를 졸업하고 노르망디 상륙작전에 참여하였다. 4년제 미 육사의 출범의 산파 역할을 했으며, 6・25전쟁을 승리로 이끌었다. 한국군을 10개 사단에서 20개 사단으로 증편하고, 한국에서 37년간의 군 생활을 마무리 했다.

더라도 자유진영의 제1 적인 소련이 시베리아에서 굽어다 보고 있다는 것이었다.

미국은 이제 명예로운 퇴진을 고려하고 있었던 것이다. 막대한 피해를 입고 있는 중공 또한 동병상련(同病相憐)이었다. 그래서 미군은 중공이 휴전회담에 나올 수 있도록 적당한 압력을 가할 수 있는 전력을 유지하고 있다가, 중공군이 공격해 오면 현지에서 퇴각시키는 정도의 전략을 추진하였다. 다시 말해 이즈음 미국의 전략은 '이기지도 않고, 지지도 않는다.'는 "불승불패(不勝不敗) 전략"이었다.

3. 중공군 제5차 공세

유엔군은 서울을 재탈환 이후 3월말에는 기존의 38도 선, 4월에는 캔사스 선을 점령하고 와이오밍 선으로 진출하면서 캔사스 선의 완충지대를 확보하려 하였다. 이에 자존심이 구겨질대로 구겨진 중공군은 철의 삼각지대에서 그간의 전투 피해에 따른 전투력 복원을 어느 정도 완료하고 유엔군에 대한 반격의 기회만을 노리고 있었다.

이런 상황에서 시작된 중공군의 제5차 공세는 서울 탈환과 38도선 고정을 목적으로 하면서 주도권을 바탕으로 정전회담에 임한다는 전략이었다. 작전개념은 주공을 중서부 전선(문산-춘천)에 지향하여 유엔군 2~3개 사단을 포위 섬멸하는 것으로 이를 충족하기 위한 기동계획[75]은 다음과 같았다. 제19병단은 우측 포위부대로 정면의 한국군 제1사단과 영국군 제29여단을 돌파 후 2개 군은 포천 방향으로 진출 미 제24사단과 25사단의 좌측방 퇴로를 차단하고, 1개 군은 의정부 방면으로 진출하도록 했다. 또한 제3병단은 정면 압박 부대로서 미 제3사단, 미 제25사단을 고착하며, 제9병단은 좌측 포위부대로서 사창리의 한국군 제6사단을 돌파하여 2개 군은 포천 방향으로 진출하여 미 제24사단과 제25사단의 우측방 퇴로를 차단하는 것이었다. 조공(춘천-동해안)은 동부전선을 담당하고 기타 부대는 견제공격 하도록 했다.

중공군은 모든 준비가 완료 되자 4월(4.22~30)말 중서부전선(문산-춘천)에 주력을 집중하여 공격하기 시작했다. 주공인 중공군 제19병단(9개 사단)이 개성-문산 축선에서

---

75) 주시후, 위의 책, pp. 158~159.

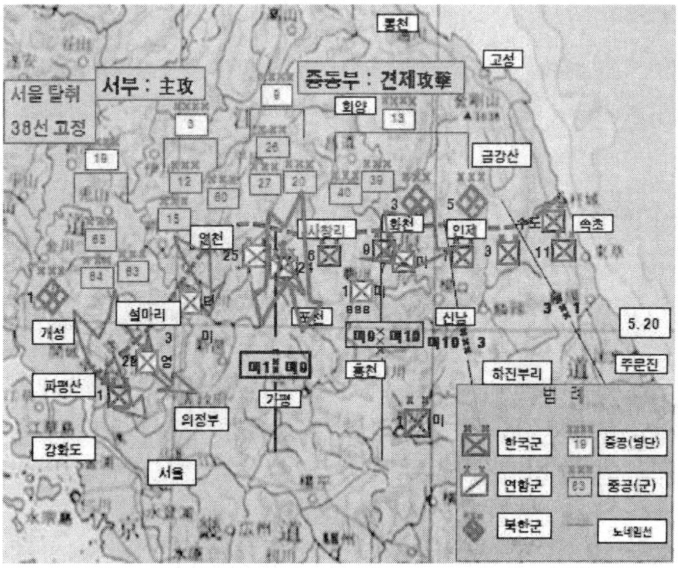

중공군 제5차 공세

한국군 제1사단(문산일대)과 영국군 제29여단(설마리)을 공격했다. 또 중공군 제3병단(9개 사단)은 연천-농누전 축선에서 미 제3사단과 디기 여단을, 중공군 제9병단(9개 사단)이 김화-포천 축선에서 광덕 산맥을 따라 미 제25사단과 제24사단을 공격했다. 중동부 전선에서는 중공군 제13병단(6개 사단)이 화천-춘천 축선에서 한국군 제6사단과 미 제1해병사단을 공격하고, 북한군 제3·5군단이 인제-신남 축선에서 한국군 제3군단을 목표로 공격했다.[76)]

중공군 제19병단은 계획대로 한국군 제1사단과 영국군 제29연대를 공격하였다. 하지만 한국군 제1사단(적성)의 선전과 영국군 제29여단(설마리)이 중공군의 포위돌파 기도를 좌절시켰다. 이때 영국 제29여단 글로스터셔(Gloucestershire)[77)]대대가 벌인 설마리 전투는 6·25전쟁에서 고립방어의 대표적인 전례로 기록되고 있다. 이 전투로 인하여 미 제24, 25사단은 퇴로를 탈 수 있었다.

미 제8군 사령관 밴 플리트 장군은 미 제1군단과 제9군단장에게 임진강-전곡-

76) 최용성, 위의 책, p.128.
77) 대대장이하 전원이 산화하였다.

중공군의 주간공격

중공군의 야간공격

화천댐을 연하는 캔사스 선으로 철수하도록 명하였다. 중공군은 유엔군의 대규모 화력 집중과 근접 항공지원으로 많은 피해를 입었으나, 3일에 걸쳐 그 선두 부대는 서울 북방 구파발에서 홍천에 이르는 선에 도달했다.

그러나 중부 지역에서는 한국군 제6사단이 사창리 전투에서 처참히 무너져 내렸다. 한국군 제6사단은 분산되어 철수했으며, 사창리에서 가평에 이르는 대규모 돌파구가 형성되어 춘천-가평이 일시에 실함되는 결과를 초래하였다. 이에 따라 미 제8군은 가평지역에 영국군 제28여단과 미 제5기병연대를 투입하였으나 4월 26일 결국 가평이 피탈되어 미 제9군단은 홍천강 이남으로 철수했다.[78] 당시 제6사단이 붕괴된 것은 지휘관 및 참모들의 자질 부족과 지휘통제 능력이 부족한 것으로 판단되어 당시 한창 진행 중이던 한국군 증강 계획에 악영향을 끼쳤다.[79]

중공군은 제5차 공세를 통하여 중부 지역에서 60km, 동부 지역에서 35km의 지역을 남하할 수 있었다. 하지만 유엔군은 중공군의 포위망에서 빠져나온 미 제24, 25사단이 전투력을 온전히 유지한 가운데 서울 북방에서 마석우리-대포리를 연하는 노 네임선(No-named defense line)을 형성하여 중공군을 저지함으로써 서울을 방어하며 중공군의 4월 공세를 저지할 수 있었다. 펑더화이는 4월 29일부터 중공군의 전진이 가로막히자 공세의 실패를 자인하고 방어로 전환하여 제5차 전

78) 주시후, 위의 책, p.159.
79) 송요태 외, 위의 책, p435

역 1계단 공세의 막을 내렸다.[80)]

중공군의 입장에서 이번 제5차 공세는 2개 여월이상 내실 있게 준비를 한 만큼 내심 자신감이 있었다. 또한 유엔군과 한국군에게 위협을 주기에는 충분한 전력이었다. 하지만 공산군의 주공이 임진강 방어진지 돌파에서 신속한 기동력을 발휘하지 못했으며, 조공은 가평과 인제에서 차단되어 특기인 퇴로 차단에 실패했다. 오히려 유엔군의 포병 화력과 근접 항공지원으로 인하여 중공군 13만 명 이상이 살상되는 피해를 입었다. 더욱이 공세 기간도 8일 만에 종료되어, 중공군의 보급사정이 여전히 열악하다는 것을 증명시켜 주었다.

유엔군은 이때 반격작전으로 중공군을 강하게 밀어붙일 수 있었다. 그러나 정치적인 협상을 위한 새로운 정책이 수립되고 있는 시점으로 캔사스-와이오밍 선(철의 삼각지대)을 넘어 반격하지 않았다. 다만 국지적인 전술적 조치만이 허용되는 불승불패 전략을 계속 유지했다.

> 하나의 철십자 훈장 보다, 한 방울의 기름을 ... .
>
> -롬멜-

80) 펑더화이는 패인을 첫째 : 공세를 위한 준비 부족, 둘째 : 적군의 조밀한 배치로 침투 불가, 셋째 : 유엔군의 강력한 저항, 넷째 : 유엔군 상륙 기도 우려 등으로 선정했다(정명복, 위의 책, p266).

제7절 중공군 제6차 공세와 유엔군 제3차 반격

1. 중공군 제6차 공세(5차 전역 제2계단 공세, 5월 공세)

가. 중공군의 반성과 공세 배경

중공군의 제6차 공세는 실질적으로는 중공군의 마지막 공세였다. 1951년 5월 16일 중공군 및 북한군 전 부대와 유엔군 및 한국군 전 부대가 전 전선에서 격돌하여(주 전장은 중동부 전선), 중동부 전선의 한국군 지역이 무너졌다가, 5월 22일 미 제3사단이 다시 운두령[81]을 탈환하며 중공군의 공세를 격퇴하기까지의 전투를 말한다.

중공군의 제5차 공세를 성공적으로 방어한 유엔군은 중공군의 보급주기를 고려해 보았을 때 차후 공세는 상당한 시일이 소요될 것으로 예상 되었다. 그러나 중공군은 예상을 깨고 곧 바로 공세에 돌입하였다. 이는 중공군이 제5차 공세의 실패를 조기에 만회하고 전장의 주도권을 확보하기 위한 것이었다.[82] 미군은 여러 경로를 통해서 중공군의 공세준비를 확인했고 즉각 전투준비에 임했다.

양측 모두 전투 결과가 곧 시작될 정전 협상에 미칠 영향력을 잘 알고 있었다. 전장에서 잔뼈가 굵은 펑더화이는 그간 수차례의 공세를 통하여 '병력이 우세하더라도 화력이 열세하면 승리할 수 없다'는 점을 뼈저리게 느끼고 있었다.[83] 펑더화이는 전장의 수장으로서 이제 베이징의 정치적 입장보다는 군사적 승리가 우선시 되어야 함을 인식했고, 작전 목적을 '적 부대 격멸'로 선정했다. 공세도 약점인 화력과 기동을 보완하여 철저한 준비를 하고, 유엔군의 장점을 약화시킬 수 있는 방

---

81) 강원도 홍천군과 평창군의 경계에 위치한 계방산(桂芳山) 자락에 위치한 고개다. 해발 1,089m로 항상 운무가 넘나든다는 뜻에서 '운두령(雲頭嶺)'이란 지명이 유래되었다. 31번 도로가 평창-장평-운두령-현리-인제로 이어진다. 험한 지형으로, 1968년 울진·삼척 무장공비 침투시 활동지였으며, 고개 하단에는 당시 피살된 '이승복' 기념관이 있다.

82) 徐焰-吳小京저, 앞의 책, pp.53~60.

83) 최용성, 앞의 책, pp.129~130.

안을 강구하였다. 공격대상은 역시 중동부의 한국군이었다. 한국군을 먼저 포위격멸한 후 미군 측방을 공략한다는 복안을 구상했다.

중공군은 당시 한국군 10개 사단 중 제1사단(미 1군단 배속, 서부지역), 제2, 6사단(미 제9군단 배속, 양평, 용문산 지역), 제8사단(후방지역 작전)을 제외한 6개 사단 제5, 7, 9, 3, 수도, 11사단 등이 홍천 북방 자은리로 부터 동해안 까지 배치되어 있는 것을 간파하고, 이 한국군을 먼저 섬멸하고 미군을 섬멸하겠다는 계획을 구상하였다.[84] 만약 작전이 중공군의 의도대로 진행된다면 중동부에서 한국군의 대 패배는 물론이고, 서부전선의 유엔군은 우측방이 노출되어 포위되거나 철수로가 차단될 것이다. 이렇게만 된다면 펑더화이가 원하는 대로 중공군은 휴전회담에서 아주 유리한 정전카드를 제시할 수 있었다.

나. 중공군의 현리 포위

중공군의 제6차 공세 개념은 공산군 측이 '총 18개 사단을 동원, 동과 서에서 신남-현리 일대의 한국군 제5·7·9·3사단을 3중 양익포위하여 격멸한다'는 것이었다. 첫 포위망은 먼저 서측에서 중공군 제20군(3개 사단)이 미 제10군단 우측의 한국군 제7사단의 부평·달은리 간을 돌파하여 오마치(오미재)고개[85]를 차단하는 것이었다. 동시에 동측에서는 북한군 제5군단이 가리봉(1519고지)일대의 한국군 제3사단을 돌파하여 오마치 방향으로 진출, 중공군 제20군과 연결 포위망에 들어간 한국군 7·9·3사단 유생역량을 소멸하는 것이다. 2중 포위망은 서측에서 중공군 제27군(3개 사단)이 신남 일대의 한국군 제5·7사단의 중앙을 돌파하여 오마치 고개 5km 후방에 위치한 침교를 확보하면서 포위망을 국축하는 것이었다.

84) 한국전략문제 연구소, 앞의 책, pp.145~146.

85) 행정적으로 강원도 인제군 상남면 31번국도 상에 있으며, 말 다섯 마리가 겨우 지날 정도의 고개라 하여 오마치(五馬峙)고개라 했다. 오마치는 한국군 제3군단의 보급로상의 중요한 감제 및 애로지점으로 당연히 확보대책을 강구했어야 하나, 전투지경선 상 인접 미 제10군단 지역(9사단 좌인접 한국군 제7사단 5연대 후방에 위치한다.)에 위치하여 양 군단의 협조가 미흡하였다(제3군단은 이 문제를 인접 제10군단에 제기하였으나 제10군단은 특별한 방책을 강구하지 않았다).

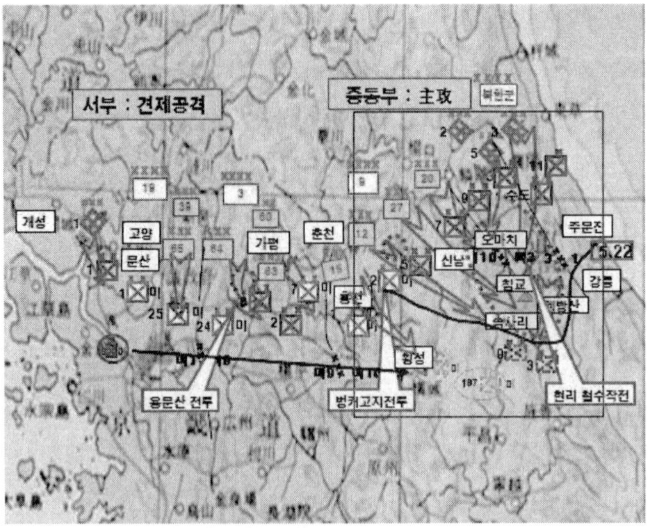

중공군 제6차 공세 상황도(자료 : 정명복 재구성)

그리고 동측에서는 북한군 제2군단(3개 사단)이 설악산 일대의 한국군 제3·1군단의 전투지경선 우측을 돌파하여 계방산-장평 일대를 점령한 후 서측의 제27군과 연결하여 1차포위망과 같이 철수하는 한국군 부대들을 섬멸하는 것이었다.

3중 포위망은 서측의 중공군 제12군(3개 사단)이 자은리 일대의 한국군 제5사단을 돌파하여 속사리 방향으로 공격하며 동해안 방향에서는 북한군 제2군단의 1개 사단을 신속히 속사리 방향으로 진출시켜, 중공군 제12군단과 연결하여 남으로 퇴각하는 한국군 부대들을 포위하여 섬멸할 계획이었다. 참으로 장엄하고도 스펙타클한 계획이었다. 이 계획대로 라면 피비린내 나는 살육전이 전개될 것이 자명했고, 세계 전사에 길이 남을 명장면이 연출될 것이었다.

다. 뒤바뀌는 포위86)

중공군 공세는 계획대로 5월 16일 16:00 2시간의 공격준비사격을 실시한 후 미 제10군단 지역의 한국군 제7사단에 대한 공세부터 시작되었다. 제7사단의 서측은 소양강 남안을 연해 한국군 제5사단이, 우측은 한국군 제3군단 예하의 제9사단이 병행 방어하고 있었다. 제7사단은 좌 일선에 제8연대, 우 일선에 제5연대, 예비로

86) 최용성, 앞의 책, pp.130~134.

제3연대를 배치하고 있었다. 중공군의 공격이 시작되자 공격준비사격으로 모든 지휘통제가 마비되었다. 제7사단은 중공군의 제1제파 공격은 선방하였으나, 곧 이은 제2, 제3 제파 공격에는 속수무책(束手無策)이었다. 전방의 제5연대가 백병전으로 맞섰으나 포위되고, 사단은 예비 연대까지 투입하며 고립되고 말았다.

이때 중공군은 한국군 제7사단 지역에 중공군 제20군과 27군 예하의 6개 사단을 집중 투입하여 공격하였다. 중공군은 선두부대인 제60사단 178연대 2대대 6중대가 계획대로 5월 17일 07:30 경에 오마치 고개를 점령한데[87] 이어 야간에는 사단 전 병력이 배치되었다. 이어 두 번째 포위지역인 침교 일대도 17일 오후에 중공군 제27군에 의해 점령되었다. 한국군 제3군단은 조·중 연합군의 서쪽 2중 포위망에 갇히게 되었고, 3중 포위망이 기다리고 있었다. 하지만 3중 포위부대인 제12군은 자은리 일대에서 미 제2사단을 한국군 제5사단으로 오인 공격하여, 미군에 진출이 저지되었다. 이때 발생한 전투가 벙커힐 전투다. 이 전투로 인해 세 번째 포위망은 형성되지 못했고, 앞 2중 포위망도 완벽히 형성되지는 못했다.[88]

한편 동측에서도 포위망 형성을 위해 공격이 개시되었다. 북한군 제5군단은 한국군 제3군단 예하의 우측부대인 제3사단을 돌파하기 위해 공격했으나, 제3사단이 이를 저지해냈다. 하지만 제3사단장은 5월 17일 오마치 고개가 중공군에 의해 차단되었다는 사실을 접하고 포위를 우려 전방 연대들을 철수시켰다. 이후 북한군 제5군단은 가리봉(1519고지)과 운리산(755고지)까지 진출했으나 지형이 험하여 중공군 제20군과 연결하는데 실패, 방대산 후방의 통로를 완벽히 차단하지 못했다.

2중 그리고 3중의 포위망을 구축하려는 북한군 제2군단의 시도 또한 한계령과 설악산의 험준한 지형과 적설로 인하여 좌절되고 말았다. 결국 후속 부대인 북한군 제3군단도 진출하지 못하고, 우측 포위망인 동해안 쪽에서의 대포위 작전은 실패하고 말았다.[89] 그렇지만 공산군의 포위 작전에 현리 일대는 약 70km에 이르는 돌파구가 발생하였다.

---

87) 중공군은 접촉선에서 오마치 고개까지 30km의 거리를 12시간 만에 적중하 침투하여 시간당 평균 속도 2.5km의 경이적인 속도로 진출했다(홍성태, 〈한국전의 기동전 분석〉, 육군교육사령부, 1966, pp.161~165).

88) 정명복, 〈6·25전쟁기 중공군 5월 공세에 관한 연구〉, 박사학위논문, 2009, pp.166~166.

89) 한국전략문제 연구소, 앞의 책, pp.149~150.

벙커힐 전투에서의 무제한 포병사격

중공군 야포(자료 : LIFE)

이러한 중공군의 공세에 한국군 제3군단 지휘부는 전혀 대처하지 못했다. 우선 적에 대한 정보가 부재했다. 제3군단 사령부는 중공군이 오마치 고개를 선점하자 상황을 오판하여 부대 통제력을 상실하고 말았다. 한국군 제9사단은 인접 제7사단 제5연대장의 상황보고로 인접 부대가 붕괴된 것을 알고는 있었으나, 오마치 고개의 심각성을 제대로 인식하지는 못했다. 한국군 제3군단(소장 유재홍)이 오마치 고개가 중공군에 의해 차단되었다고 알게 된 것은 제9사단이 중공군의 포위에 대비하여 5월 17일 새벽에 차량을 이용하여 장비와 치중(輜重)을 오마치 고개 너머로 옮기다가, 오마치 고개에서 중공군에게 차단되어 그 사실을 보고하면서 부터이다.

인접 우측 사단의 상황을 인지한 제9사단 전방 연대들은 오전 중에 무작정 현리로 철수하여 집결하였다. 14:00에 군단장이 주관한 작전회의에 따라 양개 사단에서 1개 연대씩 차출하여 오마치 고개 돌파작전을 시도(21:00)하였으나 무위로 끝났다. 상황이 이렇게 되자 한국군 제3군단은 공황에 빠져들었고, 걷잡을 수 없는 상황에 이르고 말았다.

결국 군단은 와해되었다. 모든 장병은 장비를 버리고 방대산을 넘어 삼삼오오(三三五五) 포위망을 뚫고 탈출하기 시작했다. 이 대열에는 제3사단장(준장 최석)과 제9사단장(준장 김종오)이 포함되어 있었으며 간부들은 계급장을 떼어냈다. 당시 상황을 혹자가 전하기를 "통제하려는 자도 없었고, 통제 받으려는 자도 없었다."라고 했다. 5월 27일 까지 최종적으로 수습된 것은 군단의 40%의 인원과 30%의 장비정도 뿐이었다, 군단의 약 60%에 해당하는 인원은 중공군에게 포로가 되거나 전사하였다.

당시 미 제8군사령부에서는 중공군 제6차 공세가 서울방향으로 전개될 것으로 판단하고 군 예비인 미 제3사단과 미 제187공수 여단을 서울 부근에 배치하고 있었다. 그러나 중공군의 공격이 중동부지역에 집중되고 돌파구가 속사리까지 형성되자, 미 제3사단(-1)을 신속히 중동부로 투입하였다. 중공군은 공세 4일째가 되면서 벌써 보급제한으로 인한 공격 기세 둔화 징조를 보이기 시작했다.[90)]

장평 일대에 집결한 미 제3사단은 중공군의 전력을 탐지한 후 중공군 주력이 집결된 운두령 일대를 공격, 5월 22일 18:00경 운두령을 탈환하였다. 운두령은 31번 도로를 연하여 현리로부터 속사리까지 험준한 고갯길로 연결되어 있었고, 이제는 속사리 일대로 진출한 중공군의 병참선이 차단되었다.[91)] 중공군 또한 병참선과 퇴로가 차단되자 무기력하게 무너지기 시작했다. 미 제3사단의 운두령 전투는 중공군의 제6차 공세를 마감하게하고 유엔군이 반격작전으로 전환하는 계기를 만들었다. 이 반격작전이 유엔군의 마지막 공세인 제3차 공세이다.

현리 전투는 한국군이 6·25전쟁사에서 가장 비극적인 참패를 기록한 전투이다. 그 원인은 무엇보다도 전투의지 박약과 지휘관의 책임의식 부족을 들 수 있으며, 그 다음으로는 전투지경선의 잘못된 선정, 인접 부대와의 협조체제 미흡, 중요 지형의 통제대책 미강구, 적전술 이해 부족 등을 꼽을 수 있다. 결국 밴 플리트 장군은 현리 전투의 패인을 물어 한국군 제3군단을 5월 26일 부로 해체하고, 제9사단을 미 제10군단에, 제3사단을 한국군 제1군단에 배속 전환하였다. 그간 한국군 제1군단을 육군본부를 통해 지휘하던 관행도 없애고, 유엔군이 직접 지휘하게 되었다.

라. 용문산, 벙커 힐, 대관령 전투[92)]

현리의 대참사와는 달리 용문산과 벙커(Bunker)고지에서는 한국군과 미군이 중공군에게 귀중한 카운터 펀치를 날리고 있었다. 중공군은 중·동부 전선의 한국군을 공격하면서, 서부지역의 부대들이 전환되지 못하도록 경기도 양평의 용문산(1,157)을 조공인 제63군 3개 사단(제187, 188, 189사단) 25,000여 명으로 공격했다.

---

90) 정명복, 〈6·25전쟁기 중공군 5월 공세에 관한 연구〉, 위의 책 pp.165~166.

91) 육군대학교(교육참고), 〈격동의 세월〉, 을류문화사, 1994, pp.256~272.

92) 송요태외 1명, 앞의 책, pp.440~445.

한국군 제6사단(사단장 준장, 장도영)은 중공군 제4차 공세 때 사창리에서 많은 피해를 입고 전투력 복원 중에 있다가, 전방상황에 따라 4월 29일 용문산 일대에 방어진지를 편성하기 시작했다. 이때 제6사단은 미 제9군단 소속으로 좌에는 미 제24사단, 우로는 한국군 제2사단과 협조된 방어를 실시하고 있었다. 사단은 제7연대를 용문산 동측 면에, 제19연대를 서측 면에 그리고 제2연대를 예비로 배치했다.

사단장은 용문산 일대의 지형을 연구한 결과, 용문산 13~17km 북방에 하천이 발달해 있는 것을 확인하였다. 사단장은 곧 홍천강과 청평강의 대안을 점령하고 전초진지를 운용 공산군의 도하를 거부하고, 축차진지상의 전투를 구상했다. 그리고 예비인 제2연대로 하여금 북한군 도하가능지역에 전초선을 설치하고, 주요 고지군에 축차진지를 설치하여 종심을 보강하도록 했다. 또한 북한군이 대안으로부터 산악으로 들어오면 주진지 방어가 어렵다고 판단하고, 전방 연대에서 1개 대대씩을 차출하여 용문산 전방의 고지군(전면방어가 가능토록 편성)을 점령하도록 하였다. 또한 사단과 연대에서는 수색대를 편성하여 강안 북쪽에 대하여 지속적인 적정탐지를 위한 전장감시활동을 전개했다.

중공군은 5월 16일 야간에 도강을 시도하다가 수색대에 발각되어 타격을 입고 도주하였으며, 5월 17일 재차 도강했다. 제12연대의 제1대대 정면에는 중공군 제187사단, 제2대대 정면에는 중공군 제188사단이 투입되어 공격하였다. 공격부대는 제2연대가 전면방어태세를 유지하고 고수방어를 하자, 고수방어지역을 주저항선으로 오인, 19일 06:00경부터는 제187, 제188사단 등의 주력을 투입하여 공격하기 시작했다. 그리고 야간에는 예비인 제189사단까지 투입하였으나, 유엔 포병의 화력에 치명적인 손실을 입고 공격 기세가 둔화되었다. 제2연대는 353고지와 427고지를 주저항선으로 기만하면서, 5월 21일까지 3일간 지탱해 냈다.

용문산 전투의 의미는 자못 깊었다. 왜냐하면 그간 중공군은 대공세가 있을 때마다 한국군이 방어중인 지역에 주공을 지향하여, 유엔군의 한국군에 대한 신뢰도를 떨어트려 연합작전에 균열을 기하곤 했다. 그러나 용문산 전투에서는 한국군이 대승을 거둠으로써 그간의 한국군에 대한 불식을 일거에 씻어내며 한국군의 위상을 한층 높이는 계기가 되었다.

용문산에서 전투가 진행 중인 15일, 중공군은 현리돌파로 인하여 우측이 노출된 상태에 있는 홍천일대를 공격하기 시작했다. 지역을 담당하고 있던 미 제2사단은 제15군과 돌파구 확장방지와 요충지인 홍천을 방어하기 위한 격전을 치르기 시작했다. 미 제2사단 제38연대는 벙커고지(788) 일대에 견고한 진지를 구축하고 중공군의 공격을 효과적으로 저지하여 벙커고지 우측으로부터 속사리까지 확장된 돌파구가 더 이상 홍천 방향으로 확장되지 못했다. 이 전투로 인해 중공군은 끝내 홍천으로 진출하지 못하고 말았다.

한편, 오대산-남애리 일대에는 한국군 제1군단이 방어진지를 편성하고 있었다. 현리까지 진출한 중공군이 대관령과 강릉을 탈취하려고 진출해 오자 대관령에 투입된 수도사단은 중공군의 공격을 22, 23일 연속적으로 격퇴하였다. 이로서 대관령과 강릉을 점령하려던 공산군의 계획은 완전히 무산되었고, 현리 돌파구의 동쪽을 저지하는데 성공했다.

중공군의 제6차 공세에서 중공군은 중동부 전선의 속사리까지 돌파구를 형성했지만, 막대한 인적·물적 피해를 그 대가로 지불해야만 했다. 반면 유엔군은 전선 일부가 돌파되었지만 조직적인 화력과 기동으로 공세이전 하는데 성공했고, 운두령, 용문산, 대관령 등에서 결정적 승리를 쟁취함으로 해서 계속된 수세에서 벗어나 공세 작전으로 전환할 수 있었다.

2. 유엔군 제3차 반격

유엔군 사령관은 유엔군이 운두령에서 승기를 잡자 중공군에게 반격의 기회를 주지 않기 위해 즉시 제8군사령관에게 반격으로 전환할 것을 명령하였다. 이에 따라 5월 20일 부터 중서부지역에서 반격을 개시하여 25일 서부지역에서는 임진강까지, 중부지역에서는 춘천까지 도달하였다.[93]

중동부에서 미 제10군단장은 이전 한국군 제3군단 지역으로 진출한 중공군의 퇴각 징후를 포착하자, 5월 23일부터 신속히 공격을 개시하여 미 제1해병사단을 철정으로부터 양구, 미 제2사단은 한계리에서 인제 방향으로 공격하여 중공군의 철수로를 차단하려했다. 그리고 운두령을 점령했던 미 제3사단으로 하여금 운두령에서 현리 방향으로 공격하여 지대내의 중공군을 포위하기 시작했다.

93) 최용성, 앞의 책. p.138.

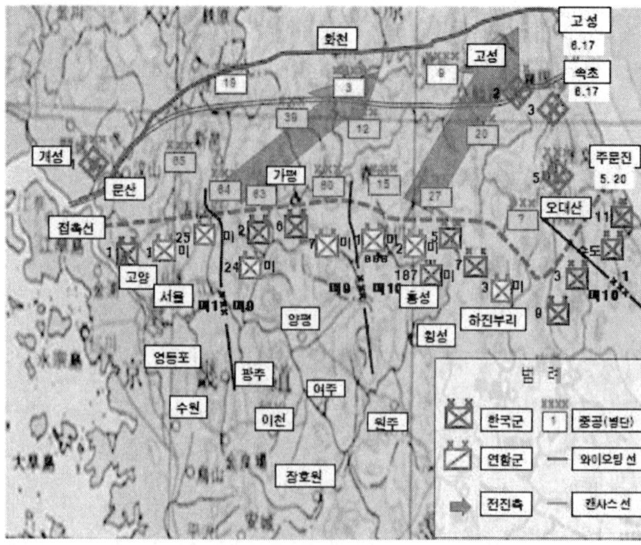

유엔군 제3차 반격 상황도(자료 : 정명복, 김성우 재구성)

하지만 양구-인제 선의 퇴로차단이 지연되어 포위망 구축에 실패하고, 공산군의 탈출을 허용하고 말았다. 반격작전 초기 험준한 지형으로 진출 속도가 저조하자, 제8군사령관은 미 제2사단으로 하여금 '게르하트 TF'94)를 편성하여 신속한 기동력으로 철수하는 중공군을 추격하도록 했다.

서부전선의 미 제1군단은 5월 20일 문산-포천을 연하는 선을 점령한 후 캔사스 선을 확보할 목적으로 3개 사단을 투입하였으나, 공산군이 먼저 철수하여 공산군 격멸에는 실패하고, 27일 캔사스 선에 도달 하였다.

미 제1군단의 우측을 담당한 미 제9군단도 5월 20일 가평-춘천을 연하는 선을 점령하고 화천을 점령할 목적으로 공격을 개시하였다. 특히 용문산에서 중공군의 공격을 막아낸 제6사단장은 공세이전의 시기가 왔다고 판단하고, 주저항선의 양개 연대를 군단장(제9군단장, 소장 Hoge)의 승인을 받아 5월 20일 05:00 중공군을 추격했다. 이 때 중공군 제63군의 북쪽 퇴로에는 화천 저수지가 있었다. 이를 확인한 한국군이 화천댐 일대의 퇴로를 차단하고 공격하자, 중공군은 무리를 지어 투항하였다. 결국 중공군 제63군은 화천댐에서 한국군 제6사단에 의하여 완전히 괴멸되

94) 제187공수여단 제2대대에 전차 2개 중대를 배속하여 편성하였으나 편성이 지연되자, 전차 1개 소대와 수색분대, 공병 1개 소대를 편성하여 선두에서 먼저 운용하였다.

었다. 이 화천댐 전투는 6·25전쟁에서 한국군과 유엔군을 통틀어 사단 급 부대가 단일 전투에서 거둔 최대의 승리였다.

한편 동부전선의 한국군 제1군단도 5월 25일까지 하진부리, 대관령 등에서 중공군을 격파하고, 약 40km를 북진하여 향로봉 산맥을 따라 전선을 형성할 수 있었다. 이로서 중공군은 자신들의 제5차 전역 제2계단 작전과 유엔군의 제3차 반격으로 참전 이래 가장 패배의 처참함을 맛보아야 했다. 반면 유엔군은 차후 휴전선으로 생각하는 캔자스 선을 다시 확보할 수 있었다. 뿐만 아니라 '쐐기를 박는다.'는 뜻의 '파일 드라이버(Operation Piledriver)' 작전을 통하여 '와이오밍선'을 확보하는 전과를 달성했다.

그러나 유엔군은 한껏 달아오른 공격 기세를 이용한 더 이상의 전진은 없었다. 이때의 전력이라면 충분히 공산군을 더 밀고 올라갈 수 있었다. 그러나 유엔군은 여전히 '전전(戰前)이전의 상태'에서 휴전을 택하려는 정치적 고려를 하고 있었다.

> 군인이 소유할 수 있는 가장 중요한 자질은 철저하고, 완전하고, 거만한 자신감이다.
>
> -패튼-

제8절 전훈 분석

중공군의 한반도 전쟁 개입은 전쟁의 흐름을 정반대로 바꾸면서, 한국 국민에게는 조국 통일의 기회를 날려버린 사건이었다. 미국을 위시한 유엔군은 6·25전쟁에 참전하면서 소련의 참전은(소련 또한 미국과 대결을 원하지 않는 다고 판단했다.) 가능성을 낮게 점쳤으나, 중공의 참전여부는 확실한 결론을 내리지는 못한 상태였다. 기간 중 미국은 여러 경로를 통하여 중국의 참전 여부를 확인하였으나 참전 징후를 발견하지는 못했다. 유엔군 사령관 맥아더는 중공의 군사적 능력이 빈약함을 들어 중공은 전쟁에 참여하지 않을 것으로 판단했다.[95]

그러나 미군이 참전하고 인천상륙작전으로 전황이 악화되자, 중국은 '미군의 38선 진격을 좌시하지 않겠다.'고 반응을 내놓기 시작 하였다. 하지만 미국은 이때는 이미 중공이 참전시기를 상실한 것으로 판단했으며, 이후 중공군의 모든 참전 가능성을 나타내는 징후들은 승리의 분위기에서 신중하게 다루어 지지 않았다. 미 정보기관, 외무부, 미 합참, 유엔군 사령부 등 모든 유관기관이 중공의 참전 사실에 귀 기울이지 않았다. 이는 중공군의 '야간 이동'과 '무선 침묵' 등으로 전쟁 개입에 따른 실질적 증거들을 미군이 확보하지 못했던 것과도 관계가 깊다.

결국 중공군은 미군의 의표를 찔렀다[96]. 중공군으로부터 일격을 받은 서부의 미 제8군은 중공군과 접적단절을 통한 철수로, 동쪽의 미 제10군단은 흥남에서 해로를 통하여 북진했던 속도보다 더 빠르게 철수해야 했다. 이제 유엔군과 한국군은 한·만 국경선에서 38선과 휴전선 그리고 서울도 포기한 채 37도선까지 뒷걸음 쳐야했다. 비록 서부에서는 미 제2사단과 터키 여단 및 한국군 제2군단 그리고 동부에서는 미 제1해병사단 등의 부대별 희생이 있었지만, 다행스러운 것은 미 제8군과 미 제10군단이 나름대로 전투력을 보존하면서 철수할 수 있었던 것이었다.

중공군의 전략과 전술은 대륙에서 얻은 경험을 바탕으로 한반도 지형에 맞게 변

---

95) 맥아더 유엔군 사령관은 중공의 한반도 개입은 시기를 상실한 것으로 판단하였다. 만약 중공이 개입할 의사가 있었다면, 낙동강 전선에서 전투 중일 때 한반도에 투입 되었을 것이라고 판단했다.

96) 손자병법의 始計편에 나오는 攻其無備 出其不意의 상황이다. 그래서 손자는 兵은 詭道라 했다.

형하여 적용하였다. 중공군은 대륙의 기동전을 버리고, 기동전과 진지전을 배합하여 수행한다는 방침을 확정하고 상황에 따라 작전형태를 역습·매복·기습 등으로 시의 적절하게 바꿔 구사하며, 한국군과 유엔군 부대들을 소멸시켰다. 특히 전 부대에 가하는 압력보다는 전투력을 집중, 1~2개의 연대나 사단을 섬멸하는 마오쩌둥의 전형적인 전법을 사용했다.

하지만 중공군의 전력은 유엔군의 항공기과 포병 화력 및 전차에 비할 바가 아니었다. 그래서 중공군은 유엔군이 예상하지 못하는 재래식 전술을 사용하였으며, 초전에 큰 성과를 달성 할 수 있었다. 중공군의 전술은 첫째로 유엔군의 강점을 피하고 약점을 공격하며, 둘째로 야간공격을 선호하여 부족한 화력의 취약점을 보강하려 했다. 셋째로 정면공격과 더불어 후방에도 침투 부대나 제2전선 부대를 활용 동시 전투를 강요하며, 넷째로 포위 후에 방어진지에 돌파하여 각개 격파하는 일점양면전술을 주로 사용하였다. 또한 중공군은 미군에 비하여 취약한 한국군을 먼저 포위하여 돌파한 다음 측면으로 미군을 공격했다.

이상과 같은 중공군의 전술은 화력과 기동의 열세와 보급의 제한을 극복하기 위한 전술이었으나, 연합군은 전쟁 초기에 이러한 중공군의 전술을 제대로 이해하지 못하고 신묘한 전술로 받아들였다. 하지만 연합군은 중공군 전술에 익숙해지면서부터는 협조된 방어나 공격으로 중공군의 전술을 깨트릴 수 있었다. 결국 조·중 연합군 사령관 펑더화이는 중공군 제5차 공세 이후에는 '병력이 우세하더라도 화력이 우세하지 못하면 승리할 수 없다'는 점을 깊이 인식하게 되었다.

전쟁이 진행되면서 많은 피해를 양측은 전쟁종식에 관한 생각을 하게 되었다. 중공군은 개국 1년도 되지 않은 상태에서 참전하여 많은 피해를 입었고, 늘어나는 전비는 부담이 갔다. 미국도 늘어나는 사상자의 숫자와 더불어, 중공군의 힘과 중공 뒤에 버티고 있는 소련을 의식하지 않을 수 없었다. 중공과 미국이 계속 전쟁을 하기만을 바라는 나라가 어쩌면 소련이라는 사실을 알았을 때, 중국과 미국은 이제 휴전을 위한 테이블에 앉을 준비가 되어 있었다.

영웅은 일반사람보다 더 용감하지 않다. 다만 5분 더 용감할 뿐이다.

-에머슨-

제8장

전선의 교착과 휴전

- 승리도 평화도 없이 멀어진 통일 -

군사분계선을 중심으로 다시 분단된 한반도

제1절 휴전 회담의 시작

1. 휴전회담 추진 배경

전쟁 1년이 지난 '51년 6월 양측은 38도선 부근의 임진강 하구로부터 연천-철원-서화-간성을 연하여 전쟁전과 엇비슷한 선에서 접촉하고 있었다. 양측은 중공군 제6차 공세 간 전쟁 이래 최대의 격전을 치렀으며, 최대의 인명 피해가 발생했다. 결국 1951년 6월을 즈음하여 상호 무력에 의한 상대방 제압이 불가능하다는 것을 깨닫게 되었고, 평화에 의한 해결 방안을 모색하기 시작하였다.

사실 미국은 짧은 기간이지만 전황과 세계 전략에 따라 전쟁 목적을 여러 번 변경하였다. 시기별로 미국의 전쟁 목적을 파악해보면 먼저, 북한군 남침 초기(개전~1950. 9)에는 '북한군을 격퇴하여 한반도의 평화유지와 남한의 영토회복'에 목적을 두었다. 이는 공산 세력의 팽창에 대한 자유 민주 세력의 응징이었으며, 소련의 위협에 노출된 서구 제국에 대한 방위의지의 표현이라고 할 수 있었다. 전세가 호전된 반격 및 북진작전 시기에는(1950. 9~10월 말) 38도선 상에서 북한군 추격을 멈춘다면 다시 남한을 재침할 우려가 있고, 이를 막기 위해서는 유엔군이 주둔해야 한다는 논리가 우선시되어 '북한군 격멸'을 목표로 38선을 넘어 한만 국경으로 진출했었다. 그러나 중공군이 개입하고 다시 37도선으로 후퇴하면서 상황은 급변하기 시작했다. 힘에 부친 유엔군은 축차적인 지연전을 전개하면서 공산군을 저지하되 불가 시에는 일본으로 철수하여 서구 제국과 일본을 위한 전력을 보존하려 했다. 마지막으로 교착전(膠着戰, 1951. 2~휴전)이 진행되면서부터는 미국 국민들의 반전사상이 팽배해지면서 전전(戰前)상태의 회복과 더불어 현 전선에서 조기 휴전한다는 전략을 추진하고 있었다.

6·25전쟁은 개전직후부터 세계대전으로 비화되지나 않나 하는 우려 속에 진행

되었었다. 유엔은 전쟁이 발발하자 즉각 소련에게 '북한군을 38선 이북으로 되돌릴 것'을 요청하였고, 소련도 유엔군의 반격이 시작된 50년 10월 초에 '38도선 상에서의 휴전'을 제의하였다. 그렇지만 이는 이미 중공이 참전 준비가 완료된 상황으로 시간벌기용 제스처에 불과한 것이었다. 맥아더 원수도 유엔군의 2차 반격으로 서울을 다시 차지한 3월에 공산군 측에 휴전회담을 제의하기도 했었다.

하지만 미국과 중공 모두 이때까지는 서로를 잘 파악하지 못하고 있었다. 1년의 전쟁을 치르고 나서야 중공은 '유엔군을 한반도로부터 축출 한다.'는 목표가 실현 불가능함을 알게 되었고, 유엔 또한 중공을 포함한 공산권과의 대결에는 힘이 부침을 인식하게 되었다. 이제 양측은 한반도에서 명예로운 퇴장을 보장받고 싶었다. 그렇지만 서로가 자존심만은 포기할 수 없었다.

전쟁의 조정자인 소련 또한 자국의 라이벌인 미국과 중공의 이전투구(泥田鬪狗) 모습을 마냥 즐겨볼 상황만은 아니었다. 전쟁이 계속될 경우 그동안 공들여온 북한마저 잃어버릴 가능성이 있었다. 전쟁을 치르고 있는 중공은 산악지대를 이용하여 미국과 전쟁을 지속할 수 있다고는 판단했으나, 소련으로부터 기대했던 만큼의 지원도 부족할뿐더러 계속적인 전쟁은 국가이익에도 부합하지 않는 것으로 판단했다.

북한도 내심 속내는 똑같았다. 북한은 경제·산업시설이 이미 완전히 초토화 되었고, 인적자원도 고갈되고 있었다. 이제 그만 전쟁을 종료하고 싶었다. 그리하여 공산권 조·중·소 대표가 1951년 6월 13일 모스크바에서 회담을 갖고, '38도선의 경계선을 복구하는 조건부 휴전이 유익하다.'라는 결론을 도출하였다.

미국과 유엔 참전국들도 속사정은 마찬가지였다. 이들은 자유민주주의 국가들로 전쟁에서의 무한정한 희생을 우선 국민들이 바라지 않고 있었다. 또한 미국은 막대한 전비에 대한 고려도 해야 했다.[1] 미국은 또한 소련의 개입으로 인한 제3차 세계대전을 우려하고 있었다. 이점은 소련도 미국과 크게 다르지 않았다. 하지만 이 상황에서도 대한민국은 휴전을 반대하며 조국통일을 염원하고 있었다.

---

1) 미군 1인당 연간 추가소요 액 4,500달러로 추산, 20만 명 주둔시 연간 9억 달러 소요, 1951년 말 미군 인명 피해는 약 8만 명 수준이었다.

2. 회담의제 선정과 회담 시작

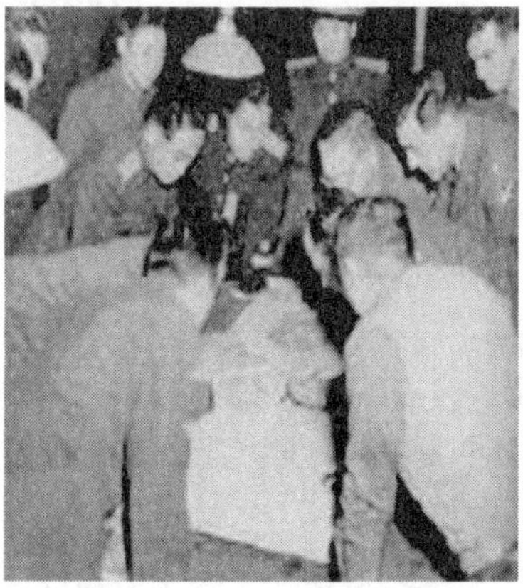

정전협상 소위원회 양측대표

정전협정 체결직전 판문점
(논밭안의 천막이 회담장)

이러한 국제정세 하에서 정전을 위한 미 · 소 막후 접촉이 시작되었다. 1951년 6월 23일 유엔 주재 소련대사 말리크(Yakov A. Malik)가 유엔에서 휴전을 공식 제의하였다. 이에 미국은 한반도의 리시웨이 유엔군 사령관으로 하여금 공산권과 정전협상을 위한 접촉을 지시하여 전쟁은 새로운 국면으로 접어들고 있었다.

쌍방은 수차의 막후교섭을 통해 7월 8일 예비회담을 개성에서 개최했고, 본 회담 또한 7월 10일 오전 11시 개성에서 개최하기로 합의했다. 하지만 회담에 임하는 양측의 전략적 목표는 극명하게 달랐다. 유엔군 측의 협상 목표는 먼저 정전을 하고, 유엔 기구를 통하여 통일 민주국가를 수립하는데 있었다. 반면 공산군 측은 전선의 교착을 이용하여 공군과 지상군의 전력을 보강하고 공세이전을 준비하는 시간을 획득하는 데 두고 있었다.

회담장의 분위기는 사뭇 신경전이 오갔으며 또 다른 전쟁 터였다. 유엔군 측에서는 '협상의제 채택, 군사분계선 설정, 휴전 및 감시 방법 및 그 기구의 설치 그리고 전쟁포로에 관한 것 등' 전쟁을 종식하기 위해 당장 필요한 군사적인 실무사항을 먼저 해결하고자 했다. 유엔군은 협상이 1개월이면 종료될 것으로 보고 아예 1개월간 전투중지 명령을 하달해 놓은 상태였다.

여기서 잠깐

전쟁이 바꾼 지명

¢ **전쟁은 많은 것을 바꾼다. 지명 또한 그렇다.**

화천호 → 파로호

해안 분지 → 펀치 볼

널문리 → 판문점

*** 파로호**

파로호는 일제가 1944년 북한강 협곡을 막아 화천댐을 만들면서 형성된 인공호수로 건설 당시에는 화천호로 불리었다. 화천호는 1951년 5월 중공군의 제6차 공세 후 실시된 유엔군의 제3차 공세에서 한국군 제6사단이 중공군 3개 사단을 궤멸시키며 대승을 거두었다. 이때 이승만 대통령은 오랑캐를 무찌르고 사로잡은 호수라는 뜻으로 '파로호(破虜湖)'라 개명하고 장병들을 위로했다.

*** 펀치 볼(Punch bowl : 海岸盆地)**

양구군 해안면에 소재한다. 정식 명칭은 해안 분지(亥安盆地)이지만 '펀치 볼'로 더 잘 알려져 있다. 6·25전쟁 때의 격전지로, 외국 종군기자가 가칠봉에서 내려다 본 모습이 '그릇(Punch Bowl)'처럼 생겼다 하여 붙인 이름이다. 가칠봉·대우산·대암산 도솔산 등 해발 1,100m 이상의 고지에 둘러싸인 분지로 주변에 모택동 고지(1026), 김일성고지(924) 등이 위치하고 있다. 분지 크기는 남북으로 7 · 5km 동서로 5.5km 길이에 면적은 45㎢ 로 여의도의 6배에 이른다. 현재 민통선 안에 위치하고 있다.

*** 판문점(板門店, JSA)**

판문점의 공식 명칭은 '공동경비구역(JSA: Joint Security Area)'이며, '판문점(板門店)'은 지역 이름으로 원래 널빤지로 만든 문이 있다고 해서 널문리로 불리던 곳으로, 남·북한의 행정관할권에 속하지는 않는 특수한 지역이다. 판문점이란 이름의 유래는 휴전 회담 장소가 개성에서 이곳으로 옮겨지면서, 회담에 참석하는 중공군 대표들이 이곳을 쉽게 찾아보게 하기 위해 당시 회담장소 부근에 있던 주막을 겸한 가게(店)를 한자로 적어 '板門店'이라 표기한데서 연유하였다. 즉 '널문리 주막'을 한자로 적은 것이 '판문점(板門店)'이다.

하지만 공산군 측은 '쌍방이 적대 행위를 즉각 중지하고 38도선을 군사분계선으로 설정하는 문제와 한반도로부터 외국군의 철수 문제가 우선적으로 토의되어야 한다."고 정치적인 사항을 내걸고 나왔다. 팽팽한 줄다리기 속에 7월 26일 5개의 토의 의제가 확정되었다.

① 제1항 : 협상의제 채택
② 제2항 : 군사분계선 설정
③ 제3항 : 휴전 감시 방법 및 그 기구의 설치
④ 제4항 : 포로 교환에 관한 협정
⑤ 제5항 : 쌍방의 당사국 정부에 대한 건의사항

병사들이 앉기 전에 먼저 앉지 말고, 병사들이 먹기 전에 먼저 먹지 말 것이며, 추위와 더위를 병사들과 한가지로 할지니라.

-육도(六韜)-

제2절 군사 분계선 설정과 고지 쟁탈전

1. 군사 분계선 확정

두 번째 현안인 군사 분계선 설정 문제는 정전 회담의 가장 첨예한 문제로 유엔군 측의 '현 접촉선 안'과 공산군 측의 '38선 안'이 대립되었다. 공산군 측 대표 남일의 전쟁이전의 '38선 안'에 대하여 유엔군 측은 적어도 네 번이나 넘나든 38선은 현 시점에서는 군사 분계선으로 적합하지 않다고 맞섰다. 공산군 측은 전력 회복을 목적으로 회담을 질질 끌다가 8월 23일 일방적인 회담 불참을 선언하여 회담이 결렬되고 말았다.

유엔군 측은 공산군 측의 의도적인 지연 전략에 제한 목표 공격이라는 강수 전략으로 맞서 압력을 가하기 시작하였다. 이때 전략적으로 공세 행동을 취한 곳이 바로 단장의 능선, 피의 능선, 해안 분지[2] 등이었다. 이렇게 회담중단 상황이 공산군 측이 바라지 않는 방향으로 흘러가자 위기를 느낀 공산군 측은 두 달을 견디지 못하고 10월 25일 회담장으로 복귀하였다. 유엔군 측이 회담장소인 개성의 불리 점을 극복하고자 장소 변경을 요구하여 회담장소가 당시의 접촉선인 판문점으로 변경되었다. 공산군 측은 유엔이 판문점 바로 뒤쪽의 개성을 공격하지는 못하리라는 판단에 따라 판문점으로 양보한 것이었다.[3]

회의가 진행되면서 큰 이견을 보였던 군사 분계선 설정문제는 '현 접촉선' 방향으로 가닥이 잡혀나갔다. 이제는 개성을 두고 양측이 공방을 펼쳤다. 한국군의 입장에서 개성은 결코 양보할 수 없는 지역이었다. 6·25전쟁 이전에 남한의 영토로,

2) 강원도 양구 북방에 있다. 피의 능선(983고지) 전투 : 51. 8. 18~9. 5. 단장의 능선전투 : 51. 9. 13~10.

3) 일본육전사연구보급회(이원복 역), 앞의 책(9권), pp.263~276.

고려 왕조의 도읍지라는 역사적인 상징성, 한국을 대표하는 인삼의 집산지로서의 경제적 이익과 더불어 무엇보다도 서울의 관문으로서 군사적 측면을 고려할 때 결코 양보할 수 없는 핵심지역이었다.[4)]

반면 공산군 측 입장에선 "전쟁에서 지지 않았다."는 증거로 최소한도로 전쟁이전에 남한 땅인 개성만큼은 확보해야 했다. 우여곡절 끝에 유엔군 측이 개성을 양보하고, '현재의 접촉선을 변경함 없이 군사분계선으로 한다.'는 내용에 상호 합의했다. 그러나 또 문제가 발생하였다. '현재의 접촉선'이라는 시점이 언제인가 하는 것이었다. 결국 유엔군은 세계 여론을 고려하여 협상의 조기타결을 위해 '현 접촉선을 잠정 군사 분계선으로 설정하되, 협정이 1개월 이내에 조인되지 못하면 당시의 접촉선으로 한다는 안을 내놓았다. 그리하여 현재의 전선과 흡사한 군사 분계선이 확정되었고(1951. 11. 27), 쌍방은 군사 분계선으로부터 각각 2km 물러나 비무장 지대를 설치하기로 합의했다. 이로서 4개월에 걸친 군사분계선 설치에 관한 의제가 타결되었지만, 개성 양보는 지금까지도 수도 서울 방어에 결정적 취약점으로 작용하고 있다. 이렇게 1951년 7월 10일 시작된 휴전회담은 1953년 7월 27일까지 회담과 피비린내 나는 전투를 계속 해가며 2년 17일동안 지속되었다.

2. 고지 쟁탈전의 격화

1951년 7월 10일부터 휴전회담이 진행되면서 양측은 휴전협정을 파국으로 몰고갈 수도 있는 대규모 공세는 자제하면서도 회담에 유리한 상황을 조성할 수 있는 제한 공격에 주력하는 전략을 추진하였다.

유엔군 측은 공산군 측이 회담을 거부하거나 쟁점에 대하여 억지를 부릴 때면 강력한 군사작전으로 압력을 가하는 것이 최선의 방법임을 잘 알고 있었다. 그래서 유엔군은 해·공군을 이용한 압력과 육상에서의 제한적 압박을 가했다. 공산군 측 역시 휴전회담의 주도권을 잡기위해서 전력을 증강하여 빼앗긴 고지를 다시 탈환하면서 고지 쟁탈전[5)]을 격화시켰다. 유엔군 측과 공산국 측은 정전 회담의 파국을 피하면서도 좀 더 유리한 상황을 조성하기 위한 고지 쟁탈전을 정전 협정

4) 최용성, 앞의 책, pp.145~147.
5) 2011에 개봉된 전쟁 영화 '고지전'은 이때부터 발생한 고지전에서 모티브를 얻었다.

이 완료되는 그 순간까지 전략적으로 실시하였다.

이때의 주전장은 와이오밍 선상으로 현재의 휴전선과 비슷하게 설정된 지대였다. 공산군 측은 화력으로는 유엔군을 당할 수가 없기 때문에 상대적으로 화력이 빈약한 중동부 산악지역에서 승부를 걸고자 하였다.[6] 따라서 351고지, 해안분지(펀치 볼) 지역, 피의 능선, 단장의 능선, 수도고지, 저격능선, 백마고지 등 한국군 배치지역 위주로 치열한 전투가 전개되었다.

미 제8군은 1951년 8월 중순부터 동부지역의 해안분지 및 피의 능선 지역에서 하계공세를 개시하였다. 하지만 공산군의 강력한 저항에 직면하여 고전을 면치 못하였다. 조그마한 고지 하나를 점령하는데 인원 손실이 수천에 달했고, 포탄 소모량은 수십만 발을 훌쩍 뛰어 넘었다. 고지 쟁탈전의 폐해를 직시한 미 제8군사령관 밴 플리트 장군은 고지 쟁탈전을 지양하도록 조치하고, 중동부전선에서 대규모의 공세작전을 준비하여 8월말 '맹조의 발톱작전(Operation Talon's)'을 기획하여 유엔군 사령관의 지시대로 유엔군 사령부에 보고하였다. 그러나 유엔군 사령부는 휴전협정 결렬을 염려하여 대규모의 해군과 공군 작전을 취소시켰으며, 회담에 영향을 미치지 않을 정도의 지상 작전만을 승인하였다.[7]

가. 도솔산 전투[8]

도솔산 전투는 휴전회담을 앞두고 전략적 우위를 달성하기 위해 실시 전투로, 1951년 6월 4일부터 6월 20일 까지 한국군 제1해병연대가 양구에 있는 도솔산 일대에서 북한군 제5군단 예하의 제12사단 및 32사단과 24개의 고지를 탈취하기 위해 실시한 공격작전이다.

도솔산은 양구 지역의 전략적 요충지로, 목표인접 고지 군들은 모두 1000m 이상의 표고를 기록하고 있었다. 도솔산 공격은 최초 미 해병대 제1사단 5연대가 담당하여 공격했다. 하지만 공격에서 500여 명의 사상자가 발생하자, 한국군 제1해병연대로 임무가 전환되었다.

---

6) 채한국 외 2명, 앞의 책(하), pp.226~237.

7) 채한국 외 2명, 앞의 책(하), pp.108~111.

8) 해병대 작전참모처 군사연구과, 앞의 책, pp.122~130.
해병대는 매년 양구군 도솔산에서 해병대와 지역 기관장이 참가한 가운데 전승 기념행사를 개최하고 있다. 포항에 소재하고 있는 해병대 교육단의 제5정문 앞 도로를 '도솔로'로 명명하여 '도솔산 전투 정신'을 기리고 있다.

여기서 잠깐

영화로 보는 전쟁

전쟁은 파괴적이지만 역설적이게도 영화라는 예술 장르와 찰떡궁합을 이룬다. 또한 사랑이라는 요소가 빠지면 영락없는 앙고 없는 찐빵 신세가 되어버린다. 전쟁의 파괴라는 속성이 그 대칭성을 찾는 모양이다.

전쟁과 분단의 아픔을 겪어 본 우리 국민들은 전쟁 영화에 많은 관심을 가지고 있다. 영화를 통하여 우리에게 전쟁이 지니는 의미와 생활에 미친 문제를 집어보고자 하는 것이다. 이러한 과정에서 많은 6·25전쟁 관련 영화가 제작되었으며, 흥행에서도 성공을 거두었다. 그러나 미국에서는 베트남전만큼 주목할 만한 영화(지옥의 묵시록 등)를 만들어 지지는 않았다. 역시 6·25전쟁은 미국인들에게는 '잊고 싶은 전쟁'인가 보다.

2011년에는 6·25전쟁에서 1951년 후반기 이후 전쟁 양상으로 굳어진 고지전이 공개되어 많은 영화 팬들의 관심을 불러일으키기도 하였다. 물론 이영화도 사실을 바탕으로 한 픽션이다. 하지만 우리가 전쟁 영화에서 주목해야 할 점은 바로 전투원들의 각개 전투 행동과 지휘관(자)의 창의성, 리더십 등이다. 여기에 스펙터클함이 가미해진다면 그야말로 금상첨화(錦上添花)가 아닐까?

주요 6·25전쟁 영화

구 분		제 목(개봉년도)	감독/주연	내 용
해군(해병대)		돌아오지 않는 해병(1963)	이만희/장동휘, 최무룡	북진 과정
공 군	한국	빨간 마후라 (1964)	신상옥/최은희, 신영균	한국전 후반 평양 폭격
	미국	원한의 도곡리 다리(1954)	마크 로부슨/윌리암 홀든, 그레이스 켈리	한국전 후반 항공 포격
육 군	학도병	포화속으로 (2010)	이재한/차승원, 권상우	낙동강 방어전투
	인천상륙작전(미국)	인천(1981)	테렌스영/로렌스 올리비에	인천상륙작전
	진지전	태극기 휘날리며 (2004)	강제규/장동건, 원빈	한국전 전 기간
	고지전	고지전(2011)	장훈/신하균, 고수	한국전 후반 고지전
	빨지산	남부군(1990)	정지영/안성기, 최진실	지리산 빨지산 토벌
	희 극	웰컴투 동막골 (2005)	박광현/정재영, 신하균	멜로 드라마

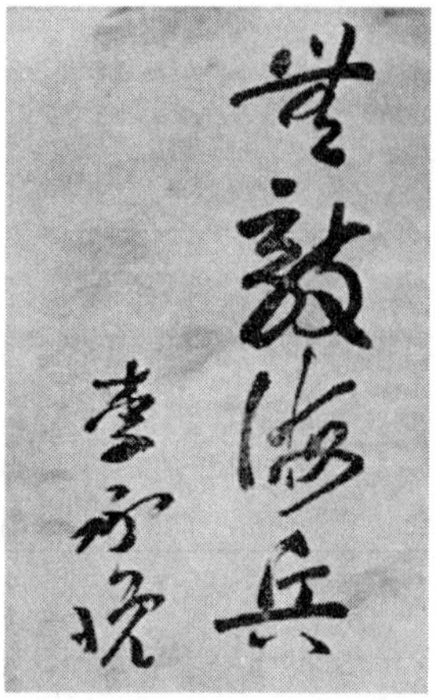

이승만 대통령의 휘호(무적해병)

전투 후 피의 능선 모습

6월 4일 공격에 들어가면서부터 해병대원은 도솔산의 고지군을 탈취하기 위한 일진일퇴(一進一退)의 공방전을 전개하기 시작했다. 하나의 고지를 탈취하면 북한군이 역습으로 빼앗아 가고, 해병대는 빼앗긴 고지를 다시 빼앗기를 수십 번 반복했다. 북한군이 고지 정상에서 굴려 던지는 수류탄이 머리 위에서 수없이 터졌지만, 해병대는 불굴의 투혼을 발휘하여 고지를 하나씩 하나씩 탈취해 나갔다. 공격을 개시한지 2주 만인 6월 19일 드디어 육박전을 전개하여 22번 째 고지인 도솔산을 점령하고 난공불락(難攻不落)이라 여겨지던 24개의 전 고지를 확보하는데 성공하였다.

미 제1해병 사단장 토마스(Gerald C. Thomas) 소장은 "한국 해병대가 아니었던들 이 전략적 요충지를 우리 수중에 넣지 못했을 것이다."라고 한국 해병대의 감투정신을 높이 샀다. 이 전투의 공로로 연대장 김대식 대령과 참모장 김성은 대령에게는 미국 대통령이 은성훈장을 보내왔고, 이승만 대통령은 전사에 길이 빛날 승리를 달성한 해병부대를 방문하여 '無敵海兵(무적해병)'이라는 휘호[9]를 하사했다. 이 휘호는 이후 해병대를 상징하는 문구가 되어 해병대원 뿐만이 아니라 전 국민이 애칭하는 구호가 되었다.

9) 해병대 역사관에 이승만 대통령의 '無敵海兵(무적해병)' 휘호가 비치되어 있다.

나. 피의능선(983고지) 전투[10)]

피의 능선 전투는 1951년 7월 휴전회담이 결렬되면서 북한군을 회담장으로 끌어들이기 위해 유엔군이 전략적으로 양구 북방의 수리봉(983 고지)일대에서 실시한 공세행동이었다. 또한 전술적으로는 수리봉을 점령한 북한군이 이곳에서 유엔군의 후방까지 관측하면서 작전에 많은 제약을 주고 있었다. 따라서 아군의 안전을 위해서도 반드시 확보해야 할 지역이었다.

미 제2사단은 수리봉(983 고지)을 점령하라는 명령을 수령하였다. 수리봉은 여러 고지 군들이 능선으로 이어진 가운데 그 주봉이었으며, 남쪽 면은 경사가 심하여 방어에 유리한 지형을 이루고 있었다. 또 이 고지는 강력한 포격에도 견딜 수 있는 유개호가 구축되어 있었고, 산의 전면에는 수천 발의 지뢰가 매설되어 있어서 난공불락의 요새로 불리고 있었다.

미 제2사단장은 배속 받은 한국군 제5사단 36연대로 먼저 공격작전을 시작하였다. 이는 군사령관이 한국군의 전투경험과 자신감을 강조하고 있던 지침에 따른 것이었다. 공격을 진행하면서 제36연대는 북한군의 지뢰에 많은 피해를 입었다. 북한군의 수류탄 부척뿐만이 아니라 아군의 낙탄으로 많은 사상자가 발생하기도 했다. 하지만 연대는 투혼을 발휘 수리봉을 공격하여 확보했다. 그러나 북한군의 역습을 받아 전투력의 열세로 이내 피탈 당하고 말았다.

이렇게 되자 미 제2사단장은 한·미 연합작전을 구사하여 다시 공격을 개시하였다. 미 제2사단 제9연대가 증원되어 고지 우측에서, 고지 좌측에서는 한국군이 공격하여 9월 5일 2시경 983고지를 다시 점령하였다. 하지만 18일 간의 혈전 끝에 쌍방은 너무나 큰 손실을 입었다. 한국군은 2,772명, 미군은 1,700여 명의 사상자가 발생했고, 북한군은 15,000여 명의 사상자가 발생하여 '피의 능선(Bloody Ridge)'이라는 닉네임으로 불렸다. 이 전투로 북한군은 간무봉 방면으로 후퇴했으며, 한·미 해병은 해안분지 북쪽으로 진격하여 다음 작전을 위한 유리한 고지를 확보하게 되었다.

정전회담을 거부하던 공산국 측은 이 전투를 통하여 유엔군의 매운 맛을 보게

10) 피의 능선은 1951년도의 가장 대표적인 고지 쟁탈전으로 강원도 양구군 방산면에 소재하고, 한국군 제5사단과 북한군 간의 전투 상황을 목격한 미군 종군기자들이 '피로 얼룩진 능선(Bloody Ridge)'이란 뜻에서 격전 상황을 보도하면서 붙여지게 되었다. 영화 〈태극기 휘날리며〉에서 나오는 마지막 장면에서 북한군 깃발부대의 두밀령 전투는 '피의 능선'에서 지명을 차용했다.

되었고, 정전협상은 1951년 10월 25일 개성에서 판문점으로 장소를 변경하여 다시 협상에 응하였다.

4. 지리산 공비토벌[11)]

6·25전쟁을 전후하여 빨지산[12)]이라는 비정규전부대가 남한의 내륙 산악을 중심으로 활동하면서 한국군과 유엔군뿐만이 아니라 지역 주민에게도 많은 피해를 주었다. 따라서 전쟁은 전선에서만 실시된 것이 아니라 후방에서도 숨 가쁘게 진행되었다.

빨지산은 미 군정청이 1948년 남조선 노동당을 불법 단체로 규정하면서부터 조직되기 시작했다. 이때 남한의 남로당 세력들이 월북하거나 산중으로 도피하여 세력을 규합하여 형성된 것이다. 이들은 1948년 4월 제주도에서 김달삼을 주동으로 한 남한 단독선거 반대운동 폭력시위를 주동하였으며, 여수에서는 한국군 제14연대 반란 사건 등을 도모하기도 했다.

1949년 5월이 되자 북으로 도피한 빨지산들이 강동학원에서 유격전 교육을 받고 다시 남파되어 인민유격 1병단(오대산), 인민유격 2병단(지리산 : 이현상부대), 인민유격 3병단(태백산 : 김달삼부대) 등의 부대 편제를 갖추고 활동을 재개했다. 이들로 인하여 강릉 지역에서는 한국군 제8사단, 지리산 지역에서는 한국군 제5사단이 발목이 묶인 채로 6·25전쟁을 맞이했다.

낙동강 전투 간 선두에서 향도 역할로 북한군을 지원한 빨지산은 인천 상륙작전에 따라 북한군과 함께 후퇴했으나, 중공군이 전쟁에 개입하면서 남로당 대남 총책 이승엽의 지시로 제2병단은 다시 지리산으로 복귀하여 3천명 수준으로 재건되어 활동하기에 이르렀다. 하지만 중공군이 더 이상 남진하지 못하자, 남한의 빨지산들은 1951년 5월 지리산 송치골에서 전략 집회를 갖고, 일부 이탈도 있었지만 대부분은 이현상을 사령관으로 하여 계속 투쟁하였다.

---

11) 양영조 외1명, 앞의 책, pp.112~116.
길광준, 〈사진으로 읽는 6·25전쟁〉, 예영 커뮤니케이션, 2005.

12) 러시아어 '파르티잔(partisan)'은 프랑스어의 '파르티'에서 비롯되었다. 당원·동지·당파 등을 뜻하며, 유격전을 수행하는 비정규군(非正規軍) 또는 편의 대원(便衣隊員)을 이른다. 스페인어에서 유래한 게릴라(Guerrilla, 소규모 부대)와 유사한 뜻으로 쓰인다. 우리나라에서는 6·25 전쟁 전후 각지에서 활동했던 비정규 공산군을 의미한다.

당시 지리산에는 남부군(사령관 이현상)[13] 직속과 전북 도당계열 부대가 창궐하여, 유엔군의 보급로를 차단하고 온갖 만행을 자행하고 있었다. 이에 벤 플리트 장군은 전선이 소강상태를 보이자 지리산 일대의 공비를 완전 섬멸 하기위해 수도사단과 제8사단을 지리산으로 이동시켜, 1951년 11월 25일 '백야전전투사령부(사령관 백선엽 소장, 사령부 전주)'를 창설했다.

백야전사령부는 12월 1일부터 전라도에 계엄령을 선포하고, 공비토벌 작전인 '쥐잡기 작전(Operation Rat Killer)'을 개시하였다. 사령부는 한국군 수도사단과 제8사단, 경찰 그리고 기존의 서남지구전투사령부를 통합 지휘하여, 한국군 사단의 6개 연대는 기동타격대로, 서남지구사령부예하 경비부대와 경찰은 저지부대 및 거점수비대로 운용하여 작전을 전개하였다.

1952년 3월 14일 까지 4단계로 나누어 실시된 작전에서 공비 1만여 6천여 명을 사살하거나 포획, 공비의 주력을 섬멸하는 성과를 거두었다. 작전 종료이후 백야전사령부는 육본계획에 의거 수도사단에게 임무를 인계하고 춘천으로 이동한 후 화천에서 제2군단 발족의 모체 부대가 되었다.

북한군 지휘부는 남북회담이 진행되면서 빨지산들에게 다시 한 번 후방교란을 지시하였으나 불발에 그쳤고, 이후 빨지산 지휘부가 숙청당하면서 북으로부터 지원도 단절되었다. 빨지산의 말로는 비참했다. 사령관 이현상은 지리산에서 사살되었고, 토벌되지 않은 빨지산들은 아사하거나 동사했다.

> 아무리 많은 만대의 전차가 있더라도 군사의 사기가 떨어지면 그것은 패배이다.
>
> -롬멜-

13) 남부군의 정식 호칭은 '조선인민유격대 독립 제4지대'로 남한 최초의 조직적인 좌익 빨치산 부대로, 남한 빨치산의 총수 이현상 직속부대였다. 빨지산이 소재가 되어 빨지산 문학이라고 하는 독특한 문학 장르가 탄생되었다. 특히 '남부군'이라는 책(이태 저, 저자는 전북도당 소속 빨지산)과 영화가 주목 받았다.

제3절 협상과 갈등

1. 포로교환 협상과 반공포로 석방

우여곡절 끝에 군사분계선 설정문제가 마무리 되면서 이제 정전협정은 곧 타결될 것으로 보였다. 남은 네 번째 의제가 '포로협상' 문제로 미국은 자유민주주의 국가로 제네바 협정[14] 조인국 이었고, 북한도 제네바 협약을 준수한다고 이미 발표했기 때문에 별다른 문제가 없어 보였다. 제네바 협정 제118조에 "적대행위가 종료되면 포로는 즉시 해방되고 송환되어야한다"[15]라고 규정되어 있어 규정대로라면 이제는 절차상의 문제만이 남아있었다.

그런데 전혀 엉뚱한 곳에서 문제가 발생했다. 유엔군의 공산군 포로 중 많은 인원이 북송을 거부한 것이었다. 그럴만한 이유가 있었다. 전쟁 중 북한은 남한 주민 약 50만 명을 강제 동원하여 전투원과 노무자로 활용하였는데 이들이 포로가 되어 북으로의 송환을 거부했고, 심지어 낙오된 중공군 중에는 원래 국민당 포로들 까지 있었던 것이다.[16]

귀환 거부 포로 문제가 제네바 협약문에 누락되어 있는 것은 그간의 전쟁이 국

14) 전쟁으로 인한 희생자 보호를 위하여 1864~1949년 제네바에서 체결된 일련의 국제조약이다. '전지(戰地)에 있는 군대의 부상자 및 병자의 상태 개선에 관한 조약', '해상에 군대의 부상자·병자·난선자의 상태 개선에 관한 조약', '포로의 대우에 관한 조약', 전시의 민간인 보호에 관한 조약' 등 4개 조약으로 구성되어 있다. 일명 적십자 조약 이라 고도 한다.

15) 이러한 조문이 1949년에 삽입된 것은 소련이 제2차 세계대전 후 독일 및 일본 포로를 즉각 송환하지 않고 시베리아에 강제 노역에 투입한 데서 연유했다. ('11년 개봉작 마이웨이에 포로들의 강제노역이 잘 묘사되어 있다.)

16) 중공군 2만여 포로 중 4천여 명이 타이완을 선택했다.

제전으로 내전의 문제점을 착안하지 못한 결과였다. 유엔군은 이 난재를 해결하기 위해 유엔군이 억류하고 있는 공산포로가 공산군이 억류하고 있는 유엔군포로 수보다 많은 것에 주목하여 동수교환을 제의하였다.17) 12월 11일 포로협상을 위한 '소위원회'가 개최되어, 공산군 측은 포로 전원을 교환할 것을 주장했고, 유엔군 측은 그럼 우선 포로의 명단부터라도 교환하자고 제의하여 수용되었다.

이 과정에서 문제가 또 발생하였다. 상호 예상했던 포로의 숫자와 상대방이 제시한 포로의 명단의 인원수가 현격하게 차이가 난 것이다.(유엔군 측은 실종자 미군 1만 5천 명을 포함 약 10만 명으로 추산하는 데 반해, 명부에는 10% 수준인 11,559명 이었다. 공산군 측은 실종자를 약 18만 명으로 계산하고 있었는데, 유엔군은 약 13만 2천 명을 통보했다.) 쌍방은 서로 이의를 제기했다. 이에 공산군 측은 "한국군 포로 중에 북한군에 편입되기를 희망하는 자는 재교육하여 편입시켰다."고 하였으며, 유엔군은 "심사 중에 확인된 무고한 민간인 3만 6천 명과 추가적으로 확인되는 민간인은 되돌려 보내지 않겠다."고 통보했다.

포로협상은 합의점을 찾지 못한 채 지연되다가 3개월이 지난 1952년 2월 유엔군 측은 자유송환을 고수하는 원칙을 확정했다.

유엔군은 14만 명에 육박하는 공산군 포로를 수용하기 위해 1950년 10월부터 남해안의 거제도를 포로수용소로 선정하여 관리하고 있었다(공산군은 압록강 변 벽동). 하지만 포로들의 숫자가 많아지면서 자체적으로 인민재판을 하는가 하면 북한의 지령을 받고 조직적인 행동을 하고, 급기야 도트(Dodd) 포로 수용소장을 감금하기에 이르렀다.18) 이때 수용소에서는 반공포로에 대한 린치가 가해지며 인공기가 걸리고 포로들은 무장을 하였다. 이에 후임 소장인 콜슨(Colson) 준장은 포로들을 무력으로 진압하여 친공 포로와 반공 포로로 구분하여 관리하였다.

이 포로 문제는 정전협상을 불과 1개월 여 남겨둔 1953년 6월 18일 또다시 불거졌다. 대한민국 국민의 의사와는 반대로 전 포로를 교환한다는 내용으로 6월 8일 포로송환 협정이 조인되고 말았다. 이에 이승만 대통령은 반공 포로 3만 5,698명 중 2만 7천 명을 유엔군과 사전 협의 없이 한국군 헌병 경비대를 시켜

17) 정명복, 위의 책, p.287.
18) 도트 후임인 콜슨 포로수용소장이 포로들에게 합의각서를 쓰고, 도트 준장의 신병을 인도 받았다. 이때 작성된 각서를 북한 대표가 판문점에 회담장에 들고 나와 유엔군 측을 협박했다.

공산군 포로수용소(거제도)

유엔군 포로수용소(압록강변 벽동)

석방해 버렸다. 이 사건은 유엔군 측을 당혹스럽게 만들었고, 당시 신속한 종전을 모색하고 있던 아이젠하워(Dwight D. Eisenhower)[19] 미국 대통령은 심지어 이승만 대통령을 "친구가 아닌 적"이라 비난하고 실각을 염두에 두었다.[20]

하지만 이승만 대통령의 단독 반공포로 석방 결정은 반공포로를 북한 측에 넘겨줄 수 없다는 지극히 인도적인 조치였으며, 휴전회담이 한국대표가 불참한 가운데 한국의 의사와 관계없이 마무리 단계에 접어들자 '통일의 꿈'이 멀어짐에 따른 '국민의 분노'를 대변한 것이라 봐야 할 것이다.

2. 백마고지 전투

백마고지 전투는 1952년도 중반 포로 협상 문제가 타결점을 찾지 못하면서 불거진 고지 쟁탈전의 일환으로 발발했다. 전투는 연천-철원 북방의 역곡천 일대에서 진행되었다. 백마고지로 알려진 395고지는 강원도 철원군 소재로 야산이지만 철의 삼각지를 감제할 수 있는 전술적으로 중요한 고지였다. 전투는 10월 6일

19) 1915년 미 육군사관학교를 졸업하고 필리핀에서 맥아더 장군의 부관을 지냈으며, 제2차 세계대전 당시 유럽 연합군 사령관으로서 노르망디 상륙작전을 지휘하며 독일의 항복을 받아냈다. 전역 후 콜롬비아 총장을 역임하고 1952년 트루먼 대통령에 이어 미국 제34대 대통령에 당선되어 6·25전쟁의 정전을 이끌어 냈다.

20) 북한의 김일성도 중공의 휴전 전략에 반대하여 마찰을 일으켰다.

백마고지를 탈취한 백마부대 용사들

당시의 백마고지 모습

부터 15일까지 한국군 제9사단(사단장, 대령 김종오)이 중공군 제38군의 10여 일간 공격을 격퇴한 전투로, 한국군의 전투능력과 투지를 유감없이 발휘한 전투였다.

백마고지 전투는 1951년 11월 3일 중공군 1개 대대 규모가 한국군 제9사단 29연대를 공격함으로써 시작되었다. 2회에 걸친 중공군의 공격으로 고지를 피탈 당하자, 연대는 역습을 감행 하여 하루 만에 다시 고지를 탈환하고, 1952년 까지는 소강상태를 이루고 있었다.

1952년 다시 전투가 시작될 무렵에는 중공군은 마오쩌둥으로부터 '만세군'이란 칭호를 얻은 제38군이 교체투입 되었다. 중공군의 공격은 10월 6일 시작되었다. 아침부터 사단 전 지역에 포병사격을 가하고, 북쪽에 위치한 봉래호의 수문을 폭파하여 역곡천을 범람시켜 제9사단의 후방을 차단시켜 놓았다.

'독안에 든 쥐 꼴'이 되었다고 판단한 중공군은 그 다음 인해전술로 공격에 나섰다. 제9사단은 이때부터 10월 15일 까지 단독으로 제28, 29, 30연대를 교대로 투입해 가면서 제38군과 치열한 공방전을 전개했다. 제9사단은 10일간의 전투에서 고지를 두고 12번이나 쟁탈전을 반복했으며, 고지의 주인이 7번이나 바뀌는 혈전을 치러가면서 전투를 승리로 이끌었다.

전투결과 한국군에서 3천여 명의 사상자가 발생했고, 중공군은 1만4천여 명의 사상자가 발생했다. 전투에서 승리할 수 있었던 요인은 효과적인 보·전·포병 의 협동작전이었다. 또한 공군의 근접항공지원도 한 몫을 했고, 대량피해를 방지한 지휘관의 적시 적절한 지휘결심에 의한 부대교대와 사단 장병의 감투정신도 빛을 발했다.

이 전투에서 제30연대의 제1소대장 강승우 소위와 오규봉 하사, 안영권 하사 등이 중공군 특화점에 수류탄 다발을 안고 육탄으로 돌입하여 파괴했다. 이들은 백마고지[21] 탈취에 절대적 공헌을 하여 백마고지의 3군신으로 추앙되고 있다.

3. 한 · 미 상호방위조약 및 한국군 증강

미국은 휴전회담을 반대하는 한국을 제외하고 공산국 측과 협의를 계속해 나갔다. 이에 따른 한국 정부와 국민들의 불안과 원성은 회담이 성과를 내면 낼수록 더욱 커져만 갔다. 국민들은 휴전반대 운동을 전개했고, 대통령은 한국군 단독으로라도 공산군과 싸울 것이라는 의지를 표명하였다. 그러나 한국 정부와 국민은 한국이 아무리 휴전을 원하지 않는다 해도 이는 되돌릴 수 없는 대세라는 것을 알고 있었다. 당시 무쵸(John J. Muccio) 미국 대사로부터 '세계정세를 가장 잘 이해하고 있는 사람'이란 칭송을 들었던 이승만 대통령은 휴전을 찬성하되, 한국에 유리한 조건을 다는 현실적 전략으로 전환하였다.

이승만 대통령이 원하는 것은 '한 · 미 상호방위조약의 체결과 한국군 증강 및 미 해 · 공군에 의한 한국 해역과 공역 방위보장'이었다. 이러한 한국군 전력보강 계획은 이미 1951년부터 이미 진행되어 왔었다. 미 제8군사령관 밴 플리트 사령관이 한국군 증편 안을 지지하고, 1952년 5월 리지웨이[22] 유엔군 사령관 후임으로 부임한 클라크(Mark W. Clark) 대장이 적극 추진함에 따라 탄력을 받고 추진되었다. 더욱이 한국전 조기 종결을 바라는 아이젠하워 대통령의 대한 정책(對韓政策)에 힘입어 신속하게 추진되었다.

이 과정에서 이승만 대통령은 반공포로를 석방하여 정치적 포석을 깔기도 했다. 이에 따라 미국은 1953년 6월 25일 미 대통령 특사 로버트슨 국무부 차관보를 한국에 급파하여 이승만 대통령과 향후 한국방위에 대하여 협의하고, 한·미 방위조약 협정과 한국군 20개 사단 증편 안을 확정지었다.[23] 이 과정에서 한국은 물론 정전협정을 인정하기로 했다.

---

21) 약 30만발의 포탄과 754회의 항공기 출격으로 고지의 수목은 사라져 버렸고, 초연이 걷힌 뒤 남아 있는 민둥산의 모습이 마치 백마가 누워있는 것처럼 보인다 하여 이때부터 395고지는 백마고지라 불렸다. 또한 백마고지 전투의 승자인 제9사단을 백마부대라 호칭하게 되었다.

22) 리지웨이 유엔군 사령관은 유럽의 나토군 사령관으로 영전하였다.

23) 양영조 외 1명, 앞의 책, pp.101~102.

결국 6 · 25가 종료된 세달 후인 1953년 10월 1일 한국과 미국은 상호 방위조약을 워싱턴에서 체결함으로 해서 국토방위에 이정표를 세웠다. 이때 체결된 한·미 상호방위조약은 현재의 한 · 미 연합방위체제의 골간이 되었다. 또한 한국군의 20개 사단 증편 안에 따라 1954년 까지 5개 군단 20개 사단으로 현 전투력의 근간이 되는 증편이 완료되었다.

4. 해 · 공군의 압박작전[24)]

그렇다고 전투가 지상에서만 실시된 것이 아니었다. 유엔과 대한민국의 해 · 공군은 북한지역의 군사시설은 물론 산업시설과 군사적으로 전용이나 활용될 수 있는 모든 것들에 대하여 지속적인 타격을 가하고 있었다. 이러한 타격 배경에는 공산군 측과 김일성에게 직접적인 타격을 가하면서도 심리적인 공포심을 심어주어 하루 빨리 휴전협상에 응하도록 하는 목적이 있었다. 해군은 제해권을 완전히 장악한 상태에서 함포 및 함재기에 의한 공격을 수행했고, 공군은 한반도 및 일본에서 이륙하여 공격하였다

주요 작전을 보면 휴전회담이 개시된 직후 공산군이 전쟁 물자를 전방으로 추진하며 대규모 공세를 준비하자, 1951년 8월 18일부터 북한 내의 철도와 도로를 차단하며 공산 측으로 하여금 휴전회담에 응하도록 종용하였다. 하지만 효과가 미미한 것으로 판단되어 1952년 3월 초부터는 새로운 개념의 철도 차단 작전을 도입하였다. 즉 파괴된 철도를 빨리 복구하지 못하도록 짧은 구간을 선정하여 주·야간 집중 공격을 가하는 것이다. 1일 평균 300대의 폭격기로 600개의 폭탄을 선정된 3km 구간에 일정한 간격을 두고 폭격을 실시하는 방법으로 큰 성과를 거두었다.

1952년 6월에는 휴전회담을 조기에 완료하기 위하여 일종의 항공 압박 작전을 전개하였다. 23일 유엔 해 · 공 및 해병대 항공대의 합동작전으로 개전 이래 최대인 약 500여 대의 항공기가 동원되어 수풍, 장진, 부전, 허천 등의 수력 발전소를 일제히 파괴하여 북한 전력의 90% 이상을 차단시켜 버렸다. 또한 1952년 7월에는 북한에 대한 심리적 효과를 극대화하기 위하여 3차에 걸친 대대적인 평양 폭격을 실시하여 큰 성과를 거두었다.

이 외에도 유엔 해 · 공군은 대규모 함포사격을 통하여 주요 군사 시설물과 보급

24) 정명복, 앞의 책, pp.292~293.

열차 등을 파괴하였다. 지상군의 전투가 고지전으로 접어들어 치열해짐에 따라 매월 평균 2천회 이상의 근접 항공지원을 실시하였다. 1953년 5월 14일에는 F-84 전투기 59대가 평양 북방의 덕산 저수지를 파괴하여 평양-신의주 간 5개 철로와 국도 3km가 유실되었으며, 다음 2일간에는 F-84대의 전투기 126대가 자산 저수지를 파괴하여 평양-순천 간 철로와 도로가 유실시켰다.

이와 같이 실시된 유엔 및 한국군의 해·공군 작전은 공산군 측을 심리적으로 압박하여 휴전회담 테이블에 조기에 복귀하게 하는 성과와 더불어 군사적인 측면에서도 막대한 성과를 거두었고, 이후 전쟁에서 승리하더라고 남는 것이 아무것도 없다는 것을 북측에 분명히 경고한 것이었다.

> 전투는 두 개의 물리적 힘의 충돌이라기보다는 대립되는 두 정신력간의 격돌이다.
>
> -듀픽-

제4절 중공군 최후 공세

1. 금성지구 전투
2. 베티고지 전투

1. 금성지구 전투

가. 정전 무렵의 쌍방의 전력

1953년 들어 정전회담이 포로송환 문제로 진척이 없자, 쌍방은 정전결과를 지켜보면서 한편으로는 그간의 고지쟁탈전으로 인하여 조정된 전선을 정비하면서 보다 유리한 위치에서 종전을 대비하려는 전략을 취했다.

공산군 측은 기간 내 전력 강화에 박차를 강했다. 특히 1953년 3월까지 전투물자를 확보하여 공세 역량을 한 층 높여 놓았다. 그 결과 공산군은 병력이 현저하게 증강되어 중공군 135만 명, 북한군 45만 명으로 도합 180만 명으로 확장되어 언제든지 유엔군과 한국군을 향하여 공세를 취할 수 있는 역량을 갖추게 되었다.

이에 비해 유엔군은 종진 전략에 따라 스스로 족쇄를 채우고 수세적 입장에 처해 있었다. 그러자 미 행정부는 교착 상태를 해결하기 위하여 핵무기 사용을 포함한 다양한 가능성 있는 방안을 검토하는 한편, 클라크 유엔군 사령관은 점점 증가하는 공산군의 군사적 위협에 대처하기 위한 한국군 20개 사단 증편 안을 추진하고 있었다. 이에 따라 한국군 제3군단이 1953년 5월 1일 재창설되고, 곧이어 제26사단과 17사단이 창설되었다. 이리하여 한국군은 휴전이전까지 3개 군단 18개 사단을 보유하게 되었다.

나. 금성지구 전투배경

군사력에 대하여 어느 정도 자신감을 갖게 된 중공군은 1953년 3월부터 공세로 전환하여 서부 전선의 유엔군 전초진지에 대한 제한된 공격을 증가시키고 있었다. 이때 공산군의 공격은 주로 중·동부 전선의 한국군 제2군단과 미 제9·10군단에 집중되었다. 지역적으로는 금성 돌출부를 지향하였다. 금성 돌출부는 중부전선의 화천 북방의 금성 쪽으로 불거진 부분으로, 폭 40km에 걸쳐 인접 전선보다 최대 10km 북으로 돌출 되어 있었으며 그 정점이 금성에 근접해 있는 곳으로, 1951년 추계공세 때 확보한 후 1952년 중공군의 춘계공세 때도 격전을 치르며 고수한 곳이다.[25)]

공산군은 휴전을 앞둔 1953년 5월 12일부터 시작하여 7월 27일까지 세 번에 걸친 공세를 감행했는데, 이를 '중공군 최후 공세'라 한다.

금성지구 전투는 공산군이 전쟁에서 최종 승리했다는 자기 만족감을 채우면서, 이승만 대통령이 반공포로를 석방하면서 포로 교환 회담이 일시 중지되자 이에 대한 분풀이로 전투를 진행한 것으로 볼 수 있다.[26)] 이는 공산군이 유엔군의 보복을 받지 않으면서도, 한국군에 심각한 타격을 가하여 휴전을 앞 둔 상황에서 마치 승리하면서 전쟁을 종료한다는 착시현상을 일으키기 위한 전략의 일환이었다.

다. 중공군 최후 공세[27)]

중공군은 전초전으로 제60군 제180사단이 5월 12일부터 한국군 제5사단 전초진지(689고지) 공격을 시작으로, 13일에는 정면의 전초를 공격해 왔다. 이 전투에서 한국군 제9사단과 수도사단은 많은 희생을 감수하면서 중공군 대부분의 공격을 격퇴하였으나, 제8사단의 전초는 피탈당하고 말았다.

중공군은 1953년 6월 10일 야간에 1개 군을 투입하여 한국군 제2군단의 제8사단(수도 고지)과 제5사단(949-883 고지) 지역을 9일간 집중 공격했다. 이를 중공군 최후 공세의 2계단 공세(6월 공세)라고 한다. 중공군은 전 전선에서 공세를 시작했으며, 투입규모는 중공군 6개 군과 북한군으로 1951년 춘계공세이후 최대 규모였다.

당시 포로교환 문제가 '반공포로도 중립국 송환위원회에 인도 한다.'는 조건으로 타협이 진행 중이어서, 한국 국민들은 결사반대하면서, 연일 '휴전 반대'와 '북진 통일'을 주장하던 때였다. 그래서 공산군은 주 공격 대상을 한국군으로 선정했다.

---

25) 송요태 외 1명, 앞의 책, p.498.
26) 양영조 외 1명, 앞의 책, pp.94~96
27) 정명복, 박사학위 논문, 앞의 책, pp.297~301.

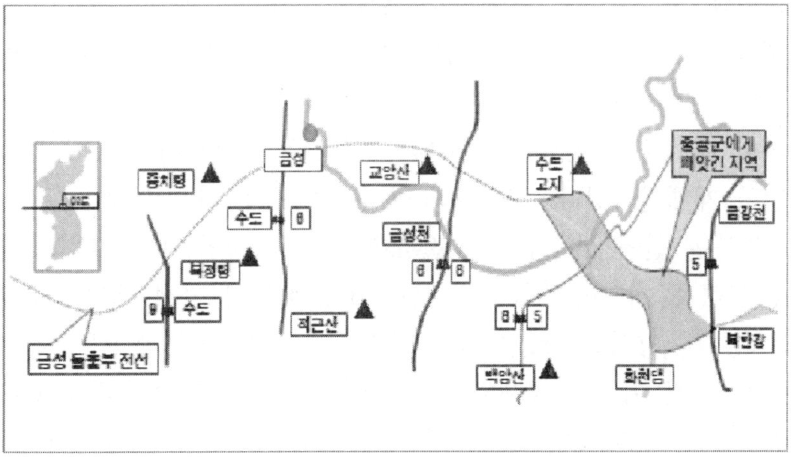

중공군 최후공세(6월 공세, 자료 : 중앙일보 2011년 2월 8일자 재구성)

이는 통일을 열망하는 한국 국민에 대한 공격이었다. 중공군 제20병단은 6월 10일에 북한강과 금성천의 합류 지점에 있는 한국군 제5사단과 제8사단의 주저항선을 향해 공격했다. 중공군의 공세를 접한 한국군 사단들이 중공군을 저지하기에는 너무도 병력이 부족하였다. 중공군은 야간공격과 인해진술을 구사하며 전진했고[28], 한국군은 북한강 남안까지 철수하여 방어선을 형성해야만 했다. 한국군 제2군단은 실지 회복을 위하여 역습을 계획했으나 역부족이었다. 중공군의 6월 공세로 미 제8군의 주저항선인 미주리선의 중앙 돌출부를 피탈당해, 정예사단으로 구성된 한국군 제2군단과 미 제8군의 체면이 심하게 구겨졌다.

6월 18일 부터는 유엔군 전폭기의 포격으로 중공군의 공격기세가 둔화되고 전선은 안정되었다. 중공군은 이러한 스스로의 공세에 만족해하며, 곧 그들이 계산에 따라 6월 18일을 전후하여 이루어질 휴전협정을 느긋하게 기다리게 되었다.[29]

그러나 상황은 공산군의 예측과는 달랐다. 이승만 대통령이 6월 18일 전국의 반공 포로를 석방하여 버린 것이다. 이로 인해 조인 직전의 정전회담은 중단되었고, 전선은 태풍전야에 휩싸였다. 세계는 공산군을 주시했다. 공산군은 정전협정 판 자체를 깰 의사는 보이지 않았으나 전선에서는 곧바로 새로운 공세의 징후들이

28) 최용성, 앞의 책, p.157.
29) 국방부 전사편찬위원회(김종구), 〈금성전투〉, 1987, pp.10~97.

속속 포착되었다. 공산군은 '6월에 얻은 승리가 전략적 가치를 잃어버렸다.'고 생각하고, 실추된 이미지를 회복하기 위해 화천 저수지 방향을 목표로 최종 공세를 준비했다.

이를 간파한 유엔군 측에서는 일본에서 정비중인 제24사단과 제187공수여단을 한반도에 긴급 재배치하였다. 공산군의 최후 공세 즉 제3계단(7월 공세) 공세는 금성-김화를 연하는 선에서 중부전선 전역에 걸쳐 감행되었다. 이윽고 중공군은 7월 13일 밤 공격을 개시하였다. 이번에는 6월 공세의 다섯 배나 되는 5개 군이 금성의 좌우측에서 양익포위로 한국군 제6사단과 제8사단 후방을 차단하여 포위했다. 이는 휴전 전 최후의 공세였다. 이에 제8군사령관 테일러(Maxwel D. Taylor) 대장은 방어선을 금성천 남단으로 조정하고, 한국군의 철수를 명령하였다.

제2군단은 부분적으로는 공산군이 침투하여 포위상태에 빠지거나 퇴로가 차단되었다. 미 제9군단과 제2군단은 공산군을 저지하면서 적근산과 백암산을 연하는 선으로 후퇴하여 새로운 방어선을 형성하였다.

파죽지세(破竹之勢)의 중공군도 7월 16일부터 공세가 둔화되면서 저지되기 시작하였다. 이 호기를 놓치지 않고 한국군 제2군단은 반격을 감행하여 다시 북한강과 금성천을 연하는 선까지 탈환하였다. 한국군은 계속 공격을 계획하였으나 휴전 문제를 고려한 미 제8군사령부의 공격중지 명령으로 실행되지 못하고, 현 접촉선으로 휴전선이 확정되고 말았다. 중공군은 최종 공세에서 31km의 정면에서 9km 남진을 이루어냈지만, 중공군 전체 인원의 약 5%에 해당하는 인원인 6만 명의 사상자를 내는 막대한 피해를 입었다.[30]

2. 베티고지 전투

베티고지 전투는 반공포로 석방이후 휴전회담이 결렬되면서 전개된 1953년 중반기 서부전선의 대표적인 고지쟁탈전 중의 하나이다. 베티고지는 지리적 위치 및 정치적 중요성으로 인하여 피아간에 반드시 점령하여야 하는 임진강 상의 전략 요충지였다.

30) 국방부 전사편찬위원회(김종구), 앞의 책, pp.98~194.

김만술 상

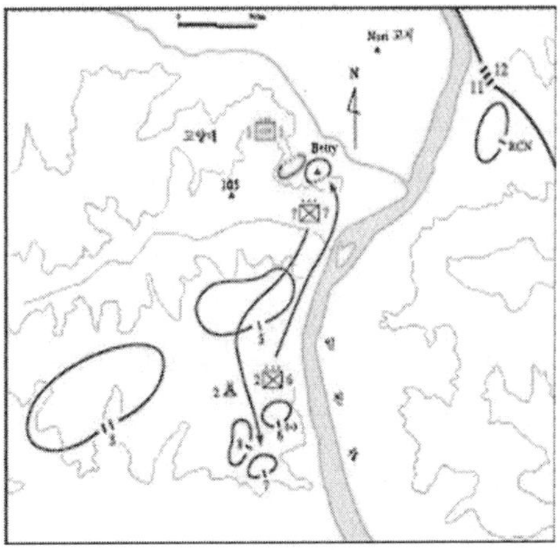
베티고지 전투상황도(3사관학교 교육자료)

베티고지의 영웅 김만술 소위는[31] 6년간 부사관으로 근무하며 이미 평양 탈환 작전 등에서 혁혁한 전공을 세운 베테랑 부사관이었다. 김만술 특무상사는 1953년 7월 15일 소위로 현지 임관했다. 임관하자마자 제1사단 제11연대 제2대대 제6중대 제2소대장으로 부임, 베티고지 사수임무를 부여 받았다. 중공군 최종공세 3일째가 되는 7월 15일 베티고지는 대대의 전초로서 사흘 동안 3개 소대를 투입하여 매 소대마다 반수 이상의 사상자를 내고 물러나곤 하였다. 이러한 상황에서 김만술 소위의 제2소대가 임무를 부여받았다. 김만술 소위는 얼굴도 모르는 소대원과 먼저 세 개의 봉우리 중 중공군이 점령하고 있던 서봉을 점령하여 소대원들의 자신감을 배양시켰다. 다음으로는 야간 공격에 대비하여 교통호를 정리하고, 유무선을 확인하는 등 야간방어 준비에 만반을 다하고 중공군의 공격을 기다렸다.

예상한 대로 중공군은 야간에 공격해왔다. 전투가 시작되자 치열한 근접전이 개시되어 수류탄이 나르고, 백병전이 시작되었다. 공산군이 방어진지를 엄습하자 4차례의 진내사격을 요청해 가면서 진지를 지탱하였다. 김만술 소대는 13시간 동안 진행된 격전에서 19번이나 접전을 치루고 끝내 고지를 지켜냈다. 전투가 끝나고 아침에 확인해 보니 소대의 생존자는 12명뿐이었고, 확인된 중공군의 시체는 350여 구에 달했다. 김만술 소위와 소대원들은 소대의 전력으로는 도저히 감당해 낼

31) 양영조 외 1명, 앞의 책, pp.89~93.

수 없는 치열한 전투 속에서 책임감과 감투정신으로 베티고지를 지켜낸 것이다. 이 베티고지 전투는 6·25전쟁 중 소부대 전투사례로 자주 이용되는 전투이다. 부사관에서 장교로 신분이 전환되고 하루 만에 치른 전투에서 '김만술 상사'는 완벽한 소부대 전투의 전형을 보여주었다. 하지만 아쉽게도 베티고지는 정전협정을 맺으면서 북쪽으로 포함되어 현재는 가 볼 수는 없고, 중서부전선의 태풍전망대에서 멀리 바라봐야 한다.

이 전투의 전공으로 이강로 하사는 충무무공훈장을, 김순구 중사와 김홍규 중사는 화랑무공훈장을, 김만술 소위는 1954년 서울운동장에서 테일러 장군으로부터 미국 최고 훈장인 십장훈장을 수여받고, 그해 정부로부터 태극무공훈장을 수여받았으며 대위로 전역했다.

> 전쟁의 승리는 최후의 5분에 있다.
>
> -나폴레옹-

제5절 휴전협정 조인

1953년 7월 중순 이승만 대통령과 미 특사 로버트슨 간의 협의에 따라 한국 정부도 정전을 인정하게 되었다. 미국 측의 정전회담 본회의 개최 요구에 따라 회의가 진행되어 조인식은 정전회담 수석대표들 간에 거행하고, 쌍방의 군사 지휘관들은 후에 서명을 받기로 합의하였다. 정전 일정은 7월 27일 10:00 조인하여 당일 22:00에 효력을 발휘하기로 합의했다.

1953년 7월 27일 오전 10시 판문점 정전협정 조인장에서 유엔군 측 수석대표 해리슨 미 육군 중장과 공산군 측 수석대표 남일이 한국어, 영어, 중국어로 된 전문에 서명을 했다. 이들은 피차 외면하면서 나타나 서명 후에는 악수 없이 현장을 떠났다.[32)]

이날 판문점에서 정전협정이 조인되고 2시간 후에 이승만 대통령은 유엔군의 정전 협정에 동의하며, 통일에 대한 희망을 잃지 말기를 당부하는 대국민 방송을 하였다. 그리고 송환 불원 포로가 송환되는 결과가 발생할 시는 한국군은 다시 총을 잡을 것이라고 못 박았다. 이승만 대통령의 성명과 때를 같이하여 미국 대통령도 성명을 발표하였다.

당일 13:00시 유엔군 사령관 클라크 대장은 16개국 참전 대표와 한국 대표 최덕신 소장 등이 참석한 가운데 정전협정 확인 서명을 마쳤다. 북한의 김일성은 이날 오후 10시에 평양에서, 펑더화이는 다음 날 서명함으로써 정전 절차는 모두 끝났다.

정전협정 조인 후 조문에 따라 지상에서의 전투는 중지되었으나 포격전은 계속되었다. 유엔의 폭격기들은 유엔 감시단이 임무수행을 하기 전까지 공산군의 제반 전투력을 약화시키기 위하여 북한의 전략 거점에 대한 포격을 계속 실시했고, 전

32) 휴전회담 당사국 중에서 한국 대표만 유일하게 빠져 있다. 이유는 조인식에 이승만 대통령이 한국측 대표인 백선엽 육군 참모총장에게 참석하지 말 것을 언질 하였기 때문이다. 이는 휴전의 책임을 미국에 돌리기 위한 구상의 하나였다. 한국은 이미 미국이 6월 8일 공산측이 주장하는 포로교환 협정에 합의하자 항의의 표시로 한국군 대표의 휴전회담 참석을 거부하고, 한국 정부의 입장을 성명을 통해 발표했었다.

함들은 원산을 포격하였다. 하지만 이날 저녁 22:00에 모든 전선의 하늘과 땅 그리고 바다에서 포격은 멈추었다.

이로서 동족상잔의 비극은 1950년 6월 25일 미명에 시작되어, 3년 1개월 2일 만인 1953년 7월 27일 밤 22:00, 어둠속에서 포성을 멈추게 되었다. 기나긴 전쟁을 통하여 어느 쪽에도 "승리나 평화는 없었다." 그러면서 전쟁은 현재도 진행형이다. 한반도는 정전 이래 지금까지 수도 없는 국지도발이 발생했음은 물론이고, 수차례나 전면전 위기까지 치달았다. 휴전은 다만 총성이 멈춘 상황으로 언제, 어디서 또 다시 적대 행위가 발생할 지는 그 누구도 예측하지 못하고 있는 상태가 지속되고 있다.

휴전협정서에 서명하는
해리슨 중장과 남일

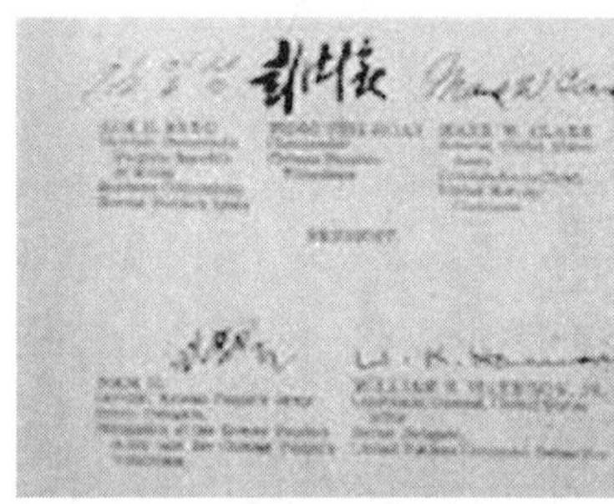

정전협정서
(대한민국은 미서명)

> 물질력이 칼집이라면 정신력은 칼의 날이다.
>
> -클라우제비츠-

제9장

끝나지 않은 전쟁

- 풀어야 할 숙제 -

북괴군 포격으로 불타는 연평도(2010. 11. 23)

제1절 6 · 25전쟁이 주는 의미

1. 세계사적 의미
2. 민족사적 의미
3. 군사사적 의미

6 · 25전쟁은 우리 민족에게 큰 고통을 준 전쟁이었을 뿐만 아니라 제2차 세계대전이후 인류 현대사의 흐름을 결정짓는 시금석(試金石)이 되었다. 전쟁 당시 인류를 지배했던 이데올로기의 광풍은 1980년대 후반부터 그 위세가 약화되면서 인류는 이제 냉전의 울타리를 벗어난 모양새다. 하지만 전장 터였던 한반도는 지금도 그 당시와 동일하게 분단되어 있으며, 평화를 위협하는 지구상의 가장 위험한 화약고 중의 한 곳으로 남아있다.

그렇다면 과연 6 · 25전쟁이 우리에게 주는 의미는 무엇이며, 현대사에 끼친 영향은 무엇일까? 전쟁을 통하여 우리는 무엇을 얻고, 잃었는가? 그렇다면 우리는 앞으로 무엇을 준비해야 하는가?

1. 세계사적 의미

인류는 산업혁명이후 급격히 생산량을 늘리는 한편에서 민주주의와 공산주의라는 새로운 사회제도를 부활시켰다. 이 선상에서 6 · 25전쟁은 한반도의 주역인 남한과 북한의 한민족은 물론이고, 자유민주주의를 신봉하는 자본주의의 대표주자 미국과 공산주의의 쌍두마차인 소련 · 중국의 한판 대결장이었다. 6 · 25전쟁을 이데올로기 측면에서 보았을 때 인류 역사발전의 과정에서 파생된 모순을 그 정치 · 경제논리의 첨단지역인 한반도에서 해결하려 하였던 것이다.

6 · 25전쟁은 당사자인 한국과 북한뿐만이 아니라 6대주 16개국 국가가 참전하였고, 거기다 공식적 참전을 부인하는 소련과 일본까지 합하면 참전국은 더 늘어난다.[1]

유엔군 참전은 유엔이라는 국제조직이 있었기에 가능했다. 제2차 세계대전 후 연합국을 주축으로 창설된 유엔은 이미 전쟁이전에 대한민국에 한국감시위단을 파견하여 대한민국 탄생의 산파 역할을 수행했었다. 더욱이 유엔 창설 최초로 회원국들의 무력을 동원하여 대한민국에 파견함으로써 그 위상을 평가받았다. 이는 작금에 유엔이 집단안보 원칙을 준용하여 분쟁지역에 개입하는 선례가 되었다.[2].

6 · 25전쟁으로 인하여 공산주의와 민주주의의 양 정치체제는 극한 대립을 추구하게 되어 냉전이 절정을 이루게 되었다. 전쟁을 전후하여 소련에 안보 위협을 느낀 유럽과 미국이 서유럽과 북미의 집단 안전보장기구인 나토(NATO, 1950. 12)를 창설하여 다자간 집단방위체제를 구축했고, 소련은 유럽의 나토 창설에 맞서 동유럽 위성국가들과 바르샤바(Warszawa, 1955. 5)조약기구를 발족하여 상호대립이 데탕트 시기[3]를 넘어서까지 계속되었다.

미국은 정치적으로는 승리하지 못한 전쟁으로 체면을 구겼다. 하지만 전쟁의 특수로 말미암아 엄청난 경제적 이득과 함께 세계 리더로서 자리매김했다. 맥아더는 한 연설에서 "한국이 우리를 구했다."고 했다. 미국은 전쟁이후 서구 제국을 아우르며 자타가 공인하는 자유민주주의 수호자로서 우뚝 설수 있었다. 제2차 세계대전 후 세계의 패권이 유럽에서 북아메리카 대륙으로 넘어와 있는 인류문명의 새로운 패러다임을 확인시켜주었다.

중공은 6 · 25전쟁에서 패배한 북한군의 바통을 이어받았다. 중공은 6 · 25전쟁에서 미국과 대적한 관계로 향후 20년 동안 국제무대 진출에 제동이 걸려 숙원이던 유엔 가입이 차단되었다. 또한 전쟁에서 많은 군비와 인적자원의 손실로 국가 경제 개발에 지장을 초래했고[4], 중공 나름의 통일인 타이완 통합의 꿈을 접어야만 했다.

---

1) 소련은 공식적으로 전쟁에 참여하지 않았다고 부인하지만 공군 위주로 전쟁에 직접 참여하였다. 미국도 이를 인지하였으나 국민들의 불안을 고려 공식적으로 발표하지는 않았다.

2) 다수의 국가가 그 상호간에 전쟁 기타 무력행사를 금지하고, 이에 위반하여 전쟁 혹은 기타 무력행사를 행하는 국가에 대하여 나머지 모든 국가가 나서서 집단적으로 격퇴, 진압하는 것을 의미한다.

3) 데탕트(Detente)라는 말이 쓰인 것은 1970년대 초 미국의 닉슨 대통령이 중국 등 공산국가들을 방문하고 이어서 냉전 종식을 위한 합의문을 이끌어 내는 등 동서 냉전이 소강상태로 접어들고, 점차 양쪽 진영이 화해의 제스처를 취했다는 뜻에서 미국 언론이 처음으로 사용했다.

4) 1951년 군비지출은 국가 재정의 48%를 차지했으며, 그 중 1/3은 항미원조전쟁에 직접 사용되었다. 중공은 1951년 11월부터 스스로 북한에 지원중인 지원군 26만 명을 감축하는 계획을 실행하였다(徐焰-吳小京 저, 앞의 책, 2005, p.105).

중국 역사학계 월간지인 〈백년조 百年潮〉가 창간호에서 6·25전쟁을 '정의로운 정쟁'이 아닌 '스탈린의 조종 하에 놀아나 중국의 실익을 잃어버린 대실수'라고 비판한 것은 중공의 6·25전쟁 참여 실체를 제대로 파악했다고 볼 수 있다. 그렇지만 중공은 전쟁 참여 대가로 소련의 군사 장비를 지원받고, 선진 강군인 미군과 전쟁을 치르면서 현대 군으로 거듭나는 계기가 되었다.[5] 또한 강대국 미국과의 전쟁을 통하여 단숨에 아시아와 제3세계 국가들의 리더가 되었다.

하지만 소련은 전쟁의 배후 조정자이면서도 전쟁에 적극 가담하지 않았다. 결국 전쟁이후 중국과 관계가 불편해 지면서 급기야 중·소 분쟁을 치르게 되었고, 북한과도 소원해 지는 결과를 초래했다. 그러나 막대한 군수물자의 생산으로 국가의 산업생산량은 증대되었고, 북한과의 구상무역으로 많은 이득을 차지했다. 전쟁의 주역인 소비에트 연방은 전쟁이후에도 이념대립으로 미국과 극한 대립을 수행하다가 결국 군비경쟁에서 패해 1990년대 초 연방이 해제되는 운명을 맞이했다. 그 후신이 현재의 러시아다.

전쟁의 최대 수혜자는 아이러니하게도 한반도 인접 일본과 타이완, 그리고 동유럽의 유고였다. 당시 일본 총리가 6·25전쟁을 "신이 내린 선물 이었다."고 표현할 만큼 인접국의 전쟁은 제2차 세계대전 패전국 일본의 전후 경제발전의 원동력이 되었던 것이다. 일본은 전쟁의 후방 지원기지 역할을 톡톡히 수행하면서 기사회생했고, 세계 제일의 국가 중의 하나가 되었다. 한반도의 남과 북은 자신을 남과 북으로 가른 원인 제공자인 일본의 경제발전에 자신들의 피를 뿌려 헌상했다.

타이완 또한 중공의 침략으로부터 대비할 수 있는 시간을 벌었고, 중공은 타이완을 합병할 수 있는 타이밍을 상실했다. 지구 저편 유럽에서는 독자노선을 추구하던 티토의 유고가 6·25전쟁으로 인하여 타이완과 같이 공산제국의 침략 위협으로부터 자유로울 수 있는 시간을 얻었다.[6] 그래서 타이완의 장제스는 한반도에 타이완 군을 지원하겠다고 했으며, 유고는 동구권에서 유일하게 북한의 남침을 인정했던 것이다.

그렇다면 전쟁 당사자들인 남과 북은 어떠한가? 북한은 전쟁을 통하여 '모든 반

5) 徐焰-吳小京, 앞의 책, 2005, p.147~251. 마오쩌둥은 "항미원조전쟁은 대학교다. 우리는 거기서 연습을 하고 있으며 이 연습은 어느 군사학교보다 좋다. 전 육군이 모두 한 번씩 돌아가며 훈련을 해 볼 것이다." 라고 1952년 8월 4일 당위원에서 연설하였다.

6) 김철민, 앞의 책, p.35~58.

대파와 정적을 일소하고 안정적으로 헤게모니를 장악한 김일성 정권은 승리했고, 헐벗고 굶주린 인민은 패배했다.'고 할 수 있으며, 그 결과가 오늘날의 북한 인민의 대 참상과 3대 세습체제로 귀결된다.

전쟁으로 모든 것이 잿더미로 변해버린 남한은 '미국의 방위보장을 제외한 모든 것을 잃었다.'라고 할 수 있다. 전쟁이후 북한으로부터의 재남침을 한미연합으로 방위 하면서, 국민들이 피땀 흘려 노력한 결과 무역 1조 달러를 달성하며(2011, 세계 9번 째) 오늘날의 유복한 자유 민주주의 국가로 성장했다고 볼 수 있다.

2. 민족사적 의미

지금으로부터 약 1,400여 년 전 신라는 삼국통일의 과정에서서 이민족인 당(唐)을 이용하고자 했다. 그러나 당은 백제와 고구려를 격파한 후에는 한반도 전체를 지배하에 두고자 하는 의도를 드러냈다. 따라서 신라는 당과 한반도를 지켜내기 위한 전쟁을 치러야만 했고, 신라는 매초성 전투[7]를 통해 당을 구축하고 대동강에서 원산에 이르는 한반도의 영토를 부분적으로 나마 확보했다.

또한 임진왜란 때 명(明)의 이여송은 어떠했는가? 조선을 제외하고 왜(倭)와 단독으로 강화를 추진하지 않았던가? 북한의 김일성은 외세를 이용하여 통일을 이룬다고 하는 것이 이 얼마나 위험하고 험난한 길인지를 몰라 자충수를 두었을까? 역사적 안목이 없는 지도자가 나라와 국민을 파멸로 이끄는 것은 역사 고금의 진리이다.

우선 전쟁의 참화로 인하여 민족 역량이 퇴조했다. 전쟁 중 발생한 인명 손실이 군인은 유엔군 포함 77만 6000여 명(유엔군 154,881명)이나 되었고, 북한군도 중공군 포함 180만 여명(중공군 약 백만)이 되는 것으로 추정된다. 뿐만 아니라 민간인의 피해는 남한에서 약 100만 명, 북한에서도 약 200만 명으로 총 300여만 명이 피해를 입었다. 이는 남북한 총인구의 10%에 해당하는 숫자이다. 또한 320만 명의

---

7) 신라가 백제와 고구려를 멸망시킨 뒤 대당 항쟁에서 마지막 승리를 거둔 전투로 역사적 의의가 크다. 675년(문무왕 15) 9월 29일 당의 이근행(李謹行)이 20만의 대군을 거느리고 쳐들어오자 신라군이 매초성에서 이를 크게 격파하여 패주시켰다. 이 승리로 신라는 당을 대동강에서 원산을 연하는 선 이북으로 축출시켰고, 한반도의 지배권을 확립하였다.

피난민, 30만 명의 전쟁미망인, 10만의 전쟁고아 등이 발생하였다. 여기다가 재산피해는 320억 달러에 이른 것으로 파악되어 미족사회 기반을 뿌리 채 뒤 흔들었다. 신생국가로서 국가통합과 경제발전에 한창 경주해야 할 입장에서 너무도 큰 타격이었던 것이다.[8)]

다음으로 남과 북의 사회구조에 대변혁이 일어났다. 남한에서는 그간 사회의 근간으로 유지되던 유교의 봉건제도 잔재가 완전히 사라지고, 정치적으로는 자유민주주의 제도, 경제적으로는 서구 자본주의 시장원리에 의한 시장경제체제가 급격하게 도입되기 시작하였다. 월남한 사람들과 농촌인구가 도시로 유입되어 도시화가 진행되면서 의식주 해결을 위한 경공업 위주의 소비재 산업구조로 경제구조가 발전되었다.

반면 북한에서는 김일성에 반대하는 많은 인사들이 월남한 관계로 김일성 정권은 반체제에 대한 부담을 덜고 정권을 운용할 수 있었다. 북한은 전쟁 직후 토지와 산업시설을 완전히 국유화하여 공산당 1당 체제에 의한 사회주의 체제를 완성했으며, 공산주의 경제체제의 비효율성과 군수산업 발전을 위한 중공업에 대한 과다 투자로 경제 붕괴를 자초했다.

남한에서는 북한 공산당의 침략에 대한 반동으로 한 동안 '반공(反共)'이 국시가 되었으며, 친미 외교노선이 강화되는 경향을 보이게 되었다. 북한은 전쟁 후 중공과 소련 사이에서 등거리 외교로 줄타기외교를 펼쳤으며, 통일의 훼방꾼으로 미국을 지목하여 '미제 타도'를 지금껏 정권 유지의 슬로건으로 활용하고 있다.

남한과 북한은 전쟁 기간에 강대국으로부터 군사적 지원과 더불어 경제적 원조를 받게 됨에 따라 군사부분에서 뿐만이 아니라 사회구조 전반에서 강대국들의 영향력이 깊숙이 침투하게 되었고, 이들의 사회와 문화를 동경하는 사조가 만연하게 되었다. 동일 문화권이던 한반도는 6·25전쟁을 통하여 남과 북은 '대한민국'과 '조선민주주의인민공화국'으로 구분되어 사실상 다른 문명권에 편입되었다. 북한은 대륙 공산권에서 왕조국가로 전락하였고, 남한은 해양의 민주주의 문명권에 편입되어 발전하였다. 이러한 과정에서 남과 북은 상호 민족적 동질성을 상실하고 있으며, 민족 정서가 희석되어가고 있다.

---

8) 국방군사연구소, 〈6·25전쟁피해 통계집〉, 1996.

여기서 잠깐

노블레스 오블리제(Noblesse Oblige)

¢ **사회지도층의 도덕적 솔선수범의 사회적 책임감을 '노블레스 오블리제'라 한다.**

사회적 신분이 높은 계층은 평소에 많은 사람들로부터 존경과 선망의 대상이 된다. 따라서 사회 지도층은 평소부터 자기가 소속된 사회의 발전과 안전을 위하여 보통의 구성원보다 더 많은 노력을 필요로 한다. 어떻게 보면 사회적 신분과 지위가 높기 때문에 위기 발생 시에는 보통의 구성원보다 더 많은 사회적 책임과 의무가 요구된다고 할 수 있다.

요즈음 우리 사회에서 고위 공직자를 임명하기 위한 청문회를 개최하면서 병역의무 이행 여부가 후보자 자실의 핵심 문제로 떠오르는 경우를 종종 볼 수 있다. 그만큼 우리 사회도 지도층에 대하여 사회적 책임과 의무를 묻고 있는 것이다.

6 · 25전쟁 시에도 노블레스 오블리제를 실천한 많은 인사들이 우리의 귀감이 되고 있다. 하지만 오히려 우리나라 보다는 타 참전국에서 더 많은 사례들이 알려지고 있어 당사자인 우리의 가슴을 아프게 하는 것도 사실이다.

*** 한국의 노블레스 오블리제(자료 : 알아봅시다 6 · 25전쟁사 종합)**

관 계	참 전 인 원	비고
부 자	제3사단장 유승렬 대령과 제3군단장 유재흥 준장	
	청년방위대 안병범 대령과 안광수 대령	
장인 사위	제5사단장 이응준 소장과 제2사단장 이형근 준장	
	육군총참모장 채병덕 소장과 백홍석 대령	
형 제	제1사단장 백선엽 대령과 제17연대장 백인엽 대령	
고위 직위자 전사 및 순직자	육군총참모장 채병덕 소장(전사), 제1군단장 김백일 소장, 박범집 준장	

*** 미국의 노블레스 오블리제**(자료 : 알아봅시다 6 · 25전쟁사 종합)

구 분	참 전 인 원
부자 관계 참전 인원	미국 대통령이 된 아이젠하워의 아들 존 소령
	유엔군 사령관 클라크 대장의 아들 빌 대위
	제8군사령관 워커 중장의 아들 샘 대위
	제8군사령관 밴 플리트 중장의 아들 밴 플리트 2세 공군 중위
	해병 제1항공사단장 해리스 소장의 아들 해리스 해병 소령
고위 직위자 중 전사 및 순직자	제34연대장 마틴 대령(전사), 해군 참모총장 셔먼 제독, 제8군사령관 워커 중장, 제9군단장 무어 소장(전사)

☞ 미군 장성 아들 142명이 참전하여 35명이 전사 또는 부상을 당했다.

☞ 1952년 12월 미국의 차기 대통령 당선자인 노르망디의 영웅 아이젠하워가 한국을 방문하여 당시 아들이 실종된 벤 플리트 사령관으로부터 전황을 브리핑 받고, 한국전 일선에 있는 자신의 아들 존 소령을 후방으로 전보 시키도록 요구했다. 모두가 의아해 했으나 아이젠하워는 말했다. "내 아들이 전사하는 것은 가문의 영광이지만, 대통령의 아들이 공산군에게 포로가 되어 흥정의 대상이 되는 꼴은 용납할 수 없다." 이제야 브리핑에 참석한 모든 사람들은 아이젠하워 대통령 당선자의 고귀한 뜻을 알 수 있었다.(자료: This kind of war).

*** 중공의 노블레스 오블리제**

미국의 제8군사령관 벤 플리트 장군이 6·25전쟁에서 공군 조종사인 아들을 잃었다면, 중공의 주석인 마오쩌둥은 아들을 잃었다. 마오쩌둥은 북한에 중공군 파견을 결정하면서 자신의 장남 마오안잉(毛岸英)을 "조선 지원군 제1호로 보내겠다."고 공언했고, 아들 마오안잉은 임신한 아내에게 상의도 없이 스스로 인접국가의 전쟁에 뛰어들었다. 소련군 기갑부대 소대장으로 베를린까지 진군한 바 있는 마오안잉은 일선 중대장을 원했지만, 통역장교로 보직되었다. 그는 참전 한 달 만인 1950년 10월 25일 중공군 지휘소가 위치한 함경도 대유동에서 미군의 공중 포격으로 전사 했다. 그는 북한 평남에 있는 '지원군 혁명열사 능원' 에 안장되어 있다.

삼국통일이래 고려와 조선을 이어오며 형성된 민족문화를 다시 고려시대 이전으로 회귀시켜 놓는 우를 범하고 만 것이다.

또한 분단에 따른 체제경쟁은 막대한 민족 에너지를 낭비하는 결과를 초래했다. 결국 민족사적 입장에서 볼 때 6 · 25전쟁은 남한과 북한 우리 민족 모두를 피해자와 패배자로 만든 일어나지 말았어야 할 추악하고도 나쁜 전쟁이었다.

하지만 우리는 6 · 25전쟁을 통하여 민족 정통성의 확보라는 귀중한 자산을 얻었다. 만약 우리가 전쟁에 패배하였다면 우리 민족은 지금도 공산주의 체제하에 있을 것이다. 우리는 그간 북한의 불법 무력침략을 극복하며 공산주의에 대한 실체를 파악할 수 있게 되었다. 이제 대한민국은 자주국방이라는 개념을 명확히 인식하고 있으며 단군 이래 이어 내려오는 민족의 정통성을 수호하고 찬란한 문명을 이어갈 수 있게 된 것이다.

3. 군사사적 의미

6 · 25전쟁을 군사사적으로 정의한 다는 것은 상당히 난해하다. 왜냐하면 6 · 25전쟁은 현대사의 중요한 정치적 논리가 중층적으로 깔려있고, 남·북한만의 전쟁도 아니며 세계의 많은 국가들이 참여한 전쟁으로 어느 측면에서 볼 것인가? 에 따라 다양한 해석이 가능하기 때문이다.

무엇보다도 6 · 25전쟁 당시 소총으로 시작한 한국군은 현재 이지스함[9]을 건조하며 전투기 자체생산을 계획하고, 유엔의 평화유지군으로 당당하게 활동하는 강군으로 성장하였다. 이러한 현대 한국군의 시발점이 바로 6 · 25전쟁이었다. 무엇보다도 가슴 뿌듯한 것은 우리 군이 이제는 우리 군 자체 능력으로 북한군의 남침을 저지할 수 있는 수준으로 성장한 것이라 할 수 있을 것이다. 그렇다면 6 · 25전쟁이 군사사적으로는 어떠한 의미를 내포하는지 알아보자.

9) 이지스 시스템이란 목표의 탐색으로부터 파괴까지의 전 과정을 하나의 시스템으로 처리하는 종합무기체계이다. AEGIS는 그리스신화에서 제우스가 그의 딸 아테나에게 준 방패를 의미한다. 미 해군은 1983년 최초의 이지스 시스템을 탑재한 이지스 순양함 타이콘데로호를 취역시켰다. 대한민국 해군은 2012년 현재 세 번째 이지스 구축함인 서애류성룡함(7600t급)을 운용하고 있다.

가. 전쟁의 성격

6·25전쟁이 지니는 성격을 파악하기 위해서는 서두에서 언급한 전쟁의 분류법을 활용할 수 있다. 우선 전쟁의 목적측면에서 볼 때는 전형적인 이념전쟁의 분류할 수 있다. 그것도 한반도라는 특수지역에서 발생한 이념전쟁이 이념수호를 자처하는 국가들의 지원과 개입으로 더욱 확대되고 장기화 되었던 전쟁이었다.

6·25전쟁은 분명 한반도라고 하는 좁은 지역에서만 실시되었다. 하지만 전쟁에 참가한 국가들을 헤아려 보면 가히 세계전쟁이라 할 수도 있을 것이다. 따라서 6·25전쟁은 국제적 입장에서는 국지전이라 할 수 있고, 민족 입장에서 보면 전면전이라 할 수 있다.

다음은 전쟁의 참여 정도로 구분하여 보았을 때, 참전국들의 입장에서는 6·25전쟁은 분명히 한반도와 그 해역 및 공역에 한정되어 진행되었다. 또한 전쟁은 참전국간에 구지 승패를 가리려고 하지 않은 제한전쟁이었다. 미국과 소련이 전면전만은 피하려고 노력했던 부분이 이를 잘 설명한다. 하지만 전쟁 당사자인 우리의 입장에서 보면, 국가의 존망이 걸린 전쟁으로 우리의 자원을 무제한적으로 쏟아부었던 총력전이었다.

또한 6·25전쟁은 현대에 치러졌기 때문에 현대진이라 할 수 있지만 사용뒤 무기들은 재래식 무기를 사용하였으며 핵무기는 사용되지 않았다. 전쟁에 사용된 전략·전술도 재래식 방식으로 운용된 점 등을 주목하면 6·25전쟁은 재래식 전쟁의 범주에 포함시킬 수 있을 것이다. 득히 6·25전쟁은 최초 시발은 한민족 사이에 일어난 내전이었으나 유엔군과 중공이 전쟁에 참여함으로 해서 국제전으로 비화된 것으로도 정의할 수 있다.

나. 한반도의 전략적 가치 재평가

1950년 당시 미국의 방어 전략은 침략하는 적을 미국 본토에서 격퇴하는 것이 아니라 태평양을 내해로 삼아 그 외곽인 일본과 필리핀에서 해·공군으로 먼저 저지하겠다는 개념이었다. 이 개념에는 1950년 후반에나 소련과 전쟁이 있으리라는 점과 핵무기를 주축으로 하는 전략공군 위주의 전쟁이 수행되리라는 가정을 내포하고 있었다.

그러나 1950년 한반도에서 전쟁이 발발하면서부터 미국의 전략공군위주의 방어전략은 근본부터 다시 수립해야했다. 왜냐하면 미국의 극동방위선에서 제외했던 한반도에서 육·해·공의 재래전을 수행 해야만 했기 때문이다. 이는 미국이 미국 본토 방어를 위해 '일본 기지'를 운용해야만 했고, 이를 위해서는 일본의 안전을 보장받을 수 있어야 했다. 마찬가지로 일본의 안전보장을 받기 위해서는 그 전방의 한반도와 타이완이 전략적으로 필요하게 되었던 것이다. 그래서 미국은 동아시아의 전략적 가치를 재평가하게 되었으며, 한반도에 전쟁이 발발하자마자 신속히 '에치슨 라인' 밖의 한반도에 군사력을 투사했던 것이다.

그리하여 1951년에는 일본, 1953년에는 한국, 1955년에는 타이완과 각각 일련의 상호방위조약을 체결하고, 미군을 계속 주둔시켜 동아시아 전반을 미국의 세력권 내에 포함시켰다. 이와 같이 미국의 대 한반도 정책은 6·25전쟁이후 새롭게 조명 받게 되었으며, 한반도는 이후 미국의 동아시아 안보전략에서 일본, 타이완과 함께 한 축을 형성하게 되었다.

다. 한국군의 성장

정부와 국군은 공산 측과 유엔군 측의 정전회담을 지켜보면서 회담이 종료되면 유엔군이 곧 철수할 것으로 예상했다. 6·25전쟁 초기 충분한 군사 대비태세가 완성되지 않은 상태에서 미군이 철수하자 북한이 남침했던 사실을 잘 알고 있는 정부와 군은 1952년부터 한국군 증강 방안을 차근히 준비해 나갔다. 한국 정부는 1952년 초에 미국에 육군 규모를 10개 사단에서 20개 사단으로 증편하여 줄 것을 요구하였고, 이승만 대통령도 트루먼 대통령에게 한국군 증강방안을 강력히 요구하였다. 이 한국군의 증강 계획은 미국의 지원 아래 계획대로 진행되었다.

휴전 당시 한국군은 3개 군단 18개 사단이었지만, 증편 계획에 따라 휴전 이후인 1954년 5월까지 5개 군단 20개 사단으로 최종 완료 되었다. 이에 따라 한국군은 전쟁억지 능력을 상당부분 자체적으로 확보하게 되었으며, 이때 증강된 한국 육군의 편제는 현재 육군의 골간이 되었다.

> 당신은 전쟁에 대하여 관심이 없을지 모르지만, 전쟁은 당신에게 관심이 있다.
>
> -트로스키-

제2절 남겨진 과제

1. 전쟁의 교훈

가. 김일성의 별오리 회의

손자병법에 '知彼知己 百戰不殆(지피지기 백전불태)'라 했다. 우리의 교훈 도출이전에 '김일성이 6·25전쟁을 군사적으로 어떻게 바라보고 평가 했는가?'를 먼저 알아보자. 김일성은 중공의 참전으로 한반도에서 축출을 면하게 된 시점인 1950년 12월 21일부터 23일 까지 평안북도 별오리에서 노동당 중앙위원회 제2기 제3차 전원회의에서 남침 작전 평가회의를 주재하였다.

이 별오리 회의에서 분석된 내용들은 이후 북한의 군사노선 채택 및 발전 방향의 기본 틀이 되었다. 김일성은 초기 전투에서의 패인으로 ① 예비대의 확보 미흡 ② 부대 조직성과 규율의 미약 ③ 유생역량 소멸 간과 ④ 해·공군 및 화력이 우세한 적과 싸우는 방법 미숙 ⑤ 적 후방에서의 유격전 소홀 ⑥ 병참 지원 부족 ⑦ 필승 의지의 결여 등으로 자신들의 패인을 정확히 분석하였다. 김일성은 이러한 패인을 전쟁 종료 후 '4대 군사노선'[10]에 반영하여 북한군 발전강령으로 적극 추진하였다.

먼저 북한군은 중공군 개입이전 예비대의 확보 부족과 운용능력 미숙을 여러 차례 노출시켰다. 우선 북한군은 개전 당시부터 예비 사단에게 특별한 임무를 부여하지 않았다. 군 지휘부는 이 부대들을 적기에 춘천·홍천지역으로 투입하는 조치를 취하지 못했다. 그리고 낙동강 방어선에서는 돌파구를 형성하고도 예비대가 부족하여 전과확대를 이루지 못했다. 특히 인천상륙작전 시에는 대상륙부대를 확보

10) 북한의 4대 군사노선은 1962년 12월 조선노동당 제4기 5차 전원회의에서 '조성된 정세와 관련한 국방력 강화문제'를 토의하고 '국방에서의 자위원칙'으로 채택한 군사노선이다. 내용은 '전인민의 무장화', '전국의 요새화', '전군의 간부화', '전군의 현대화' 등이다.

하지 못해 인천으로 상륙한 유엔군이 한강까지 손쉽게 진격할 수 있었다. 이후 유엔군 반격작전 시에도 예비대를 확보하지 못해 철수하는 부대들을 엄호하지 못했다. 김일성은 이러한 예비대의 확보 부족 문제를 4대 군사노선의 '전 인민의 무장화'를 추진하여 언제든지 예비대를 확보할 수 있는 장치를 마련하고자 했다.

북한군의 구성은 여러 계파의 군대가 모여 이루어진 군대이고, 그들의 출신 배경과 사상적 기반이 달랐기 때문에 내부의 불화와 충돌은 어쩌면 당연한 결과였다. 특히 전쟁을 앞두고 급히 창설된 부대들이 많아 부대 상호간에 조직성 또한 미약했다고 평가할 수 있다. 이러한 사태를 극복하기 위하여 김일성은 "비겁자와 도주자는 전장에서 총살하라"고 명했으며, 군 고위 지휘부부터 이를 적용하였다. 그리하여 초전에 제 2군단장과 여러 명의 사단장들이 파면되었다. 이를 경험한 북한군은 군의 통합성을 강조하고 장교들을 공산당에 입당시키고 있으며, 군 내부에 정치위원을 보직하여 사상적 지속 통제를 강화하고 있다.

북한은 전쟁 초기에 제1군단과 제2군단이 후퇴하는 한국군을 한강 이북에서 포위소멸하려는 계획이 수포로 돌아가면서 한국군 격멸은 물거품이 되었다. 또한 동에서 서로 흐르는 각 하천도 북한군의 진출을 어렵게 만들었다. 김일성은 이를 거울삼아 소련군 전법의 일환인 포위소멸을 지속적으로 강조하였으며, 하천을 극복할 수 있는 도하장비를 지속적으로 확충했다. 이는 4대 군사노선의 '전군의 현대화'에 반영하여 지속 추진했다.

북한군은 해·공군 및 화력이 우세한 부대와 싸우는 전술을 개발하기 위하여 전쟁 시부터 부단히 노력하였다. 그리하여 산악과 야간전투 위주의 전술 구성과, 공군력 증강, 세계에서 가장 촘촘하다는 평양의 방공망을 구축하고, 전군의 현대화와 전국의 요새화에 박차를 가하였다.

다음 반성으로 북한은 전쟁 초기 적 후방에서 기대했던 남로당의 봉기와 유격전이 불발하여 서울 점령이후 공격 속도가 둔화되었고, 이로 인하여 유엔군이 참전할 수 있는 시간을 제공했다고 반성한다. 이에 따라 북한은 대량의 특수부대를 양성했고, 현재 우리 군에 비대칭 전력으로 큰 위협을 주고 있다.

북한군은 전쟁 기간 내내 병참지원의 문제로 인하여 많은 곤란을 겪었다. 식량을 남한에서 현지조달 하는 가하면, 장비와 탄약 등의 전투장비와 물자를 야간에 도수로 옮기는 등 악전고투 했다. 따라서 북한군은 이러한 문제점을 인식하고 군

수 물자의 확보에 심혈을 기울이고 있으며, 군 편제에 후방부를 반영하여 병참지원의 문제를 적극적으로 해결하려는 의지를 보였다. 그래서 요즈음에도 인민들이 굶주려 죽어도 군량미만은 방출하지 않고 있다.

마지막으로 북한군은 전투에서 반드시 이기겠다는 필승의 의지가 부족한 것으로 파악했다. 그래서 북한군은 사상교육을 강조하고 정치군관을 배치하며, 전군의 간부화를 추진하였다.

나. 우리의 분석

우리는 지금 6·25전쟁을 치르고 반세기를 훌쩍 넘기고 있지만 국민적 합의하에 전쟁에 대한 진지한 반성이나 차후 사태에 대비하여 꼼꼼히 생각해 본 기회는 그리 많지 않았던 것이 사실이다. 그 보다는 '사상자가 얼마나?, 재산 피해가 얼마나?' 하면서 국민의 감성을 자극하는 방향으로 흘러온 신파조의 경향이 농후하다. 요즘에는 그 것 마저도 빈도수가 잦아진 느낌이다.

먼저 우리는 자주국방의 중요성을 인식해야 하겠다. 우리의 국방력이 북한보다 한수 위였다면 과연 김일성은 정권 실각을 위험을 무릅쓰고 남침을 실행했었겠는가? 소련 수상 스탈린도 김일성이 남침을 승인하기 위한 세1 조건으로 남한보다 월등한 군사력을 꼽았다. 그들은 자주국방의 여력이 없는 남한을 승리하리라는 확신을 가지고 남침을 감행한 것이다.

흔히 국제사회를 '약육강식(弱肉强食)의 장'으로 표현한다. 우리는 6·25전쟁이전에도 일본 제국주의의 침탈을 받았고, 광복 후에 바로 남침을 당한 것이다. 약한 자, 자기를 스스로 지킬 수 없는 자는 강한 자의 먹이 감에 불과하다는 국제사회의 냉혹한 현실을 다시 한 번 되새기고, 자주국방 노력에 국민적 관심을 기울여야 한다.

둘째로 기습 및 초전 피해 방지대책 강구이다. 우리는 6·25전쟁 초기 완벽한 기습을 허용하였다. 당시 국가와 군 지휘부의 행태를 되짚어 보면 실로 가관이 아닐 수 없다. 이제는 6·25전쟁 시기와 달리 북한군의 기습을 어느 정도 사전에 경보할 수 있는 시스템이 갖추어진 것은 사실이다. 하지만 시스템에만 의존할 수는 없다. 시스템이 파괴되면 또 다른 기습을 허용할 수 있다. 시스템과 함께 항상 정신이 깨어 있어야 한다. 이 자주국방의 정신과 여러 첨단 장비를 동원한 시스템이 조화를 이루어야 만 북한으로 부터의 기습을 예방할 수 있다.

특히 앞으로의 전쟁에서는 '퍼스트 스트라이크(First Strike)'를 피해야 한다. 즉 초전의 피해를 최소화해야만 한다. 우리나라와 같이 종심이 짧고 자원이 한정된 나라는 초전에서 많은 것을 잃어버리면 회복하기 어려운 상황에 처하게 된다. 따라서 기습을 예방 할 뿐만이 아니라, 초전의 피해를 최소화 할 수 있는 다양한 조치들이 연구되고 발전되어야 할 것이다.

셋째로 제해권 및 제공권 확보 대책이다. 한국군과 유엔군은 6·25전쟁을 수행하면서 완벽한 제해권과 제공권으로 말미암아 지상전의 열세를 극복하고 전투에서 승리할 수 있었다. 이와 반대로 북한군과 중공군은 막강한 전력을 보유하고도 제해권과 제공권에서 밀리면서 공격력 자체가 약화되었다.

이런 전례를 돌이켜 보았을 때 우리군은 제해권과 제공권을 확보할 수 있는 역량을 갖추기 위해 끊임없이 노력해야 할 것이다. 특히 전시 우리의 우방의 전력 및 자원들이 바다를 통해 전개되고 확보된다. 따라서 전략적 견지에서 해·공군력의 확보가 필수적이며, 평시에도 무역 국가인 우리의 생존을 위하여 절대적으로 필요하다. 이는 인도양의 아덴만 작전[11)]에서 그 효용성이 증명되었다.

더욱이 요즈음 인접 국가들이 독도와 이어도에 눈독을 들이고 있다. 여차하면 자기들의 땅이라고 우격으로 밀고 들어올 기세다. 그들은 이미 우리의 몇 배나 되는 해군력과 공군력을 보유하고 있다. 심지어 공중급유기는 물론이고, 핵잠수함, 항공모함을 곧 운용한다. 이미 한반도는 일본 침탈이전의 개화 여명기와 동일하게 양 강대국 사이에 낀 약소국으로 전락한 느낌이다. '이를 극복할 대책이 무엇인가?'를 곰곰이 생각해 볼일이다.

넷째로 우리의 여건과 지형에 적합한 전략 전술의 개발 필요성이다. 전쟁을 수행하면서 우리군 자체의 전략 전술이 부재하여 중공군과 북한군의 표적이 되었다. 그 반면 중공군과 북한군은 기동력과 화력이 강하고 제공권을 지닌 유엔군과 전투하는 전술을 전장에서 응용하였다. 우리 군도 그간 미국의 교리와 장비를 활용하면서 많은 것을 우리 실정에 맞게 적용하고자 노력하였으나 아직은 그 체계가 완전하게 정립되었다고 보기에는 어렵다. 선진 군사교리와 기술은 받아들이면서도

11) 아덴만 '여명 작전'은 대한민국 해군 청해 부대가 2011년 1월 18일 소말리아 해적에게 피랍된 대한민국의 삼호해운 소속 선박 삼호 주얼리 호(1만 톤급)를 소말리아 인근의 아덴만 해상에서 해적들과 총격전 끝에 선원들을 무사히 구출한 작전이다

우리 나름의 지형과 여건에 걸 맞는 전략과 전술을 지속적으로 계발하여 우리 것화함으로써 시너지 효과를 달성할 수 있도록 해야 하겠다.

다섯째로 전후방 동시전투 능력의 극대화 이다. 6 · 25전쟁을 치르는 동안 전·후방에서 동시에 전투를 진행하였다. 전방에서 압력을 가하는 정규군뿐만이 아니라 후방을 위협하는 적 또한 상당한 문제가 아닐 수 없었다. 아예 우리 군의 후방으로 대규모 특수부대가 침투하여 전선의 균형을 무너뜨리기도 했다. 또한 지리산 일대의 무장공비를 제거하기 위하여 일선에서 사단을 차출하여 운용했다. 제2전선이 형성되면 아군의 병참선 차단을 예방해야 하고, 주요 시설을 경비해야 하며, 대국민 보호 등에 엄청난 노력이 수반되어야 한다. 이를 예방하기 위한 다양한 노력과 더불어 우리의 제2전력 양성 등에 많은 관심과 노력이 필요하다 하겠다.

마지막으로 비대칭 전력 위협에 대한 대비이다. 북한은 6 · 25전쟁 시에도 우리에게는 없는 기갑전력을 앞세워 우리의 방어진지를 무참히 유린하였다. 근래 천안함 폭침[12]에서도 북한군 잠수함의 비대칭성을 확인할 수 있었고, 2011년에는 농협 전산망 마비에서 북한군 사이버전 능력의 비대칭성을 확인할 수 있었다. 바로 이것이 비대칭 전력의 가공할 위력이다. 현재는 비대칭전력 분야가 사상전과 핵무기, 생물학 무기, 화학무기 등의 대량살상무기(WMD)[13], 사이비 전, 특수부대, 잠수함 등으로 전환되었다. 어느 비대칭 전력으로 인하여 일방적으로 힘의 균형의 추가 무너지지 않도록 균형잡힌 준비를 해야 한다.

2. 풀어야 할 숙제

앞에서 6 · 25전쟁을 되돌아보면서 자주국방의 중요성, 기습방지 및 초전피해 방지, 제해 및 제공권 확보, 우리 여건과 지형에 알맞은 전략 · 전술의 개발, 전후방 동시 전투능력 확보, 비대칭 전력에 대한 대비책 등을 짚어보았다.

---

12) 천안함 침몰 사건은 2010년 3월 26일에 백령도 인근 해상에서 대한민국 해군의 초계함인 PCC-772 천안함이 북괴군 잠수정에 의한 피격되어 침몰된 사건으로 46명의 장병이 순직하였다.

13) Weapons of Mass Destruction의 약자로 짧은 시간 안에 많은 인명을 살상할 수 있는 강한 파괴력을 가진 무기들을 통틀어 이르는 개념이다. 막대한 파괴력 때문에 핵확산금지조약(NPT)·생물무기 금지협약(BWC)·화학무기 금지조약(CWC) 등 여러 국제협약에서는 대량살상무기의 개발을 금지하고 있다.

그럼 우리 국군을 21세기의 선진 국군으로 거듭 태어나게 하고, 국가를 보전하기 위해서는 무엇을 준비하고 노력해야 하는 지를 곰곰이 알아보자. 이것은 우리가 지금까지 전쟁사를 연구한 최종 목적이라 할 수 있겠다.

가. 나라사랑과 실천

나라 사랑하는 마음가짐을 굳건히 하면서 행동으로 실천해야 한다. 우리의 강토는 선조들의 피와 땀으로 일구고 지켜왔다. 조국을 위하여 고난을 겪고, 조국을 수호하기 위해 희생하신 분들의 노력이 헛되지 않도록 해야 한다. 특히 노블레스 오블리제 정신에 입각한 나라 사랑이 되어야 하겠다. 나라를 위하여 헌신할 수 있는 마음가짐이 항상 자리 잡고 있어야 하다. 우리는 국가에 대한 고마움을 가지고 항상 생활하며, 자라나는 후세들에게는 나라사랑 교육을 강화하여 조국의 소중함을 깨달도록 하여 조국을 위해 헌신할 수 있는 동량으로 양성해야 한다.

나. 안보태세 유지와 국력 신장

우리 국민들이 합심하여 국력을 신장시켜야 한다. 국력이 월등히 신장되면, 국제무대에서 어떤 나라도 함부로 우리나라를 홀대하지 않는다. 요즈음 국제정치를 보면 살얼음판을 걷는 기분이다. 현재 동북아는 우리와 북한과의 대적관계는 차제하고라도 중국과 일본, 일본과 소련이 영토 문제로 다투고, 우리와 일본 및 중국이 독도와 이어도 문제로 외교적 파장을 일으키고 있다. 타이완 역시 중국과 양안관계(兩岸關係)[14]를 유지하고 있으며, 미국과 중국은 세계의 패자를 놓고 동북아에서 경쟁하고 있는 상황이다. 동북아시아는 그야말로 언제 폭발할지 모르는 세계의 화약고다. 이런 상황에서 국가의 안위를 보장하고 유지하기 위해서는 바로 안보태세를 굳건히 하고 국력을 신장시켜야한다.

만약 우리가 여기서 국력 배양에 조금이라도 머뭇거린다면 당장 북한으로부터 침략을 받아 제2의 6 · 25가 발생할 것은 두 말할 나위도 없거니와 인접국들은 19세기 조선의 개화기에 보듯이 우리나라를 그들의 이익산출의 마당으로 생각할 것이다. 이것이 역사가 주는 산 교훈이다.

14) 양안관계(兩岸關係)는 중화민국(타이완)과 중화인민공화국(중국)의 관계를 말한다. 양국은 경제적, 민족적으로는 협력 관계를 유지하나 군사적으로는 대결 관계이다.

다. 조기 경보체제 유지 및 복구능력 구비

전쟁에서 적의 침략 의도를 조기에 탐지해 내고 경고하는 것만큼 중요한 것도 없다. 자연현상이 발생하려면 사전 징조가 있듯이 전쟁도 항상 징후를 드러내기 마련이다. 그러나 전사를 돌이켜보면 패배하는 국가나 군대는 적의 침략 사실을 사전에 인지하지 못한다. 설사 인지했다 하더라도 4분 5열하다가 대처하지 못한다. 따라서 전쟁 징후를 사전에 파악하고 대비해야 승리할 수 있는 것이다.

아무리 우수한 전략과 무기가 있다 하더라도 이를 활용할 수 있는 기회가 없으면 무용지물과 다름없다. 일격에 결정적 타격을 입고 비틀거리면 전쟁을 수행하는데 상당한 어려움이 뒤따른다. 일격을 감내해 낼만한 지리적 조건과 경제력 또는 인구 등이 부족한 우리나라는 조기에 적의 공격을 탐지할 수 있는 장비와 능력을 보강하고 적의 타격에 신속히 전투력을 복원할 수 있는 국가 역량이 뒷받침되어야 할 것이다.

2011년부터 한반도 상공에 조기경보기가 우리의 손으로 운용되고 있다. 이러한 조치들이 지속적으로 이루어져야 자주국방이 가능할 것이다. 또한 전략적으로 해외 자원을 확보 등 우리의 전투 역량을 향상시킬 수 있는 다양한 제도나 방법들이 강구되고 연구되어야 한다.

라. 3군 전력의 균형발전

우리군은 6·25전쟁을 통하여 해·공군의 중요성을 새삼 인식하였다. 현대전에서는 어느 일개 군 단독으로는 전쟁의 승리자가 될 수 없으며, 3군이 통합으로 작전을 수행해야만 가능하다. 따라서 모든 국가들은 육군과 더불어 해군 및 공군의 고른 발전을 추구하고 있다.

우리의 국방력 건설 방향도 육·해·공군이 균형된 발전이 될 수 있도록 추진되어야 한다. 이제는 북한만을 대상으로 하는 전략에서 탈피하여 통일이후의 한반도를 상정하고 이에 따른 준비를 해 나가야 한다. 그렇다면 대양 해군과 항공기가 주도하는 시대가 도래 할 것이고, 이때를 상정한 국방력 건설이 내실있게 이루어져야 할 것이다.

마. 장차전을 대비한 합동 및 연합작전 능력 구비

6·25전쟁은 유엔군과 한국군이 연합으로 진행한 전쟁이다. 현재도 한·미 상호방위조약에 의거 한반도에는 연합군인 미군이 다수 주둔하고 있으며 대북 억지력의 큰 축을 담당하고 있다. 앞으로 한반도에서 발생할 미래전도 6·25전쟁과 동일한 방식으로 진행될 것으로 예측된다. 따라서 장차전을 대비하여 지속적으로 연합작전 수행능력을 향상시켜야 한다. 또한 연합작전에 앞서 합동성을 강화하여 육·해·공 3군 간의 합동작전 능력을 획기적으로 향상시켜야 한다.

또한 각 군은 한국적 지형에 맞는 전략과 전술을 새롭게 정립하여 수립하고, 전투력을 운용하여 전투능력을 배가시키도록 노력해야 한다.

바. 군에 대한 신뢰와 전기전술 함양

군대는 사기를 먹고 사는 집단이다. 따라서 국민들은 만약 군에 잘못된 사항이 있으면 따끔하게 지적하야 하나, 그 외에는 군에 대하여 애정을 가지고 격려해 주어야 할 것이다. 일단 폭로식의 뉴스나 보도는 국토방위에 도움이 되지 않는다.

우리는 6·25전쟁 직전 야전부대에서는 북한군의 남침을 예견하고 준비했지만 군 수뇌부와 정치권은 이를 무시했던 것을 기억한다. 이만큼 국가방위라고 하는 것은 군인만 하는 것이 아리라, 전 국민 모두가 한 마음이 되었을 때 가능한 것이다. 또한 군은 또한 국민들의 사랑과 격려를 받는 만큼 조국과 민족을 위하여 한 치의 빈틈도 없어야 할 것이다. 군은 항상 전기전술을 연마하여 일단 유사시에 책임을 완수할 수 있어야 한다.

> 적이 나의 사정거리에 있다면, 나도 적의 사정거리에 들어있다.
>
> –미 보병 저널–

부 록

1. 6·25전쟁 연표
2. 전쟁직전 남북한 군사력
3. 유엔군 참전 현황
4. 인명피해 현황
5. 국내 전쟁기념/전적지

전쟁의 주역들(좌측 : 공산국 측, 우측 : 유엔군 측)
(자료 : 거제도 포로수용소 조형물)

1. 6 · 25전쟁 연표

1945년	
8. 15	광복, 한국 해방
8. 13	소련군 청진 상륙
9. 8	미군 인천 상륙
10. 14	김일성 환영 평양 시민대회
10. 24	국제연합 창설
12. 27	모스크바 3상회의
1946년	
2. 8	북조선 임시인민위원회 조직
3. 20	제1차 미 · 소 공동위원회 개최
1947년	
5. 21	제2차 미 · 소 공동위원회 개최
11. 14	유엔 한국위원단설치 결의
1948년	
2. 8	북한 조선인민군 창설 선포
4. 3	제주도 4·3사건 발생
8. 15	대한민국 정부수립
9. 9	조선민주주의인민공화국발족
10. 19	여순 반란사건
12. 20	모스크바 3개국 전략회의
12. 26	소련군 철수완료, 고분난산뮤
1949년	
3. 5	김일성 · 스탈린 회담
6. 29	주한미군 철수완료
10. 1	중화인민공화국 수립
1950년	
1. 12	에치슨 태평양방위선관련 연설
4월 초	김일성·스탈린 회담
5. 13	김일성·마오쩌둥 회담
5. 29	선제타격계획완성
6. 8	북한 위장평화공세 전개
6. 10	국군 주요 직위자 인사이동
6. 22	인민군 사단 전투명령 하달
6. 24	국군 비상경계 해제

6. 25	인민군 불법남침
6. 26	의정부 피탈
6. 27	미국, 한국에 해·공군 지원
6. 28	서울 함락, 한강
6. 29	미 해 · 공군 북으로 작전확대
6. 30	미 지상군 한국전선 투입결정
7. 1	미 지상군 선발대 부산도착
7. 2	한국 공군 F-51 10대 인수
7. 3	인민군 전차 한강 도하
	육군본부 수원이동
7. 4	무극리전투(~10) 음성전투(~10) 대전에 주한미군사령부 설치
7. 5	스미스 부대 오산 전투
	제1군단 창설, 연합전선 형성
	미 제24사단 평택방어(~6)
	동락리전투(~10)
7. 11	미곡리전투
7. 14	국군 지휘권 미군이양 대전전투(~20)
7. 15	제2군단 창설(함창)
7. 23	황간전투
7. 28	영덕 181고지전투
7. 29	안동전투(~8. 1)
8. 1	낙동강 방어선 형성
8. 3	마산전투(~13)
8. 7	보현산전투(~9. 4)
8. 10	안강전투(~9. 20)
	기계전투(~9. 20)
8. 13	왜관전투(~20), 전투 방어선조정
8. 16	포항전투(~18)
	다부동 837고지전투(~21)
8. 30	팔공산 전투(~9. 22)
9. 2	영천전투(~12)

1950	
9. 15	인천상륙작전(~16)
9. 16	낙동강선 반격작전 개시
9. 19	서울 탈환작전(~28)
10. 1	국군 제3사단 38선 돌파
10. 2	유엔군 사령부 북진명령하달
10. 9	유엔군 북진작전 전개
10. 10	수도·제3사단 원산탈환
10. 19	평양탈환, 중공군 입북개시
10. 24	북진한계선철폐,추수감사절공세
10. 25	중공군 1차 공세(~11. 7)
10. 26	제6사단 7연대 초산도달
10. 27	초산전투
10. 30	평양시민 환영대회
11. 21	미 제7사단 혜산진 도착
11. 24	유엔군크리스마스공세(~12. 3)
11. 25	중공군 2차 공세(12. 15)
11. 27	장진호철수작전(~12. 11)
11. 30	국군, 유엔군 전면철수
12. 4	미 제8군 평양철수
12. 16	흥남철수(~24)
12. 31	중공군 3차(정월, 신정) 공세(~1. 15)
	원주지구전투
1951	
1. 4	1·4 후퇴
1. 15	유엔군 제1차반격(~2. 10)
1. 23	F-84 33대 신의주상공공중전
2. 11	중공군 4차(2월)공세(~2. 16)
	지평리전투
2. 20	유엔군 2차반격(~4. 21)
3. 14	한국군 제1사단, 서울 재탈환
	유엔군사령관 리지웨이 교체
	제8군사령관 벤 플리트 교체
4. 22	중공군 5차(4월)공세(~29)
	마지리전투(~23)
4. 22	인제전투(~30)
	사창리전투(~24)
	마지리전투(~23)
5. 6	매봉·한석산전투(~9)
5. 7	설악산전투(~12)
5. 16	중공군 6차 공세(~22)
	현리전투(~22)
5. 18	용문산전투(~21)
5. 20	유엔군 3차 반격(~7. 10)
6. 1	화천전투(~15)
6. 4	도솔산전투(~19)
7. 10	정전회담 개시(개성)
8. 18	피의능선전투(~9. 5)
	향로봉전투(~24)
9. 4	가칠봉전투(~10. 1)
9. 5	김일성고지전투(~10. 14)
9. 13	단장의능선전투(~10. 13)
9. 21	백석산전투(~10. 1)
10. 21	모택동고지전투(~11. 2)
11. 27	현접촉선으로 군사분계선합의
11. 25	크리스마스고지전투(~28)
1952	
5.12	유엔군사령관 클라크대장부임
8. 9	벙커고지전투(~16)
8. 11	거제도포로수용소 폭동
9. 6	지형능선전투(~20)
10. 6	백마고지전투(~15)
10. 14	저격능선전투(~24)
1953	
1. 15	화천949고지전투(~16)
2. 11	제8군사령관 테일러중장 부임
6. 1	펀치볼 지구전투(~9)
6. 8	포로협상타결
6. 10	중공군7차공세,금성전투(~7.20)
6. 25	임진강199고지전투
7. 27	휴전협정 조인

2. 전쟁직전 남북한 군사력

가. 북한군

구 분		부 대	병력(명)	주요 무기 장비(대/문)
민족보위성 직속 인민군	육군	10개 보병 사단	120,880	
		전차	8,800	T-34전차 242
		122mm 포연대	1,300	야포 38
		고사포연대	1,200	고사포 36
		모터싸이클연대(603)	3,500	대전차포 16, 박격포 16, 장갑차 54
		기계화보병연대(206)	3,000	
		공병여단	2,500	
		통신연대	1,000	대전차포 6, 야포 8, 박격포 15
		제1군관학교	1,500	박격포 18
		제2군관학교	2,500	
		북방유격대	2,500	
		계	148,680	
	공군	공군	2,000	전투기/전폭기/기타 211대
		계	2,000	
	해군	기지	2,100	경비함 28척, 보조함 : 34척
		육전대	9,000	대전차포 36, 야포 12, 박격포99
		해안포	2,600	야포 72
		계	13,700	
		합계	164,380	
내무성 직속	경비대	38경비대	22,600	대전차포 36, 야포 24, 박격포 180
		철도보안대	2,600	
		조(선)만(주)국경경비대	2,800	
		각도 보안대	2,800	항공기 221 함정 62 T-34전차 242, 장갑차 54 대전차포 94, 야포 150 고사포 36, 박격포 312
		중앙경비연대	2,000	
		평양시보안대	1,200	
		계	34,000	
총계			198,380	

(육군 : 서상문 편저, 위의 책, p.130. 해·공군 : 육군본부, 〈6 · 25전쟁의 실패와 교훈〉,2004)

나. 한국군

<table>
<tr><th>구분</th><th colspan="2">병 력(명)</th><th>장 비</th></tr>
<tr><td rowspan="3">지상군</td><td>보병 8개사단</td><td rowspan="3">9만 6,140</td><td>곡사포 91문</td></tr>
<tr><td>해병 1개부대(1241)</td><td>대전차포 140문</td></tr>
<tr><td>기타 지원부대</td><td>박격포 960문, 장갑차 27대</td></tr>
<tr><td>해군</td><td colspan="2">7,715</td><td>경비함 28척, 보조함 43척</td></tr>
<tr><td>공군</td><td colspan="2">1,879</td><td>연습/연락기 23대</td></tr>
</table>

(육군본부, 〈6·25전쟁의 실패와 교훈〉, 2004.)

3. 유엔군 참전 현황

가. 전투부대 파견국(16개 국)

국 명	참전 연인원(명)	지상군	해 군	공 군
미 국	1,789,000	보병사단 8 해병사단 1 연대전투단 2 병력 302,483명	극동해군 미 제7함대	극동공군
영 국	56,000	보병여단 2 해병특공대 1 병력 14,196명	함정 17척 (항공모함 1척 포함)	–
오스트레일리아	8,407	보병대대 2 병력 2,282명	항공모함 1척 구축함 2척 프리킷함 1척	전투비행대1 수송기편대 1
캐나다	26,687	보병여단 1 병력 6,146명	구축함 3척	수송기대대 1
네덜란드	5,322	보병대대 1 병력 819	구축함 1척	–
뉴질랜드	3,794	포병대내 1 병력 1,389명	프리킷함 1척	–
프랑스	3,421	보병대대 1 병력 1,119명 (1,185)	구축함 1척	–
터 키	14,936	보병여단 1 병력 5,455	–	–
필리핀	7,420	보병대대 1 병력 1.496명	–	–
태 국	6,326	보병대대 1 병력 1,294명 (2,274)	프리킷함 7척 수송선 1척	수송기편대1
그리스	4,992	보병대대1 병력 1,263명	–	수송기편대1
남아프리카공화국	826	–	–	전투비행대대1
에티오피아	3,518	보병대대1 병력 1,271	–	–

콜롬비아	5,100	보병대대1 병력 1,068명	–	–
벨기에	3,498	보병대대1 병력 900명	–	–
룩셈부르크	83	보병소대1 병력 144(48명)	–	–

☞ 참전 규모의 병력은 전쟁말기 최대수준을 유지한 병력(1957년 7월).
( )의 병력은 최대병력수준을 유지한 병력

(자료 : 〈잊을 수 없는 6·26전쟁사〉, 정명복. 일부 변경)

나. 의료 및 시설 지원국(5개 국)

국 명	참전 연인원(명)	지상군	지원부대 및 시설	비 고
스웨덴	160	154(162)	적십자병원	–
인 도	627	70(333)	제60야전병원	–
덴마크	630	100	병원선	–
노르웨이	623	105(109)	이동외과병원	–
이탈리아	128	72	제68적십자병원	–

다. 물자지원국(20개 국)

아르헨티나	볼리비아	브라질	칠레
코스타리카	쿠바	에쿠아도르	엘살바도르
아이슬란드	이스라엘	레바논	리베리아
멕시코	나카라과	파키스탄	파나마
파라과이	페루	우루과이	베네수웰라

4. 인명피해 현황

가. 한국군 및 유엔군 인명피해(명)

국 명	계	전사/사망	부 상	실 종	포 로
한 국	621,479	137,899	450,742	24,495	8,343
미 국	137,250	36,940	92,134	3,737	4,439
영 국	4,908	1,078	2,674	179	977
터 키	3,216	741	2,068	163	244
오스트레일리아	1,584	339	1,216	3	26
캐나다	1,557	312	1,212	1	32
프랑스	1,289	262	1,008	7	12
태 국	1273	129	1,139	5	·
네덜란드	768	120	645	·	3
그리스	738	192	543	·	3
에티오피아	657	121	536	·	·
콜롬비아	639	163	448	·	28
벨기에	440	99	336	4	1
필리핀	398	112	229	16	41
뉴지랜드	103	23	79	1	·
남아프리카 공화국	43	34	·	·	9
룩셈부르크	15	2	13	·	·
노르웨이	3	3	·	·	·
계	776,360	178,569	555,022	28,611	14,158

나. 민간인 인명피해(명)

구 분	남 한				북 한
	소 계	사망/학살	부상	납치/행불	
2,990,968	990,968	373,599	229,625	387,744	약 200만 추정

(출처 : 2006년도 국방백서 부록)

다. 북한군 및 중공군 피해현황(명)

구 분	계	사망/부상	실종/포로	비전투손실
계	1,763,600	1,459,000	127,600	177,000
북한군	791,000	512,000	102,000	177,000
중공군	972,600	947,000	25,600	·

(〈6·25전쟁피해 통계집〉, 국방군사연구소, 1996)

라. 포로 교환 현황(명)

구 분		상병 포로	휴전 후 송환포로	계
공산군측 인도 포로	한국군	471	7,862	8,333
	유엔군	213	4,911	5,124
	계	684	12773	13,457
유엔군측 인도 포로	북한군	5,640	70,183	75,823
	중공군	1,030	5,640	6,670
	계	6,670	75,823	82,493

(〈6·25전쟁피해 통계집〉, 국방군사연구소, 1996)

5. 국내 전쟁기념/전적지 (자료:〈6 · 25전쟁, 60주년 UN 참전 기념시설물도감〉)

참 전 비	주 소	참 전 비	주 소
서울특별시		가평지구 전투전적비	가평군 가평읍 읍내리
존비 코올터 장군상	광진구 능산동	뉴질랜드 전투기념비	가평군 북면 목동리
이탈리아 의무부대 6.25전쟁 참전기념비	영등포구 신길4동	영연방 참전기념비	가평군 가평읍 읍내리
		캐나다 전투기념비	가평군 북면 이곡리
서위렴2세 전사기념비	은평구 녹번동	호주 전투기념비	가평군 북면 목동리
인천광역시		몽클라르 장군 사령부 기념비	양평군 지평면 지평리
인천지구 전적비	남구 용현동	양평군 참전비	양평군 지평면 지평리
콜롬비아군 참전비	서구 가정동	지평리지구전투전적비	양평군 지평면 지평리
인천상륙작전 기념관	연수구 청량로	그리스군 참전기념비	여주군 가남면 본두리
맥아더 장군 동상	중구 중앙동	무어장군 추모전적비	여주군 여주읍 단현리
강원도		38선 돌파기념비	연천군 청산면 초성리
원주지구 전투전적비	원주시 태장동	유엔군 화장장 시설	연천군 미산면 동이리
에티오피아참전기념관	춘천시 근화동	필리핀 참전비	연천군 연천읍 상리
에티오피아참전기념비	춘천시 근화동	**대전광역시**	
고성군 충혼비	고성군 거진읍 대대리	대전지구 전적비	중구 대사동
도솔산 전투전적비	양구군 해안면 후리	대전지구 전투전승비	중구 대사동
펀치볼지구전투전적비	양구군 동면 월운리	**광주광역시**	
피의능선 전투전적비	양구군 동면 월운리	블레이즈델대령 동상	남구 양림동
저격능선 전투전적비	철원군 김화읍 청양리	**대구광역시**	
쥴 장 루이 소령상	홍천군 두촌면 장남리	헤스 대령 기념비	동구 검사동
홍천지구 전투전적비	홍천군 홍천면 연봉리	나야 대령 기념비	수성구 범어동
643고지 전투전적비	화천군 화천읍 대이리	**경상북도**	
적근산지구전투전적비	화천군 상서면 마현리	미 해병 제1비행단 전몰용사 충령비	포항시 남구 송도동
충혼탑	화천군 사내면 사창리		
네덜란드군참전기념비	횡성군 우천면 우항리	다부동 전적기념관	칠곡군 가산면 다부리
오우덴 중령 현충비	횡성군 읍하리	왜관지구 전적기념관	칠곡군 석적읍 중지리
경기도		**경상남도**	
필리핀군 참전기념비	고양시 덕양구 관산동	진주지구 전승비	본성동 진주성지
미 제 25사단 한강 도하 기념비	파주시 문산읍 사목리	해병대 진동리지구 전적비	창원시 마산합포구
노르웨이 참전비	동두천시 상봉암동	박진지구 전적비	창녕군 남지읍 월하리
벨기에·룩셈부르크 참전기념비	동두천시 상봉암동	영산지구 전적비	창녕군 영산면 동리
프랑스군 참전기념비	수원시 파장동	창녕지구 전승비	창녕군 창녕읍 교상리
유엔군 초전 기념비	오산시 내삼미동	참전전우 기념비	하동군 적량면 동산리
터키군 참전기념비	용인시 기흥구	6.25격전함안 민안비	함안군 여항면 주동리
미국군 참전비	파주시 문산읍 사목리	자유수호전승기념탑	함안군 가야읍 도항리
미제2사단 6.25참전비	파주시 문산읍 사목리	**부산광역시**	
설마리 전투비	파주시 적성면 마지리	유엔 기념공원	남구 대연동
케니 상사 전공비	파주시 법원읍 동문리	스웨덴 참전기념비	부산진구 부전동
한·미 해병 참전비	파주시 조리읍 봉일천리	뉴질랜드 참전기념석	서구 암남동
남아프리카공화국 참전기념비	평택시 용이동	의료지원참전기념비	영도구 동삼동
타일랜드군참전기념비	포천시 영북면 문암리		

참고문헌

1. 국내문헌(공간사 및 기관자료, 개인논문, 저자 순)

국가보훈처, 〈6·25전쟁, 60주년 UN 참전 기념시설물 도감〉, 2010.

국방부 군사편찬연구소, 〈6·25전쟁사 1, 전쟁의 원인과 배경〉, 2004.

————————, 〈6·25전쟁사 2, 북한군의 전면남침과 초기전투〉, 2005.

————————, 〈6·25전쟁사 3, 한강선방어와 초기지연작전〉. 2004.

————————, 〈6·25전쟁사 4, 금강-소백산맥선 지연작전〉. 2004.

————————, 〈6·25전쟁사 5, 낙동강방어작전〉. 2008.

————————, 〈6·25전쟁사 6, 인천상륙작전과 반격작전〉. 2009.

————————, 〈6·25전쟁사 7, 중공군 참전과 유엔군의 철수〉. 2010.

————————, 〈안강·포항전투〉, 1986.

국방부 군사편찬연구소, 〈중국군의 한국전쟁사(1)〉, 2002.

국방부 군사편잔위원회, 〈國防條約集〉 第1集.

국방부 전사편찬위원회(김종구), 〈금성전투〉, 1987.

국방부 전사편찬위원회, 〈청천강 전투〉, 1985.

국방부 전사편찬위원회(김기옥), 〈다부동 전투〉.

국방군사연구소, 〈한국전쟁피해 통계집〉, 1996.

——————, 〈중공군 압록강을 건너다〉, 1966

——————, 〈한국전쟁〉, 1996.

國防部 政訓局, 〈韓國動亂1年紙〉.

군정법령, 제42호(1946. 1. 14).

북한사회과학원역사연구소, 〈조선전사〉, 25권, 1981.

육군3사관학교 충성대연구소(강경표외 2명), 〈1950년대 전쟁문학 속에 나타난 전장 리더십 연구〉, 2007.

육군대학교(교육참고), 〈격동의 세월〉, 을류문화사, 1994.

———————, 〈한국전투사〉, 1977.

육군대학교, 〈한국전쟁사〉, 1999.
육군본부, 〈육군발전사〉, 제2집.
———, 〈작전명령〉.
———, 〈전쟁과 지도〉, 1974.
———, 〈한국전쟁〉.
———, 〈한국전쟁의 서부전선〉-유엔의 북진과 중공군의 초기공세-, 육군본부, 1955.
한국전략문제 연구소, 〈중공군의 한국전쟁사(항미원조사)〉, 세경사, 1991.
해병대 작전참모처 군사연구과, 〈해병대 60년 약사〉, 2009.
합동참모본부, 〈한국전사〉.
———, 〈합동 · 연합작전 군사용어사전〉. 2004.
최용호, "한국전쟁시 김포반도 전투의 재평가", 〈군사연구 제18호〉, 육군본부, 2002.
———, "한국전쟁초기작전 연구", 〈군사연구 제 17호〉, 육군본부, 2001.
서울신문(1955년 5월 15일), 제5면, 〈스탈린과 북한대표단과의 담화기록〉
길광준, 〈사진으로 읽는 한국전쟁〉, 예영커뮤니케이션, 2005.
김성우외 1명, 〈한국전쟁사〉, 진영사, 2001.
김영호, 〈한국전쟁의 기원과 전개과정〉, 성신여자대학교출판부, 2006.
권양주, 〈북한군사의 이해〉, 2010, 한국국방연구원.
김철민, 〈한국전쟁과 동유럽〉, 아카넷, 2008.
김철범, 〈한국전쟁과 냉전〉, 평민사, 1991.
김행복, 〈알아봅시다! 6 · 25전쟁사 제2권 북한군 남침부처 중공군 개입까지〉, 국방부군사편찬연구소, 2008.
박용옥, 〈지식정보화시대의 4세대전쟁과 구사적 당면과제〉, 국방기술품질원, 국방품질 제21호, 2003
서상문, 〈알아봅시다! 6 · 25 전쟁사 제1권 배경과 원인〉, 2008, 국방부 군사편찬연구소.
———, 〈모택동과 6 · 25전쟁-파병결정과 개입동기-〉, 2006, 국방부 군사편찬연구소.
양영조외 1명, 〈알아봅시다! 6 · 25전쟁사 제3권 고지쟁탈전과 휴전협정〉, 국방부 군사편찬연구소, 2005.
온창일, 〈전쟁론〉, 집문당, 2008.

송요태외 1명, 〈6 · 25전쟁사〉, 선코퍼레이션, 2007.
장준익, 〈북한인민군대사〉, 한국발전연구원, 1991.
정명복, 〈잊을 수 없는 생생 6·25전쟁사〉, 집문당, 2011.
정토웅, 〈군사 연구방법론〉, 국방부 전사편찬위원회, 1991.
주시후, 〈전쟁사〉, ksi한국학술정보(주), 2007.
채한국외 2인, 〈韓國戰爭 上〉, 국방군사연구소, 1995.
최용성, 〈간략한 6 · 25전쟁사〉, 양서각, 2009.
프란체스카 비망록, 〈6 · 25와 이승만 대통령〉, 중앙일보, 1983.
홍성태, 〈한국전의 기동전 분석〉, 육군교육사령부, 1966.

2. 국내외 문헌(국내번역자료)

김광린 역, 〈소련의 자료로 본 한국전쟁의 전말〉, 도서출판 열림, 1998.
러시아 국방부, 김종국 역, 〈러시아가 본 6 · 25전쟁〉, 1991.
국방부 군사편찬연구소 역, 〈라주바예프 6 · 25전쟁 보고서(제1~3권), 2001.
미군 야전교범 〈100-1 The Army〉, 1983.
러시아 국방부, 김종국 역, 〈러시아가 본 한국전쟁〉, 1983
徐焰-吳小京저, 육군본부 역〈중공군의 한국전쟁 교훈, 原題 : 抗美援朝戰爭史書卷〉, 2005.
일본육전사보급회, 이원복 역, 〈한국전쟁(4권)〉, 명성출판사
Evgen P. Bajanov외 1명, 〈소련 비밀문서로 본 한국전쟁관련 러시아 외교문서〉.
허중권 역, 〈세계군사사사전〉, 2009, 학연문화사.

저 자

강경표

청암대학교 전문사관과 교수, 전)육군3사관학교 전쟁사학과장

남궁승필

우석대학교 교양학부 교수, 정치학 박사

박갑룡

송원대학교 국방공무원과 학과장, 다문화전문정책 자문위원

송형래

주성대학교 부사관학과장, 법학박사

임계환

경남 정보대학교 전문사관과 학과장, U.S Army Logistics Management Collage 졸업

이진영

한국관광대학교 군사과 교수, 전)육군3사관학교 전술학 교관

최승길

신성대학교 전문사관과 학과장, 해병대 준장 예편